2022

MARCELA JOELSONS

LEI GERAL DE PROTEÇÃO DE DADOS

FRONTEIRAS DO LEGÍTIMO INTERESSE

2022 © Editora Foco

Autora: Marcela Joelsons
Diretor Acadêmico: Leonardo Pereira
Editor: Roberta Densa
Assistente Editorial: Paula Morishita
Revisora Sênior: Georgia Renata Dias
Revisora: Simone Dias
Capa Criação: Leonardo Hermano
Diagramação: Ladislau Lima e Aparecida Lima
Impressão miolo e capa: FORMA CERTA

Dados Internacionais de Catalogação na Publicação (CIP) de acordo com ISBD

J64l   Joelsons, Marcela

Lei geral de proteção de dados: fronteiras do legítimo interesse / Marcela Joelsons. - Indaiatuba, SP : Editora Foco, 2022.

244 p. ; 17cm x 24cm.

Inclui índice e bibliografia.

ISBN: 978-65-5515-489-4

1. Direito. 2. Direito digital. 3. Lei Geral de Proteção de Dados. I. Título.

2022-658   CDD 340.0285   CDU 34:004

Elaborado por Odilio Hilario Moreira Junior - CRB-8/9949

Índices para Catálogo Sistemático:

1. Direito digital 340.0285

2. Direito digital 34:004

DIREITOS AUTORAIS: É proibida a reprodução parcial ou total desta publicação, por qualquer forma ou meio, sem a prévia autorização da Editora FOCO, com exceção do teor das questões de concursos públicos que, por serem atos oficiais, não são protegidas como Direitos Autorais, na forma do Artigo 8º, IV, da Lei 9.610/1998. Referida vedação se estende às características gráficas da obra e sua editoração. A punição para a violação dos Direitos Autorais é crime previsto no Artigo 184 do Código Penal e as sanções civis às violações dos Direitos Autorais estão previstas nos Artigos 101 a 110 da Lei 9.610/1998. Os comentários das questões são de responsabilidade dos autores.

NOTAS DA EDITORA:

Atualizações e erratas: A presente obra é vendida como está, atualizada até a data do seu fechamento, informação que consta na página II do livro. Havendo a publicação de legislação de suma relevância, a editora, de forma discricionária, se empenhará em disponibilizar atualização futura.

Erratas: A Editora se compromete a disponibilizar no site www.editorafoco.com.br, na seção Atualizações, eventuais erratas por razões de erros técnicos ou de conteúdo. Solicitamos, outrossim, que o leitor faça a gentileza de colaborar com a perfeição da obra, comunicando eventual erro encontrado por meio de mensagem para contato@editorafoco.com.br. O acesso será disponibilizado durante a vigência da edição da obra.

Impresso no Brasil (04.2022) – Data de Fechamento (04.2022)

2022

Todos os direitos reservados à
Editora Foco Jurídico Ltda.
Avenida Itororó, 348 – Sala 05 – Cidade Nova
CEP 13334-050 – Indaiatuba – SP

E-mail: contato@editorafoco.com.br
www.editorafoco.com.br

SOBRE A AUTORA

Doutoranda em Direito do Consumidor (UFRGS). Mestre em Direito Europeu e Alemão (UFRGS/CDEA). Pós-graduação em Direito do Consumidor (Universidade de Coimbra). Especialista em Direito Processual Civil (PUCRS) e em Direito Civil Aplicado (UFRGS). Pesquisadora no grupo de pesquisa CNPq Mercosul, Direito do Consumidor e Globalização (UFRGS). Colaboradora nos projetos de pesquisa *Data Privacy Lab 2021* (CEDIS/IDP) e Proteção de Dados Pessoais nas Américas (USP/UFRGS). Autora de capítulos de livros e artigos científicos sobre Proteção de Dados Pessoais. Palestrante e Professora convidada em diversas instituições de ensino nacionais. Sócia da área de Consumidor, *Product Liability* e Proteção de Dados no Souto Correa Advogados.

AGRADECIMENTOS

Este livro é o resultado da pesquisa que realizei no Mestrado em Direito Europeu e Alemão pela Universidade Federal do Rio Grande do Sul, em parceria com o Centro de Estudos Europeus e Alemães, no qual fui aprovada com nota máxima e recomendação para publicação.

Diversas foram as pessoas e instituições que fizeram parte da minha trajetória e contribuíram de alguma forma para que eu obtivesse sucesso neste desafio.

À minha família, a base de tudo, aos meus pais, Roberto e Rose, à minha irmã, Paula, à minha avó, Silma, obrigada por todo amor e carinho dedicados na minha criação, por estarem ao meu lado nos bons e maus momentos, pelo incentivo constante e por fazerem das minhas vitórias, vitórias de vocês também.

Ao meu marido, Alexandre, amor da minha vida, parceiro, amigo, apaixonado pelo Direito, pessoa que me apoiou diariamente nesta jornada. Obrigada por compreender e renunciar a tantos momentos juntos, por acreditar e por ter orgulho de mim.

Aos meus filhotes peludos, Bono e Lola, carinhosos e companheiros, por trazer alegria ao meu dia a dia no isolamento da pandemia.

À minha orientadora e mestra, Professora Dra. Dr. h. c. Claudia Lima Marques. É difícil encontrar palavras para agradecer esse ser humano iluminado, que me aceitou e acolheu na UFRGS e em seu grupo de pesquisa. Obrigada, querida professora, por ter me ensinado o amor à pesquisa, por ter acreditado no meu potencial e por ter me incentivado em todos os momentos ao longo do mestrado.

Ao Professor Dr. Fabiano Menke, um docente e pessoa exemplar, que me convidou para integrar o seu grupo de estudos sobre a LGPD na UFRGS. Nos momentos mais difíceis da pandemia, tivemos as melhores discussões sobre proteção de dados nestes encontros virtuais. De forma generosa, ele compartilhou conosco não só seus vastos conhecimentos sobre o tema, mas também materiais importantes para o desenvolvimento desta pesquisa.

Ao Professor Dr. Bruno Miragem, mestre que tanto admiro, que me brindou com sua didática incrível ao longo de dois semestres de aulas e contribuiu sobremaneira na minha banca de qualificação.

À Professora Dra. Laura Schertel Mendes, por ter servido de inspiração desde os primórdios da minha pesquisa, e que me concedeu à honra de tê-la na banca de defesa do mestrado.

Ao Professor Dr. Christoph Benicke, da Justus-Liebig-Universität, que tive o prazer de conhecer em Porto Alegre e, depois, me recebeu em Giessen, na Alemanha, para um período de pesquisa em sua universidade.

Ao Centro de Estudos Europeus e Alemães, na pessoa dos Prof. Draiton Gonzaga e Profa. Cristiane Kilian, por ter me possibilitado cursar o mestrado na ênfase do Direito Europeu e Alemão, ter me concedido um prêmio viagem de pesquisa para a Alemanha, além de uma bolsa para Especialização em Direito Consumidor na Universidade de Coimbra e outras bolsas para cursos do idioma alemão, no Goethe Institut.

À Universidade Federal do Rio Grande do Sul, que se tornou minha casa, instituição de ensino que tanto orgulho tenho de fazer parte.

À Professora Dra. Roberta Densa, e à Editora foco, pela oportunidade de publicação.

Aos meus queridos amigos do grupo de pesquisa CNPq Mercosul, Direito do Consumidor e Globalização, que me receberam de braços abertos na UFRGS e tornaram o dia a dia dos estudos mais alegres.

Aos meus queridos colegas do mestrado, com quem compartilhei as dificuldades e conquistas no período de aulas presenciais.

Aos colegas do escritório, que me deram suporte nos períodos que não pude estar presente, e aos estagiários, que me auxiliaram com revisão dos textos.

Às minhas amigas da toda vida que compreenderam meu afastamento devido aos compromissos acadêmicos, e torceram pelo meu sucesso do início ao fim.

Meus sinceros agradecimentos a todos!

PREFÁCIO

É um grande prazer poder participar, com este prefácio, da obra de *Marcela Joelsons*, oriunda de sua excelente Dissertação de Mestrado, sob minha orientação, apresentada ao Programa de Pós-Graduação em Direito da UFRGS, na ênfase do Centro de Estudos Europeus e Alemães (DAAD) e que mereceu da banca a nota máxima. Marcela Joelsons é realmente uma jovem jurista diferenciada: competente, comprometida e engajada, encanta a todos a conhecem com sua alegria e prazer pela pesquisa.

Tive a satisfação de conhecer *Marcela Joelsons* em 2018, quando foi minha aluna ouvinte nas disciplinas que lecionei no Programa de Pós-Graduação em Direito da UFRGS, "Fundamentos do Direito do Consumidor" e "New Trends on International and Consumer Law", ano que ingressou no meu grupo de pesquisa CNPq 'Mercosul, Direito do Consumidor e Globalização', que hoje lidera. Autora já reconhecida,[1]

---

1. Veja seus artigos: i) JOELSONS, Marcela. Autodeterminação informativa em direito comparado: análise dos contextos históricos e decisões paradigmas das cortes constitucionais alemã e brasileira. *Revista de Direito Constitucional e Internacional*, São Paulo, v. 119, p. 233-272, maio-jun. 2020; ii) JOELSONS, Marcela. Inviolabilidade na comunicação dos dados de computador no Brasil versus direito fundamental à confidencialidade e integralidade de sistemas informáticos na Alemanha. *Revista de Direito Constitucional e Internacional*, São Paulo, v. 125, p. 111-135, maio-jun. 2021; iii) JOELSONS, Marcela. Lei Geral de Proteção de Dados em vigor: impactos imediatos e possíveis desafios à luz da experiência da União Europeia. *Revista dos Tribunais*, São Paulo, v. 22, p. 175-194, dez. 2020. iv) JOELSONS, Marcela. O legítimo interesse do controlador no tratamento de dados pessoais e o teste de proporcionalidade: desafios e caminhos para uma aplicação no cenário brasileiro. *Revista de Direito e as Novas Tecnologias*, São Paulo, v. 8, jul.-set. 2020; v) CRAVO, Daniela Copetti; JOELSONS, Marcela. A importância do CDC no tratamento de dados pessoais de consumidores no contexto de pandemia e de vacatio legis da LGPD. Revista de Direito do Consumidor, São Paulo, v. 131, p. 111-145, set.-out. 2020; vi) JOELSONS, Marcela. O íter histórico dos direitos da personalidade, o direito à privacidade e seus desafios na sociedade da informação. Revista de Direito Privado, São Paulo, v. 107, p. 33-60, jan.-mar. 2021; vii) JOELSONS, Marcela. Privacy, personal data and consumer protection in the brazilian legal system: challenges and perspectives. Macau Journal of Brazilian Studies, Macau, v. 4, i. 2, p. 113-118, Oct. 2021; suas contribuições em capítulos de livros: viii) JOELSONS, Marcela. O legítimo interesse do controlador no tratamento de dados pessoais e o teste de proporcionalidade europeu: desafios e caminhos para uma aplicação no cenário brasileiro. In: MENKE, Fabiano; DRESCH, Rafael de Freitas Valle (Org.). Lei Geral de Proteção De Dados: aspectos relevantes. Indaiatuba: Editora Foco, 2021. p. 119-142; ix) JOELSONS, Marcela. A necessária limitação ao legítimo interesse do fornecedor no tratamento de dados pessoais dos consumidores. In: SARLET, Ingo Wolfgang; BARBOSA, Jeferson Ferreira; LEAL, Augusto Antônio Fontanive; SIQUEIRA, Andressa de Bittencourt (Org.). Direitos fundamentais: os desafios da igualdade e da tecnologia num mundo em transformação. Porto Alegre: Editora Fundação Fênix, 2020. p. 347-369; x) JOELSONS, Marcela.; VARGAS, Isadora; PAGANELLA, Victória. Proteção de Dados Pessoais e Covid-19: promoção da segurança jurídica a partir da eficácia dos princípios. In: SQUEFF, Tatiana Cardoso; D'AQUINO, Lúcia Souza; MUCELIN, Guilherme (Org.). O Direito em tempos de crise: impactos da Covid-19 nas relações sociojurídicas. Curitiba: CRV, 2020. p. 363-380; e comentário: MARQUES, Claudia Lima; JOELSONS, Marcela. A estratégia europeia de dados: comunicado da Comissão Europeia para o Parlamento Europeu, o Conselho, o Comitê Econômico e Social Europeu e o Comitê das Regiões. Revista de Direito do Consumidor, São Paulo, v. 129, p. 461-465, maio-jun. 2020.

Marcela Joelsons une a prática como advogada, especializada em proteção de dados e processo civil e a teoria, une a UFRGS, sua *alma mater* e a PUCRS onde se formou e hoje colabora no CDEA-Centro de Estudos europeus e Alemães em pesquisas e como doutoranda do PPGD UFRGS. Em sua passagem de 2019 a 2021, no projeto-piloto do PPGD-UFRGS-CDEA sobre Direito Europeu e Alemão, contribuiu muito positivamente em diversos eventos, congressos, cursos e mesmo viagens do CDEA aos outros centros do mundo e à UNCTAD.

Em março de 2019, *Marcela Joelsons* foi responsável pela organização da viagem da Delegação Brasileira do Brasilcon e do CDEA ao *III International Class Action Conference - Mass Disputes and ADR* na University de Haifa e para visita ao Haifa Center for German & Europen Studies, em Israel. Em julho de 2019, foi escolhida para fazer parte do grupo que me acompanhou no *Intergovernmental Group of Experts on Consumer Protection Law and Policy*, 4th session, perante a UNCTAD, no Palácio da Paz da ONU, tendo prestado auxílio no side event do Brasilcon, IACL e da ILA *The Advencement and Challenges for Consumers Globally,* em Genebra. Ainda pode me acompanhar na cerimônia de entrega do meu título Doutor Honoris Causa pela Universidade Savoie Mont Blanc, em Chamberry, França.

Durante seu mestrado no projeto-piloto do PPGD-UFRGS-CDEA-DAAD, *Marcela Joelsons* ganhou vários prêmios do CDEA, para cursos da língua alemã, para um curso de Especialização em Direito Europeu do Consumo na Universidade de Coimbra e estadas de pesquisas em Berlin e em Giessen, tendo ajudado no Seminário conjunto do PPGD-UFRGS com a Universidade de Giessen, e ainda coordenou a pesquisa sobre diálogo das fontes entre o CDC e a LGPD, apresentada no STJ. Em setembro de 2019, a discente integrou a comissão organizadora da primeira *International South School* realizada pelo CDEA, denominada *Migration in a Global World,* ocorrida em Porto Alegre, tendo prestado ajuda inestimável durante toda a semana de atividades. Enfim, uma passagem no PPGD UFRGS rica em atividades, prêmios e publicações, como todo orientador sonha.

Agora apresenta seu primeiro livro. Muito bem escrito, com excelente bibliografia e notas de rodapé, o livro aborda um recorte importante dentro da temática da proteção de dados e da autodeterminação informativa do titular dos dados/consumidor: o legítimo interesse como fundamento legal para o processamento de dados pessoais, base legal prevista no artigo 7º, inciso IX, da Lei Geral de Proteção de Dados brasileira (LGPD). Isso porque, como explica a autora, ao possibilizar a abertura do sistema de proteção de dados, o legítimo interesse trouxe adaptabilidade às constantes mudanças geradas pela tecnologia, bem como permitiu a sistematização de novos casos concretos. É assim que a autora, considerando que a legislação brasileira foi baseada no modelo europeu, se propôs a realizar um estudo comparativo do desenvolvimento legislativo, doutrinário e jurisprudencial, do interesse legítimo como fundamento legal para o tratamento de dados na União Europeia.

PREFÁCIO IX

O estudo de *Marcela Joelsons* vem dividido em duas grandes partes a primeira, intitulada "Privacidade, proteção de dados pessoais e o legítimo interesse como fundamento para o tratamento de dados pessoais em Direito Comparado"; e a segunda, denominada "A concreção do legítimo interesse no cenário brasileiro à luz da experiência europeia". Cada uma dessas grandes partes, foi dividida em dois pontos, que contaram com subdivisões – quatro na primeira parte, e três na segunda.

No ponto 2.1, *Marcela Joelsons* realiza um estudo sobre a evolução da proteção de dados Brasil, até a entrada em vigor da LGPD. Passa, então, para a análise dos fundamentos, dos princípios e das bases legais dessa legislação, chegando ao legítimo interesse, e formulando as primeiras impressões sobre o instituto. Em seguida, no ponto 2.2, investiga as origens do direito à proteção de dados pessoais, desde os seus primórdios na Alemanha; passando pelo exame do desenvolvimento do modelo europeu de regulação até o RGPD. No final da primeira parte, a autora aprofundou os estudos acerca da aplicação do legítimo interesse na União Europeia.

Na segunda grande parte do trabalho, no ponto 3.1, *Marcela Joelsons* investiga os possíveis ensinamentos da União Europeia sobre a interpretação do legítimo interesse. Para tanto, realiza um estudo de casos julgados pelo Tribunal de Justiça da União Europeia que contribuíram na concreção do instituto. Aborda as controvérsias que ainda permeiam a base legal, bem como o papel das autoridades de proteção de dados do bloco europeu. No ponto 3.2, a pesquisa se volta aos possíveis caminhos e fronteiras para o uso do legítimo interesse no Brasil, considerando as lições obtidas a partir da experiência do Direito da União Europeia, com atenção às necessárias adaptações impostas pelas diferenças existentes entre os dois cenários.

É assim que *Marcela Joelsons* concluiu que a boa-fé, através de sua função limitadora, deverá funcionar como uma verdadeira fronteira ao uso da base legal do legítimo interesse, vedando o abuso do direito do agente em processar dados pessoais, que não poderá exceder manifestamente os limites impostos pelos valores éticos e sociais do sistema. Afirma ainda que "Mais reforçada se tornará esta fronteira em relação ao tratamento de dados pessoais ocorridos no âmbito das relações de consumo, uma vez que para o direito do consumidor, o efeito típico da boa-fé em matéria de limitação do exercício de liberdade ou direito subjetivo constitui também um preceito de proteção do consumidor em face da atuação abusiva do fornecedor, como no caso da publicidade abusiva e das práticas abusivas". Por fim, destacou ser louvável foi o esforço do legislador brasileiro ao estabelecer parâmetros mínimos para a aplicação da base legal do legítimo interesse, ao incluir no texto da lei: O respeito à legítima expectativa do titular e aos princípios da necessidade e da finalidade; a observância de medidas de transparência; o direito de oposição por parte do titular, também conhecido como opt-out; e, por fim, a possibilidade de solicitação de relatório de impacto pela autoridade. Todavia, como alerta a autora, é necessário o estabelecimento de balizas para o uso do legítimo interesse pelos controladores, inclusive quanto ao seu uso de dados pessoais para fins controversos como o *profiling* e o *marketing* comportamental, torna-se essencial para que sejam evitados abusos em fase dos titulares dos dados, e o próprio esvaziamento da LGPD.

Para bem honrar este convite, gostaria de destacar que na proteção dos dados do consumidor no mercado de consumo, o fenômeno denominado por Erik Jayme,[2] de diálogo das fontes ocorre necessariamente entre a Lei 13.709, de 2018, Lei Geral de Proteção de Dados (LGPD) e a Lei 8.078, de 1990, Código de Defesa do Consumidor (CDC) por previsão legal em ambas as leis: Art. 64 da LGPD e Art. 7º do CDC. Também Danilo Doneda e Laura Schertel Mendes, autores do Anteprojeto da LGPD, frisaram que este diálogo entre a LGPD e o CDC tem origem legal e como finalidade a formação de um conjunto normativo de proteção de dados dos consumidores.[3] Realmente, o diálogo destas fontes nestas relações de consumo, envolvendo dados, será sempre múltiplo, não só entre LGPD e CDC (Art. 7º do CDC e Art. 64 da LGPD), mas também destes com a Lei de Cadastro Positivo (Lei 12.414/2011),[4] o Marco Civil da Internet (Lei 12.965/2014),[5] o Código Civil (Lei 10.406/2002) e, a depender do consumidor envolvido, com o Estatuto do Idoso (Lei 10.741/2003), da Pessoa com Deficiência (Lei 13.146/2015), e o Estatuto da Criança e Adolescente (Lei 8.058/1990).

Com a mesma técnica do Art. 7º do CDC[6] em matéria de não-exclusão (e cumulação) dos direitos (e princípios), visando a proteção dos dados do titular- no caso,

---

2. JAYME, Erik. Identité culturelle et intégration: le droit internationale privé postmoderne. In: JAYME, Erik. *Recueil des Cours de l'Académie de Droit International de La Haye.* Doordrecht: Kluwer, 1995. p. 259.
3. MENDES, Laura Schertel; DONEDA, Danilo. Reflexões iniciais sobre a nova Lei Geral de Proteção de Dados. *Revista de Direito do Consumidor,* v. 120/2018, p. 469-483, nov.-dez. 2018. p. 469-470: "A Lei 13.709/2018 – Lei Geral de Proteção de Dados Pessoais (LGPD)... inaugura no Brasil um regime geral de proteção de dados pessoais. A referida Lei vem complementar o marco regulatório brasileiro da Sociedade da Informação ao compor, juntamente com a Lei de Acesso à Informação, o Marco Civil da Internet e o Código de Defesa do Consumidor, o conjunto normativo que moderniza o tratamento da informação no Brasil. Seu objetivo é proporcionar garantias aos direitos do cidadão, ao mesmo tempo em que fornece as bases para o desenvolvimento da economia da informação, baseada nos vetores da confiança, segurança e valor".
4. Veja a remissão na Lei 12.414/2011: "Art. 17. Nas situações em que o cadastrado for consumidor, caracterizado conforme a Lei 8.078, de 11 de setembro de 1990- Código de Proteção e Defesa do Consumidor, aplicam-se as sanções e penas nela previstas e o disposto no § 2º § 1º Nos casos previstos no *caput,* a fiscalização e a aplicação das sanções serão exercidas concorrentemente pelos órgãos de proteção e defesa do consumidor da União, dos Estados, do Distrito Federal e dos Municípios, nas respectivas áreas de atuação administrativa. § 2º Sem prejuízo do disposto no caput e no § 1º deste artigo, os órgãos de proteção e defesa do consumidor poderão aplicar medidas corretivas e estabelecer aos bancos de dados que descumprirem o previsto nesta Lei a obrigação de excluir do cadastro informações incorretas, no prazo de 10 (dez) dias, bem como de cancelar os cadastros de pessoas que solicitaram o cancelamento, conforme disposto no inciso I do caput do art. 5º desta Lei. Art. 17-A. A quebra do sigilo previsto na Lei Complementar 105, de 10 de janeiro de 2001, sujeita os responsáveis às penalidades previstas no art. 10 da referida Lei, sem prejuízo do disposto na Lei 8.078, de 11 de setembro de 1990 (Código de Proteção e Defesa do Consumidor)."
5. Veja, por todos, MENDES, Laura Schertel. O diálogo entre o Marco Civil da Internet e o Código de Defesa do Consumidor. *Revista de Direito do Consumidor,* v. 106/2016, p. 37-69, jul.-ago. 2016 (DTR\2016\22317). E no Marco Civil da Internet, o art. 3º: [...] Parágrafo único. Os princípios expressos nesta Lei não excluem outros previstos no ordenamento jurídico pátrio relacionados à matéria ou nos tratados internacionais em que a República Federativa do Brasil seja parte."
6. Sobre o tema: MIRAGEM, Bruno. Eppur si muove: diálogo das fontes como método de interpretação sistemática no direito brasileiro. In: MARQUES, Claudia Lima (Org.). Diálogo das fontes. Do conflito à coordenação de normas do direito brasileiro. São Paulo: Ed. RT, 2012. p. 67 e ss.

os consumidores, o art. 64 da LGPD expressamente dispõe: "Art. 64. Os direitos e princípios expressos nesta Lei não excluem outros previstos no ordenamento jurídico pátrio relacionados à matéria ou nos tratados internacionais em que a República Federativa do Brasil seja parte." O diálogo entre o CDC e a LGPD está previsto em várias normas da LGPD. Dentre os fundamentos da LGPD está relacionada a defesa do consumidor (art. 2º, VI), que também prevê, expressamente, a competência dos órgãos de defesa do consumidor para atuar, mediante requerimento do titular dos dados, no caso de infração aos seus direitos pelo controlador (art. 18, § 8º) e o dever de articulação entre a Autoridade Nacional de Proteção de Dados e outros órgãos titulares de competência afetas a proteção e dados, como é o caso dos órgãos de defesa do consumidor (art. 55-K, parágrafo único).[7] a própria LGPD remete às leis especiais, o CDC, no Art. 45: "As hipóteses de violação do direito do titular no âmbito das *relações de consumo* permanecem sujeitas às regras de *responsabilidade* previstas na *legislação pertinente.*" (grifo nosso).

Como ensinam doutrinadores alemães,[8] o objetivo das normas de proteção de dados – proteger as pessoas contra os risco de uso de seus dados pessoais, proteger seus direitos de personalidade, a integridade e autenticidade de seus dados, a possibilidade de revisão e de anonimização e a transparência no seu compartilhamento e uso - e das normas de direito do consumidor – as quais visam assegurar a transparência, a autodeterminação, a liberdade de escolha, a proteção contra o assédio e a discriminação, contra o abuso de direito e de preços – convergem totalmente neste século da economia das plataformas e capitalismo de vigilância, daí que este diálogo de fontes leva à aplicação simultânea e coordenada destas duas 'lógicas' ou fontes, com um objetivo único de proteção, da liberdade dos mais fracos e da segurança destes e da sociedade.[9] É a metodologia para a "coerência derivada ou restaurada" (*cohérence dérivée ou restaurée*) de um sistema de múltiplas normas e microssistema,[10] coerência que se fará pelo 'di-a-logos' (uso das várias lógicas) e não pela exclusão de uma lei superada pela 'lógica' de outra (mono-logos), como nos critérios clássicos de 'solução' (superação de uma norma por outra e uso único de uma das leis, com retirada de uma norma do sistema).

Deste diálogo das fontes, retiramos que os dados do consumidor, para os fornecedores de produtos e serviços e os controladores, ganham novo significado: são 'pagamento' ou 'valor de troca' pela gratuidade de muitos serviços na Internet; são 'identificação' do consumidor mesmo, sua conta, seus dados fiscais, seu endereço, fazendo nascer o dever de anonimização; são 'criação' do consumidor, como ima-

---

7. Veja MIRAGEM, Bruno. *Curso de Direito do Consumidor*, São Paulo: Ed. RT, 2019. p. 153 a 192.
8. TAMM, Marina e TONNER, Klaus. *Verbraucherschutz*, Baden-Baden: Nomos, 2012. p. 96-97.
9. MARQUES, Claudia Lima. O 'diálogo das fontes' como método da nova teoria geral do direito: um tributo a Erik Jayme. In: MARQUES, Claudia Lima (Org.). *Diálogo das fontes. Do conflito à coordenação das normas do direito brasileiro*. São Paulo: Ed. RT, 2012. p. 17 e ss.
10. Expressão de SAUPHANOR, Nathalie. *L'influence du droit de la consommation sur le système juridique*. Paris: LGDJ, 2000. p. 32.

gens, fotos, desenhos, traduções e demais criações autorais, protegidas também por direitos fundamentais e de personalidade; e são dados que possibilitam o marketing dirigido ou '*sur mesure*'. Assim como uma valorização dos princípios, por exemplo, o princípio da transparência está presente (veja os princípios da OEA)[11] na legislação de proteção de dados e no direito do consumidor (Art. 4º, *caput*, do CDC).[12] Neste ponto, a atualização do CDC pretende valorizar os princípios de proteção dos dados dos consumidores.

Assim, parabenizo a autora, *Marcela Joelsons*, que de forma sólida traz importante contribuição à doutrina e à prática brasileira na área de Proteção de Dados, e a Editora Foco Jurídico, por apoiar esta publicação e fornecer ao público esta belíssima e útil obra. A todos, boa leitura!

Profa. Dr. Dr. h. c. Claudia Lima Marques

Diretora e Professora Titular da Faculdade de Direito da Universidade Federal do Rio Grande do Sul e Professora Permanente do PPGD da UFRGS e UNINOVE. Pós-Doutorado e Doutorado em Direito pela Universidade de Heidelberg. Mestrado em Direito pela Universidade de Tübingen. Relatora-geral da Comissão de Juristas do Senado Federal para a atualização do Código de Defesa do Consumidor. Presidente do Comitê de Proteção Internacional do Consumidor da *International Law Association*. ORCID: 0000-0001-9548-0390. E-mail: dirinter@ufrgs.br.

---

11. Preliminary Principles and Recommendations on Data Protection (The Protection of Personal Data), OEA/Ser.G CP/CAJP-2921/10 rev. 1 corr. 1, 17 October 2011. Acessível em: http://www.oas.org/dil/CP--CAJP-2921-10_rev1_corr1_eng.pdf. (06.07.2020).
12. Veja MARQUES, Claudia Lima; MIRAGEM, Bruno. Serviços simbióticos do consumo digital e o PL 3514/2015. In: MARQUES, Claudia Lima; LORENZETTI, Ricardo Luis; CARVALHO, Diógenes Faria de; MIRAGEM, Bruno. *Contratos de Serviços em tempos digitais*. São Paulo: Ed. RT, 2021. p. 411 e ss.

APRESENTAÇÃO

É motivo de grande honra receber o convite de Marcela Joelsons para escrever essas linhas de apresentação de seu trabalho, *Lei geral de proteção de dados: fronteiras do legítimo interesse.*

Trata-se de dissertação de mestrado que a autora produziu sob a orientação da mestra de todos nós, Profa. Claudia Lima Marques, defendida no Programa de Pós-Graduação em Direito da Universidade Federal do Rio Grande do Sul, no âmbito do Centro de Estudos Europeus e Alemães (CDEA).

No contexto da disciplina de Direito da Informática: Lei Geral de Proteção de Dados, tive a oportunidade de conhecer Marcela Joelsons e testemunhar toda a sua dedicação e entusiasmo para a pesquisa e a atuação na pós-graduação. Sem dúvida alguma, Marcela Joelsons apresentou um aproveitamento excepcional em seu Mestrado, o que a credenciou para persistir no caminho da investigação científica e cursar o Doutorado.

A dissertação que agora chega ao grande público no formato de livro é um reflexo dessa trajetória: um trabalho que veio para marcar e contribuir para a área da proteção de dados.

Objeto do estudo é a denominada base legal do legítimo interesse. Como se sabe, de acordo com a tradição europeia, a qual o Brasil seguiu com a edição da Lei Geral de Proteção de Dados (LGPD), será sempre necessário fundamentar as operações de tratamento de dados pessoais em base legal adequada (arts. 7º e 11, LGDP). Talvez essa, bem como a necessidade de registros das operações de tratamento de dados pessoais (art. 37, LGPD), sejam as regras que na prática mais impactam os agentes de tratamento de dados pessoais.

E, dentre as bases legais, surge o legítimo interesse, ou "interesses legítimos", na dicção do art. 7º, IX da LGPD, como hipótese legal de enquadramento da operação de tratamento de dados pessoais.

Alguns destaques merecem ser feitos acerca do livro de Marcela Joelsons. O primeiro deles é para a parte inaugural, que aborda a evolução da proteção de dados no Brasil até chegar à base legal do legítimo interesse. O panorama traçado pela pesquisadora, além de fidedigno, é riquíssimo e pode ser indicado a pesquisadores estrangeiros que pretendam entender como se formou a disciplina da proteção de dados no Brasil, no bojo das influências alemãs e europeias.

Refiro neste momento o que já mencionara na banca de defesa de Marcela Joelsons: o trecho em que trata do instituto do *habeas data* é primoroso e de uma riqueza que chama a atenção do leitor. Aliás, o diálogo com vasta bibliografia, tanto nacional quanto estrangeira, imprime à obra a marca da excelência.

Outro ponto que merece especial destaque é a abordagem dos casos europeus sobre o legítimo interesse. Recordo-me que no primeiro contato com essa casuística por meio do trabalho de mestrado de Marcela, tive uma sensação de verdadeiro proveito na leitura, pois percebi a relevância do material de pesquisa e o quanto os precedentes examinados poderiam desempenhar o papel de lançar luzes ao debate brasileiro.

A abordagem dogmática do legítimo interesse, no qual a autora discute a espinhosa questão de se a figura pode ser enquadrada como conceito jurídico indeterminado ou cláusula geral é mais um aspecto a ser realçado.

Convido o leitor a refletir sobre a proposta de Marcela Joelsons, no sentido de que a base legal do legítimo interesse seja lida e filtrada por um dos mais importantes princípios do direito privado e que também se fez presente em posição preferencial na LGPD (art. 6°, *caput*).

Da mesma forma, devemos atentar à importância que o trabalho confere à figura do consumidor no trato da proteção de dados. Se é verdade que as leis sobre a matéria não se aplicam apenas às relações de consumo, não menos exata é a afirmação de que é a figura do consumidor a que na maior parte dos casos será a vítima das violações.

Em suma, Marcela Joelsons está de parabéns pela pesquisa que efetivamente agrega para o conhecimento e a compreensão de uma área que está em franco desenvolvimento e que necessita de trabalhos de profundidade como o que ora se apresenta aos estudiosos e práticos da proteção de dados.

Porto Alegre, 02 de março de 2022.

Fabiano Menke

Professor da Graduação e do Programa de Pós-Graduação da Faculdade de Direito da UFRGS. Advogado e Árbitro.

LISTA DE ABREVIATURAS E SIGLAS

AEPD – *Agencia Española de Protección de Datos*

ANAF – Agência Nacional de Administração Fiscal

ANPD – Autoridade Nacional de Proteção de Dados

Art. – Artigo

ASNEF – Associação Nacional de Estabelecimentos Financeiros de Crédito

BDSG – *Bundesdatenschutzgesetz* (Lei Federal de Proteção de Dados alemã)

BGB – *Bürgerliches Gesetzbuch* (Código Civil alemão)

BVerfGE – *Bundesverfassungsgerichts* (Tribunal Constitucional Federal da Alemanha)

CC – Código Civil Brasileiro

CDC – Código de Defesa do Consumidor

CE – Conselho Europeu

CEDH – Convenção Europeia dos Direitos do Homem

CF – Constituição Federal Brasileira

CNIL – *Commission Nationale de l'Informatique et des Libertés* (Comissão Nacional de Informações e Liberdade da França)

CNPD – Comissão Nacional de Proteção de Dados (Portugal)

CNV – Comissão Nacional da Verdade

CEDH – Corte Europeia dos Direitos Humanos

Covid-19 – *Corona Virus Disease 2019*

Dec. – Decreto

DPA – *Data Protection Authoritie* (Autoridade de Proteção de Dados)

DPC – *Irish Data Protection Commissioner* (Irlanda)

DPDC – Departamento de Proteção e Defesa do Consumidor

EDPB – *European Data Protection Board* (Comitê Europeu de Proteção de Dados)

FECEMD – Federação de Comércio Eletrônico e *Marketing* Direto

GTA29 – Grupo de Trabalho do Artigo 29

IAMAI – *United Nations Population Division, Internet & Mobile Association of India* (Divisão de População das Nações Unidas, Internet e Associação Móvel da Índia)

ICO – *Information Commissioner's Office* (Grã-Bretanha)

Inc. – Inciso

ITU – *International Telecommunication Union* (União Internacional de Telecomunicações)

LGBT – Lésbicas, *gays*, bissexuais, travestis, transexuais e transgêneros

LGPD – Lei Geral de Proteção de Dados

LIA – *Legitimate interest assessment* (teste de ponderação do legítimo interesse)

MP – Medida Provisória

OCDE – Organização para a Cooperação e Desenvolvimento Econômico

OMS – Organização Mundial da Saúde

ONU – Organização das Nações Unidas

Par. – Parágrafo

PEC – Proposta de Emenda à Constituição

PL – Projeto de Lei

RGPD – Regulamento (UE) 2016/679 do Parlamento Europeu e do Conselho (Regulamento Geral sobre a Proteção de Dados)

SENACON – Secretaria Nacional do Consumidor

SINCOR – Sistema de Conta Corrente de Pessoa Jurídica

SNI – Serviço Nacional de Informações

SPC – Serviço de Proteção ao Crédito

STF – Supremo Tribunal Federal

STJ – Superior Tribunal de Justiça

TJUE – Tribunal de Justiça da União Europeia

UE – União Europeia

SUMÁRIO

SOBRE A AUTORA III

AGRADECIMENTOS.. V

PREFÁCIO VII

APRESENTAÇÃO... XIII

LISTA DE ABREVIATURAS E SIGLAS XV

1. INTRODUÇÃO 1

2. PRIVACIDADE, PROTEÇÃO DE DADOS PESSOAIS E O LEGÍTIMO INTERESSE COMO FUNDAMENTO PARA O TRATAMENTO DE DADOS PESSOAIS EM DIREITO COMPARADO 13

2.1   A evolução da proteção de dados no ordenamento jurídico brasileiro e as primeiras impressões sobre a base legal do legítimo interesse 14

      2.1.1   Da privacidade à proteção de dados 14

      2.1.2   O desenvolvimento da legislação e da jurisprudência no Brasil 21

      2.1.3   A Lei Geral de Proteção de Dados... 45

      2.1.4   A base legal do legítimo interesse do controlador ou de terceiros 59

2.2   O desenvolvimento do modelo europeu de proteção de dados pessoais e a aplicação do legítimo interesse na União Europeia 69

      2.2.1   As raízes do direito à proteção de dados pessoais e da autodeterminação informativa na Alemanha 69

      2.2.2   O modelo europeu de proteção de dados e as recentes reformas....... 80

      2.2.3   O legítimo interesse como fundamento para o tratamento de dados pessoais na Diretiva 95/46/CE e o Parecer 06/2014 do Grupo de Trabalho do Artigo 29 89

      2.2.4   Novas propostas de sistematização do teste de proporcionalidade e o legítimo interesse no RGPD 96

3. A CONCREÇÃO DO LEGÍTIMO INTERESSE NO CENÁRIO BRASILEIRO À LUZ DA EXPERIÊNCIA EUROPEIA 105

3.1   Os ensinamentos da União Europeia 105

      3.1.1   A jurisprudência do Tribunal de Justiça da União Europeia 106

      3.1.2   Controvérsias acerca do uso da base legal e os casos Google e Facebook 121

      3.1.3   O papel das autoridades de proteção de dados europeias 130

3.2   Caminhos e fronteiras para o uso da base legal do legítimo interesse no ordenamento jurídico brasileiro 136

      3.2.1   Desafios do legítimo interesse no âmbito nacional e caminhos para aplicação do teste de proporcionalidade 137

      3.2.2   A vulnerabilidade do consumidor em relação ao tratamento de seus dados pessoais e o diálogo entre a Lei Geral de Proteção de Dados e o Código de Defesa do Consumidor 145

      3.2.3   A boa-fé objetiva e as fronteiras do legítimo interesse 155

4. CONSIDERAÇÕES FINAIS 171

REFERÊNCIAS 183

1
INTRODUÇÃO

Nos dizeres de Claudia Lima Marques, o mundo digital é "desumanizado", "des-materializado" e "deslocalizado", o que tende a desconstruir os elementos básicos do direito do consumidor e a exigir um renascimento do princípio da confiança.[1]

Em outra obra, a autora observa que o mundo digital de consumo é caracterizado por "sua omnipresença e envolvimento como uma 'medusa' na vida das pessoas comuns: 24 horas conectadas, sem barreiras entre a mídia, a mídia social e o mercado de consumo".[2]

Este novo cenário em que vivemos concretizou-se através do advento, do desenvolvimento e do uso da internet como uma ferramenta básica e amplamente difundida na sociedade contemporânea. Isso levou à transformação da organização social em uma sociedade essencialmente constituída sob a acumulação e a circulação de informações.[3]

Veja-se que existem cerca de 4,9 bilhões de usuários da internet espalhados pelo mundo, considerando-se as pessoas de qualquer idade que podem acessar a ferramenta em casa, através de qualquer tipo de dispositivo e conexão.[4]

O Brasil ocupa o 4º lugar no *ranking* de países com maior número de usuários da internet, ficando atrás apenas da Índia, da China e dos Estados Unidos. Em 2016, segundo pesquisa realizada pela International Telecommunication Union (ITU), pela United Nations Population Division, pela Internet & Mobile Association of India (IAMAI) e pelo World Bank, o número de internautas brasileiros superava os 139 milhões, representando 66,4% da população do país.[5]

---

1. MARQUES, Claudia Lima. *Confiança no comércio eletrônico e o direito do consumidor*: um estudo dos negócios jurídicos de consumo no comercio eletrônico. São Paulo: Ed. RT, 2004. p. 61 e ss.
2. MARQUES, Claudia lima. 30 Anos do Código de Defesa do Consumidor: revisando a teoria geral dos serviços com base no CDC em tempos digitais. In: MIRAGEM, Bruno; MARQUES, Claudia Lima; DIAS, Lucia Ancona Lopez de (Org.). *Direito do Consumidor*: 30 anos do CDC: da consolidação como direito fundamental aos atuais desafios da sociedade. Rio de Janeiro: Forense, 2021. p. 27.
3. DIVINO, Sthefano Bruno Santos. A aplicabilidade do Código de Defesa do Consumidor nos contratos eletrônicos de tecnologias interativas: o tratamento de dados como modelo de remuneração. *Revista de Direito do Consumidor*, São Paulo, v. 118, p. 221-245, jul.-ago. 2018.
4. INTERNET Users in the world. *Internet Live Stats*, [s. l.], 2021. Disponível em: https://www.internetlivestats. com. Acesso em: 06 jul. 2021.
5. INTERNET Users by country (2016). *Internet Live Stats*, [s. l.], 2016. Disponível em: https://www. internetlivestats.com/internet-users-by-country/. Acesso em: 20 fev. 2021.

Estatísticas da Internet Live Stats apontam que, em um único dia, 195 bilhões de *e-mails* foram enviados; 5,6 bilhões de buscas no Google foram realizadas; 5,5 bilhões de vídeos no Youtube foram assistidos; 590 milhões de mensagens foram enviadas no Twitter e 66 milhões de fotos foram postadas no Instagram, o que gerou um tráfego de dados superior a 7 bilhões de *gigabytes*.[6]

Em virtude das medidas de distanciamento social impostas pela pandemia do novo coronavírus, observou-se uma rápida e intensa movimentação no mundo digital, conectado pela internet: diversas relações de trabalho migraram para o *home office*; o comércio eletrônico tem se desenvolvido cada vez mais; a sala de aula foi substituída por aplicativos de reunião. Assim, atividades que eram desenvolvidas presencialmente passaram a ser exercidas por meio de programas *on-line*, o que leva à exposição dos usuários, sem valorizar a segurança da informação.[7]

O volume de dados produzidos no mundo cresce a cada dia de forma exponencial, havendo uma previsão de que ele passará de 33 zettabytes em 2018 para 175 zettabytes em 2025.[8] Hoje, 80% do processamento e da análise de dados ocorrem em data centers e instalações de computação centralizadas, enquanto 20% acontecem em objetos inteligentes conectados, como carros, eletrodomésticos, robôs e em instalações de computação próximas ao usuário. Em 2025, essa proporção provavelmente será invertida.[9]

O crescimento dos dados produzidos e armazenados é quatro vezes maior do que o crescimento da economia global, enquanto a capacidade de processamento dessas informações pelos computadores cresce nove vezes mais rápido.[10] Esse cenário de acúmulo e processamento massivo de dados representa o chamado *Big Data*, que foi primeiramente conceituado por Doug Laney, no ano de 2001, como sendo "high-volume, high-velocity and high-variety information assets that demand cost-effective, innovative forms of information processing for enhanced insight and decision making".[11]

Os três "Vs", apontados como características do *Big Data* há duas décadas, hoje são tratados como cinco "Vs" pela doutrina: *high volume* (grande volume), que representa a possibilidade de acesso a enormes quantidades de dados digitais, de

---

6. Apenas no dia de hoje, 20 de fevereiro de 2021, até as 17h22min (horário de Brasília). INTERNET Users. *Internet Live Stats,* [s. l.], 2021. *Disponível em:* https://www.internetlivestats.com/internet-users. Acesso em: fev. 2021.

7. MENKE, Fabiano; GOULART, Guilherme Damasio. Segurança da informação e vazamento de dados. In: MENDES, Laura Schertel; DONEDA, Danilo; SARLET, Ingo Wolfganf; RODRIGUES JR., Otavio Luiz (Coord.). *Tratado de Proteção de Dados Pessoais.* Rio de Janeiro: Forense, 2021. p. 320-339.

8. REINSEL, David; GANTZ, John; RYDNING, John. *The Digitization of the World*: From Edge to Core. Framingham: IDC, 2018. PDF.

9. WALKER, Mike. *Hype Cycle for Emerging Technologies.* Stamford: Gartner, 2017.

10. MAYER-SCHÖNBERGER, Viktor; CUKIER, Kenneth. *Big Data*: a revolution that will transform how we live, work, and think. First Mariner Books: New York, 2014. p. 9.

11. LANEY, Douglas (ed.). *Big Data Means Big Business.* Stamford: Gartner, 2013. p. 5. Disponível em: http://media.ft.com/cms/4b9c7960-2ba1-11e3-bfe2-00144feab7de.pdf. Acesso em: 20 fev. 2021.

high variety (grande variedade), ou seja, de diferentes tipos e qualidade, oriundos de diferentes formas de coleta e de armazenamento, que são processados em *high velocity* (alta velocidade), sendo possível verificar a *veracity* (veracidade) através do uso de inteligência artificial, o que resulta em novos modelos de negócios com enorme *value* (valor agregado).[12]

Como alertam Viktor Mayer-Schönberger e Kenneth Cukier, o uso da ferramenta do *Big Data* nem sempre trará consequências negativas; todavia, se mal-empregado, esse uso poderá ameaçar o livre-arbítrio e a dignidade da pessoa humana, através da ostensiva vigilância, que acaba por rotular e, algumas vezes, penalizar as pessoas.[13]

O *Big Data Analytics* – que, por sua vez, visa à expansão e à utilização do conhecimento gerado pelos dados em uma infinidade de campos de aplicação, por meio de inteligência artificial – possui um enorme potencial. Todavia, ele pode criar riscos consideráveis para bens jurídicos individuais e coletivos.[14]

Não é novidade que os dados remodelaram a maneira como as empresas direcionam seus investimentos e segmentam seus produtos e serviços, bem como afetaram a forma de consumo e de vida dos cidadãos no mundo pós-moderno, tornando-se valiosos no mercado da informação.[15] A importância dos dados é tão grande que eles são chamados de o novo petróleo;[16] e os valores de mercado das empresas que realizam a coleta (algumas, há poucos anos, *startups* recém-criadas) são os maiores do mercado, a exemplo da Apple (263 bilhões de dólares), da Amazon (254 bilhões de dólares), do Google (191 bilhões de dólares), da Microsoft (140 bilhões de dólares) e da Samsung (102 bilhões de dólares).[17] Com o algoritmo adequado e uma quantidade razoável de dados a serem interpretados, são infinitas as possibilidades de resultados que podem ser obtidos.[18]

---

12. HOFFMANN-RIEM, Wolfgang. *Teoria do direito digital*: desafios para o direito. Rio de Janeiro: Forense, 2021. p. 17.
13. MAYER-SCHÖNBERGER, Viktor; CUKIER, Kenneth. *Big Data*: a revolution that will transform how we live, work, and think. First Mariner Books: New York, 2014. p. 170-197.
14. HOFFMANN-RIEM, Wolfgang. *Teoria do direito digital*: desafios para o direito. Rio de Janeiro: Forense, 2021. p. 18.
15. MENDES, Laura Schertel. A vulnerabilidade do consumidor quanto ao tratamento de dados pessoais. In: MARQUES, Claudia Lima; GSELL, Beate (Org.). *Novas tendências do Direito do Consumidor*: Rede Alemanha Brasil de Pesquisas em Direito do Consumidor. São Paulo: Ed. RT, 2015. p. 182-203.
16. Apesar de a expressão *"data is the new oil"* ter sido cunhada pelo professor e cientista de dados Clive Humby, ela popularizou-se após a publicação *The world's most valuable resource is no longer oil, but data*, da revista The Economist (REGULATING the internet giants: The world's most valuable resource is no longer oil, but data. *The Economist*, [s. l.], 6 May 2017. Disponível em: www.economist.com/ leaders/2017/05/06/the-worlds-most-valuable-resource-is-no-longer-oil-but-data. Acesso em: 07 mar. 2021).
17. GLOBAL 500 2021 ranking. *Brand Finance*, [s. l.], 2021. Disponível em: https://brandirectory.com/rankings/global/table. Acesso em: 13 jun. 2021.
18. Sobre o tema e as possibilidades dessa combinação, vide Discriminação algorítmica à luz da Lei Geral de Proteção de Dados (MENDES, Laura Schertel; MATTIUZZO, Marcela; FUJIMOTO, Mônica Tiemy. Discriminação algorítmica à luz da Lei Geral de Proteção de Dados. *In*: MENDES, Laura Schertel; DONEDA, Danilo; SARLET, Ingo Wolfganf; RODRIGUES JR., Otavio Luiz (Coord.). *Tratado de Proteção de Dados Pessoais*. Rio de Janeiro: Forense, 2021. p. 421-446).

É extremamente vantajoso para o fornecedor possuir informações sobre seus clientes ou potenciais clientes, pois, conhecendo suas preferências e necessidades da forma mais detalhada possível, ele pode tomar decisões a respeito de seus ambientes competitivos, aumentar a eficiência de seu processo produtivo, diminuir o risco de suas operações e, assim, direcionar seus investimentos.[19] Além de contribuir para fornecer e aprimorar as atividades principais da própria companhia, os dados pessoais também podem facilitar a monetização do serviço, permitindo publicidades ou vendas direcionadas, por exemplo.[20]

O êxito dos algoritmos e dos sistemas de captação de dados e de rastreio de movimentação *on-line* dos usuários da internet se deu em consonância com o avanço da tecnologia e da concepção das redes sociais, que se tornaram verdadeiros instrumentos de consumo. Essa mudança trouxe um novo desafio ao Direito, com a mistura e a dissolução interna das categorias de "sujeito" e "objeto". Os dados desses sujeitos digitais – que utilizam diariamente plataformas, aplicativos e mídias sociais – são coletados; e, por sua vez, transformados em novos negócios.[21]

De mais a mais, as redes sociais passaram a ser uma espécie de extensão da vida do internauta, e, através delas, são divulgados sua história, seus pensamentos, seus gostos. Por meio das redes sociais, o usuário também recebe informações e interage nesse mundo virtual paralelo e totalmente personalizável, adequado aos seus interesses, em troca da especificação cada vez mais cirúrgica da publicidade e do aumento das chances de sucesso das empresas detentoras dessas informações.[22]

O consumo desenfreado e irrefletido é favorecido pelos avanços tecnológicos; afinal, é muito mais fácil e rápido comprar apenas com um *click*, com informações previamente cadastradas pelo consumidor no *site*, métodos de pagamento já padronizados e salvos para as próximas compras e o recebimento do produto sem sequer sair de casa. Essas condições, sem sombra de dúvidas, influenciam os usuários, que passaram a realizar diariamente contratações em um ambiente desmaterializado e

---

19. PARCHEN, Charles Emannuel; FREITAS, Cinthia Obladen de Almadra; MEIRELES, Jussara Maria Leal de. Vício do consentimento através do neuromarketing nos contratos da era digital. *Revista de Direito do Consumidor*, São Paulo, v. 115, p. 331-356, jan.-fev. 2018.

20. Os dados de um mercado também podem ser úteis para outras atividades, não diretamente relacionadas ao serviço recebido pelo cliente, e potencialmente também monetizáveis nesse contexto mais amplo (CRAWFORD, Gregory S. et al. *Digital regulation project*: Consumer Protection for Online Markets and Large Digital Platforms. Yale: Tobin Center for Economic Policy, 2021. Policy Discussion Paper n. 1. Disponível em: https://tobin.yale.edu/sites/default/files/pdfs/digital%20regulation%20papers/Digital%20Regulation%20Project%20-%20Consumer%20Protection%20-%20Discussion%20Paper%20No%201.pdf. Acesso em: 30 jun. 2021).

21. MARQUES, Claudia Lima; MIRAGEM, Bruno. "Serviços simbióticos" do consumo digital e o PL 3.514/2015 de atualização do CDC. *Revista de Direito do Consumidor*, São Paulo, v. 132, p. 91-118, nov.-dez. 2020.

22. VERBICARO, Dennis; MARTINS, Ana Paula Pereira. A contratação eletrônica de aplicativos virtuais no Brasil e a nova dimensão da privacidade do consumidor. *Revista de Direito do Consumidor*, São Paulo, v. 116, p. 269-391, mar.-abr. 2018.

ubíquo, com um fornecedor sem face, capaz de obter informações sobre o contratante através do monitoramento da navegação do usuário na internet.[23]

A vulnerabilidade desse usuário consumidor titular de dados é evidente, uma vez que ele não possui conhecimento das consequências da vigilância de sua vida virtual e do processamento de seus dados pessoais. Um exemplo dessa falta de conhecimento é a classificação das pessoas em categorias, conforme a avaliação de seus riscos, e a consequente discriminação ao seu acesso a determinados bens e serviços, em evidente diminuição de sua autonomia e ameaça a seus direitos de personalidade[24].

Os escândalos envolvendo o acesso e o uso indiscriminado de dados pessoais para fins escusos, como os indícios de manipulação das eleições nos Estados Unidos que vieram à tona no ano de 2016, revelaram desvios de finalidade na utilização de dados, inclusive, por parte das redes sociais, que tinham a plena confiança de seus usuários. Isso gerou grandes discussões quanto à ineficiência dos instrumentos jurídicos até então existentes.[25]

Esse cenário, de uso de tecnologias digitais para vigilância e processamento de dados dos cidadãos, trouxe riscos relevantes para bens jurídicos individuais e coletivos.[26] Assim, nessa seara de manipulação, tratamento e comercialização de dados, que ameaça a privacidade e a dignidade das pessoas, é que despontou a necessidade da criação de uma legislação específica nos países que ainda não a possuíam, para que eles pudessem coibir o uso ilegítimo e desautorizado de dados pessoais e impedissem, assim, os abusos.

Segundo Wolfgang Hoffman-Riem, faz-se necessária uma regulamentação adequada e que respeite os novos objetivos valorativos já incorporados na ordem jurídica contemporânea, entre eles: a proteção da liberdade individual, da personalidade e da igualdade de oportunidades; a manutenção dos princípios do Estado de Direito; o funcionamento da ordem democrática; mas também a promoção do desenvolvimento econômico e tecnológico.[27]

A atualização do modelo europeu culminou na promulgação do Regulamento 2016/679 do Parlamento Europeu e do Conselho, conhecido como Regulamento Geral de Proteção de Dados (RGPD), aprovado em 27 de abril de 2016, com o

---

23. CANTO, Rodrigo Eidelvein do. *A vulnerabilidade dos consumidores no comércio eletrônico*: reconstrução da confiança na atualização do Código de Defesa do Consumidor. São Paulo: Ed. RT, 2015. p. 25.
24. MENDES, Laura Schertel. A vulnerabilidade do consumidor quanto ao tratamento de dados pessoais. In: MARQUES, Claudia Lima; GSELL, Beate (Org.). *Novas tendências do Direito do Consumidor*: Rede Alemanha Brasil de Pesquisas em Direito do Consumidor. São Paulo: Ed. RT, 2015. p. 182-203.
25. JIMENE, Camila do Vale. Reflexões sobre *privacy by design e privacy by default*: da idealização à positivação. In: MALDONADO, Viviane Nobrega; BLUM, Renato Opice. (Coord.). *Comentários ao GDPR* (Regulamento Geral de Dados da União Europeia). São Paulo: Thomson Reuters Brasil, 2018. p. 169-183.
26. HOFFMANN-RIEM, Wolfgang. *Teoria do direito digital*: desafios para o direito. Rio de Janeiro: Forense, 2021. p. 3.
27. HOFFMANN-RIEM, Wolfgang. *Teoria do direito digital*: desafios para o direito. Rio de Janeiro: Forense, 2021. p. 7.

objetivo de abordar a proteção física e a livre circulação dos dados pessoais.[28] Esse regulamento ocasionou um efeito dominó, ao exigir que os demais países e as demais empresas que almejassem manter relações comerciais com os países-membros da União Europeia (UE) regulassem a matéria, com o mesmo nível de segurança.[29]

No Brasil, essa regulamentação jurídica foi estabelecida pela Lei 13.709/2018, a Lei Geral de Proteção de Dados (LGPD), vigente de forma total desde agosto de 2021,[30] e que tem como propósitos a proteção dos direitos fundamentais de liberdade e de privacidade, bem como o livre desenvolvimento da personalidade do cidadão. Ademais, essa legislação trouxe relevantes e atualizados fundamentos, tais como a privacidade, a autodeterminação informativa, o desenvolvimento econômico e tecnológico, a inovação, a livre-iniciativa e a concorrência, a defesa do consumidor e dos direitos humanos.[31]

A LGPD estabeleceu, em seu artigo 7º, que o tratamento de dados pessoais não poderá ser realizado sem que haja uma base normativa que o autorize, o que levou a uma grande mudança no mercado e nas organizações, que, até então, tratavam dados pessoais coletados como um "ativo próprio", utilizando-os e comercializando-os livremente. Com a vigência da LGPD, essa lógica se inverteu, sendo imposta aos controladores e operadores de dados a obrigação de realizar uma análise prévia de enquadramento às hipóteses legais previstas no art. 7º, incisos I, II, III, IV, V, VI, VII, VIII, IX e X, da LGPD,[32] pois, não havendo enquadramento, os agentes estão impossibilitados de realizar a operação.

A base legal do consentimento do titular dos dados é considerada por parte da doutrina especializada como uma pedra angular, verdadeira essência para a auto-

---

28. UNIÃO EUROPEIA. *Regulamento (EU) 2016/679 do Parlamento e do Conselho Europeu de 27 de abril de 2016 relativo à proteção das pessoas singulares no que diz respeito ao tratamento de dados pessoais e à livre circulação desses dados e que revoga a Diretiva 95/46/CE* (Regulamento Geral sobre a Proteção de Dados). Bruxelas, 27 de abril de 2016. Disponível em: https://eur-lex.europa.eu/legal-content/PT/TXT/PDF/?uri=CELEX:32016R0679&from=PT. Acesso em: 09 jul. 2020.

29. PINHEIRO, Patrícia Peck. *Proteção de Dados Pessoais*: comentários à Lei 13.709/2018 (LGPD). São Paulo: Saraiva Educação, 2018. p. 18.

30. A LGPD tem as seguintes datas de entrada e vigor: (i) 28 de dezembro de 2018 para os artigos 55-A, 55-B, 55-C, 55-D, 55-E, 55-F, 55-G, 55-H, 55-I, 55-J, 55-K, 55-L, 58-A e 58-B (de acordo com a Lei 13.853/2019); (ii) 1º de agosto de 2021 para os arts. 52, 53 e 54 (de acordo com a Lei 14.010/2020) e (iii) demais artigos em 18 de setembro de 2020.

31. BRASIL. *Lei 13.709 de 14 de agosto 2018*. Lei Geral de Proteção de Dados Pessoais. Brasília, DF: Planalto, 2018. Disponível em: http://www.planalto.gov.br/ccivil_03/_ato2015-2018/2018/lei/L13709.htm. Acesso em: 12 ago. 2020.

32. Ao total, são previstas dez hipóteses autorizativas para o tratamento de dados pessoais, entre elas: o consentimento do titular; o cumprimento de obrigação legal ou regulatória pelo controlador dos dados; a execução de contrato ou de procedimentos contratuais preliminares; o exercício regular de direito em processo judicial, administrativo ou arbitral; para a proteção da vida ou da incolumidade física do titular ou de terceiros; para a tutela da saúde, exclusivamente, em procedimento realizado por profissionais de saúde, serviços de saúde ou autoridade sanitária; para a proteção do crédito; pela administração pública, para a execução de políticas públicas previstas em leis e regulamentos; e, finalmente, para atendimento de interesses legítimos do controlador ou de terceiros.

determinação informativa, uma vez que essa base legal representa a expressão da autonomia individual e do controle do titular dos dados em torno de seus direitos de personalidade.[33] Ela compreende a liberdade de escolha do indivíduo como meio de delimitação da esfera privada e tem, assim, o papel de legitimar que terceiros utilizem os dados do titular em alguma medida.[34]

Ocorre que o consentimento, nos moldes em que hoje é obtido, sem que sejam dadas escolhas ao usuário, é estruturado sobre uma lógica binária, que, na maioria das vezes, obriga-o à aceitação dos termos de serviço para que possa adquirir o produto ou serviço. Nesse sentido, estudiosos do tema têm ressaltado a insuficiência do consentimento como mecanismo para o controle das atividades de manipulação de dados e para a tutela da tão almejada privacidade e proteção dos dados pessoais.[35]

Spiros Simitis[36] descreve o consentimento como uma ficção, por traduzir uma falsa ideia de controle da esfera jurídica do titular dos dados. Bert-Japp Koops[37] afirma que a maioria das pessoas se limita a consentir sem o fazer de forma consciente, tendo em vista a complexidade envolvida na análise dos termos de uso e de privacidade, enquanto Daniel Solove[38] argumenta que o titular não possui capacidade de avaliar as desvantagens e as consequências associadas ao tratamento de dados que é objeto do consentimento.

Em meio a esse cenário, ganhou relevância a base legal do legítimo interesse, que se distingue por surgir sustentada não no direito à autodeterminação informativa ou em outros direitos fundamentais do titular dos dados, mas nos interesses do próprio responsável pelo tratamento, em atendimento ao propósito da livre circulação de dados.[39]

Parte da doutrina afirma que o legítimo interesse acabou adquirindo *status* de nova carta coringa regulatória, devido à sua flexibilidade. De fato, ele é o fundamento jurídico mais utilizado para autorizar o tratamento de dados pessoais no âmbito europeu, superando, inclusive, o consentimento, já que aproximadamente 70% das

---

33. BIONI, Bruno Ricardo. *Proteção de dados pessoais*: a função e os limites do consentimento. 2. ed. Rio de Janeiro: Forense, 2020. *E-book*.

34. DONEDA, Danilo. *Da privacidade à proteção dos dados pessoais*: fundamentos da Lei Geral de Proteção de Dados. 2. ed. rev. e atual. São Paulo: Thomson Reuters Brasil, 2019. p. 377-379.

35. DUQUE, Marcelo Schenck; HARFF, Graziela. Publicidade digital sur mesure e proteção de dados. *Revista de Direito do Consumidor*, São Paulo, v. 132, p. 237-267, nov.-dez. 2020.

36. SIMITIS, Spiros. Privacy: An Endless Debate? *California Law Review*, Berkeley, v. 98, p. 989-2005, December 2010.

37. KOOPS, Bert-Papp. The trouble with European data Protection Law. *International Data Privacy Law*, United Kingdom, v. 4, n. 4, p. 250-261, Nov. 2014. Disponível em: https://doi°rg/10.1093/idpl/ ipu023. Acesso em: 03 jan. 2021.

38. SOLOVE, Daniel J. Privacy self-management and the consent dilemma. *Harvard Law Review*, Cambridge, v. 126, p. 1883-1903, 2013.

39. CORDEIRO, Antonio Barreto Menezes. *Direito da proteção de dados*: à luz do RGPD e da Lei n. 58/2019. Coimbra: Almedina, 2020. p. 223.

empresas europeias utilizam o artigo 6º/1 (f) do RGPD para autorizar o tratamento de dados pessoais em suas operações.[40]

A exemplo, Thiago Sombra refere que o legítimo interesse seria uma das hipóteses de tratamento de dados mais sujeitas à ideia de privacidade contextual e pluralística, por abranger uma categoria dinâmica e de conteúdo variável, atendendo, assim, às mais diversas características de processamento do ciberespaço.[41]

Ressalta-se, todavia, que a base legal do legítimo interesse já existia na Diretiva 95/46/CE do Parlamento Europeu e do Conselho (Diretiva 95/46/CE).[42] Essa base legal foi questionada, no passado, por autores europeus, uma vez que a subjetividade, a amplitude e a maleabilidade da terminologia poderiam acabar por constituir verdadeira brecha na legislação, vindo a mitigar por completo aquela que deveria ser a regra no tratamento de dados: o consentimento do titular.[43]

Segundo Federico Ferretti, o legítimo interesse possui aplicação vaga e, por isso, pode ser facilmente utilizado de forma abusiva pelo controlador dos dados. Desse modo, ele constituiria uma ferramenta para o esvaziamento da proteção jurídica oferecida ao titular dos dados pessoais, bem como uma lacuna na proteção dos valores estabelecidos pela legislação, o que enfraquece o sistema legal europeu de proteção de dados.[44]

Para António Barreto Menezes Cordeiro,[45] a solução coloca o titular dos dados em uma situação de fragilidade, uma vez que é o responsável e o interessado pelo uso dos dados que decide se deve realizar ou não esse tratamento, e em que moldes esta atividade irá ocorrer, o que abre portas para tratamentos de dados pessoais com consequências imprevisíveis.

Laura Schertel Mendes e Danilo Doneda asseveram que essa base legal se afiguraria como uma espécie de cláusula geral, na qual se opera um teste de proporcionalidade entre os interesses na utilização dos dados pessoais, que são do controlador

---

40. BERBERT, Lucia. "Interesse legítimo" supera "consentimento" no tratamento de dados pessoais pelas empresas. *Tele Síntese*, [s. l.], 27 maio 2019. Disponível em: http://www.telesintese.com.br/ interesse-legitimo-supera-consentimento-no-tratamento-de-dados-pelas-empresas/. Acesso em: 20 out. 2019.

41. SOMBRA, Thiago Luís Santos. *Fundamentos da regulação da privacidade e proteção de dados pessoais: pluralismo jurídico e transparência em perspectiva.* São Paulo: Thomson Reuters Brasil, 2019. p. 181.

42. UNIÃO EUROPEIA. *Diretiva 95/46/CE do Parlamento Europeu e do Conselho de 24 de outubro de 1995 relativa à proteção das pessoas singulares no que diz respeito ao tratamento de dados pessoais e à livre circulação desses dados.* Luxemburgo, 24 de outubro de 1994. Disponível em: https://eur-lex.europa.eu/legal-content/PT/TXT/PDF/?uri=CELEX:31995L0046&from=PT. Acesso em: 12 ago. 2020.

43. FERRETTI, Federico. Data Protection and the legitimate interest of data controllers: much ado about nothing or the winter of rights? *Commom Market Law Review*, United Kingdom, v. 51, p. 843-868, 2014.

44. FERRETTI, Federico. Data Protection and the legitimate interest of data controllers: much ado about nothing or the winter of rights? *Commom Market Law Review*, United Kingdom, v. 51, p. 843-868, 2014.

45. CORDEIRO, Antônio Barreto Menezes. O tratamento de dados pessoais fundado em legítimos interesses. *Revista de Direito e Tecnologia*, Lisboa, v. 1, n. 1, p. 1-31, 2019.

ou de terceiros, e os direitos do titular, sendo um dos pontos mais delicados da nova legislação.[46]

Por outro lado, verifica-se que a continuidade do fluxo de dados é cada vez mais necessária para a economia na era digital.[47] Por isso, há a necessidade do correto uso da base legal do legítimo interesse no ordenamento jurídico brasileiro, pois, sem a confiança dos cidadãos na forma como seus dados serão tratados pelos controladores, o desenvolvimento sustentável da economia brasileira não seria viável, uma vez que ela é cada vez mais orientada para a informação.[48]

Haja vista a abertura do texto legal que prevê o legítimo interesse como fundamento jurídico para o tratamento de dados pessoais, bem como a ausência, na experiência brasileira, de metodologia ou de melhores práticas que possam instruir a utilização dessa base legal, torna-se imprescindível a contribuição da academia na busca dos limites de aplicabilidade no âmbito do ordenamento jurídico brasileiro.

A propósito, deve ser considerado que a Autoridade Nacional de Proteção de Dados (ANPD) – órgão responsável, dentre outras coisas, pela interpretação da LGPD – está apenas iniciando seus trabalhos e ainda não produziu entendimentos ou orientações práticas sobre a base legal do legítimo interesse. De acordo com o planejamento estratégico da ANPD para 2021/2023, as ações vinculadas ao seu primeiro objetivo estratégico, de promoção do fortalecimento da cultura de proteção de dados pessoais no país, incluem a elaboração de guias e de recomendações sobre o uso das bases legais da LGPD, mas dentro de um prazo de até 2 anos.[49]

Como a aplicação da hipótese legal já está ocorrendo em todo o país, em descompasso com o prazo acima apontado, torna-se de grande relevância o debate acadêmico destinado a definir os contornos e as hipóteses de aplicação do legítimo interesse. Com esse debate, busca-se o equilíbrio entre os direitos dos titulares das informações e a continuidade do fluxo de dados no mundo digital, para que haja previsibilidade e segurança jurídica no sistema brasileiro de proteção de dados pessoais.

Por outro lado, mesmo sendo inegável a influência europeia sobre a LGPD, bem como a importância do direito comparado para melhorar, aperfeiçoar ou interpretar

---

46. MENDES, Laura Schertel; DONEDA, Danilo. Marco jurídico para a cidadania digital: uma análise do projeto de Lei 5.276/2016. Revista de Direito Civil Contemporâneo, São Paulo, v. 9, p. 35-48, out.-dez. 2016.
47. SOUZA, Carlos Affonso Pereira de; VIOLA, Mario Viola; PADRÃO, Vinicius. Considerações iniciais sobre os interesses legítimos do controlador na lei geral de proteção de dados pessoais. *Revista de Direito Público*, Brasília, DF, v. 6, n. 90, p. 109-131, nov.-dez. 2019.
48. GENCARELLI, Bruno. Apresentação. In: DONEDA, Danilo; *Da Privacidade à Proteção de Dados Pessoais:* elementos da formação da Lei geral de proteção de dados. 2. ed. rev. e atual. São Paulo: Thomson Reuters Brasil, 2019, p. 13-14.
49. BRASIL. *Planejamento estratégico 2021-2023*. Brasília, DF: ANPD, 2020. Disponível em: https://www.gov. br/anpd/pt-br/documentos-e-publicacoes/planejamento-estrategico/planejamento-estrategico-2021-2023. pdf. Acesso em: 17 jun. 2021.

o direito posto,[50] o aplicador do direito não pode desviar o foco das escolhas particulares que resultaram na legislação brasileira nem da necessidade de harmonização dos seus dispositivos com outras normas e princípios vigentes, sob pena de um transplante legal inadequado.[51]

Eis que se insere este estudo, movido pelo seguinte problema de pesquisa: "quais são os limites de aplicação da base legal do legítimo interesse no tratamento de dados pessoais no ordenamento jurídico brasileiro?". Esta investigação, portanto, procura trazer uma contribuição à doutrina e também à sociedade, uma vez que poderá servir como orientação aos agentes de tratamento de dados no uso da base legal em suas atividades, aos cidadãos titulares dos dados e às entidades representativas, para a defesa dos seus direitos, bem como poderá auxiliar a regulamentação da matéria pela ANPD.

O objetivo geral da pesquisa ora apresentada consistiu em buscar diretrizes para a correta aplicação do legítimo interesse no país, por meio de uma análise em direito comparado do desenvolvimento doutrinário, legislativo e jurisprudencial desse fundamento de licitude no contexto da União Europeia. Por meio dessa análise, pretende-se identificar as situações que já definiram a concreção do legítimo interesse, bem como os limites para a sua utilização no tratamento de dados pessoais naquele cenário. Desse modo, poderiam ser traçados os possíveis caminhos e fronteiras para uma adequada recepção desse instituto no ordenamento jurídico brasileiro, considerando as especificidades e o estado da arte que se diferem no país.

Foram objetivos específicos: i) compreender a evolução do direito à privacidade e seus novos desdobramentos; ii) analisar o desenvolvimento da proteção de dados pessoais no ordenamento jurídico brasileiro; iii) verificar os fundamentos da LGPD; iv) averiguar a base legal do legítimo interesse e seus requisitos legais; v) compreender as origens do direito à proteção de dados na Alemanha; vi) verificar a criação do modelo europeu de proteção de dados; vii) analisar o fundamento de licitude do legítimo interesse no direito comunitário europeu; viii) avaliar o teste de proporcionalidades desenvolvido no âmbito da União Europeia; ix) analisar a jurisprudência do TJUE e sua contribuição na concreção do interesse legítimo; x) apurar as controvérsias acerca da aplicação da base legal na UE; xi) examinar contribuições trazidas pelas autoridades de proteção de dados da UE; xii) verificar os possíveis desafios a serem enfrentados pela base legal do legítimo interesse no Brasil e os caminhos para a aplicação do teste de proporcionalidade; xiii) analisar a vulnerabilidade do consumidor titular dos dados pessoais e como o CDC pode

---

50. MARQUES, Claudia Lima. O legado da Lei da Boa Razão e a renovação da Teoria das Fontes: o diálogo das fontes e seu impacto no Brasil. In: MARQUES, Claudia Lima; CERQUEIRA, Gustavo (Coord.). *A função modernizadora do direito comparado*: 250 anos da lei da boa razão. São Paulo: YK Editora, 2020. p. 471-492.

51. BIONI, Bruno; KITAYAMA, Marina; RIELLI, Mariana. *O Legítimo Interesse na LGPD*: quadro geral e exemplos de aplicação. São Paulo: Associação Data Privacy Brasil de Pesquisa, 2021. p. 5.

contribuir para a tutela deste; xiv) examinar o papel da boa-fé na concreção e na limitação do legítimo interesse no cenário nacional.

Para atingir os objetivos e responder à questão central proposta, foi utilizado o método científico dedutivo – pois figura como premissa maior o sistema europeu, como modelo paradigma eleito – e o método dialético – uma vez que a investigação mereceu confronto de opiniões e correntes doutrinárias. Como a abordagem também possui natureza de comparação entre a doutrina, as leis e a jurisprudência da União Europeia e do Brasil, foi utilizado o método comparativo funcionalista; ele pode ser definido como aquele que visa identificar respostas jurídicas similares ou distintas, em conflitos sociais que se assemelham, mesmo ocorrendo em lugares diferentes no mundo.[52]

A pesquisa foi desenvolvida, ainda, pelo método histórico, ao analisar a evolução e as transformações da sociedade e das legislações acerca da temática da proteção dos dados pessoais no contexto do direito pátrio e comparado. Ela também foi desenvolvida pelo método monográfico, utilizado para o estudo aprofundado do direito à proteção de dados, do legítimo interesse do controlador, da vulnerabilidade do consumidor, da teoria do diálogo das fontes e da boa-fé.

Foram utilizadas fontes legislativas, bibliográficas, documentais e jurisprudenciais de pesquisa, com ênfase na legislação do direito comunitário europeu, por meio de obras nacionais e internacionais publicadas sobre o tema (especialmente dos países-membros da UE); de artigos científicos constantes em periódicos e revistas especializadas; bem como de dissertações e teses já concluídas.

O resultado da pesquisa é, então, apresentado nesta obra, que vem dividida em duas grandes partes: a primeira, intitulada "2. Privacidade, proteção de dados pessoais e o legítimo interesse como fundamento para o tratamento de dados pessoais em Direito Comparado"; e a segunda, denominada "3. A concreção do legítimo interesse no cenário brasileiro à luz da experiência europeia". Cada uma dessas grandes partes é, por sua vez, dividida em dois pontos, que contam com subdivisões – quatro na primeira parte e três na segunda.

Assim, no ponto 2.1, é realizado um estudo sobre a evolução da proteção de dados no ordenamento jurídico brasileiro, até a entrada em vigor da LGPD; passa-se, então, para a análise dos fundamentos, princípios e bases legais dessa legislação e chega-se ao legítimo interesse do controlador; ao fim, são apresentadas as primeiras impressões sobre a base legal.

Em seguida, no ponto 2.2, são investigadas as origens do direito à proteção de dados pessoais, desde os seus primórdios na Alemanha; passa-se pelo exame do desenvolvimento do modelo europeu de regulação até o RGPD, para que, ao final

---

52. MIRAGEM, Bruno. A contribuição essencial do direito comparado para a formação e o desenvolvimento do direito privado brasileiro. *Revista dos Tribunais*, São Paulo, v. 1000, p. 157-190, fev. 2019.

da primeira parte, sejam aprofundados os estudos acerca da aplicação do legítimo interesse no tratamento de dados pessoais na UE, com a análise do Parecer 06/2014 do GTA29, do teste de proporcionalidade e das mudanças trazidas pelo RGPD, no que tange a esse fundamento de licitude.

Já na segunda grande parte do trabalho, no ponto 3.1, são investigados os possíveis ensinamentos da UE sobre a concreção do legítimo interesse. Inicia-se por um estudo dos principais casos julgados pelo TJUE que contribuíram na identificação do instituto; passa-se pelas controvérsias que ainda permeiam a base legal, bem como por um relato dos casos Google e Facebook; e finaliza-se com a verificação do papel das autoridades de proteção de dados na orientação dos agentes sobre a aplicação da base legal.

Finalmente, no ponto 3.2, a pesquisa volta-se aos possíveis caminhos e fronteiras para o uso do legítimo interesse no Brasil, considerando as lições obtidas a partir da experiência da União Europeia e as suas possíveis aplicações no cenário nacional. Inicialmente, são verificados os possíveis desafios a serem enfrentados pela base legal do legítimo interesse no Brasil, bem como a possibilidade de aplicação do teste de proporcionalidade pelo controlador. A seguir, são analisadas a vulnerabilidade do consumidor titular dos dados e as necessidades de proteção desse sujeito de direito, sendo proposto um diálogo de fontes entre a LGPD e o CDC. Ao final, a boa-fé objetiva, que possui grande influência no direito privado brasileiro e que constitui um elemento central na LGPD, é trazida como importante princípio orientador para a concreção do legítimo interesse no ordenamento jurídico brasileiro, bem como para a definição dos limites ao uso da base legal, em respeito a legítimas expectativas do titular dos dados.

Por fim, são apresentadas as considerações finais, com um apanhado geral das constatações feitas ao longo do livro.

2
PRIVACIDADE, PROTEÇÃO DE DADOS PESSOAIS E O LEGÍTIMO INTERESSE COMO FUNDAMENTO PARA O TRATAMENTO DE DADOS PESSOAIS EM DIREITO COMPARADO

Como ensina Claudia Lima Marques, as lições do direito comparado devem ser consideradas para melhorar, aperfeiçoar ou interpretar o direito posto, sendo reconhecida a importância da comparação jurídica estrangeira há mais de 250 anos no Brasil, graças à Lei da Boa Razão,[1] que foi muito útil para o desenvolvimento e a modernização do ordenamento jurídico brasileiro.[2] Contudo, é importante notar que o direito comparado não reside na mera comparação de leis, jurisprudência ou doutrina de forma isolada, pois o direito é um objeto cultural inseparável daquela realidade que lhe deu origem.[3]

Por isso, a importância de iniciar o presente estudo, o qual visa comparar o direito comunitário europeu com o brasileiro, a partir da análise da dimensão social, histórica e cultural que deu origem ao direito à proteção de dados de pessoais no ordenamento jurídico do Brasil. Após, será observada a evolução legislativa e os *leading cases* do judiciário do país, até o atual estágio de desenvolvimento da matéria,

---

1. Ao que toca a Lei da Boa Razão, Claudia Lima Marques aponta que, em 1769, essa influente lei introduziu o princípio de interpretação e de integração das já superadas normas das ordenações e do direito romano comum a *recta ratio*, que se encontraria na interpretação atual e na doutrina das nações cristãs civilizadas. Assim, a Lei da Boa Razão realçou a função modernizadora do direito comparado e atuou principalmente na teoria das fontes, ajudando a criar um sistema racional de fontes na família lusófona de direitos, que continua hoje no Brasil com a teoria do professor alemão Erik Jayme do diálogo das fontes (MARQUES, Claudia Lima. O legado da Lei da Boa Razão e a renovação da Teoria das Fontes: o diálogo das fontes e seu impacto no Brasil. In: MARQUES, Claudia Lima; CERQUEIRA, Gustavo (Coord.). *A função modernizadora do direito comparado*: 250 anos da Lei da Boa Razão. São Paulo: YK Editora, 2020. p. 471-492).
2. MARQUES, Claudia Lima. Cem anos de Código Civil alemão: o BGB de 1896 e o Código Civil brasileiro de 1916. *Revista dos Tribunais*, São Paulo, v. 741, p. 11-37, jul. 1997.
3. Segundo Bruno Miragem, "a partir da equivalência funcional, vem a necessidade de análise de uma perspectiva mais ampla, dos aspectos sociais, históricos e culturais que expliquem a existência do problema e da solução jurídica encontrada por aquele sistema naquela realidade. Assim, através da análise de semelhanças e diferenças entre as situações verificadas, será possível chegar-se na comparação entre problemas jurídicos e admitir a possibilidade de que, para problemas semelhantes, existam soluções diferentes" (MIRAGEM, Bruno. A contribuição essencial do direito comparado para a formação e o desenvolvimento do direito privado brasileiro. *Revista dos Tribunais*, São Paulo, v. 1000, p. 157-190, fev. 2019).

com a entrada em vigor da Lei Geral de Proteção de Dados, que trouxe a base legal do legítimo interesse como hipótese autorizativa para o tratamento de dados pessoais. Uma vez analisado o cenário brasileiro, será realizado um estudo em moldes semelhantes, a partir da origem do direito à proteção de dados na Alemanha, até a criação do atual modelo legislativo da União Europeia.

2.1 A EVOLUÇÃO DA PROTEÇÃO DE DADOS NO ORDENAMENTO JURÍDICO BRASILEIRO E AS PRIMEIRAS IMPRESSÕES SOBRE A BASE LEGAL DO LEGÍTIMO INTERESSE

A terminologia "proteção de dados pessoais" apenas recentemente foi incorporada ao glossário jurídico brasileiro para abarcar situações nas quais o elemento principal diz respeito ao tratamento de dados pessoais. Todavia, as questões que atualmente são associadas à temática da proteção de dados não eram estranhas à práxis jurídica do país, uma vez que eram, até então, associadas a questões de privacidade.[4]

Para Danilo Doneda, "a proteção de dados pessoais, em suma, propõe o tema da privacidade, porém, modifica seus elementos; aprofunda seus postulados e toca nos pontos centrais dos interesses em questão".[5]

Nesta seara, a trajetória percorrida pelo direito à privacidade, que tem como característica a mutação ao longo do tempo por força da época, da cultura e dos costumes de uma sociedade, muito interessa, pois reflete os desafios enfrentados na tutela desse direito da personalidade diante das consequências da evolução tecnológica, sendo este o ponto de partida da pesquisa realizada.

2.1.1 Da privacidade à proteção de dados

Em comparação com outros direitos da personalidade, a privacidade possui evolução mais recente, tendo como marco inicial de referência jurídica doutrinária o artigo *The Right to Privacy*, de Samuel Warren e Louis Brandeis, publicado em 1890 na *Harvard Law Review*. No trabalho, os autores demonstraram preocupação quanto à construção de um direito à privacidade a partir de decisões históricas acolhidas pelos tribunais ingleses e norte-americanos.[6]

Esse ensaio foi motivado pelo destaque que os jornais de Boston deram à vida social da esposa de um dos autores. A publicação denunciava, diante das fotografias e dos jornais, que os aparatos tecnológicos teriam invadido os sagrados domínios da

---

4. DONEDA, Danilo. Panorama Histórico da proteção de dados pessoais. In: MENDES, Laura Schertel; DONEDA, Danilo; SARLET, Ingo Wolfgang; RODRIGUES JR., Otavio Luiz (Coord.). *Tratado de Proteção de Dados Pessoais*. Rio de Janeiro: Forense, 2021. p. 3-20.
5. DONEDA, Danilo. *Da privacidade à proteção de dados pessoais*: elementos da formação da Lei Geral de Proteção de Dados. 2. ed. rev. e atual. São Paulo: Thomson Reuters Brasil, 2019. p. 173.
6. WARREN, Samuel D.; BRANDEIS, Louis, D. Right to privacy. *Harvard Law Review*, Cambridge, v. 4, n. 5, Dec. 1890. Disponível em: www.jstor°rg/stable/1321160. Acesso em: 05 mar. 2021.

2 • O LEGÍTIMO INTERESSE COMO FUNDAMENTO PARA O TRATAMENTO DE DADOS PESSOAIS

vida doméstica e privada. Além disso, buscava identificar na *commom law* um direito à privacidade através da evolução jurídica da tutela da pessoa e do seu patrimônio, a partir da concepção de propriedade, até o reconhecimento da proteção à propriedade de coisas imateriais ou intangíveis, em precedentes dos tribunais.[7]

A força desse estudo estava justamente na ideia trazida pelos autores de reconhecimento de um direito próprio, que identificaram como *privacy*, o direito à privacidade, evidenciado como *the right to be alone*, ou seja, o direito do indivíduo de ser deixado só. Dito direito estaria relacionado com a proteção e a inviolabilidade da personalidade; e, em inovação, os autores rompiam com a tradição que se tinha até então de associar a proteção da vida privada à propriedade.[8]

Segundo os doutrinadores:

Algumas coisas, de forma igual a todo homem, têm o direito de ser mantidas distantes da curiosidade popular, tratando-se de uma vida pública ou não, enquanto outras são privadas porque a pessoa de que se está tratando não assumiu uma posição que faz de suas ações assunto legítimo a uma investigação pública.[9]

Ademais, buscaram definir os limites do direito à privacidade, apontando que este não impediria a publicação do que fosse de interesse geral; não vedaria a comunicação de tudo que é privado; não seria exigível reparação se a intromissão fosse gerada por uma revelação verbal e que não causasse danos; a alegação de veracidade pelo agressor ou a ausência de dolo não excluiriam a violação do direito, direito, e, por fim, o consentimento do afetado excluiria a violação do direito.[10]

Outro ponto relevante do estudo de Warren e Brandeis foi a ideia de que não deveria ser impedida a publicação daquilo que, mesmo sendo de caráter privado, tenha agregado uma noção de relevância pública específica. Nesse sentido, poderia ser tornado público não apenas aquilo que diz respeito a coisas comuns, mas também o que faz parte do reservado de uma pessoa, mas que, por determinadas circunstâncias fácticas e jurídicas, atinge tal relevância que acaba precisando ser compartilhado por todos.[11]

Logo, seria importante a construção das esferas público e privada, para que fosse possível estabelecer a tutela da privacidade através da identificação de um direito efetivo do indivíduo, sem prejuízo a outras liberdades e posições jurídicas que concorram com mesma importância no cenário jurídico, e para que os indivíduos

---

7. WARREN, Samuel D.; BRANDEIS, Louis, D. Right to privacy. *Harvard Law Review*, Cambridge, v. 4, n. 5, Dec. 1890. Disponível em: www.jstor°rg/stable/1321160. Acesso em: 05 mar. 2021.
8. SCHREIBER, Anderson. *Direitos da Personalidade*. 3. ed. rev. e atual. São Paulo: Atlas, 2014. p. 136-137.
9. WARREN, Samuel D.; BRANDEIS, Louis, D. Right to privacy. *Harvard Law Review*, Cambridge, v. 4, n. 5, Dec. 1890. Disponível em: www.jstor°rg/stable/1321160. Acesso em: 05 mar. 2021.
10. MENDES, Laura Schertel. *Privacidade, proteção de dados e defesa do consumidor*: linhas gerais de um novo direito fundamental. São Paulo: Saraiva, 2014. p. 27-28.
11. CACHAPUZ, Maria Cláudia. *Intimidade e vida privada no novo código civil brasileiro*: uma leitura orientada no discurso jurídico. Porto Alegre: Sergio Antonio Fabris Ed., 2006. p. 97.

pudessem conviver em sociedade, tendo assegurada a garantia ao livre desenvolvimento da personalidade.[12]

Uma forma de tratamento desses conceitos é dada pela chamada Teoria das Esferas (*Sphärentheorie*), desenvolvida em 1953 pelo jurista alemão Heinrich Hubmann para diferenciar o privado, o íntimo, o secreto e o público. Para tanto, utilizou uma representação que dividiu a esfera da vida privada do homem em três círculos concêntricos. Assim, a circunferência externa, de maior amplitude, seria a individual (*Individualsphäre*), que englobaria aspectos do indivíduo que são visíveis no meio social, todavia, com acesso restrito ao público. O círculo intermediário alocaria o plano da privacidade (*Privatsphäre*), de aspectos particulares da vida de uma pessoa que são compartilhados com um núcleo reduzido de amigos íntimos e familiares, demandando, assim, maior proteção. Por fim, o menor dos círculos, e a esfera mais interna, seria a secreta (*Geheimsphäre*), abrangendo as informações mais íntimas do indivíduo, às quais o interesse público não pode ter acesso.[13]

Essa teoria, posteriormente, foi reconstruída por diversos autores, dentre eles Robert Alexy. Segundo ele, a necessidade de limitação da liberdade individual no plano social inter-relacional gera a sua tutela jurídica, a qual deve variar de forma inversamente proporcional à sociabilidade do comportamento analisado. Ou seja, quanto mais interno dentro das esferas estiver o comportamento, mais intensa deverá ser a proteção jurídica.[14]

A referida teoria foi amplamente aplicada pelo Tribunal Constitucional Alemão desde meados do século XX, visando à delimitação do direito ao livre desenvolvimento da personalidade, tendo adquirido notoriedade com a decisão que foi proferida no caso Elfes de 1957 (*BVerfGE 6, 32*). No julgamento em questão, foi discutida a constitucionalidade de uma lei que permitia ao órgão público a não concessão de passaporte a cidadão alemão em face de ameaça à segurança, ao relevante interesse da República Federal da Alemanha, ou de um Estado-membro da federação.[15]

O tribunal acolheu o entendimento de que deveria existir uma esfera própria da tutela à privacidade de todo indivíduo, em que estaria resguardado o valor maior da dignidade humana. A partir dessa decisão, foi reconhecido, na Alemanha, que:

> [...] as leis não devem violar a dignidade da pessoa, a qual representa o valor maior da Lei Fundamental, nem podem restringir a liberdade espiritual, política ou econômica da pessoa de forma que possa corroer a essência de sua personalidade.[16]

---

12. CACHAPUZ, Maria Cláudia. *Intimidade e vida privada no novo código civil brasileiro*: uma leitura orientada no discurso jurídico. Porto Alegre: Sergio Antonio Fabris Ed., 2006. p. 98.
13. HUBMANN, Heinrich. *Das Persönlichkeitsrecht*. 2. ed. Köln: Böhlau, 1967. p. 269.
14. ALEXY, Robert. *Teoria dos direitos fundamentais*. Trad. Virgílio Afonso da Silva. São Paulo: Malheiros, 2008. p. 360.
15. MARTINS, Leonardo (Org.). *Cinquenta anos de jurisprudência do Tribunal Constitucional Federal Alemão*. Montevideo: Fundação Konrad Adenauer, 2005. p. 190-194.
16. MARTINS, Leonardo (Org.). *Cinquenta anos de jurisprudência do Tribunal Constitucional Federal Alemão*. Montevideo: Fundação Konrad Adenauer, 2005. p. 190-194.

2 • O LEGÍTIMO INTERESSE COMO FUNDAMENTO PARA O TRATAMENTO DE DADOS PESSOAIS

Veja-se que a decisão alemã utilizou a Teoria das Esferas em sua argumentação, uma vez que se preocupou em demonstrar que a tutela jurídica preconizada deveria garantir uma resposta do Estado contra a intromissão externa a uma esfera mais reservada do indivíduo.[17]

A doutrina moderna predominante considera suficiente o reconhecimento de três esferas, assim ordenadas: esfera pública (*Öffentlichkeitssphäre*), esfera privada (*Privatsphäre*) e esfera íntima (*Intimsphäre*).[18] A Teoria das Esferas também enfrentou críticas, apesar de sua ampla aplicação pelos tribunais alemães. Nesse sentido, foi apontada a impossibilidade de se determinar cientificamente as fronteiras que dividem as três esferas, bem como a falta de relevância prática na divisão delas, não resultando em proteção jurídica diversa.[19]

Fato é que, no Brasil, previsto tanto na Constituição Federal (CF) quanto na legislação infraconstitucional, o direito à privacidade é considerado direito fundamental e direito da personalidade, sendo uma figura jurídica que supera a dicotomia entre direito público e privado. O constituinte optou pelo uso dos termos intimidade e vida privada para fazer referência à privacidade, sendo a última expressão também a opção do legislador ao elaborar o Código Civil de 2002 (CC). Independentemente da forma como é designada, quando se tutela a privacidade, busca-se contemplar "atributos da personalidade humana merecedores de proteção jurídica", ou seja, o que "muda é tão somente o plano em que a personalidade humana se manifesta".[20]

Por ser a privacidade componente essencial à formação da pessoa, indispensável à construção do indivíduo e de suas fronteiras com os demais, sua tutela vai ao encontro da promoção e proteção da dignidade da pessoa humana, fundamento norteador do ordenamento jurídico brasileiro.[21]

A esse respeito, a Constituição Federal de 1988 não apenas reconheceu o direito à privacidade como optou por especificar a sua proteção, na medida em que cita, expressamente, a proteção à privacidade e à intimidade. Daí as tentativas doutrinárias de diferenciá-las, criando, para tanto, critérios não muito objetivos.[22]

---

17. MARTINS, Leonardo (Org.). *Cinquenta anos de jurisprudência do Tribunal Constitucional Federal Alemão*. Montevideo: Fundação Konrad Adenauer, 2005. p. 190-194.
18. ZANINI, Leonardo Estevam de Assis. A Proteção dos Direitos da Personalidade na Alemanha. *Revista Jurídica Luso-Brasileira*, Lisboa, ano 6, n. 2, p. 731-759, 2020.
19. FERRAZ JUNIOR, Tércio Sampaio. Sigilo de dados: o direito à privacidade e os limites à função fiscalizadora do Estado. *Revista da faculdade de direito da Universidade de São Paulo*, São Paulo, v. 88, p. 439-459, jan.-dez. 1993.
20. SCHREIBER, Anderson. *Direitos da Personalidade*. 3. ed. rev. e atual. São Paulo: Atlas, 2014. p. 13.
21. SCHREIBER, Anderson. *Direitos da Personalidade*. 3. ed. rev. e atual. São Paulo: Atlas, 2014. p. 13.
22. SARLET, Ingo Wolfgang. Direitos fundamentais em espécie. In: SARLET, Ingo Wolfgang; MARINONI, Luiz Guilherme; MITIDIERO, Daniel. Curso de direito Constitucional. São Paulo: Ed. RT, 2012. p. 349-609.

A vida privada *stricto sensu* se desenvolveria em uma inter-relação entre os indivíduos. Em alguns casos, é mais restrita, como no âmbito familiar; em outros, é mais exposta, como nos locais de convívio social. Independentemente do grau de exposição, estando dentro da esfera da vida privada, existiria uma proteção. Tércio Sampaio, sobre o tema, averba que:

> [...] a vida privada envolve a proteção de formas exclusivas de convivência. Trata-se de situações em que a comunicação é inevitável (em termos de relação de alguém com alguém que, entre si, trocam mensagens), das quais, em princípio, são excluídos terceiros. Terceiro é, por definição, o que não participa, que não troca mensagens, que está interessado em outras coisas. Numa forma abstrata, o terceiro compõe a sociedade, dentro da qual a vida privada se desenvolve, mas que com esta não se confunde. A vida privada pode envolver, pois, situações de opção pessoal (como a escolha do regime de bens no casamento), mas que, em certos momentos, podem requerer a comunicação a terceiros (na aquisição, por exemplo, de um bem imóvel).[23]

Nessa linha de raciocínio, Capelo de Sousa observa ser menor a intensidade da tutela nos casos em que a vida privada dos indivíduos é adjacente à esfera pública destes, como quando o indivíduo se movimenta em lugares públicos, como estradas, restaurantes, praias, cerimônias públicas, locais culturais ou desportivos, mas em que a privacidade da sua vida impõe mesmo aí certa reserva.[24]

Já a intimidade, vocábulo derivado do latim *intimus*, um superlativo de "*in*" ("em", "dentro"), traz um sentido de recôndito, escondido, interior, secreto, podendo ser exemplificado por segredos pessoais, dúvidas existenciais, medos, angústias, sonhos e planos.[25]

Gilmar Mendes, sobre o tema, refere que "o objeto do direito à intimidade seriam as conversações e os episódios ainda mais íntimos envolvendo relações familiares e de amizades mais próximas".[26]

Segundo Celso Lafer,

> [...] o direito à intimidade é hoje considerado integrante dos direitos de personalidade. Tutela o direito do indivíduo de estar só e a possibilidade de excluir do conhecimento de terceiros aquilo que só a ela se refere, e que diz respeito ao seu modo de ser no âmbito da vida privada.[27]

Portanto, a privacidade não se confunde com a intimidade, apesar de ambos serem direitos de personalidade. A privacidade se volta a aspectos externos da existência humana, como o recolhimento em sua residência, sem ser molestado, a

---

23. FERRAZ JUNIOR, Tércio Sampaio. Sigilo de dados: o direito à privacidade e os limites à função fiscalizadora do Estado. *Revista da faculdade de direito da Universidade de São Paulo*, São Paulo, v. 88, p. 439-459, jan.-dez. 1993.
24. SOUSA, Rabindranath V. A. Capelo de. *O direito geral de personalidade*. Coimbra: Coimbra Ed., 1995. p. 327.
25. MAURMO, Júlia Gomes Pereira. A distinção conceitual entre privacidade, intimidade, vida privada, honra e imagem. *Revista de Direito Privado*, São Paulo, v. 57, p. 33-52, jan.-mar. 2014.
26. MENDES, Gilmar Ferreira; COELHO, Inocêncio Mártires; BRANCO, Paulo Gustavo Gonet. *Curso de direito constitucional*. 2. ed. São Paulo: Saraiva, 2008. p. 378.
27. LAFER, Celso. *A reconstrução dos direitos humanos*: um diálogo com o pensamento de Hannah Arendt. São Paulo: Cia. das Letras, 1991. p. 239.

2 • O LEGÍTIMO INTERESSE COMO FUNDAMENTO PARA O TRATAMENTO DE DADOS PESSOAIS

escolha do modo de viver, os hábitos e a comunicação; enquanto a intimidade diz respeito a aspectos internos do viver da pessoa, como o segredo íntimo ou pessoal, as amizades, o relacionamento amoroso, a situação de pudor.[28]

Ressalte-se, por fim, que, quanto à identificação da violação aos direitos à privacidade *lato sensu*, não é adequado seguir um catálogo prévio e fechado de requisitos, pois seria impossível definir se a infração definitivamente ocorreu ou não. Certamente, a melhor forma de verificar a existência de violação a tais direitos é a análise do caso concreto, pois somente por meio da análise do modo de viver do indivíduo seria possível determinar a ocorrência da violação de sua privacidade.[29]

Contudo, desde a segunda metade do século XX, poucos conceitos jurídicos sofreram tamanha transformação como o conceito que envolve o direito à privacidade. Da discussão acerca da violação do direito de celebridades fotografadas em situações embaraçosas ou íntimas, o debate sobre o direito à privacidade voltou-se para o risco à personalidade de milhares de cidadãos cujos dados pessoais são coletados, processados e transferidos por organismos estatais e privados, a partir de modernas tecnologias da informação.[30]

Nos mais diversos papéis sociais, como contribuinte, paciente, trabalhador, beneficiário de programas sociais ou como consumidor, o cidadão tem seus dados processados diuturnamente. A vigilância deixa de ser esporádica e torna-se cotidiana. A combinação de diversas técnicas automatizadas permite a obtenção de informações sensíveis sobre os cidadãos e a construção de verdadeiros perfis virtuais, que passam a fundamentar a tomada de decisões econômicas, políticas e sociais.[31]

A internet é uma estrutura aberta de rede de computadores, com arquitetura técnica, que radicalizou, de forma inédita, tanto as possibilidades de fluxos de informação quanto sua organização social e institucional. Essa estrutura aberta, ao mesmo tempo em que possibilitou a sua difusão e o aperfeiçoamento da tecnologia, propiciou também o desenvolvimento de tecnologias de controle e monitoramento, que podem acarretar a restrição da liberdade do cidadão.[32]

Nesse novo cenário, condutas virtuais são monitoradas e armazenadas em sistemas informáticos automatizados, que criam perfis de internautas, classificando-os em diversas categorias de acordo com as informações que interessam determinados

---

28. DINIZ, Maria Helena. *Curso de direito civil brasileiro*: responsabilidade civil. 25. ed. São Paulo: Saraiva, 2011. p. 182.
29. SARLET, Ingo Wolfgang. Direitos fundamentais em espécie. In: SARLET, Ingo Wolfgang; MARINONI, Luiz Guilherme; MITIDIERO, Daniel. Curso de direito Constitucional. São Paulo: Ed. RT, 2012. p. 349-609.
30. SIMITIS, Spiros. Reviewing privacy in an information society. *University of Pensilvania Law Review*, Philadelphia, v. 135, p. 709-710, 1986/1987.
31. MENDES, Laura Schertel. O direito fundamental à proteção de dados pessoais. *Revista de Direito do Consumidor*, São Paulo, v. 79, p. 45-81, jul.-set. 2011.
32. CASTELLS, Manuel. *A galáxia da Internet. Reflexões sobre a Internet, os negócios e a sociedade*. Trad. Maria Luiza X. de A. Borges. Rio de Janeiro: Ed. Jorge Zahar, 2003. p. 28-29.

grupos de empresas privadas e, até mesmo, governos, atestando a fragilidade da privacidade no ambiente *on-line*.

Em razão de modificações sociais e da evolução tecnológica, a discussão sobre os danos causados pelo processamento e fluxo de dados na sociedade não se restringe mais à ameaça do enorme poder do Estado, mas abrange hoje também o setor privado, que se utiliza massivamente de dados pessoais para atingir objetivos econômicos. Assim, a ameaça passa a ser representada pelas milhares de empresas que coletam, armazenam e processam dados de seus clientes, consumidores finais ou não.[33]

Dentro desse contexto, os riscos à personalidade do cidadão cresceram exponencialmente. A violação da privacidade na sociedade da informação passa a significar, por exemplo, o risco do uso indevido de dados pessoais, da classificação dos indivíduos, de imposição de comportamentos padronizados e da discriminação dos cidadãos, de forma que o direito à proteção das informações pessoais passou a ser debatido.[34]

Com efeito, a utilização massiva de dados pessoais por organismos estatais e privados, a partir de avançadas tecnologias da informação, trouxe novos desafios ao direito à privacidade, que não foi capaz de fazer frente às novas situações introduzidas, de certa maneira devido ao seu caráter individualista e subjetivo. A partir dessa situação, a doutrina passou a defender a necessidade de um direito apartado da privacidade, o direito à proteção de dados pessoais, que, apesar de possuir uma série de valores que estão fortemente presentes a ela, em muito se diferencia.

Danilo Doneda afirma que a proteção de dados englobaria direitos e garantias aos cidadãos, limites para a sua utilização por empresas, organizações, bem como mecanismos para redução dos riscos no tratamento de dados, visando ao maior controle do titular sobre os seus dados pessoais, à utilização legítima desses dados pessoais, ao fomento de espaços de tratamento e ao livre fluxo dos dados.[35]

Sobre este ponto, Ingo Sarlet refere que o direito à proteção de dados é mais amplo, pois abarca todos os dados que dizem respeito a uma pessoa natural, independentemente da sua esfera íntima, privada, familiar ou social, indo além da tutela da privacidade e sendo um direito fundamental autônomo com vinculação direta à proteção da personalidade.[36]

---

33. MENDES, Laura Schertel. O direito fundamental à proteção de dados pessoais. *Revista de Direito do Consumidor*, São Paulo, v. 79, p. 45-81, jul.-set. 2011.
34. SIMITIS, Spiros. Reviewing privacy in an information society. *University of Pensilvania Law Review*, Philadelphia, v. 135, p. 709-710, 1986/1987.
35. DONEDA, Danilo. Panorama Histórico da proteção de dados pessoais. *In*: MENDES, Laura Schertel; DONEDA, Danilo; SARLET, Ingo Wolfganf; RODRIGUES JR., Otavio Luiz (Coord.). *Tratado de Proteção de Dados Pessoais*. Rio de Janeiro: Forense, 2021. p. 3-20.
36. SARLET, Ingo Wolfgang. Fundamentos constitucionais: o direito fundamental à proteção de dados. In: MENDES, Laura Schertel; DONEDA, Danilo; SARLET, Ingo Wolfgang; RODRIGUES JR., Otavio Luiz (Coord.). *Tratado de Proteção de Dados Pessoais*. Rio de Janeiro: Forense, 2021. p. 21-60.

2 • O LEGÍTIMO INTERESSE COMO FUNDAMENTO PARA O TRATAMENTO DE DADOS PESSOAIS

Dessa forma, o tratamento autônomo da proteção de dados pessoais passou a ser uma tendência mundial, encontrando-se enraizado em diversos ordenamentos jurídicos, inclusive como um direito fundamental. No panorama do ordenamento jurídico brasileiro, a proteção de dados pessoais não se estruturou a partir de um complexo normativo unitário, mas por meio de uma série de disposições legais que evoluíram ao longo do tempo,[37] tema que será aprofundado no próximo tópico.

2.1.2 O desenvolvimento da legislação e da jurisprudência no Brasil

O primeiro passo foi dado com a Constituição Federal promulgada em 1988, que apresentou uma técnica mais apurada e inovou ao reconhecer diversos direitos e garantias específicas. Ao reconhecer o princípio da dignidade da pessoa humana, no artigo 1º, protegeu de imediato todos os direitos da personalidade, além de positivar a liberdade de expressão (artigo 5º, inciso IX), o direito à informação (artigo 5º, inciso XXXIII), a inviolabilidade da vida privada e da intimidade (artigo 5º, inciso X), a garantia do *habeas data* (artigo 5º, inciso LXXII), a proibição da invasão de domicílio (artigo 5º, inciso XI) e a violação do sigilo de correspondência (artigo 5º, inciso XII).[38]

Neste ponto, cumpre analisar mais a fundo o instituto do *habeas data*, devido à sua importância no desenvolvimento da proteção de dados. Conforme ensina Luís Roberto Barroso,

> [...] não se trata de um instituto que tenha similar no direito comparado, nem que houvesse sido criado à vista de uma necessidade processual imperiosa. Tratou-se, acima de tudo, de uma reação ao passado, de valia primariamente simbólica.[39]

Veja-se que o momento da concepção desta garantia constitucional era oportuno à abertura dos arquivos do regime ditatorial, que se prolongou de 1964 a 1985 no país, e teve como resultado graves violações de direitos humanos, como detenções ilegais e arbitrárias, tortura, execuções, desaparecimentos forçados e ocultação de cadáveres. A incidência se deu em diferentes segmentos sociais, dentre eles militares, trabalhadores urbanos, camponeses, povos indígenas, membros de igrejas cristãs, LGBTs, professores e estudantes universitários. Segundo a Comissão Nacional da Verdade, durante a Ditadura Militar no Brasil, ocorreram ao menos 434 mortes e desaparecimentos, 20 mil casos de tortura e 4841 destituições de representantes eleitos pelo povo, em grave ofensa aos direitos fundamentais do estado democrático de direito.[40]

---

37. DONEDA, Danilo. *Da privacidade à proteção dos dados pessoais*. Rio de Janeiro: Renovar, 2006. p. 323.
38. DONEDA, Danilo. *Da privacidade à proteção dos dados pessoais*. Rio de Janeiro: Renovar, 2006. p. 323-324.
39. BARROSO, Luís Roberto. A viagem redonda: Habeas data, direitos constitucionais e as provas ilícitas. *Revista de Direito Administrativo*, Rio de Janeiro, n. 2013, p. 149-163, jul.-set. 1998.
40. COMISSÃO NACIONAL DA VERDADE. Verdade, Memória e Reconciliação. [S. l.]: CNV, 2015. Disponível em: http://cnv.memoriasreveladas.gov.br/institucional-acesso-informacao/verdade-e-reconcilia%C3%A7%C3%A3o.html. Acesso em: 10 set. 2019.

Após a sociedade brasileira ter vivenciado a malversação de informações sobre a vida privada dos cidadãos, bem como a ocultação de dados relacionados a procedimentos diretamente implicados na atividade repressiva do Regime Militar, o fim dessa época possibilitou, finalmente, a abertura de registros, tendo sido a motivação mais imediata dos constituintes de 1988 para criação de um instrumento que garantisse direitos e liberdades individuais, que haviam sido suprimidas.[41]

Desse modo, foi proposta, na Comissão Provisória de Estudos Constitucionais, presidida por Affonso Arinos de Mello Franco, uma ação constitucional para garantir eficácia ao direito de acesso às informações registradas por entidades públicas e particulares sobre as pessoas. Seu idealizador foi José Afonso da Silva, que usa o termo para se referir ao próprio direito de intimidade contra usos indevidos de registros informáticos.[42]

Danilo Doneda aponta que o *habeas data* teve especial ressonância em países latino-americanos na década de 1980, sociedades recém-saídas de regimes militares, marcadas pelo uso hermético da informação. Assim, o *habeas data* teria surgido para "a tutela dos direitos fundamentais envolvidos, pelo seu importante papel na formação da cultura democrática", bem como por ser instrumento para o requerimento de informações/dados pessoais registrados em órgãos do poder público.[43]

O instituto do *habeas data* foi introduzido pela Constituição Brasileira de 1988, em seu artigo 5º, inciso LXXII.[44] Trata-se, pois, de uma ação que visa assegurar um direito presente no ordenamento jurídico, ainda que não expresso, e que possui como consequências positivas constringir o coato a revelar a informação sobre o impetrante, e, no caso de sua inexatidão, proceder à sua retificação ou à complementação de informações nos assentamentos do interessado. A legitimação da ação é do sujeito, que, além de mover a ação, aparentemente deve fazê-lo para conhecer as informações que dizem respeito à sua pessoa. Falecido o titular, admite-se a impetração de *habeas data* pelos herdeiros ou sucessores da pessoa. O legitimado passivo é pessoa jurídica a que se encontra vinculado o registro ou banco de dados, de direito público ou privado, desde que esse registro ou banco de dados tenha caráter público, no

---

41. BARROSO, Luís Roberto. A viagem redonda: Habeas data, direitos constitucionais e as provas ilícitas. *Revista de Direito Administrativo*, Rio de Janeiro, n. 2013, p. 149-163, jul.-set. 1998.

42. CRUZ, Marco Aurélio Rodrigues da Cunha e; CASTRO, Matheus Felipe de. O habeas data e a concretização do direito à proteção de dados pessoais na metódica constitucional de Friedrich Müller. *Revista de Direitos e Garantias Fundamentais*, Vitória, v. 19, n. 1, p. 191-230, jan.-abr. 2018.

43. DONEDA, Danilo. Iguais mas separados: o Habeas data no ordenamento brasileiro e a proteção de dados pessoais. *Cadernos da Escola de Direito e Relações Internacionais*, Curitiba, n. 9, p. 1433, 2008.

44. "LXXII – conceder-se-á *habeas data*: a) para assegurar o conhecimento de informações relativas à pessoa do impetrante, constantes de registros ou bancos de dados de entidades governamentais ou de caráter público; b) para a retificação de dados, quando não se prefira fazê-lo por processo sigiloso, judicial ou administrativo [...]" (BRASIL. *Constituição da República Federativa do Brasil de 1988*. Brasília, DF: Planalto, 1988. Disponível em: http://www.planalto.gov.br/ccivil_03/Constituicao/ Constituicao.htm. Acesso em: 07 mar. 2021).

2 • O LEGÍTIMO INTERESSE COMO FUNDAMENTO PARA O TRATAMENTO DE DADOS PESSOAIS

sentido de que os dados possam ser transmitidos a terceiros. Já a autoridade coatora é a fonte de prova no processo de *habeas data*.[45]

Veja-se que o *habeas data* é um instituto de caráter remedial (*writ of mandamus*), sendo uma das ações constitucionais que fazem parte de um conjunto de instrumentos para a garantia de direitos individuais e coletivos, tendo em vista justamente que seu âmbito de reação se deu quando a sociedade e o ordenamento jurídico se recompunham de um período em que as liberdades individuais haviam sido suprimidas. Portanto, o *habeas data* se constituiu como uma medida realizada para superar as referidas deficiências, consolidar as bases democráticas do novo sistema e dificultar a volta de um regime ditatorial.[46]

Assim, é possível asseverar que a Constituição Brasileira apresenta um importante mecanismo processual de tutela à proteção de dados pessoais: o *habeas data*. Todavia, sua utilização pode ser considerada limitada até os dias de hoje, seja em razão do contexto específico de seu surgimento, vinculado à ideia de luta contra ditadura, seja em razão da interpretação do Supremo Tribunal Federal (STF), que havia estabelecido requisitos difíceis de serem comprovados pelo impetrante, a partir de uma interpretação restrita do "interesse de agir" e do "esgotamento das vias administrativas".[47]

Nesse sentido, importa observar a alteração da jurisprudência do STF por meio do estudo de importantes decisões proferidas por esta corte, que alteraram não apenas a concreção constitucional do *habeas data*, mas também representaram importante passo ao reconhecimento do direito fundamental à proteção de dados pessoais no ordenamento jurídico brasileiro.

O caso do recurso em *habeas data* n. 22, do Distrito Federal, originou-se em uma ação de *habeas data* proposta por Osmar Alves de Melo, que, após o Golpe de 1964, impetrou a medida com fulcro nos incisos XXXIII e LXXII do artigo 5º, para que lhe fosse assegurado o conhecimento de todas as informações e dados relativos a si que constavam no Serviço Nacional de Informações (SNI). Inicialmente, o pleno do Supremo Tribunal Federal demitiu-se da competência originária, remetendo à demanda para o extinto Tribunal Federal de Recursos, tendo em vista que o remédio constitucional havia sido ajuizado contra um ministro de Estado – o secretário da Secretaria de Assuntos Estratégicos. O Tribunal Federal de Recursos concluiu, por decisão majoritária, pelo acolhimento da preliminar, julgando extinto o processo sem apreciação do mérito, nos seguintes termos:

---

45. SARLET, Ingo Wolfgang. Direitos fundamentais em espécie. In: SARLET, Ingo Wolfgang; MARINONI, Luiz Guilherme; MITIDIERO, Daniel. *Curso de Direito Constitucional*, 3. ed. rev., atual. e ampl. São Paulo: Ed. RT, 2014. p. 841-842.

46. DONEDA, Danilo. Iguais mas separados: o habeas data no ordenamento brasileiro e a proteção de dados pessoais. *Cadernos da Escola de Direito e Relações Internacionais*, Curitiba, n. 9, p. 14-33, 2008.

47. MENDES, Laura Schertel. Habeas data e autodeterminação informativa: os dois lados da mesma moeda. *Direitos fundamentais e justiça*, Belo Horizonte, v. 12, n. 39, p. 185-2016, jul.-dez. 2018.

Constitucional. *Habeas Data*. Artigo 5º, Inciso XXXIII da Constituição Federal. Inexistência de Pedido Administrativo precedente, a configurar o interesse de agir do requerente, impondo-se o não conhecimento do pedido.[48]

Por conseguinte, o impetrante interpôs recurso, alegando, em suma, a inexistência de dispositivo legal que lhe impusesse a necessidade de esgotamento da via administrativa, salientando que própria autoridade impetrada aduziu que somente seriam fornecidas informações não resguardadas por sigilo. Assim, o ponto da lei que gerava controvérsia era se haveria ou não necessidade de esgotamento da via administrativa para a impetração de *habeas data*. O STF negou provimento ao recurso, por maioria de votos, em razão da falta de interesse de agir do recorrente.[49]

Do julgamento extraem-se inúmeras contribuições ao debate da matéria, pelos distintos e significativos argumentos trazidos pelos julgadores. Em seu voto vencido, o ministro Marco Aurélio exaltou a importância dos dados pessoais e sua reflexão na vida dos cidadãos, aduzindo ser:

> [...] notório que, durante muito tempo, os arquivos do SNI foram mantidos com o fim único de orientar políticas governamentais. Os dados colhidos sobre as atividades desenvolvidas pelos

---

48. O julgado teve a seguinte ementa: "Habeas data. Natureza jurídica. Regime do poder visível como pressuposto da ordem democrática. A jurisdição constitucional de liberdades. Serviço nacional de informações (SNI). Acesso não recusado aos registros estatais. Ausência do interesse de agir. Recurso improvido. A Carta Federal, ao proclamar os direitos e deveres individuais e coletivos, enunciou preceitos básicos, cuja compressão é essencial à caracterização da ordem democrática de direito como um regime do poder visível. O modelo político-jurídico, plasmado na nova ordem constitucional, rejeita o poder que oculta e o poder que se oculta. Com essa vedação, pretendeu o constituinte tornar efetivamente legítima, em face dos destinatários do poder, a prática das instituições do Estado. O *habeas data* configura remédio jurídico-processual, de natureza constitucional, o que se destina a garantir, em favor da pessoa interessada, o exercício da pretensão jurídica discernível em seu tríplice aspecto: (a) direito de acesso aos registros; (b) direito de retificação de registros; (c) direito de complementação de registros. Trata-se de relevante instrumento de ativação da jurisdição constitucional das liberdades, a qual representa, no plano institucional, a mais expressiva reação jurídica do Estado às situações que lesem, efetiva ou potencialmente, os direitos fundamentais da pessoa, quais que sejam as dimensões em que estes se projetem. O acesso ao *habeas data* pressupõe, dentre outras condições de admissibilidade, a existência de interesse de agir. Ausente o interesse legitimador da ação, torna-se inviável o exercício desse remédio constitucional. A prova do anterior indeferimento do pedido de informação de dados pessoais, ou da omissão de atendê-lo, constitui requisito indispensável para que se concretize o interesse de agir no *habeas data*. Sem que se configure situação previa de pretensão resistida, há carência da ação constitucional do *habeas data*." (BRASIL. Supremo Tribunal Federal. *Recurso em Habeas Data 22 Distrito Federal*. Habeas data. Natureza jurídica. Regime do poder visível como pressuposto da ordem democrática. A jurisdição constitucional das liberdades. Serviço Nacional de Informações (SNI). Acesso não recusado aos registros estatais. Ausência do interesse de agir. Recurso improvido. [...]. Recorrente: Osmar Alves de Melo. Recorrido: Secretário da Secretaria de Assuntos Estratégicos. Relator: Marco Aurélio, 19 set. 1991. Disponível em: http://redir.stf.jus.br/paginadorpub/paginador.jsp?docTP=AC&docID=362613. Acesso em: 09 set. 2019).

49. BRASIL. Supremo Tribunal Federal. *Recurso em Habeas Data 22 Distrito Federal*. Habeas data. Natureza jurídica. Regime do poder visível como pressuposto da ordem democrática. A jurisdição constitucional das liberdades. Serviço Nacional de Informações (SNI). Acesso não recusado aos registros estatais. Ausência do interesse de agir. Recurso improvido. [...]. Recorrente: Osmar Alves de Melo. Recorrido: Secretário da Secretaria de Assuntos Estratégicos. Relator: Marco Aurélio, 19 set. 1991. Disponível em: http://redir.stf.jus.br/paginadorpub/paginador.jsp?docTP=AC&docID= 362613. Acesso em: 09 set. 2019.

cidadãos eram armazenados sob o manto do sigilo, repercutindo, no entanto, no campo dos interesses de cada um.[50]

Assim, por entender que o próprio parecer trazido aos autos pelo consultor jurídico do SNI referia que eventual pedido administrativo para fornecimento de dados pessoais não abrangeria dados protegidos por sigilo, votou pelo provimento do recurso ante a desnecessidade do impetrante "percorrer verdadeira *via crucis* no órgão acionado".[51]

O ministro Celso de Mello divergiu do relator, ministro Marco Aurélio, ao entender que o recurso não deveria ser provido, por falta de interesse de agir, dada a ausência de pedido administrativo feito pelo requerente, concluindo pela carência da ação de *habeas data*. Não obstante, trouxe, em seu voto, importantes contribuições ao relacionar o *habeas data* aos direitos da personalidade, ao direito à intimidade e à esfera de autonomia individual, conforme se percebe no trecho a seguir:

> Discute-se, nesta sede recursal, em face do novo ordenamento constitucional, a questão referente à *disclosure of the information*, e à consequente acessibilidade dos registros, informáticos ou não, existentes no extinto Serviço Nacional de Informações (SNI). Esse tema tem suscitado grande discussão, especialmente porque envolve um dos aspectos mais expressivos da tutela jurídica dos direitos da personalidade. A garantia de acesso a informações de caráter pessoal, registradas em órgãos do Estado, constitui um natural consectário do dever estatal de respeitar a esfera de autonomia individual, que torna imperativa a proteção da intimidade.[52]

Nessa linha, uma contribuição importante para o tema da privacidade pode ser vista no voto do ministro Sepúlveda Pertence, que, ao contrário, entendeu configurado o interesse de agir do impetrante de ter acesso aos seus dados pessoais arquivados pelo órgão, nos moldes da doutrina do mandado de segurança. Fundamental foi a conceituação do direito material à proteção de dados pessoais realizada pelo ministro. Segundo ele, a novidade da ação de *habeas data* instituída pela Constituição Federal

---

50. BRASIL. Supremo Tribunal Federal. *Recurso em Habeas Data 22 Distrito Federal*. Habeas data. Natureza jurídica. Regime do poder visível como pressuposto da ordem democrática. A jurisdição constitucional das liberdades. Serviço Nacional de Informações (SNI). Acesso não recusado aos registros estatais. Ausência do interesse de agir. Recurso improvido. [...]. Recorrente: Osmar Alves de Melo. Recorrido: Secretário da Secretaria de Assuntos Estratégicos. Relator: Marco Aurélio, 19 set. 1991. Disponível em: http://redir.stf. jus.br/paginadorpub/paginador.jsp?docTP=AC&docID= 362613. Acesso em: 09 set. 2019.

51. BRASIL. Supremo Tribunal Federal. *Recurso em Habeas Data 22 Distrito Federal*. Habeas data. Natureza jurídica. Regime do poder visível como pressuposto da ordem democrática. A jurisdição constitucional das liberdades. Serviço Nacional de Informações (SNI). Acesso não recusado aos registros estatais. Ausência do interesse de agir. Recurso improvido. [...]. Recorrente: Osmar Alves de Melo. Recorrido: Secretário da Secretaria de Assuntos Estratégicos. Relator: Marco Aurélio, 19 set. 1991. Disponível em: http://redir.stf. jus.br/paginadorpub/paginador.jsp?docTP=AC&docID= 362613. Acesso em: 09 set. 2019).

52. BRASIL. Supremo Tribunal Federal. *Recurso em Habeas Data 22 Distrito Federal*. Habeas data. Natureza jurídica. Regime do poder visível como pressuposto da ordem democrática. A jurisdição constitucional das liberdades. Serviço Nacional de Informações (SNI). Acesso não recusado aos registros estatais. Ausência do interesse de agir. Recurso improvido. [...]. Recorrente: Osmar Alves de Melo. Recorrido: Secretário da Secretaria de Assuntos Estratégicos. Relator: Marco Aurélio, 19 set. 1991. Disponível em: http://redir.stf. jus.br/paginadorpub/paginador.jsp?docTP=AC&docID= 362613. Acesso em: 09 set. 2019.

residiria no direito substancial ao conhecimento dos dados reclamados e não na sua característica processual.[53]

Outrossim, o recurso extraordinário em ação de *habeas data* n. 673.707 inovou no debate constitucional brasileiro desenvolvido até então sobre a proteção oferecida pela Constituição aos dados pessoais. No caso, foi instaurado debate sobre a possibilidade de acesso do contribuinte a um sistema da Receita Federal, o Sistema de Conta Corrente de Pessoa Jurídica (SINCOR). A pessoa jurídica Rigliminas Distribuidora Ltda. havia requerido à secretaria da Receita os extratos atinentes às anotações do SINCOR, bem como outros sistemas de apoio à arrecadação federal, no que tange ao pagamento de tributos federais, informações que não seriam acobertadas por sigilo legal ou constitucional, pois eram relativas à própria requerente, o que foi negado e deu azo à impetração da medida de *habeas data*.[54]

---

53. JOELSONS, Marcela. Autodeterminação informativa em direito comparado: análise dos contextos históricos e decisões paradigmas das cortes constitucionais alemã e brasileira. *Revista de Direito Constitucional e Internacional*, São Paulo, v. 119, p. 233-272, maio-jun. 2020.

54. O julgado teve a seguinte ementa: "Direito constitucional. Direito tributário. *Habeas data*. Artigo 5º, LXXII, CRFB/88. Lei 9.507/97. Acesso às informações constantes de sistemas informatizados de controle de pagamentos de tributos. Sistema de conta corrente da secretaria da Receita Federal do Brasil (Sincor). Direito subjetivo do contribuinte. Recurso a que se dá provimento. 1. O *habeas data*, posto instrumento de tutela de direitos fundamentais, encerra amplo espectro, rejeitando-se visão reducionista da garantia constitucional inaugurada pela carta pós-positivista de 1988. 2. A tese fixada na presente repercussão geral é a seguinte: "O *habeas data* é garantia constitucional adequada para a obtenção dos dados concernentes ao pagamento de tributos do próprio contribuinte constantes dos sistemas informatizados de apoio à arrecadação dos órgãos da administração fazendária dos entes estatais". 3. O Sistema de Conta Corrente da Secretaria da Receita Federal do Brasil, conhecido também como SINCOR, registra os dados de apoio à arrecadação federal ao armazenar os débitos e créditos tributários existentes acerca dos contribuintes. 4. O caráter público de todo registro ou banco de dados contendo informações que sejam ou que possam ser transmitidas a terceiros ou que não sejam de uso privativo do órgão ou entidade produtora ou depositária das informações é inequívoco (art. 1º, Lei 9.507/97). 5. O registro de dados deve ser entendido em seu sentido mais amplo, abrangendo tudo que diga respeito ao interessado, seja de modo direto ou indireto. [...] Registro de dados deve ser entendido em seu sentido mais amplo, abrangendo tudo que diga respeito ao interessado, seja de modo direto ou indireto, causando-lhe dano ao seu direito de privacidade [...] in José Joaquim Gomes Canotilho, Gilmar Ferreira Mendes, Ingo Wolfgang Sarlet e Lenio Luiz Streck. Comentários à Constituição. Editora Saraiva, 1ª Edição, 2013, p. 487. 6. A *legitimatio ad causam* para interpretação de *habeas data* estende-se às pessoas físicas e jurídicas, nacionais e estrangeiras, porquanto garantia constitucional aos direitos individuais ou coletivas. 7. Aos contribuintes foi assegurado constitucionalmente o direito de conhecer as informações que lhes digam respeito em bancos de dados públicos ou de caráter público, em razão da necessidade de preservar o *status* de seu nome, planejamento empresarial, estratégia de investimento e, em especial, a recuperação de tributos pagos indevidamente, *verbis*: art. 5º. [...] LXXII. Conceder-se-á *habeas data* para assegurar o conhecimento de informações relativas à pessoa do impetrante, constantes de registros ou bancos de dados de entidades governamentais ou de caráter público, considerado como um *writ*, uma garantia, um remédio constitucional à disposição dos cidadãos para que possam implementar direitos subjetivos que estão sendo obstaculados. 8. As informações fiscais conexas ao próprio contribuinte, se forem sigilosas, não importa em que grau, devem ser protegidas da sociedade em geral, segundo os termos da lei ou da constituição, mas não de quem a elas se referem, por força da consagração do direito à informação do art. 5º, inciso XXXIII, da Carta Magna, que traz como única ressalva o sigilo imprescindível à segurança da sociedade e do Estado, o que não se aplica no caso sub examine, *verbis*: art. 5º XXXIII – todos têm direito a receber dos órgãos públicos informações de seu interesse particular, ou de interesse coletivo ou geral, que serão prestadas no prazo da lei, sob pena de responsabilidade, ressalvadas aquelas cujo sigilo seja imprescindível à segurança da sociedade e do Estado. 9. *In casu*, o recorrente requereu à Secretaria da Receita Federal do Brasil os extratos

2 • O LEGÍTIMO INTERESSE COMO FUNDAMENTO PARA O TRATAMENTO DE DADOS PESSOAIS

O STF, por unanimidade, nos termos do voto do relator, apreciando o tema 582 da repercussão geral, deu provimento ao recurso extraordinário, assentando a tese de que o *habeas data* é a garantia constitucional adequada para a obtenção, pelo próprio contribuinte, dos dados concernentes ao pagamento de tributos constantes de sistemas informatizados de apoio à arrecadação dos órgãos da administração fazendária dos entes estatais.[55]

Assim, foi reconhecido que as informações pessoais, pelo simples fato de possibilitarem a identificação do indivíduo, podem afetar sua esfera de direitos, e, por isso, merecem a tutela constitucional do *habeas data*, em proteção ao direito material da autodeterminação informativa.[56]

O voto do ministro Gilmar Mendes interessa para o presente estudo, pois trouxe a decisão do Tribunal Constitucional Alemão do Censo (*BVerfGE 65, 1 Volkszählung*) em clara influência, ao aduzir que, quando se discutiu, no Brasil, o processo de criação do *habeas* como uma garantia processual, olvidou-se de que já se discutia a ideia, em outras partes do mundo, em uma perspectiva de direito material, que é o direito de autodeterminação sobre dados.[57]

Referiu o ministro que o *habeas data* brasileiro acabou tratando da temática processual, sem explicitar os direitos de personalidade, que visava tutelar, como da intimidade privada, assim concluindo:

> Ao lado disso, temos essa situação específica que diz respeito a um direito subjetivo material, à proteção de dados ou à proteção dessa autonomia. Daí, a importância, me parece, deste julgado, que pode ser, talvez, o marco inicial de uma vitalização do *habeas data*, numa percepção mais ampla [...]. Veja, ministro Fux, que, no Direito alemão, a ideia da autodeterminação sobre dados

---

atinentes às anotações constantes do Sistema de Conta-Corrente de Pessoa Jurídica (SINCOR), o Sistema Conta Corrente de Pessoa Jurídica (CONTACORPJ), como de quaisquer dos sistemas informatizados de apoio à arrecadação federal, no que tange aos pagamentos de tributos federais, informações que não estão acobertadas pelo sigilo legal ou constitucional, posto que requerida pelo próprio contribuinte, sobre dados próprios. 10. *Ex positis*, DOU PROVIMENTO ao recurso extraordinário." (BRASIL. Supremo Tribunal Federal. *Recurso Extraordinário 673.707 Minas Gerais*. Direito constitucional. Direito tributário. Habeas data. Artigo 5º, LXXII, CRFB/88. Lei 9.507/97. Acesso às informações constantes de sistemas Informatizados de controle de pagamentos de Tributos. Sistema de Conta Corrente da Secretaria da Receita Federal do Brasil-SINCOR. Direito subjetivo do Contribuinte. Recurso a que se dá provimento. [...]. Recorrente: Rigliminas Distribuidora Ltda. Recorrido: União. Relator: Luiz Fux, 17 jun. 2015. Disponível em: http://redir.stf.jus. br/ paginadorpub/paginador.jsp?docTP=TP&docID=9487405. Acesso em: 09 set. 2019).

55. BRASIL. Supremo Tribunal Federal. *Recurso Extraordinário 673.707 Minas Gerais*. Direito constitucional. Direito tributário. Habeas data. Artigo 5º, LXXII, CRFB/88. Lei 9.507/97. Acesso às informações constantes de sistemas Informatizados de controle de pagamentos de Tributos. Sistema de Conta Corrente da Secretaria da Receita Federal do Brasil-SINCOR. Direito subjetivo do Contribuinte. Recurso a que se dá provimento. [...]. Recorrente: Rigliminas Distribuidora Ltda. Recorrido: União. Relator: Luiz Fux, 17 jun. 2015. Disponível em: http://redir.stf.jus.br/paginadorpub/ paginador.jsp?docTP=TP&docID=9487405. Acesso em: 09 set. 2019.

56. MENDES, Laura Schertel. Habeas data e autodeterminação informativa: os dois lados da mesma moeda. *Direitos fundamentais e justiça*, Belo Horizonte, v. 12, n. 39, p. 185-216, jul.-dez. 2018.

57. MENDES, Laura Schertel. Habeas data e autodeterminação informativa: os dois lados da mesma moeda. *Direitos fundamentais e justiça*, Belo Horizonte, v. 12, n. 39, p. 185-216, jul.-dez. 2018.

é considerada um direito que foi criado jurisprudencialmente, porque a corte constitucional chegou a esse entendimento a partir do desdobramento da ideia do direito de personalidade. [...] é exatamente a ideia de que, no plano processual, nós temos o *habeas data* com o propósito, o intento de tutelar aquilo que entendemos ser uma proteção da autonomia privada nesse âmbito da autodeterminação sobre os dados, que ganha cada vez mais importância, na medida em que temos toda essa ampla evolução tecnológica.[58]

Esse julgado acabou por realizar uma releitura do *habeas data*, em evidente evolução da jurisprudência constitucional, tendo como consequência a ampliação do espectro de proteção desse remédio constitucional ao reconhecer a proteção de dados pessoais como um direito fundamental e ao extrair do *habeas data* um direito material à autodeterminação informativa.[59]

Através desse precedente e de uma leitura sistemática dos dispositivos constitucionais do artigo 5º, inciso X, em conjunto com a garantia do *habeas data* e com o princípio fundamental da dignidade humana, passou a ser possível afirmar que os dados pessoais são merecedores de tutela constitucional à luz do sistema de proteção dos direitos fundamentais.[60]

Conforme averba Laura Schertel Mendes, o reconhecimento desse direito fundamental não é apenas uma possibilidade, mas uma necessidade para a efetivação dos fundamentos do estado democrático de direito na sociedade contemporânea da informação, conforme determina a Constituição Federal.[61]

Em vista disso, abriram-se novas possibilidades para o *habeas data*, que poderá ser utilizado para além do acesso, retificação e complementação de dados, mas também para outras formas de proteção da privacidade e tutela do direito material à proteção de dados pessoais.[62]

Retomando, então, o desenvolvimento legislativo em torno da proteção de dados no plano infraconstitucional brasileiro, a Lei 8.078/1990, que institui o Código de Defesa do Consumidor (CDC), estabeleceu uma série de direitos e garantias para o consumidor em relação às suas informações pessoais presentes em bancos de dados

---

58. BRASIL. Supremo Tribunal Federal. *Recurso Extraordinário 673.707 Minas Gerais*. Direito constitucional. Direito tributário. Habeas data. Artigo 5º, LXXII, CRFB/88. Lei 9.507/97. Acesso às informações constantes de sistemas Informatizados de controle de pagamentos de Tributos. Sistema de Conta Corrente da Secretaria da Receita Federal do Brasil-SINCOR. Direito subjetivo do Contribuinte. Recurso a que se dá provimento. [...]. Recorrente: Rigliminas Distribuidora Ltda. Recorrido: União. Relator: Luiz Fux, 17 jun. 2015. Disponível em: http://redir.stf.jus.br/paginadorpub/paginador. jsp?docTP=TP&docID=9487405. Acesso em: 09 set. 2019.
59. MENDES, Laura Schertel. Habeas data e autodeterminação informativa: os dois lados da mesma moeda. *Direitos fundamentais e justiça*, Belo Horizonte, v. 12, n. 39, p. 185-216, jul.-dez. 2018.
60. MENDES, Laura Schertel. Habeas data e autodeterminação informativa: os dois lados da mesma moeda. *Direitos fundamentais e justiça*, Belo Horizonte, v. 12, n. 39, p. 185-216, jul.-dez. 2018.
61. MENDES, Laura Schertel. Habeas data e autodeterminação informativa: os dois lados da mesma moeda. *Direitos fundamentais e justiça*, Belo Horizonte, v. 12, n. 39, p. 185-216, jul.-dez. 2018.
62. MENDES, Laura Schertel. Habeas data e autodeterminação informativa: os dois lados da mesma moeda. *Direitos fundamentais e justiça*, Belo Horizonte, v. 12, n. 39, p. 185-216, jul.-dez. 2018.

2 • O LEGÍTIMO INTERESSE COMO FUNDAMENTO PARA O TRATAMENTO DE DADOS PESSOAIS

e cadastros, sendo considerado pela doutrina o marco normativo dos princípios de proteção de dados pessoais no direito brasileiro.[63]

O artigo 43 do CDC delineou os limites jurídicos de atuação dos bancos de dados e dos cadastros de consumidores, criando regras claras para garantir o livre desenvolvimento da personalidade do consumidor. O legislador conferiu ao consumidor o direito de controlar suas informações pessoais instituindo, primeiramente, a regra de notificação prévia antes da inclusão do cadastro, o que permitiu ao consumidor o acompanhamento do fluxo de seus dados. Além disso, foi assegurado ao consumidor a garantia de acesso, a exatidão das informações, a restrição clara e verdadeira de finalidades pelos bancos, bem como a instituição um limite temporal de cinco anos para armazenamento das informações negativas.[64]

Conferindo efetividade ao regramento estabelecido com o CDC, a jurisprudência do Superior Tribunal de Justiça (STJ) consolidou direitos e garantias assegurados aos consumidores, como, por exemplo, o direito de indenização pela ausência de notificação prévia à inclusão do cadastro negativo, por dano moral *in re ipsa*, no julgamento do Recurso Especial 1.061.134/RS, representativo da controvérsia, do ano de 2008.[65]

---

63. CARVALHO, Ana Paula Gambogi. O Consumidor e o direito à autodeterminação informacional: considerações sobre os bancos de dados eletrônicos. *Revista de Direito do Consumidor*, São Paulo, v. 46, p. 77-119, abr.-jul. 2003.

64. BIONI, Bruno Ricardo. *Proteção de dados pessoais*: a função e os limites do consentimento. Rio de Janeiro: Forense, 2019. p. 126-128.

65. O julgado teve a seguinte ementa: "Direito processual civil e bancário. Recurso especial. Ação de compensação por danos morais. Inscrição em cadastro de proteção ao crédito sem prévia notificação. Legitimidade passiva do órgão mantenedor do cadastro restritivo. Dano moral reconhecido, salvo quando já existente inscrição desabonadora regularmente realizada, tal como ocorre na hipótese dos autos. I – Julgamento com efeitos do art. 543-C, § 7º, do CPC. – Orientação 1: Os órgãos mantenedores de cadastros possuem legitimidade passiva para as ações que buscam a reparação dos danos morais e materiais decorrentes da inscrição, sem prévia notificação, do nome de devedor em seus cadastros restritivos, inclusive quando os dados utilizados para a negativação são oriundos do CCF do Banco Central ou de outros cadastros mantidos por entidades diversas. – Orientação 2: A ausência de prévia comunicação ao consumidor da inscrição do seu nome em cadastros de proteção ao crédito, prevista no art. 43, §2º do CDC, enseja o direito à compensação por danos morais, salvo quando preexista inscrição desabonadora regularmente realizada. Vencida a min. relatora quanto ao ponto. II – Julgamento do recurso representativo. – É ilegal e sempre deve ser cancelada a inscrição do nome do devedor em cadastros de proteção ao crédito realizada sem a prévia notificação exigida pelo art. 43, § 2º, do CDC. – Não se conhece do recurso especial quando o entendimento firmado no acórdão recorrido se ajusta ao posicionamento do STJ quanto ao tema. Súmula 83/STJ. Recurso especial parcialmente conhecido e, nesta parte, provido para determinar o cancelamento da inscrição do nome do recorrente realizada sem prévia notificação. Ônus sucumbenciais redistribuídos." (BRASIL. Superior Tribunal de Justiça. *Recurso Especial 1.061.134 Rio Grande do Sul*. Direito processual civil e bancário. Recurso especial. Ação de compensação por danos morais. Inscrição em cadastro de proteção ao crédito sem prévia notificação. Legitimidade passiva do órgão mantenedor do cadastro restritivo. Dano moral reconhecido, salvo quando já existente inscrição desabonadora regularmente realizada, tal como ocorre na hipótese dos autos. [...]. Recorrente: Adilson Fernando Santos da Conceição. Recorrido: Câmara de Diligentes Lojistas de Porto Alegre. Relatora: Nancy Andrighi, 10 dez. 2008. Disponível em: https://processo. stj.jus.br/processo/revista/documento/mediado/?compo nente=ATC&sequencial=4544235&num_ registro=200801138376&data=20090401&tipo=5&formato=PDF. Acesso em: 27 fev. 2021).

Outros direitos foram estabelecidos por esse tribunal superior por meio da edição de enunciados sumulares, tais como a Súmula 323, com o texto "A inscrição do nome do devedor pode ser mantida nos serviços de proteção ao crédito até o prazo máximo de cinco anos, independentemente da prescrição da execução"; a Súmula 359, que dispõe "Cabe ao órgão mantenedor do Cadastro de Proteção ao Crédito a notificação do devedor antes de proceder à inscrição", e a Súmula 385, que determina "Da anotação irregular em cadastro de proteção a crédito, não cabe indenização por dano moral, quando preexistente legítima inscrição, ressalvado o direito ao cancelamento."[66]

O Código de Defesa do Consumidor representou os primeiros passos da legislação brasileira pela busca da autodeterminação informacional de uma forma moderna, através de inspiração nas normas americanas do *National Consumer Act* e do *Fair Reporting Act*, tendo instituído a proteção da privacidade do consumidor e a exigência de transparência nas relações com o mercado de consumo, em consonância com princípios internacionais de proteção de dados pessoais.[67]

Aqui, abre-se um parêntese para trazer o importante conceito de autodeterminação informacional, que também é conhecida como autodeterminação informativa, direito concebido pela Corte Constitucional alemã na década de 1980, que constitui uma das palavras-chave mais relevantes na temática da proteção de dados. Desde então, esse conceito, que não apresenta um conteúdo fixo de garantia, apresentou evolução e releituras que contribuíram para superar o *deficit* em uma multiplicidade de casos envolvendo tratamento de dados pessoais.[68]

Diversos autores se debruçaram sobre o tema, trazendo diferentes contribuições. Para o jurista alemão Wolfgang Hoffmann-Riem, o direito de autodeterminação informacional se trata da capacidade do indivíduo determinar a exibição de seus dados pessoais. Não se caracteriza como um direito de defesa privativo do indivíduo, que se opõe à sociedade, mas visa a uma postura ativa, possibilitando a cada um a participação no processo de comunicação de dados pessoais.[69]

Em sentido semelhante, Fabiano Menke ensina que: "A autodeterminação informativa pretende conceder ao indivíduo o poder de ele próprio decidir acerca da divulgação e utilização de seus dados pessoais".[70]

---

66. BRASIL. *Súmulas do Superior Tribunal de Justiça*. Brasília, DF: STJ, 2021. Disponível em: https://www.stj.jus.br/docs_internet/SumulasSTJ.pdf. Acesso em: 19 jun. 2021.
67. MENDES, Laura Schertel. O direito fundamental à proteção de dados pessoais. *Revista do Direito do Consumidor*, São Paulo, v. 79, p. 45-81, jul.-set. 2011.
68. MENDES, Laura Schertel. Autodeterminação informacional. *In*: DONEDA, Danilo; MENDES, Laura Schertel; CUEVA, Ricardo Villas Bôas. (Coord.). *Lei Geral de Proteção de Dados* (Lei 13.709/2018): A caminho da efetividade: contribuições para a implementação da LGPD. São Paulo: Thomson Reuters, 2020. p. 211-241.
69. HOFFMANN-RIEM, Wolfgang. *Offene Rechtswissenschaft*. Muchen: Mohr, 2010. p. 56.
70. MENKE, Fabiano. As origens alemãs e o significado da Autodeterminação informativa. In: MENKE, Fabiano; DRESCH, Rafael de Freitas Valle (Coord.). *Lei Geral de Proteção de Dados*: aspectos relevantes. São Paulo: Foco Jurídico, 2021. p. 13-22.

Já Alexander Rossnagel ressalta que a autodeterminação informativa não pode ser compreendida como garantidora de um domínio absoluto da pessoa sobre os dados a ela relacionados, como se fossem "seus" dados em uma relação de exclusão de todos os demais membros da sociedade, mas sim como o direito do titular de dados como tomador de decisões no contexto do ordenamento comunicacional e informacional.[71]

Veja-se que esse direito apresenta uma dimensão individual, qual seja, a garantia de cada cidadão decidir sobre o acesso, o uso e a difusão de seus dados pessoais, mas também uma dimensão metaindividual ou coletiva, como precondição para uma ordem comunicacional livre e democrática, distanciando-se de uma concepção de privacidade, de acordo com a doutrina de Ingo Sarlet.[72]

Assim, o direito à autodeterminação informativa teria o *status* de direito fundamental por se tratar de direito de personalidade, o que garantiria ao indivíduo o poder de controlar suas próprias informações, conforme defende Danilo Doneda.[73]

Por derradeiro, a doutrina de Laura Scherel Mendes complementa a conceituação ao destacar a abrangência de duas abordagens por esse direito: uma de proteção procedimental, que se orienta justamente pelo caráter individual, do poder de decisão do indivíduo e de sua vontade; e outra, mais objetiva, que se fixa nos riscos decorrentes do uso das informações, exigindo limites em determinados casos.[74]

Fechado o parêntese e retomando o histórico legislativo, em 1997, a Lei Geral de Telecomunicações (Lei 9.472/1997) estabeleceu o direito dos usuários de serviços à privacidade de seus dados, e a Lei do *Habeas Data* (Lei 9.507/1997) regulamentou essa ferramenta jurídica para retificação de dados. No ano de 2000, foi criada uma modalidade de crime abrangendo os dados pessoais, através da Lei de Inserção de Dados Falsos em Sistemas de Informações da Administração Pública (Lei 9.983/2000). No ano seguinte, a Lei do Sigilo das Operações de Instituições Financeiras (Lei Complementar n. 105/2001) estabeleceu o sigilo nas operações ativas, passivas e nos serviços prestados.[75]

---

71. ROSSNAGEL, Alexander. In: ROSSNAGEL, Alexander (Hrsg.). *Handbuch Datenschutzrecht*: Die neuen Grundlagen für Wirtschaft und Verwaltung. München: Beck, 2003. *E-book*.
72. SARLET, Ingo Wolfgang. Fundamentos constitucionais: o direito fundamental à proteção de dados. In: MENDES, Laura Schertel; DONEDA, Danilo; SARLET, Ingo Wolfgang; RODRIGUES JR., Otavio Luiz (Coord.). Tratado de Proteção de Dados Pessoais. Rio de Janeiro: Forense, 2021. p. 21-60.
73. DONEDA, Danilo. Da privacidade à proteção dos dados pessoais. Rio de Janeiro: Renovar. 2006.
74. MENDES, Laura Schertel. Autodeterminação informacional. In: DONEDA, Danilo; MENDES, Laura Schertel; CUEVA, Ricardo Villas Bôas. (Coord.). *Lei Geral de Proteção de Dados* (Lei 13.709/2018): A caminho da efetividade: contribuições para a implementação da LGPD. São Paulo: Thomson Reuters, 2020. p. 211-241.
75. COTS, Márcio. *Lei Geral de Proteção de Dados Pessoais comentada*. São Paulo: Thomson Reuters Brasil, 2018. p. 37-42.

Em 2002, após um intenso debate sobre a conveniência de sua aprovação, o novo Código Civil introduziu no ordenamento brasileiro, nos artigos 11 a 21, um capítulo específico sobre os direitos da personalidade, na parte geral.[76]

Miguel Reale, presidente da comissão do anteprojeto, retomou o projeto anterior de Orlando Gomes e introduziu inovações aos direitos da personalidade, como a irrenunciabilidade, a disposição altruísta e a norma referente à divulgação de escritos e imagem, que foi aprovado sem modificações nesse capítulo, tornando os direitos de personalidade expressos no Direito Civil brasileiro, em seu longo percurso de evolução.[77]

A exposição de motivos do anteprojeto do Código Civil assim justifica a inserção do capítulo II, do título I, do livro I, da Parte Geral, dedicado aos direitos da personalidade:

> Todo o capítulo novo foi dedicado aos direitos da personalidade, visando à sua salvaguarda, sob múltiplos aspectos, desde a proteção dispensada ao nome e à imagem até o direito de se dispor do próprio corpo para fins científicos e altruísticos. Tratando-se de matéria de *per si* complexa e de significação ética essencial, foi preferido o enunciado de poucas normas dotadas de rigor e clareza, cujos objetivos permitirão os naturais desenvolvimentos da doutrina e da jurisprudência.[78]

Nesse contexto, passaram a vigorar as disposições do novo Código Civil, relativas aos direitos da personalidade, tendo o legislador do código adotado uma técnica mista pela qual consagrou duas cláusulas gerais versando sobre os atributos (art. 11) e o modo de proteção (art. 12), que estabelecem, a seguir, nove artigos relativos a específicos direitos da personalidade.[79]

No artigo 21 do Código Civil, é então tutelado o direito à privacidade, assegurando que a vida privada da pessoa natural é inviolável e o juiz, a requerimento do interessado, adotará providências necessárias para impedir ou fazer cessar ato contrário a essa norma. Esse artigo explicitou sua natureza jurídica, relacionando a privacidade com a proteção da dignidade da pessoa humana e da personalidade do indivíduo.[80]

De volta ao histórico, ainda no ano de 2012, no mês de agosto, através da Portaria 5, a Secretaria de Direito Econômico do Ministério da Justiça complementou o

---

76. ANDRADE, Fábio Siebeneichler de. A tutela dos direitos da personalidade no direito brasileiro em perspectiva atual. *Revista Derecho del Estado*, Bogotá, n. 30, p. 93-124, enero/-jun. 2013.
77. BITTAR, Carlos Alberto. *Os direitos da personalidade*. 8. ed., rev., aum. e mod. por Eduardo C. B. Bittar. São Paulo: Saraiva, 2015. p. 79-81.
78. BRASIL. Exposição de Motivos do Anteprojeto do Código Civil. Lei 10.406, de 10 de janeiro de 2002. *Diário Oficial da República Federativa do Brasil*, Brasília, DF, 11 de janeiro de 2002.
79. MIRAGEM, Bruno. Os direitos da personalidade e os direitos do consumidor. *Revista de Direito do Consumidor*, São Paulo, v. 49, p. 40-76, jan.-mar. 2004.
80. MENDES, Laura Schertel. *Privacidade, proteção de dados e defesa do consumidor*: linhas gerais de um novo direito fundamental. São Paulo: Saraiva, 2014. p. 143-145.

elenco de cláusulas abusivas constantes do artigo 51 do Código de Defesa do Consumidor, considerando igualmente abusivas as cláusulas em contratos de consumo que autorizem o envio de dados pessoais sem consentimento prévio. No ano de 2008, o então presidente assegurou o sigilo dos dados pessoais apurados no censo da educação e os atrelou à finalidade específica, por meio do Decreto 6.425/2008, estabelecendo, também, o sigilo dos dados pessoais do consumidor que utiliza o serviço de SAC, pelo Decreto 6.523/2008.[81]

No final do ano de 2010, o STJ foi instado a decidir sobre a responsabilidade civil dos provedores de conteúdo na internet em relação a danos decorrentes de informações divulgadas por terceiros, mediante utilização dos seus serviços, no julgamento do Recurso Especial 1.193.764/SP.[82] O recurso, oriundo de ação indenizatória interposta por pessoa atingida por ofensas e ilações falsas divulgadas em página da rede de relacionamentos Orkut, mantida na internet pela empresa Google, culminou em um importante precedente, que fixou a responsabilidade do provedor

---

81. COTS, Márcio. *Lei Geral de Proteção de Dados Pessoais comentada*. São Paulo: Thomson Reuters Brasil, 2018. p. 37-42.
82. O julgado teve a seguinte ementa: "direito civil e do consumidor. Internet. Relação de consumo. Incidência do CDC. Gratuidade do serviço. Indiferença. Provedor de conteúdo. Fiscalização prévia do teor das informações postadas no *site* pelos usuários. Desnecessidade. Mensagem de conteúdo ofensivo. Dano moral. Risco inerente ao negócio. Inexistência. Ciência da existência de conteúdo ilícito. Retirada imediata do ar. Dever. Disponibilização de meios para identificação de cada usuário. Dever. Registro do número de IP. Suficiência. 1. A exploração comercial da internet sujeita às relações de consumo daí advindas à Lei 8.078/90. 2. O fato de o serviço prestado pelo provedor de serviço de internet ser gratuito não desvirtua a relação de consumo, pois o termo "mediante remuneração" contido no art. 3º, § 2º, do CDC deve ser interpretado de forma ampla, de modo a incluir o ganho indireto do fornecedor. 3. A fiscalização prévia, pelo provedor de conteúdo, do teor das informações postadas na *web* por cada usuário não é atividade intrínseca ao serviço prestado, de modo que não se pode reputar defeituoso, nos termos do art. 14 do CDC, o *site* que não examina e filtra os dados e as imagens nele inseridos. 4. O dano moral decorrente de mensagens com conteúdo ofensivo inseridas no *site* pelo usuário não constitui risco inerente à atividade dos provedores de conteúdo, de modo que não se lhes aplica a responsabilidade objetiva prevista no art. 927, parágrafo único, do CC/02. 5. Ao ser comunicado de que determinado texto ou imagem possui conteúdo ilícito, deve o provedor agir de forma enérgica, retirando o material do ar imediatamente, sob pena de responder solidariamente com o autor direto do dano, em virtude da omissão praticada. 6. Ao oferecer um serviço por meio do qual se possibilita que os usuários externem livremente sua opinião, deve o provedor de conteúdo ter o cuidado de propiciar meios para que se possa identificar cada um desses usuários, coibindo o anonimato e atribuindo a cada manifestação uma autoria certa e determinada. Sob a ótica da diligência média que se espera do provedor, deve este adotar as providências que, conforme as circunstâncias específicas de cada caso, estiverem ao seu alcance para a individualização dos usuários do *site*, sob pena de responsabilização subjetiva por culpa *in omittendo*. 7. Ainda que não exija os dados pessoais dos seus usuários, o provedor de conteúdo, que registra o número de protocolo na internet (IP) dos computadores utilizados para o cadastramento de cada conta, mantém um meio razoavelmente eficiente de rastreamento dos seus usuários, medida de segurança que corresponde à diligência média esperada dessa modalidade de provedor de serviço de internet. 8. Recurso especial a que se nega provimento." (BRASIL. Superior Tribunal de Justiça. *Recurso Especial 1.193.764 São Paulo*. Direito civil e do consumidor. Internet. Relação de consumo. Incidência do CDC. Gratuidade do serviço. Indiferença. Provedor de conteúdo. Fiscalização prévia do teor das informações postadas no site pelos usuários. Desnecessidade [...]. Recorrente: Sérgio Luiz Akaoui Marcondes e outros. Recorrido: Google Brasil Internet Ltda. Relatora: Nancy Andrighi, 8 ago. 2011. Disponível em: https://stj.jusbrasil.com.br/jurisprudencia/866337543/recurso-especial-resp-1193764-sp-2010-0084512-0/inteiro-teor-8663375 53. Acesso em: 27 fev. 2021).

da internet, em sentido diverso de diversas decisões que já haviam prolatadas por juízos de primeiro grau e por Tribunais de Justiça dos estados sobre o tema.

Em seu voto, a relatora, ministra Nancy Andrighi, ciente de que se tratava de precedente, teceu fundamentação em seu voto no sentido de constituir orientação para casos semelhantes, tendo em vista o crescente acesso da população aos serviços de internet. Primeiramente, abordou a discussão sobre a sujeição destes serviços ao Código de Defesa do Consumidor, argumentando que, no caso do Google, estaria clara a existência do chamado *cross marketing*, que proporciona ganhos decorrentes do Orkut, uma vez que este, apesar de gratuito, ao exigir o cadastro do usuário e a concordância com as condições de prestação do serviço, gera um banco de dados com infinitas aplicações comerciais. Assim, estaria caracterizada a relação de consumo em serviços de internet, ainda que prestados gratuitamente.

Em relação aos limites da responsabilidade do Google como provedor de conteúdo, a relatora entendeu não ser possível exigir o monitoramento do conteúdo e uma fiscalização prévia das informações que circulam no Orkut, sob pena de inviabilização de serviços plenamente difundidos no cotidiano das pessoas. Em contrapartida, fixou o dever de manutenção de um sistema minimamente eficaz de identificação de seus usuários, cuja efetividade depende de análise do caso a caso. Portanto, considerando que o Google registra o número de protocolo na internet (IP) dos computadores utilizados para o cadastramento de cada conta de usuário, para fins de sua identificação, na hipótese dos autos, não haveria responsabilidade do Google pela veiculação das mensagens ofensivas.[83]

Bruno Miragem, em uma análise criteriosa do julgado, apontou que o precedente acabou por traçar uma orientação distinta daquela que era sustentada pela doutrina no que se refere à natureza da responsabilidade do provedor de conteúdo. Isso porque, tendo sido identificada a relação de consumo mediante remuneração direta ou indireta do provedor de conteúdo, incidiria o CDC e seu regime de responsabilidade pelo fato do serviço, nos termos do seu art. 14, que se assenta na noção de risco-proveito, ou seja, de uma noção de correspectividade entre o risco suportado pelo agente econômico e a vantagem auferida com a atividade que lhe dá causa, a responsabilidade objetiva.[84]

Retomando o desenvolvimento das leis, em 2011, foi sancionada a Lei 12.414, conhecida como Lei do Cadastro Positivo, que passou a autorizar a formação de

---

83. BRASIL. Superior Tribunal de Justiça. *Recurso Especial 1.193.764 São Paulo*. Direito civil e do consumidor. Internet. Relação de consumo. Incidência do CDC. Gratuidade do serviço. Indiferença. Provedor de conteúdo. Fiscalização prévia do teor das informações postadas no site pelos usuários. Desnecessidade [...]. Recorrente: Sérgio Luiz Akaoui Marcondes e outros. Recorrido: Google Brasil Internet Ltda. Relatora: Nancy Andrighi, 8 ago. 2011. Disponível em: https://stj.jusbrasil.com.br/jurisprudencia/ 866337543/recurso-especial-resp-1193764-sp-2010-0084512-0/inteiro-teor-866337553. Acesso em: 27 fev. 2021.

84. MIRAGEM, Bruno. Aplicação do Código de Defesa do Consumidor às relações entre provedores de conteúdo da internet e seus consumidores. *Revista de Direito do Consumidor*, São Paulo, v. 79, p. 407-433, jul.-set. 2011.

bancos de dados com informações sobre adimplemento, instituindo regras para proteção da privacidade, métodos de controle dessas atividades, bem como deveres a serem cumpridos pelo fornecedor do serviço, que podem ser sintetizados em: i) dever de veracidade; ii) dever de clareza; iii) dever de objetividade; iv) vedação de informações excessivas; v) vedação de informações sensíveis, com destaque para as informações proibidas, qualificadas como excessivas e sensíveis.

Todavia, decorridos mais de sete anos desde a promulgação dessa legislação ordinária, a adesão voluntária ao cadastro por meio de consentimento do interessado representou menos de 10% dos potenciais tomadores de crédito no país. Em resposta a essa falha nos resultados pretendidos, que forçou a distribuição dos custos da inadimplência entre todos os consumidores, foi publicada a Lei Complementar 166/2019, que alterou mais da metade do texto da Lei do Cadastro Positivo e revogou diversos de seus dispositivos, em verdadeira reforma legislativa, mudando o modelo *opt-in* da norma para o *opt-out*. Ou seja, todos os consumidores passaram a estar incluídos no Cadastro Positivo até manifestação de vontade em sentido contrário. Essa legislação trouxe uma evolução do conceito de autodeterminação informativa ao instituir o princípio do consentimento, nos termos dos artigos 4º e 5º, e o princípio da vedação de armazenamento de informações sensíveis e excessivas, no seu artigo 3º, § 3º.[85]

Para além da Lei do Cadastro Positivo, o uso de sistemas de *credit scoring* foi objeto de grande controvérsia no Judiciário brasileiro. Apenas no Tribunal de Justiça do estado do Rio Grande do Sul, existiam cerca de 80 mil recursos pendentes de julgamento, cujo objeto da ação versava sobre a licitude e os limites da utilização do sistema.[86] Diante de tal repercussão, a questão foi apreciada pelo STJ, a partir do Recurso Especial 1.419.679-RS,[87] afetado pelo rito de recurso repetitivo, no Tema 710.

---

85. BESSA, Leonardo Roscoe. *Nova Lei de Cadastro Positivo*: comentários à Lei 12.414, com as alterações da Lei Complementar 166/2019 e de acordo com a LGPD. São Paulo: Thomson Reuters, 2019. p. 92-93.

86. MACHADO, Fernando Inglez de Souza. *Privacidade e proteção de dados pessoais na sociedade da informação*: profiling e risco de discriminação. 2018. Dissertação (Mestrado em Direito) – Programa de Pós-Graduação em Direito da Escola de Direito da Pontifícia Universidade Católica do Rio Grande do Sul, Porto Alegre, 2018.

87. O julgado teve a seguinte ementa: "Recurso especial representativo de controvérsia (art. 543-c do CPC). Tema 710/STJ. Direito do consumidor. Arquivos de crédito. Sistema "credit scoring". Compatibilidade com o direito brasileiro. Limites. Dano moral. I – teses: 1) o sistema "credit scoring" é um método desenvolvido para avaliação do risco de concessão de crédito, a partir de modelos estatísticos, considerando diversas variáveis, com atribuição de uma pontuação ao consumidor avaliado (nota do risco de crédito). 2) Essa prática comercial é lícita, estando autorizada pelo art. 5º, IV, e pelo art. 7º, I, da Lei 12.414/2011 (Lei do Cadastro Positivo). Documento: 40872564 – Ementa/Acordão responsabilidade objetiva e solidária do fornecedor do serviço, do responsável pelo banco de dados, da fonte e do consulente (art. 16 da Lei 12.414/2011) pela ocorrência de danos morais nas hipóteses de utilização de informações excessivas ou sensíveis (art. 3º, § 3º, I e II, da Lei 12.414/2011), bem como nos casos de comprovada recusa indevida de crédito pelo uso de dados incorretos ou desatualizados. II – Caso Concreto: 1) Não conhecimento do agravo regimental e dos embargos declaratórios interpostos no curso do processamento do presente recurso representativo de controvérsia; 2) Inocorrência de violação ao art. 535, II, do CPC. 3) Não reconhecimento de ofensa ao art. 267, VI, e ao art. 333, II, do CPC. 4) Acolhimento da alegação de inocorrência de dano

O julgado contou com a realização de audiência pública a pedido do próprio relator, ministro Paulo de Tarso Sanseverino, e teve como objeto duas questões: a compatibilidade do sistema de *scoring* com os direitos do consumidor e a configuração ou não de danos morais no uso desse sistema. O processo que serviu de base para tal caso consistia na ação de indenização por danos morais ajuizada por Anderson Guilherme Prado Soares, tendo como parte ré a Boa Vista Serviços, motivada por uma negativa de crédito, apesar da inexistência de qualquer inscrição negativa contra o autor.[88]

A fim de motivar a decisão paradigma, o voto do relator desenvolveu cinco teses: i) o sistema *credit scoring* é um sistema de avaliação de risco para concessão de crédito, baseado em modelos estatísticos, composto por diversas variáveis que se prestam a determinar a pontuação (*score*) do consumidor; ii) o uso desse sistema é uma prática comercial lícita, autorizada pelo art. 5º, inciso IV, e art. 7º, inciso I da Lei 12.414/2011; iii) o uso desse sistema e as avaliações do risco de crédito em geral devem obedecer aos limites postos pelo sistema de proteção ao consumidor, nos termos do CDC e da Lei 12.414/2011; iv) o consentimento do consumidor não é requisito indispensável à utilização desse sistema, não obstante, a ele é ressalvado os direitos de acesso e de esclarecimento no que concerne a suas informações constantes nos bancos de dados da empresa, bem como o direito de saber sua fonte; v) a inobservância dos limites legais na utilização do *credit scoring* configura abuso de direito, ensejando a responsabilidade objetiva e solidária do fornecedor do serviço, do responsável pelo banco de dados, da fonte das informações e do consulente nos

---

moral "*in re ipsa*". 5) Não reconhecimento pelas instâncias ordinárias da comprovação de recusa efetiva do crédito ao consumidor recorrido, não sendo possível afirmar a ocorrência de dano moral na espécie. 6) Demanda indenizatória improcedente. III – Não conhecimento do agravo regimental e dos embargos declaratórios, e recurso especial parcialmente provido." (BRASIL. Superior Tribunal de Justiça. *Recurso Especial 1.419.697 Rio Grande do Sul*. Recurso Especial representativo de controvérsia (Art. 543-C do CPC). Tema 710/STJ. Direito do consumidor. arquivos de crédito. sistema "credit scoring". Compatibilidade com o direito brasileiro. Limites. Dano moral. [...]. Recorrente: Boa Vista Serviços S.A. Recorrido: Anderson Guilherme Prado Soares. Relator: Paulo de Tarso Sanseverino, 12 nov. 2014. Disponível em: https://processo. stj.jus.br/processo/revista/documento/mediado/?componente=ATC&sequen cial=40872564&num_ registro=201303862850&data=20141117&tipo=5&formato=PDF. Acesso em: 27 fev. 2021).
BRASIL. Superior Tribunal de Justiça. *Recurso Especial 1.419.697 Rio Grande do Sul*. Recurso especial representativo de controvérsia (art. 543-c do CPC). Tema 710/STJ. Direito do consumidor. Arquivos de crédito. Sistema "credit scoring". Compatibilidade com o direito brasileiro. Limites. Dano moral. [...]. Recorrente: Boa Vista Serviços S.A. Recorrido: Anderson Guilherme Prado Soares. Relator: Paulo de Tarso Sanseverino, 12 nov. 2014. Disponível em: https://processo.stj.jus. br/ processo/revista/documento/mediado/?componente=ATC&sequencial=40872564&num_ registro=201303862850&data=20141117&tipo=5&formato=PDF. Acesso em: 27 fev. 2021.

88. BRASIL. Superior Tribunal de Justiça. *Recurso Especial 1.419.697 Rio Grande do Sul*. Recurso especial representativo de controvérsia (art. 543-c do CPC). Tema 710/STJ. Direito do consumidor. Arquivos de crédito. Sistema "credit scoring". Compatibilidade com o direito brasileiro. Limites. Dano moral. [...]. Recorrente: Boa Vista Serviços S.A. Recorrido: Anderson Guilherme Prado Soares. Relator: Paulo de Tarso Sanseverino, 12 nov. 2014. Disponível em: https://processo.stj.jus. br/ processo/revista/documento/mediado/?componente=ATC&sequencial=40872564&num_ registro=201303862850&data=20141117&tipo=5&formato=PDF. Acesso em: 27 fev. 2021.

2 • O LEGÍTIMO INTERESSE COMO FUNDAMENTO PARA O TRATAMENTO DE DADOS PESSOAIS   37

casos de utilização de informações excessivas e/ou sensíveis, ou no caso de recusa de crédito com base em dados desatualizados ou incorreto.[89]

Em relação à questão da prescindibilidade do consentimento do consumidor para a utilização do sistema do *credit scoring*, em que pese a Lei 12.414/2011 prever expressamente a necessidade do consentimento para fins de cadastros para análise do risco de crédito (art. 4º, *caput*), o STJ entendeu que "não se pode exigir o prévio e expresso consentimento do consumidor avaliado, pois não constitui um cadastro ou banco de dados, mas um modelo estatístico", ainda que esse sistema deva obedecer às disposições previstas tanto no CDC como na Lei do Cadastro Positivo.[90]

Assim, foi instituído o modelo de *opt-out*, no qual o consumidor pode solicitar a sua retirada do banco de dados e/ou realizar um controle da veracidade do conteúdo através da garantia de acesso às informações, respeitando o direito à transparência e lealdade entre as partes. Como resultado, foi editada a Súmula 550 do STJ, que dispõe:

> A utilização de escore de crédito, método estatístico de avaliação de risco que não constitui banco de dados, dispensa o consentimento do consumidor, que terá o direito de solicitar esclarecimentos sobre as informações pessoais valoradas e as fontes dos dados considerados no respectivo cálculo.[91]

Com efeito, ressalta-se que as teses desenvolvidas nessa decisão paradigma podem contribuir à interpretação e limitação do legítimo interesse no ordenamento jurídico brasileiro, com as devidas adaptações, sendo possível extrair os seguintes ensinamentos: i) o uso do legítimo interesse deve obedecer aos limites postos pelo sistema de proteção ao consumidor, nos termos do CDC; ii) o consentimento do titular do dado não é requisito indispensável à utilização desse instituto, não obstante a ele, são ressalvados os direitos de acesso e de esclarecimento no que concerne a suas informações constantes nos bancos de dados do controlador; iii) a inobservância dos limites legais na utilização do *legítimo interesse* configura abuso de direito, ensejando a responsabilidade objetiva e solidária dos agentes nos casos de utilização de informações excessivas e/ou sensíveis.

---

89. BRASIL. Superior Tribunal de Justiça. *Recurso Especial 1.419.697 Rio Grande do Sul*. Recurso especial representativo de controvérsia (art. 543-c do CPC). Tema 710/STJ. Direito do consumidor. Arquivos de crédito. Sistema "credit scoring". Compatibilidade com o direito brasileiro. Limites. Dano moral. [...]. Recorrente: Boa Vista Serviços S.A. Recorrido: Anderson Guilherme Prado Soares. Relator: Paulo de Tarso Sanseverino, 12 nov. 2014. Disponível em: https://processo.stj.jus. br/ processo/revista/documento/mediado/?componente=ATC&sequencial=40872564&num_ registro=201303862850&data=20141117&tipo=5&formato=PDF. Acesso em: 27 fev. 2021.

90. BRASIL. Superior Tribunal de Justiça. *Recurso Especial 1.419.697 Rio Grande do Sul*. Recurso especial representativo de controvérsia (art. 543-c do CPC). Tema 710/STJ. Direito do consumidor. Arquivos de crédito. Sistema "credit scoring". Compatibilidade com o direito brasileiro. Limites. Dano moral. [...]. Recorrente: Boa Vista Serviços S.A. Recorrido: Anderson Guilherme Prado Soares. Relator: Paulo de Tarso Sanseverino, 12 nov. 2014. Disponível em: https://processo.stj.jus. br/ processo/revista/documento/mediado/?componente=ATC&sequencial=40872564&num_ registro=201303862850&data=20141117&tipo=5&formato=PDF. Acesso em: 27 fev. 2021.

91. BRASIL. *Súmulas do Superior Tribunal de Justiça*. Brasília, DF: STJ, 2021. Disponível em: https://www.stj. jus.br/docs_internet/SumulasSTJ.pdf. Acesso em: 19 jun. 2021.

Voltando à trajetória legislativa, em 2011, a Lei do Acesso à Informação (Lei 12.527/2011) criou importantes definições legais, diferenciando informações comuns das informações pessoais e disciplinando o tratamento de dados no âmbito de sua aplicação. No ano de 2012, a Lei do Crime de Invasão de Dispositivos Informáticos (Lei 12.737/2012), também conhecida como "Lei Carolina Dieckmann", tipificou como crime a invasão de computadores, o que aumentou a proteção à privacidade e intimidade dos usuários.[92]

Em 2013, foi editado o Decreto 7.962/2013, que regulamentou o CDC para dispor sobre a contratação no comércio eletrônico, estabelecendo novas obrigações ao fornecedor, tais como prestar informações claras sobre o produto, o serviço e a própria empresa fornecedora no *site*; oportunizar o atendimento facilitado ao consumidor por meio eletrônico; respeitar o direito de arrependimento do consumidor em um prazo de sete dias úteis; bem como utilizar mecanismos de segurança no pagamento e tratamento de dados do consumidor.[93]

É importante referir que, no ano de 2012, já havia sido apresentado, no Senado Federal, o Projeto de Lei (PL) 281/2012 para atualização do CDC, visando fortalecer a confiança do consumidor no comércio eletrônico e assegurar a sua tutela, tendo servido de forte influência ao Decreto 7.962/2013, que, em grande parte, o reproduziu textualmente. Como pontua Guilherme Magalhães Martins, ainda se faz necessária uma legislação específica para regular as relações de consumo eletrônicas por meio da internet, não obstante a importante iniciativa que foi a promulgação do Decreto 7.962/2013, como reforço da segurança e informação dos consumidores, preservando-se a principiologia e os fundamentos da Lei 8.078/1990.[94]

Sinaliza-se que o PL 281/2012 propôs a inclusão de dois importantes incisos ao artigo 6º do CDC (XI e XII), que agregariam aos direitos básicos do consumidor "a privacidade e a segurança das informações e dados pessoais prestados ou coletados, por qualquer meio, inclusive o eletrônico, assim como o acesso gratuito do consumidor a estes e a suas fontes", e "a liberdade de escolha, em especial frente a novas tecnologias e redes de dados, vedada qualquer forma de discriminação e assédio de consumo". Além disso, através da criação de uma nova seção para tratar sobre o comércio eletrônico, propiciou a criação de normas gerais que incluíram a proteção da autodeterminação e da privacidade dos dados pessoais. Esse Projeto de Lei tramita atualmente na Câmara dos Deputados sob o n. 3514/2015, apensado

---

92. COTS, Márcio. *Lei Geral de Proteção de Dados Pessoais comentada*. São Paulo: Thomson Reuters Brasil, 2018. p. 46-47.
93. MIRAGEM, Bruno. Aspectos característicos da disciplina do comércio eletrônico de consumo – comentários ao Dec. 7.962, de 15.03.2013. *Revista de Direito do Consumidor*, São Paulo, v. 86, p. 287-299, mar.-abr. 2013.
94. MARTINS, Guilherme Magalhães. A atualização do Código de Defesa do Consumidor e a regulamentação do comércio eletrônico: avanços e perspectivas. *Revista de Direito do Consumidor*, São Paulo, v. 95, p. 255-287, set.-out. 2014.

o PL 4906/2001, e, em que pese sua importância, aguarda apreciação do plenário, sem perspectivas concretas para sua aprovação.[95]

Em 2014, ocorreu a entrada em vigor de outra importante lei para o ordenamento jurídico brasileiro, a Lei 12.965, chamada de Marco Civil da Internet, que estabeleceu princípios, garantias, direitos e deveres para o uso da internet no país, dentre eles, a proteção da privacidade e dos dados pessoais. O artigo 7º dessa legislação determinou, em seu inciso VII, ser direito do usuário ao não fornecimento de seus dados pessoais a terceiros, senão através de livre consentimento, expresso e informado, o qual poderá ser revogado a qualquer momento. Já o inciso VIII do mesmo artigo garantiu ao usuário o respeito ao princípio da finalidade, definindo que os dados somente poderão ser utilizados para finalidades que justifiquem a sua coleta, sejam lícitas ou estejam previstas em contrato.[96]

Ainda, o inciso X, do artigo 7º, dispôs que o usuário poderá requerer a exclusão de seus dados pessoais fornecidos, uma vez encerrada a relação entre as partes. Através da combinação de tais dispositivos, chega-se à conclusão de que a Lei 12.965 usou a autodeterminação informativa como principal parâmetro para a proteção de dados pessoais.[97]

Como bem observa Antônia Espíndola Longoni Klee, apesar de o Marco Civil da Internet ser insuficiente enquanto quadro jurídico apto a fornecer plena proteção aos dados pessoais e equacionar os problemas relacionados às relações de consumo na internet, essa lei foi um passo importante por indicar a necessidade de uma legislação futura, além de firmar bases mais sólidas para o que se espera de uma efetiva legislação de proteção aos dados pessoais.[98]

Exposto o histórico legislativo, cumpre trazer importante acontecimento do cenário mundial ocorrido no ano de 2016, que chamou a atenção de diversos países, por ter potencialmente mudado o rumo das eleições do país mais poderoso do planeta, os Estados Unidos, através do tratamento indevido de dados pessoais.

Por meio de um aplicativo ligado à rede social Facebook, que continha um teste de personalidade, uma empresa privada de consultoria política chamada Cambridge Analytica coletou ilegalmente dados de cerca de 87 milhões de pessoas, através de aplicativo que gravava os resultados do *quiz*, coletava os dados da conta do Facebook envolvida, bem como os dados dos amigos na rede social das

---

95. BRASIL. *Projeto de Lei 3514/2015*. Altera a Lei 8.078, de 11 de setembro de 1990 (Código de Defesa do Consumidor) [...]. Brasília, DF: Câmara dos Deputados, 2015. Disponível em: https:// www.camara.leg. br/proposicoesWeb/fichadetramitacao?idProposicao=2052488. Acesso em: 04 jul. 2020.
96. KLEE, Antônia Espindola Longoni. A regulamentação do uso da internet no Brasil pela Lei 12.965/2014 e a proteção dos dados dos registros pessoais. *Direito e Justiça*, v. 41, jul.-dez. 2015, p. 126-153.
97. BIONI, Bruno Ricardo. *Proteção de dados pessoais*: a função e os limites do consentimento. Rio de Janeiro: Forense, 2019. p. 130-132.
98. KLEE, Antônia Espindola Longoni. A regulamentação do uso da internet no Brasil pela Lei 12.965/2014 e a proteção dos dados dos registros pessoais. *Direito e Justiça*, Porto Alegre, v. 41, p. 126-153, jul.-dez. 2015.

pessoas que participavam do teste. Tudo isso sem qualquer tipo de consentimento ou informação ao usuário.[99]

Com esses dados, foram traçados perfis psicológicos, utilizados na criação de propaganda eleitoral altamente personalizada na campanha presidencial dos Estados Unidos no ano de 2016, não apenas a favor do então candidato Donald Trump, mas também através da criação e disseminação de *fake news* sob medida acerca dos candidatos rivais, visando prejudicá-los de forma desleal.[100]

Esse escândalo colocou em pauta questões como a fragilidade da privacidade, da proteção de dados pessoais, e o uso indevido de informações por empresas de tecnologia, ocasionando grande preocupação nos usuários do mundo todo ante a possiblidade da perda do controle de seus dados, e as consequências da perda de liberdade de uma forma geral.

De mais a mais, a promulgação do RGPD, em 2016, acelerou os trâmites legislativos no Brasil que ocorriam desde 2012, fazendo com que esforços fossem catalisados para a aprovação de uma lei brasileira, sob pena do país ficar marginalizado. Isso porque a sua aplicação abrangia não apenas as empresas europeias, mas todas aquelas que se encontrassem no território europeu no momento da coleta, ou empresas que oferecessem serviços à sua população. A partir da RGPD, as empresas europeias não poderiam realizar contratos com empresas de países que não possuíssem o mesmo nível de proteção de dados.[101]

Esse cenário culminou na necessidade de uma lei especificamente voltada à regulação da proteção de dados pessoais no Brasil, garantindo a privacidade dos indivíduos e a autodeterminação informativa, estabelecendo, sobretudo, os princípios, direitos e deveres a serem respeitados por quem coleta, trata e refina os dados pessoais. Mais do que isso, deveria ser uma lei que versasse sobre responsabilidades e impusesse sanções para quem comercializa bancos de dados em desrespeito à privacidade e à intimidade dos titulares, visando coibir o uso ilegítimo e desautorizado de dados pessoais e impedir abusos.[102]

Assim, em agosto de 2018, foi promulgada a Lei 13.709, conhecida como Lei Geral de Proteção de Dados Pessoais, que regulamenta os tratamentos de dados pessoais na sociedade brasileira. Seu advento constituiu um marco para o ordenamento

---

99. MENKE, Fabiano; Goulart, Guilherme Damasio. Segurança da informação e vazamento de dados. In: MENDES, Laura Schertel; DONEDA, Danilo; SARLET, Ingo Wolfgang; RODRIGUES JR., Otavio Luiz (Coord.). *Tratado de Proteção de Dados Pessoais*. Rio de Janeiro: Forense, 2021. p. 339-359.

100. ENTENDA o escândalo de uso político de dados que derrubou valor do Facebook e o colocou na mira de autoridades. *G1*, [s. l.], 20 mar. 2018. Disponível em: https://g1.globo.com/economia/ tecnologia/noticia/entenda-o-escandalo-de-uso-politico-de-dados-que-derrubou-valor-do-facebook-e-o-colocou-na-mira-de-autoridades.ghtml. Acesso em: 07 julho. 2021.

101. COTS, Márcio. *Lei Geral de Proteção de Dados Pessoais comentada*. São Paulo: Thomson Reuters Brasil, 2018. p. 9-10.

102. RUARO, Regina Linden. O direito fundamental à proteção de dados pessoais do consumidor livre mercado. *Revista de Direito do Consumidor*, São Paulo, v. 118, p. 195-219, jul.-ago. 2018.

2 • O LEGÍTIMO INTERESSE COMO FUNDAMENTO PARA O TRATAMENTO DE DADOS PESSOAIS

jurídico brasileiro, pois consolidou, em uma única legislação, uma matéria que até então era tratada de forma fragmentada, procurando sistematizar a problemática relacionada ao tratamento de dados pessoais e proporcionar um eixo em torno do qual a disciplina possa se estruturar.

Veja-se que a LGPD foi concebida prevendo um período amplo de *vacatio legis*, de 18 meses desde a data de sua publicação, tendo em vista a necessidade de adequação do mercado como um todo e de instituição de novos procedimentos nos tratamentos de dados realizados, em respeito às novas regras. Ainda em 2018, esse prazo foi ampliado para 24 meses pela Medida Provisória (MP) 869/2018, que alterou a entrada em vigor da maior parte da lei para 15 de agosto de 2020 da maior parte da lei para 15 de agosto de 2020.[103]

Entretanto, o ano de 2020 trouxe circunstâncias inesperadas: o vírus SARS-CoV-2 e uma pandemia mundial que, até a presente data, contaminou pelo menos 10 milhões de pessoas e ocasionou mais de 500 mil mortes em todo o território nacional, afetando não apenas a saúde da população brasileira, mas também o mercado e a economia de modo geral.[104]

Após a Organização Mundial da Saúde (OMS) declarar a pandemia,[105] no Brasil, inúmeros estados e municípios começaram a restringir atividades sociais e econômicas em atenção ao distanciamento social e suas variantes (ora mais rígidas, ora mais flexíveis).[106] Suspenderam-se, dentre outros, eventos e atividades em estabelecimentos culturais, esportivos, religiosos e educacionais; também atividades de bares, restaurantes e similares; estabelecimentos comerciais, industriais e de serviços, excetuando-se os que se consideram essenciais.[107]

Devido à imposição da quarentena, a população, da noite para o dia, passou a usar inúmeras ferramentas digitais para desempenhar as mais diferentes facetas da sua vida: educação, lazer, confraternização familiar, exercícios físicos e trabalho, o que levou ao aumento de sua exposição digital e do tratamento de seus dados pessoais.

---

103. PALHARES, Felipe. As falácias do amanhã: a saga da entrada em vigor da LGPD. In: PALHARES, Felipe (Coord.). *Temas Atuais de Proteção de Dados*. São Paulo: Ed. RT, 2020. p. 529-549.

104. Informação atualizada diariamente (WORLD HEALTH ORGANIZATION. *Coronavirus disease (COVID-19): Weekly Epidemiological Update*. [S. l.]: WHO, 2021. Disponível em: https://covid19.who.int/region/amro/country/br. Acesso em: 06 jul. 2021).

105. WORLD HEALTH ORGANIZATION. *Director-General's opening remarks at the media briefing on Covid-19*. [S. l.]: WHO, 2020. Disponível em: https://www.who.int/director-general/speeches/detail/who-director-general-s-opening-remarks-at-the-media-briefing-on-covid-19---11-march-2020. Acesso em: 20 mar. 2020.

106. BRASIL. *Decreto Legislativo 6, de 20 de março de 2020*. Reconhece, para os fins do art. 65 da Lei Complementar 101, de 4 de maio de 2000, a ocorrência do estado de calamidade pública [...]. Brasília, DF: Planalto, 2020. Disponível em: http://www.planalto.gov.br/ccivil_03/portaria/DLG6-2020.htm. Acesso em: 20 mar. 2020.

107. BRASIL. *Decreto 10.282, de 20 de março de 2020*. Altera o Decreto 10.282, de 20 de março de 2020, que regulamenta a Lei 13.979, de 6 de fevereiro de 2020, para definir os serviços públicos e as atividades essenciais. Brasília, DF: Planalto, 2020. Disponível em: http://www.planalto.gov.br/ccivil_03/_ato2019-2022/2020/Decreto/D10329.htm. Acesso em: 20 mar. 2020.

Outra consequência da crise gerada pela *Corona Virus Disease 2019* (Covid-19) foi que os dados pessoais passaram a ser amplamente utilizados pelo Estado, para fins de modelar e executar políticas públicas de contenção e controle do vírus, bem como para tornar possível que pesquisas científicas relativas à saúde proporcionassem os melhores resultados possíveis em um menor período de tempo.[108] Nesse contexto, foram levantadas questões relativas à confiança do cidadão nas instituições governamentais e privadas, responsáveis pelo tratamento de dados pessoais, o que evidenciou a necessidade do estabelecimento de salvaguardas para assegurar um equilíbrio entre os interesses individuais e coletivos, bem como para aumentar a confiança da sociedade nas instituições que processam dados para fins de saúde pública.[109]

Foi neste ínterim que o Supremo Tribunal Federal acabou por proferir uma importante decisão, considerada um marco histórico para a proteção de dados pessoais no direito brasileiro. O julgamento pelo plenário do tribunal, ocorrido nos dias 6 e 7 maio de 2020, referendou a Medida Cautelar nas Ações Diretas de Inconstitucionalidade 6387, 6388, 6389, 6393, 6390, suspendendo a aplicação da Medida Provisória 954/2020, que obrigava as operadoras de telefonia a repassarem ao Instituto Brasileiro de Geografia e Estatística (IBGE) dados identificadores de seus consumidores de telefonia móvel, celular e endereço, para produção estatística oficial durante a pandemia do coronavírus.[110]

---

108. DONEDA, Danilo. A proteção de dados em tempos de coronavírus. *Jota Info*, São Paulo, 25 mar. 2020. Disponível em: https://bit.ly/3eULntq. Acesso em: 20 fev. 2021.
109. ALMEIDA, Bethania de Araujo et al. Preservação da privacidade no enfrentamento da Covid-19: dados pessoais e a pandemia global. *Ciênc. saúde coletiva*, Rio de Janeiro, v. 25, supl. 1, p. 2487-2492, jun. 2020. Disponível em: http://www.scielo.br/scielo.php?script=sci_arttext&pid=S1413-81232020006702487&lng=en&nrm=iso. Acesso em: 20 fev. 2021.
110. O julgado teve a seguinte ementa: "Medida cautelar em ação direta de inconstitucionalidade. Referendo. Medida provisória n. 954/2020. Emergência de saúde pública de importância internacional decorrente do novo coronavírus (Covid-19). Compartilhamento de dados dos usuários do serviço telefônico fixo comutado e do serviço móvel pessoal, pelas empresas prestadoras, com o instituto brasileiro de geografia e estatística. *Fumus boni juris. Periculum in mora.* Deferimento. 1. Decorrências dos direitos da personalidade, o respeito à privacidade e à autodeterminação informativa foram positivados, no art. 2°, I e II, da Lei 13.709/2018 (Lei Geral de Proteção de Dados Pessoais), como fundamentos específicos da disciplina da proteção de dados pessoais. 2. Na medida em que relacionados à identificação – efetiva ou potencial – de pessoa natural, o tratamento e a manipulação de dados pessoais hão de observar os limites delineados pelo âmbito de proteção das cláusulas constitucionais assecuratórias da liberdade individual (art. 5°, caput), da privacidade e do livre desenvolvimento da personalidade (art. 5°, X e XII), sob pena de lesão a esses direitos. O compartilhamento, com ente público, de dados pessoais custodiados por concessionária de serviço público há de assegurar mecanismos de proteção e segurança desses dados. 3. O Regulamento Sanitário Internacional (RSI 2005) adotado no âmbito da Organização Mundial de Saúde exige, quando essencial o tratamento de dados pessoais para a avaliação e o manejo de um risco para a saúde pública, a garantia de que os dados pessoais manipulados sejam "adequados, relevantes e não excessivos em relação a esse propósito" e "conservados apenas pelo tempo necessário" (artigo 45, § 2°, alíneas "b" e "d"). 4. Consideradas a necessidade, a adequação e a proporcionalidade da medida, não emerge da Medida Provisória n. 954/2020, nos moldes em que editada, interesse público legítimo no compartilhamento dos dados pessoais dos usuários dos serviços de telefonia. 5. Ao não definir apropriadamente como e para que serão utilizados os dados coletados, a MP 954/2020 desatende a garantia do devido processo legal (art. 5°, LIV, da CF), na dimensão substantiva, por não oferecer condições de avaliação quanto à sua adequação e necessidade, assim

2 • O LEGÍTIMO INTERESSE COMO FUNDAMENTO PARA O TRATAMENTO DE DADOS PESSOAIS 43

Ao abrir a sessão, a ministra relatora Rosa Weber reiterou os fundamentos da concessão das liminares, argumentando que, embora não se possa subestimar a gravidade da crise sanitária, nem a necessidade de formulação de políticas públicas que demandam dados específicos para seu enfrentamento, não seria plausível legitimar, no combate a pandemia, "o atropelo de garantias fundamentais consagradas na Constituição". O ministro Alexandre de Moraes ressaltou, em seu voto, a importância dos princípios da razoabilidade e proporcionalidade, uma vez que os direitos e as garantias fundamentais não são absolutos e encontram limites nos demais direitos consagrados na Constituição. A relativização desses direitos, segundo o ministro, deve observar esses princípios, o que não ocorre, a seu ver, na hipótese do texto da MP. O ministro Gilmar Mendes lembrou que a Organização Mundial da Saúde (OMS), no seu regulamento sanitário internacional, incorporado ao ordenamento jurídico brasileiro por meio do Decreto 10.212/2020, afasta a possibilidade de processamentos de dados desnecessários e incompatíveis com o propósito de avaliação e manejo dos riscos à saúde. Também acompanharam a relatora os ministros Celso de Mello, Edson Fachin, Luiz Fux, Ricardo Lewandowski, Cármen Lúcia e o então presidente do STF, o ministro Dias Toffoli.[111]

---

entendidas como a compatibilidade do tratamento com as finalidades informadas e sua limitação ao mínimo necessário para alcançar suas finalidades. 6. Ao não apresentar mecanismo técnico ou administrativo apto a proteger, de acessos não autorizados, vazamentos acidentais ou utilização indevida, seja na transmissão, seja no tratamento, o sigilo, a higidez e, quando o caso, o anonimato dos dados pessoais compartilhados, a MP n. 954/2020 descumpre as exigências que exsurgem do texto constitucional no tocante à efetiva proteção dos direitos fundamentais dos brasileiros. 7. Mostra-se excessiva a conservação de dados pessoais coletados, pelo ente público, por trinta dias após a decretação do fim da situação de emergência de saúde pública, tempo manifestamente excedente ao estritamente necessário para o atendimento da sua finalidade declarada. 8. Agrava a ausência de garantias de tratamento adequado e seguro dos dados compartilhados a circunstância de que, embora aprovada, ainda não vigora a Lei Geral de Proteção de Dados Pessoais (Lei 13.709/2018), definidora dos critérios para a responsabilização dos agentes por eventuais danos ocorridos em virtude do tratamento de dados pessoais. O fragilizado ambiente protetivo impõe cuidadoso escrutínio sobre medidas como a implementada na MP n. 954/2020. 9. O cenário de urgência decorrente da crise sanitária deflagrada pela pandemia global da Covid-19 e a necessidade de formulação de políticas públicas, que demandam dados específicos para o desenho dos diversos quadros de enfrentamento, não podem ser invocadas como pretextos para justificar investidas visando ao enfraquecimento de direitos e atropelo de garantias fundamentais consagradas na Constituição. 10. *Fumus boni juris e periculum in mora* demonstrados. Deferimento da medida cautelar para suspender a eficácia da Medida Provisória n. 954/2020, a fim de prevenir danos irreparáveis à intimidade e ao sigilo da vida privada de mais de uma centena de milhão de usuários dos serviços de telefonia fixa e móvel. 11. Medida cautelar referendada." (BRASIL. Supremo Tribunal Federal. *Ação Direta de Inconstitucionalidade 6387 Distrito Federal*. Medida cautelar em ação direta de inconstitucionalidade. Referendo. Medida provisória 954/2020. Emergência de saúde pública de importância internacional decorrente do novo coronavírus (Covid-19). Compartilhamento de dados dos usuários do serviço telefônico fixo comutado e do serviço móvel pessoal, pelas empresas prestadoras, com o instituto brasileiro de geografia e estatística. Fumus boni juris. Periculum in mora. Deferimento [...]. Requerente: Conselho Federal da Ordem dos Advogados do Brasil e outros. Intimado: Presidente da República. Relatora: Rosa Weber, 7 maio. 2020. Disponível em: http://portal.stf.jus.br/processos/ downloadPeca.asp?id=15344949214&ext=.pdf. Acesso em: 08 jul. 2021).

111. BRASIL. Supremo Tribunal Federal. *Ação Direta de Inconstitucionalidade 6387 Distrito Federal*. "Medida cautelar em ação direta de inconstitucionalidade. Referendo. Medida provisória n. 954/2020. Emergência de saúde pública de importância internacional decorrente do novo coronavírus (Covid-19). Compartilhamento de dados dos usuários do serviço telefônico fixo comutado e do serviço móvel pessoal, pelas empresas

Esse julgamento, que foi considerado histórico por reconhecer um direito fundamental autônomo à proteção de dados pessoais no ordenamento jurídico brasileiro, transitou em torno de três pontos centrais: i) a superação do argumento de que existiriam dados pessoais neutros ou insignificantes no contexto atual de processamento de dados que assim seriam desprovidos de proteção; ii) o reconhecimento de um direito autônomo à proteção de dados pessoais e os seus efeitos negativos (de não sofrer intervenção) e positivos (necessidade de proteção) sobre os deveres do Estado; e por fim, iii) a incompatibilidade da ausência de vigência da LGPD com os valores e princípios constitucionais.[112]

Por isso, é inegável a importância dessa decisão do STF, que representou um importante passo para assentar na jurisprudência pátria o direito à autodeterminação informativa, garantia autônoma que pode ser aplicada a uma multiplicidade de casos envolvendo a coleta de dados, sem uma necessária vinculação à proteção da privacidade do cidadão. Ainda, destaca-se que, por meio dessa decisão, foram estabelecidos parâmetros constitucionais da proteção de dados no Brasil a serem aproveitados para os casos de processamento e uso de dados relacionados durante e após a pandemia do coronavírus, inclusive quanto ao uso da base legal legítimo interesse.[113]

Encerrada a análise do julgado e de volta à realidade do país em 2020, cumpre referir que o setor empresarial brasileiro, altamente impactado pela imposição de restrição de suas atividades como medida para evitar a propagação do coronavírus, passou a defender a necessidade de adiamento da vigência da LGPD. Seus principais argumentos eram a existência de um número baixo de empresas que já estariam em conformidade com a lei; a ausência de recursos humanos e financeiros para realização de processos de adequação à LGPD durante pandemia; e a inexistência da Autoridade Nacional de Proteção de Dados.[114]

Em vista disso, foi editada a MP 959/2020, determinando o adiamento da vigência da LGPD para maio de 2021. Em paralelo, o PL 1.179/2020 passou a tramitar no Congresso Nacional, visando prorrogar a *vacatio legis* da LGPD até janeiro de 2021, com aplicação das sanções a partir de agosto de 2021. Como resultado da pressão do mercado, o PL 1.179/2020 foi sancionado em junho, dando origem à

---

prestadoras, com o instituto brasileiro de geografia e estatística. *Fumus boni juris. Periculum in mora.* Deferimento [...]. Requerente: Conselho Federal da Ordem dos Advogados do Brasil e outros. Intimado: Presidente da República. Relatora: Rosa Weber, 7 maio. 2020". (Disponível em: http://portal.stf.jus.br/processos/downloadPeca.asp?id=15344949214&ext=.pdf. Acesso em: 08 jul. 2021).

112. MENDES, Laura Schertel. Decisão histórica do STF reconhece direito fundamental à proteção de dados pessoais. *Jota Info*, [s. l.], 10 maio 2020. Disponível em: https://www.jota.info/opiniao-e-analise/artigos/decisao-historica-do-stf-reconhece-direito-fundamental-a-protecao-de-dados-pessoais-10052020. Acesso em: 06 maio. 2020.

113. MENDES, Laura Schertel. A encruzilhada da proteção de dados no Brasil e o caso do IBGE. *Consultor Jurídico*, [s. l.], 24 abr. 2020. Disponível em: https://bit.ly/2W2m6F9. Acesso em: 24 abr. 2020.

114. PALHARES, Felipe. As falácias do amanhã: a saga da entrada em vigor da LGPD. In: PALHARES, Felipe (Coord.). *Temas Atuais de Proteção de Dados*. São Paulo: Ed. RT, 2020. p. 529-549.

Lei 14.010/2020,[115] que dispôs sobre o regime jurídico emergencial e transitório das relações jurídicas de direito privado no período da pandemia do coronavírus, e, dentre diversas medidas, efetivamente adiou as aplicações das sanções da LGPD para agosto de 2021. Assim, em 25 de agosto de 2020, a Câmara dos Deputados votou a Lei em Conversão da MP 959/2020, no sentido de postergar a entrada em vigor da LGPD até 31 de dezembro de 2020. Contudo, em 26 de agosto, o Senado Federal rejeitou a parte da MP 959/2020 que tratava sobre a postergação da vigência da LGPD. Destarte, em uma reviravolta, e ocorrida a caducidade parcial da MP, com efeitos imediatos, a LGPD finalmente entrou em vigor parcial após sanção do Projeto de Lei de Conversão pelo Presidente da República,[116] no dia 18 de setembro de 2020. A vigência total da LGPD então se operou no dia 1º de agosto de 2021, quanto aos arts. 52, 53 e 54.

Portanto, é nítido pelo estudo realizado até aqui que o direito à proteção de dados pessoais não se estruturou a partir de um complexo normativo unitário no Brasil, mas por meio de uma série de disposições legais que evoluíram ao longo do tempo. Junto com a legislação, a jurisprudência dos tribunais superiores foi responsável por consolidar marcos no sistema jurídico brasileiro, como: o direito de acesso e retificação de dados pessoais oriundos do período da Ditadura Militar no país (RHC 22/DF); a revitalização do *habeas data*, em uma percepção mais ampla, admitindo o direito fundamental à autodeterminação informativa (REXT 673.707/MG) e o direito ao dano moral *in re ipsa* ante o registro indevido de dados pessoais nos cadastros negativos de crédito (REsp 1.061.134/RS); a incidência do CDC em serviços gratuitos de provedor de pesquisa na internet (REsp 1.193.764/SP); a legalidade e os limites do sistema de *credit scoring* (REsp 1.419.697/RS); e o reconhecimento da existência de um direito fundamental à proteção de dados implícito do direito pátrio (ADI 6.837/DF).

Cumpre agora analisar a Lei 13.709/2018, a partir de seus objetivos, fundamentos e princípios, aspectos fundamentais para compreensão do contexto em que o legítimo interesse no tratamento de dados pessoais está inserido no cenário nacional.

2.1.3 A Lei Geral de Proteção de Dados

Após uma trajetória de quase dez anos de debates, consultas públicas e trâmites legislativos, considerando o primeiro anteprojeto de lei, do ano de 2010, e o texto efetivamente enviado ao Congresso Nacional, somente em 2012, que depois veio a

---

115. BRASIL. *Lei. 14.010, de 10 de junho de 2020*. Dispõe sobre o Regime Jurídico Emergencial e Transitório das relações jurídicas de Direito Privado (RJET) no período da pandemia do coronavírus (Covid-19). Brasília, DF: Planalto, 2020. Disponível em: http://www.planalto.gov.br/ccivil_03/_Ato 2019-2022/2020/Lei/L14010. htm. Acesso em: 20 fev. 2021.

116. BRASIL. *Nota de esclarecimento vigência da LGPD*. Brasília, DF: Senado Federal, 2020. Disponível em: https://www12.senado.leg.br/assessoria-de-imprensa/notas/nota-de-esclarecimento-vigencia-da-lgpd. Acesso em: 20 fev. 2021.

ser aprovado e sancionado,[117] a Lei Geral de Proteção de Dados finalmente encontra-se em vigor,[118] com o objetivo de proteger os direitos fundamentais de liberdade e de privacidade e o livre desenvolvimento da personalidade do cidadão, nos termos de seu artigo 1º.[119]

A LGPD se constitui como importante passo no caminho para a proteção constitucional do cidadão brasileiro na sociedade da informação, em resposta aos novos desafios propostos pelas redes sociais, pelas tecnologias de vigilância, pelo *marketing* comportamental, pela transferência internacional de dados e tantas outras, por meio da qual poderão ser obtidos benefícios econômicos e sociais advindos da revolução tecnológica, tanto na liberdade de controle das informações pessoais como na tutela contra sua utilização discriminatória.[120]

O ponto de gravitação dessa nova lei é a pessoa, os dados pessoais são o objeto, e a sua finalidade é a proteção da personalidade, assegurando, assim, a privacidade, a liberdade, a igualdade e o livre desenvolvimento da personalidade em vista do tratamento de dados pessoais em todas as situações que seja necessário, de acordo com os objetivos expostos no artigo 1º da LGPD.[121]

Já o artigo 2º da legislação traz os seus fundamentos, quais sejam: o respeito à privacidade; a autodeterminação informativa; a liberdade de expressão, de informação, de comunicação e de opinião; a inviolabilidade da intimidade, da honra e da imagem; o desenvolvimento econômico e tecnológico e a inovação; a livre-iniciativa, a livre concorrência e a defesa do consumidor; e os direitos humanos, o livre desenvolvimento da personalidade, a dignidade e o exercício da cidadania pelas pessoas naturais. Nesse ponto, é importante ressaltar a diferença entre objetivos e fundamentos, como bem leciona Celso Ribeiro Bastos:

> [...] a ideia de objetivos não pode ser confundida com a de elementos, muito embora, algumas vezes, isso possa ocorrer. Os fundamentos são inerentes ao Estado, fazem parte de sua estrutura. Quanto aos objetivos, estes consistem em algo exterior que deve ser perseguido.[122]

---

117. INTERNETLAB, Associação Internetlab de Pesquisa em Direito e Tecnologia. *O que está em jogo no debate sobre dados pessoais no Brasil: Relatório final sobre o debate público promovido pelo Ministério da Justiça sobre o Anteprojeto de Lei de Proteção de dados pessoais.* São Paulo: INTERNETLAB, 2016. p. 134-136. Disponível em: https://www.internetlabºrg.br/wp-content/uploads/ 2016/05/reporta_apl_dados_pessoais_final.pdf. Acesso em: 10 jul. 2021.

118. A LGPD tem as seguintes datas de entrada e, vigor: i) 28 de dezembro de 2018 para os artigos 55-A, 55-B, 55-C, 55-D, 55-E, 55-F, 55-G, 55-H, 55-I, 55-J, 55-K, 55-L, 58-A e 58-B (de acordo com a Lei 13.853/2019); ii) 1º de agosto de 2021 para os arts. 52, 53 e 54 (de acordo com a Lei 14.010/2020) e iii) demais artigos em 18 de setembro de 2020.

119. BRASIL. *Lei 13.709 de 14 de agosto 2018.* Lei Geral de Proteção de Dados Pessoais. Brasília, DF: Planalto, 2018. Disponível em: http://www.planalto.gov.br/ccivil_03/_ato2015-2018/2018/lei/L13709.htm. Acesso em: 06 jul. 2021.

120. MENDES, Laura Schertel. O direito fundamental à proteção de dados pessoais. *Revista do Direito do Consumidor*, São Paulo, v. 79, p. 45-81, jul.-set. 2011.

121. MENDES, Laura Schertel; DONEDA, Danilo. Marco jurídico para a cidadania digital: uma análise do projeto de Lei 5.276/2016. *Revista de Direito Civil Contemporâneo*, São Paulo, v. 9, p. 35-48, out.-dez. 2016.

122. BASTOS, Celso Ribeiro. *Curso de Direito Constitucional.* 20. ed. atual. São Paulo: Saraiva, 1999. p. 159-156.

Veja-se que a LGPD também é uma resposta aos anseios do ambiente digital brasileiro, pois visa assegurar que o mercado de dados pessoais tenha seu fluxo aberto, para servir a todos que busquem empreender,[123] nos termos do artigo 170 da Constituição Federal, que defende a ordem econômica fundada na valorização do trabalho humano e na livre-iniciativa com o fim de assegurar a existência digna, conforme os ditames da justiça social, mas sempre em respeito à livre concorrência e à defesa do consumidor.[124]

Sem a garantia da livre-iniciativa, poderia haver o desestímulo ao uso das tecnologias e prejuízo aos usuários e cidadãos brasileiros, tendo em vista a importância das ferramentas digitais para a promoção da liberdade de expressão, o acesso à informação, à educação e à cultura; e para a geração de empregos.[125]

Outra análise fundamental a ser realizada quantos aos fundamentos da LGPD é sobre a opção do legislador desta de incluir a autodeterminação informativa no texto, em verdadeira inspiração na dogmática alemã acerca da matéria, pois foi naquele país em que se desenvolveu esse fundamento da disciplina de proteção de dados pessoais, a partir do julgamento da decisão alemã *BVerfGE 65, 1 Volkszählung* (que será aprofundada no ponto 2.2.1 do livro).

Partindo para o artigo 3º da lei, encontra-se o escopo de aplicação da norma, que abrange qualquer tratamento de dados realizado por pessoa natural ou jurídica, independentemente do país em que estejam localizados os dados, bem como operações realizadas, atividades de tratamento com objetivo de oferta de bem ou serviço ou tratamentos de dados coletados no território nacional. Além disso, as regras para o tratamento de dados pessoais são válidas e devem ser aplicadas em todos os setores da sociedade brasileira, seja por ente público ou privado, por empresa de uma área ou de outra, o que lhe assegura a característica de lei geral e unitária.

A definição do escopo da matéria da proteção de dados depende do entendimento dos limites do conceito de dado pessoal, sendo importante alertar que o significado do termo excede a definição insculpida na legislação.[126] O dado pessoal, previsto no inciso I do artigo 5º, trata-se do dado relacionado a um indivíduo identificado ou identificável, entendendo-se por identificado o indivíduo que já é conhecido; e por identificável a pessoa que pode ser conhecida diretamente pelo próprio possuidor dos

---

123. LEONARDI, Marcel. Marco Civil da Internet e Proteção de Dados pessoais. In: LUCCA, Newton de; SIMÃO FILHO, Adalberto; LIMA, Cintia Rosa Pereira de (Coord.). *Direito e Internet III*: Marco Civil da Internet. São Paulo: Quartier Latin, 2015. p. 536-537.
124. BRASIL. *Constituição da República Federativa do Brasil de 1988*. Brasília, DF: Planalto, 1988. Disponível em: http://www.planalto.gov.br/ccivil_03/Constituicao/Constituicao.htm. Acesso em: 07 mar. 2021.
125. LEONARDI, Marcel. Marco Civil da Internet e Proteção de Dados pessoais. In: LUCCA, Newton de; SIMÃO FILHO, Adalberto; LIMA, Cintia Rosa Pereira de (Coord.). *Direito e Internet III*: Marco Civil da Internet. São Paulo: Quartier Latin, 2015. p. 536-537.
126. RABAIOLI, Laíza; CAUDURO, Luiza Kremer. Noções instrumentais sobre o tratamento de dados pessoais. In: MENKE, Fabiano; DRESCH, Rafael de Freitas Valle (Coord.). *Lei Geral de Proteção de Dados*: aspectos relevantes. São Paulo: Foco Jurídico, 2021. p. 23-38.

respectivos dados, ou indiretamente mediante recursos e meios à disposição de terceiros, sem que seja necessário o dispêndio de tempo, custo ou esforço exagerado.[127]

Nessa seara, cumpre esclarecer que o legislador brasileiro, inspirando-se no modelo europeu de proteção de dados, manifestou expressamente a adoção da concepção expansionista, segundo a qual o dado pessoal seria toda informação relacionada a uma pessoa identificável ou relativamente indeterminada, havendo um vínculo mediato, indireto, impreciso ou inexato entre o titular e o dado. Essa escolha normativa está evidenciada não apenas no inciso I do artigo 5º da LGPD, mas também na proteção concedida pelo parágrafo 2º do artigo 12, que considera como dados pessoais "aqueles utilizados para formação do perfil comportamental de determinada pessoa natural, se identificada".[128]

Ao regular o tratamento dos dados pessoais, o legislador, levando em conta os âmbitos da tecnologia e da inovação – que estão em constante mudança – e o risco de desatualização da norma, optou por estabelecer regras específicas, mas também estabeleceu princípios.[129]

Esses princípios jurídicos constituem suporte técnico para a norma propriamente dita, bem como valores sobre os quais o legislador se inspirou para dar luz à norma, estejam eles na letra da lei ou não. Além de servir para nortear a criação das normas, os princípios servem também para interpretação das já existentes.[130]

Segundo J. J. Canotilho:

> Princípios são normas que exigem a realização de algo da melhor forma possível, de acordo com as possibilidades fácticas e jurídicas. Os princípios não proíbem, permitem, ou exigem algo em termos de "tudo ou nada"; impõem a optimização de um direito ou de bem jurídico, tendo em conta "a reserva do possível" factiva ou jurídica.[131]

Para Karl Larenz, dentre as importantes funções dos princípios gerais do direito, está a formação de um sistema jurídico, proporcionando unidade científica. Para o autor, princípios são como "pautas diretivas de normação jurídica que, em virtude da sua própria força de convicção, podem justificar resoluções jurídicas", não caracterizam regras, propriamente ditas, carecem de concreção, sem exceção, porque não são compostos de previsão jurídica, de modo que consistem apenas em "ideia jurídica geral".[132]

---

127. VIEIRA, Tatiana Malta. Proteção de dados pessoais na sociedade da informação. *Revista de Direito de Informática e Telecomunicações*, Belo Horizonte, v. 1, ano 2, n. 2, p. 213-235, jan.-jun. 2007.
128. BIONI, Bruno Ricardo. *Proteção de dados pessoais*: a função e os limites do consentimento. Rio de Janeiro: Forense, 2019. p. 114.
129. COTS, Márcio. *Lei Geral de Proteção de Dados Pessoais comentada*. São Paulo: Thomson Reuters Brasil, 2018. p. 99-100.
130. COTS, Márcio. *Lei Geral de Proteção de Dados Pessoais comentada*. São Paulo: Thomson Reuters Brasil, 2018. p. 57.
131. CANOTILHO, J.J. Gomes. *Direito Constitucional*. Coimbra: Almedina, 1991. p. 545.
132. LARENZ, Karl. *Metodologia da ciência jurídica*. 3. ed. Lisboa: Fundação Calouste Gulbekian, 1997. p. 674.

Assim, a LGPD acertadamente seguiu uma tendência mundial e observou os *Fair Information Principles*, que constituem um núcleo comum a diversas normativas sobre proteção de dados, tanto na Europa como nas Américas,[133] estruturando-se em torno de dez princípios gerais, muito parecidos com os princípios estabelecidos pelas diretrizes da Organização para a Cooperação e Desenvolvimento Econômico (OCDE), da Diretiva 95/46/CE (revogada) e do RGPD, que orientam toda a sua disciplina e que precisam ser atendidos nos limites dos direitos fundamentais, assegurando às pessoas a dignidade, a paridade, a não discriminação e a liberdade.[134]

De acordo com a LGPD, as atividades de tratamento legítimo, específico e explícito de dados pessoais informado previamente ao titular devem, nos termos dos incisos do artigo 6º, seguir a boa-fé e os princípios da finalidade, da adequação, da necessidade, do livre acesso, da transparência, da segurança, da prevenção, da não discriminação e da responsabilização e prestação de contas, sendo de suma importância o tratamento individual de cada um deles para o completo entendimento da matéria.

Veja-se que o princípio da boa-fé foi inserido no *caput* do artigo não como um princípio específico em matéria de proteção de dados, mas por ser um princípio geral nas relações jurídicas. Como a boa-fé possui um papel relevante no tratamento dos dados pessoais, seus efeitos incidem nas relações jurídicas que versem sobre o tema, uma vez que tem fundo contratual.[135]

Assim, os tratamentos de dados pessoais devem respeitar a boa-fé objetiva e suas funções dogmáticas, quais sejam: interpretativa dos negócios jurídicos, como critério hermenêutico, exigindo que as cláusulas contratuais sejam interpretadas em conformidade com a lealdade e a honestidade decorrentes de um padrão ético; criadora de deveres anexos, impondo às partes condutas de mútua proteção para atingir a finalidade almejada, tais como os deveres de informação, de transparência, de segurança, de proteção, de sigilo, de colaboração etc.; e restritiva do exercício de direitos ou posições jurídicas ativas, impedindo resultados em desconformidade com a lealdade e a confiança que devem nortear as relações.[136]

Nesse sentido, para que as atividades de tratamento de dados não sejam orientadas apenas pela busca pelo ativo econômico e visando à compatibilização do avanço tecnológico com a proteção dos titulares dos dados, a boa-fé deverá ser observada, através de sua função de *standard* jurídico, propiciando o direcionamento de com-

---

133. BRASIL. Escola Nacional de Defesa do Consumidor. *A proteção de dados pessoais nas relações de consumo*: para além da informação creditícia. Brasília, DF: Ministério da Justiça, SDE/DPDC, 2010. Disponível em: http://www.justica.gov.br/seus-direitos/consumidor/Anexos/manual-de-protecao-de-dados-pessoais.pdf. Acesso em: 09 dez. 2018.

134. ZANON, João Carlos. *Direito à proteção de dados pessoais*. São Paulo: Ed. RT, 2013. p. 15.

135. COTS, Márcio. *Lei Geral de Proteção de Dados Pessoais comentada*. São Paulo: Thomson Reuters Brasil, 2018. p. 96-99.

136. RODRIGUES, Marco Antonio dos Santos; HIBNER, Davi Amaral. Parâmetros para a proteção de dados pessoais em tempos de pandemia. *Revista de Direito e as Novas Tecnologias*, São Paulo, v. 8, jul.-set. 2020.

portamentos dos agentes de tratamento para que suas relações sejam pautadas pela lealdade.[137]

O inciso I do artigo 6º da LGPD traz, então, o primeiro princípio específico, o princípio da finalidade, que é um dos conceitos fundamentais da nova legislação e objetiva assegurar que os dados pessoais não sejam descontextualizados, provocando riscos e danos aos seus titulares. Esse princípio estabelece que a realização do tratamento de dados somente pode ocorrer para propósitos legítimos, específicos e explícitos, devendo, portanto, qualquer utilização de dados pessoais obedecer a finalidade comunicada ao interessado antes da coleta, bem como o contexto no qual os dados foram coletados. Dessa forma, as informações pessoais não poderão ser utilizadas para finalidades incompatíveis com as que foram informadas e autorizadas pelo usuário no momento da coleta.[138]

O princípio da finalidade é essencial para a limitação de terceiros ao banco de dados, sendo o fundamento para a restrição da transferência de dados, e serve como parâmetro para julgar se determinado uso dos dados pessoais é adequado e razoável, de acordo com a finalidade informada.[139] Outrossim, esse princípio exige que o responsável pelo tratamento de dados estabeleça, de forma expressa e limitada, a finalidade do tratamento do dado, sob pena de se considerar ilegítimo o tratamento, com base em finalidades amplas ou genéricas.[140]

O eventual uso secundário somente poderá ser realizado quando for compatível com a finalidade original, devendo ser verificada a existência de um elo entre a finalidade original e a que se pretende utilizar posteriormente, em relação às expectativas razoáveis do titular quanto a essa posterior utilização, a natureza dos dados, as consequências do posterior tratamento e a existência de garantias de segurança adequadas. Somente quando todas as condições anteriormente previstas forem atendidas é que não haverá necessidade de outro fundamento legal além do que possibilitou a coleta original dos dados pessoais. No caso de incompatibilidade, haverá a necessidade de um novo fundamento, como um consentimento adicional.[141]

Aqui, cumpre trazer um exemplo de desvio de finalidade. O aplicativo de relacionamentos Grindr, que é direcionado ao público homoafetivo, solicitava o *status* HIV do usuário, sob o argumento de que tal dado seria relevante para a busca do parceiro

---

137. AMARAL, Ana Claudia Corrêa Zuin Mattos do; MAIMONE, Flávio Henrique Caetano de Paula. O diálogo das fontes e o regular tratamento de dados. *Revista de Direito do Consumidor*, São Paulo, v. 132/2020, p. 119-141, nov.-dez. 2020.

138. MENDES, Laura Schertel. O diálogo das fontes entre o Marco Civil da Internet e o Código de Defesa do Consumidor. *Revista do Direito do Consumidor*, São Paulo, v. 106, p. 37-69, jul.-ago. 2016.

139. DONEDA, Danilo. *Da privacidade à proteção dos dados pessoais*. Rio de Janeiro: Renovar, 2006. p. 216.

140. ROSSNAGEL, Alexander. In: ROSSNAGEL, Alexander (Hrsg.). *Handbuch Datenschutzrecht: Die neun Grundlagen für Witschaft und Verwaltung*. Müchen: Beck, 2003. *E-book*.

141. VAIZOF, Rony. Dados Pessoais, tratamento e princípios. *In*: MALDONADO; Viviane Nobrega; BLUM, Renato Opice (Coord.). *Comentários ao GDPR (Regulamento Geral de Dados da União Europeia)*. São Paulo: Thomson Reuters Brasil, 2018. p. 37-83.

ou parceira ideal. Ocorre que o Grindr vendeu essas informações para empresas que comercializam medicamentos, sem o conhecimento ou consentimento dos usuários, caracterizando o desvio de finalidade, o que é vedado pela nova legislação.[142]

O segundo princípio trazido pelo artigo 6º, em seu inciso II, de forma complementar ao princípio da finalidade, é o princípio da adequação, que exige que o tratamento de dados seja adequado aos objetivos, sendo também chamado de princípio da proporcionalidade.[143] Através dele, é imposta uma compatibilidade do tratamento de dados e seu contexto com as finalidades informadas ao titular. Dessa forma, as informações colhidas devem ser adequadas, pertinentes e não excessivas em relação a seus fins.

Assim, a realização de um teste é um dever dos agentes de tratamento, razoabilidade para atingir as finalidades específicas pretendidas, levando em consideração os direitos e liberdades individuais. O procedimento apenas será lícito se a natureza e a quantidade de dados pessoais forem proporcionais em relação ao objeto de tratamento. Cumpre ressaltar que não coletar dados excessivos à finalidade específica contribui com a possibilidade de maior controle dos dados pelos seus titulares.[144]

Um exemplo de desvio do princípio da adequação seria se o aplicativo Waze para *smartphones*, que foi criado para facilitar o tráfego de veículos por meio de compartilhamento de informações em tempo real sobre as condições de trânsito, utilizasse a coleta de dados pessoais dos usuários tanto para o serviço a que se propõe como também para a comercialização de dados para empresas de seguro de veículos, que usariam informações como a velocidade que o usuário trafega, os locais que frequenta, onde estaciona etc., como índices em algoritmo para cálculo do risco e consequente distinção do valor do prêmio a ser pago pelo segurado.

O terceiro princípio arrolado no artigo 6º, inciso III, é o princípio da necessidade, que limita o tratamento de dados ao mínimo necessário para realização de suas finalidades, impondo uma abrangência dos dados pertinentes, proporcionais e não excessivos em relação à finalidade do tratamento, que também é chamado de minimização dos dados.

Logo, a coleta dos dados só deve ocorrer se indispensável para execução de um contrato ou de uma obrigação legal do fornecedor, e tais dados devem ser retidos apenas pelo tempo que for necessário para cumprir o propósito, impondo-se uma

---

142. APP DE RELACIONAMENTO gay Grindr compartilhou status de HIV de usuários com outras empresas. *G1*, [s. l.], 4 abr. 2018. Disponível em: https://g1.globo.com/economia/tecnologia/noticia/app-de-relacionamento-gay-grindr-compartilhou-status-de-hiv-de-usuarios-com-outras-empresas.ghtml. Acesso em: 1º dez. 2018.

143. LIMA, Cíntia Rosa Pereira de. *Autoridade Nacional de Proteção de Dados e a Efetividade da Lei Geral de Proteção de Dados*. São Paulo: Almedina, 2020. p. 198.

144. VAIZOF, Rony. Dados Pessoais, tratamento e princípios. In: MALDONADO; Viviane Nobrega; BLUM, Renato Opice (Coord.). *Comentários ao GDPR (Regulamento Geral de Dados da União Europeia)*. São Paulo: Thomson Reuters Brasil, 2018. p. 61-64.

limitação de conservação. Assim, deve ser plenamente possível justificar a necessidade de coleta e guarda, observando-se a possibilidade de exclusão de determinados tipos de dados não relevantes ou desnecessários ao propósito almejado.[145]

Veja-se que a precisão do que se deva considerar como o mínimo necessário para a realização das finalidades do tratamento tenciona com a pretensão do controlador de obter o maior volume de dados para que se possa alcançar uma precisão na análise destes, constituindo a observação desse princípio como sendo um desafio regulatório importante.[146]

Um exemplo que ilustra o desrespeito ao princípio da necessidade seria se o *e-commerce* da empresa Sephora, rede mundial de lojas de cosméticos, exigisse informação sobre a raça do usuário para a venda de base facial, um produto cosmético utilizado para igualar o tom da pele e amenizar manchas e imperfeições do rosto. Ora, se o próprio usuário, ao realizar a compra no *site*, escolhe a cor do produto que deseja adquirir, a exigência de que sua raça seja informada é desnecessária, e, portanto, indevida, nos termos da nova legislação. Todavia, poderá interessar para esse agente analisar as escolhas de seus clientes para que possa melhorar e desenvolver seus serviços, como, por exemplo, conseguir sugerir as maquiagens mais compradas por mulheres de determinada cor de pele.

O quarto princípio apresentado pelo artigo 6º da Lei 13.709/2018, no seu inciso IV, é o princípio do livre acesso, pelo qual a possibilidade de consulta facilitada e gratuita dos titulares dos dados é garantida. De acordo com esta regra, o indivíduo deverá ter acesso ao banco de dados no qual suas informações estão armazenadas, com a consequente possibilidade de controle desses dados, seja por meio de correções, acréscimos, supressão e até mesmo a exclusão, exercendo, assim, o seu direito de cancelamento.[147]

A revogação do consentimento poderá ocorrer a qualquer momento, por se tratar de pressuposto do sistema que é baseado no controle dos dados pessoais pelo seu titular. Assim, da mesma forma que o início de um tratamento de dados depende de sua autorização, é o titular que irá determinar o fim desse tratamento, fazendo valer sua autodeterminação informacional.[148]

O próximo princípio introduzido pelo artigo 6º, inciso V, é o da qualidade dos dados, o qual estabelece que os dados constantes em um banco devem ser exatos,

---

145. VAIZOF, Rony. Dados Pessoais, tratamento e princípios. In: MALDONADO; Viviane Nobrega; BLUM, Renato Opice (Coord.). *Comentários ao GDPR (Regulamento Geral de Dados da União Europeia)*. São Paulo: Thomson Reuters Brasil, 2018. p. 61-64.
146. MIRAGEM, Bruno. A Lei Geral de Proteção de Dados (Lei 13.709/2018) e o direito do consumidor. *Revista dos Tribunais*, São Paulo, v. 1009, p. 173-222, nov. 2019.
147. DONEDA, Danilo. *Da privacidade à proteção dos dados pessoais*. Rio de Janeiro: Renovar, 2006. p. 217.
148. MENDES, Laura Schertel. O diálogo das fontes entre o Marco Civil da Internet e o Código de Defesa do Consumidor. *Revista do Direito do Consumidor*, São Paulo, v. 106, p. 37-69, jul.-ago. 2016.

2 • O LEGÍTIMO INTERESSE COMO FUNDAMENTO PARA O TRATAMENTO DE DADOS PESSOAIS **53**

claros, relevantes e atualizados, sempre de acordo com a necessidade para o cumprimento da finalidade do tratamento.

De acordo com esse princípio, o titular tem o direito de obter do responsável pelo tratamento de dados a devida retificação de seus dados pessoais inexatos, bem como tem o direito de que seus dados incompletos sejam devidamente completados, uma vez que dados viciados tratados de forma permanentemente incorreta representam risco de resultados potencialmente catastróficos perante terceiros, principalmente em casos de *profiling, scoring* ou histórico de saúde, por se tratar de um prolongamento equivocado da identidade da pessoa.[149]

O princípio da transparência é o sexto previsto na lei, justamente no inciso VI do artigo 6º, e visa garantir aos titulares informações claras, precisas e facilmente acessíveis, seja em relação à realização de tratamento de dados, ou em relação aos agentes de tratamento. Ademais, nele se inclui a exigência de que todo e qualquer banco de dados pessoais seja de conhecimento público, vedando, em consonância com o preceito democrático, que existam bancos de dados sigilosos.[150]

Segundo esse princípio, as informações relativas a banco de dados pessoais devem ser divulgadas antes da obtenção do consentimento do titular para a coleta de seus dados, com uma linguagem simples e clara, identificando o responsável pelo tratamento dos dados, a finalidade a que se destina, suas respectivas consequências, o período de conservação dos dados, bem como os mecanismos de segurança utilizados para proteção dos dados.[151]

A transparência constitui elemento essencial para garantir a confiança nos procedimentos, já que, sem ela, seria impossível qualquer tipo de controle pelo titular do fluxo de seus dados, assim como qualquer fiscalização pelos órgãos de controle. Por isso, a transparência deve estar presente em todo o ciclo de vida dos dados, seja antes do início da coleta ou durante o período de processamento dos dados, especialmente se ocorrerem violações ou alterações materiais no processamento.[152]

O princípio da segurança está no inciso VII do artigo 6º e estabelece a obrigatoriedade de utilização de medidas técnicas e administrativas pelos agentes de tratamento para proteção dos dados pessoais contra acessos não autorizados, situações acidentais ou ilícitas de destruição, perda, alteração, comunicação ou difusão dos dados.[153]

---

149. VAIZOF, Rony. Dados Pessoais, tratamento e princípios. In: MALDONADO; Viviane Nobrega; BLUM, Renato Opice (Coord.). *Comentários ao GDPR (Regulamento Geral de Dados da União Europeia)*. São Paulo: Thomson Reuters Brasil, 2018. p. 65.
150. DONEDA, Danilo. *Da privacidade à proteção dos dados pessoais*. Rio de Janeiro: Renovar, 2006. p. 216.
151. MENDES, Laura Schertel. *Privacidade, proteção de dados e defesa do consumidor*: linhas gerais de um novo direito fundamental. São Paulo: Saraiva, 2014. p. 215.
152. VAIZOF, Rony. Dados Pessoais, tratamento e princípios. In: MALDONADO; Viviane Nobrega; BLUM, Renato Opice (Coord.). *Comentários ao GDPR (Regulamento Geral de Dados da União Europeia)*. São Paulo: Thomson Reuters Brasil, 2018. p. 53-56.
153. DONEDA, Danilo. *Da privacidade à proteção dos dados pessoais*. Rio de Janeiro: Renovar, 2006. p. 217.

Cumpre esclarecer que a segurança aqui abarcada não é relativa aos dados em si, mas sim aos sistemas que os mantêm e ao ambiente da instituição que realiza o tratamento dos dados, envolvendo, portanto, medidas técnicas e organizativas, que não foram listadas pela lei diante das múltiplas situações envolvidas em sistemas atualizados.[154]

Para tanto, deve ser realizada uma avaliação criteriosa de todos os possíveis riscos, levando em conta a rápida evolução tecnológica e a possibilidade de surgimento de novas ameaças, em particular de potenciais perdas e alterações acidentais ou dolosas, divulgações e acessos não autorizados, utilizando-se técnicas avançadas que podem incluir a pseudonimização e a encriptação dos dados pessoais, sistemas de autenticação de acessos e registros, procedimentos para garantir a permanência dos sistemas e o reestabelecimento no caso de incidente físico ou técnico.[155]

É possível ilustrar a quebra desse princípio com um episódio ocorrido com a Netshoes, famosa rede de comércio eletrônico de artigos esportivos, que, em dezembro de 2017, sofreu um ataque cibernético nas operações no Brasil, culminando no vazamento de dados de 2 milhões de usuários, sendo classificado como um dos maiores incidentes de segurança registrados no Brasil. Se a empresa tivesse tomado medidas de segurança para proteção dos dados de seus usuários de forma adequada, o vazamento poderia ter sido evitado.[156]

Relacionado com o princípio da segurança, é trazido o princípio da prevenção, no inciso VIII do artigo 6º da legislação, reforçando que deverão ser adotadas medidas para prevenir a ocorrência de danos em virtude do tratamento de dados pessoais, para assegurar um nível de segurança adequado aos riscos da atividade.

Esses riscos tanto se apresentam em razão de situações novas criadas pela tecnologia quanto em razão da potencialização de riscos de dano já existentes, mas o incremento tecnológico aumenta a possibilidade de ocorrência ou sua extensão. A prevenção vincula a atividade de tratamento dos dados desde a concepção dos sistemas para coleta das informações, pautada pelo conceito de *privacy by design*, visando predominantemente à preservação da privacidade dos usuários.[157].

O importante princípio da não discriminação consta no inciso IX do artigo 6º e dispõe sobre a impossibilidade de realização de tratamento de dados para fins discri-

---

154. MENKE, Fabiano; Goulart, Guilherme Damasio. Segurança da informação e vazamento de dados. In: MENDES, Laura Schertel; DONEDA, Danilo; SARLET, Ingo Wolfgang; RODRIGUES JR., Otavio Luiz (Coord.). *Tratado de Proteção de Dados Pessoais*. Rio de Janeiro: Forense, 2021. p. 339-359.
155. VAIZOF, Rony. Dados Pessoais, tratamento e princípios. In: MALDONADO; Viviane Nobrega; BLUM, Renato Opice (Coord.). *Comentários ao GDPR (Regulamento Geral de Dados da União Europeia)*. São Paulo: Thomson Reuters Brasil, 2018. p. 67.
156. NETSHOES no Brasil confirma que sofreu ataque cibernético e dados de clientes foram revelados. *G1*, [s. l.], 2018. Disponível em: https://g1.globo.com/economia/noticia/netshoes-no-brasil-confirma-que-sofreu-ataque-cibernetico-e-dados-de-clientes-foram-revelados.ghtml. Acesso em: 17 dez. 2018.
157. MIRAGEM, Bruno. A Lei Geral de Proteção de Dados (Lei 13.709/2018) e o direito do consumidor. *Revista dos Tribunais*, São Paulo, v. 1009, p. 173-222, nov. 2019.

2 • O LEGÍTIMO INTERESSE COMO FUNDAMENTO PARA O TRATAMENTO DE DADOS PESSOAIS   55

minatórios, ilícitos ou abusivos. Neste ponto, cumpre adentrar na questão dos dados sensíveis, que se referem a convicções morais, sociais, políticas, sindicais, questões raciais, étnicas, de crença religiosa, de vida e orientação sexual, referentes à saúde e a dados genéticos, e constituem uma categoria específica de dados pessoais, em razão de oferecer uma especial vulnerabilidade ao seu titular.[158]

O tratamento de dados sensíveis carrega consigo grandes dificuldades, pois possui potencial discriminatório e lesivo ao titular dos dados. Segundo Cohen, o tratamento inadequado desse tipo de informação pessoal, principalmente quando violado o princípio da finalidade, gera discriminação e segregação abusiva, como, por exemplo:

> [...] decisões e classificações de emprego por parte dos prestadores de seguro de saúde que excluem ou prejudicam os riscos genéticos ou médicos; decisões de emprego ou habitação baseadas na percepção de riscos de personalidade; decisões de emprego ou habitação baseadas preferências sexuais ou religiosas. (tradução livre).[159]

Assim, surge a preocupação com distinções ou diferenciações das pessoas por conta de tais aspectos de sua personalidade, motivo pelo qual a lei brasileira se preocupou em dedicar um regime jurídico mais protetivo em relação a esses dados sensíveis, com o intuito de frear práticas discriminatórias e permitir que os indivíduos desenvolvam livremente sua personalidade perante a sociedade.[160]

Stefano Rodotà chama atenção para o fato de que dados pessoais aparentemente não sensíveis podem se tornar sensíveis quando agregarem elementos na formação de perfis, "porque a própria esfera individual pode ser prejudicada quando se pertence a um grupo no qual tenha sido traçado um perfil com conotações negativas".[161]

Cumpre destacar que dados que podem parecer isoladamente inofensivos, a exemplo de dados de geolocalização, se unidos com outros dados pessoais, poderão servir para identificar uma orientação religiosa, política e sexual, por exemplo. Por conta disso, o rol dos dados sensíveis não pode ser concebido como taxativo[162]. Aliás, a anonimização também pode apresentar certas vulnerabilidades, eis que a capacidade de desidentificar informação é relativa ao avanço tecnológico existente em determinada época.[163]

---

158. BLUM, Rita Peixoto Ferreira. *O direito à privacidade e à proteção dos dados do consumidor*. São Paulo: Almedina, 2018. p. 110.

159. COHEN, Julie. Examined lives, informational privacy and the subject as object. *Stanford Law Review*, Stanford, v. 52, p. 1373-1438, May 2000.

160. BIONI, Bruno Ricardo. *Proteção de dados pessoais*: a função e os limites do consentimento. Rio de Janeiro: Forense, 2019. p. 86.

161. RODOTÀ, Stefano. *A vida na sociedade de vigilância*: a privacidade hoje. Rio de Janeiro: Renovar, 2008. p. 56.

162. KONDER, Carlos Nelson. O tratamento de dados sensíveis à luz da Lei 13.709/2018. In: FRAZÃO, Ana; TEPEDINO, Gustavo; OLIVA. *Lei Geral de Proteção de Dados e suas repercussões no Direito brasileiro*. Milena Donato (Coord.). São Paulo: Thomson Reuters Brasil, 2019. p. 446-463.

163. VIOLA, Mario; DONEDA, Danilo. Proteção de dados e criptografia: tecnologias criptográficas entre anonimização e psedonominização de dados. *Revista dos Tribunais*, São Paulo, v. 998, dez. 2018.

Um exemplo de utilização indevida de dados sensíveis seria uma consumidora com uma mutação do gene BRCA1, que possui cerca de 80% de chances de desenvolver câncer de mama, e cerca de 40% de riscos de desenvolver câncer de ovário, não ser aceita em um plano de saúde, ou de ter suas tarifas majoradas, por ser portadora de uma mutação genética. A possibilidade de um plano de saúde preferir um conveniado sadio a um que tem propensão a desenvolver uma grave enfermidade, no momento da contratação, é muito grande, o que caracteriza uma discriminação. A toda evidência que categorizar pessoas, de acordo com seus riscos, diminuindo ou limitando seu acesso a serviços, fere o direito constitucional de igualdade.[164]

Dessa forma, qualquer tratamento de dados que resulte em discriminação será considerado ilegítimo, seja por ferir o direito à proteção de dados, seja por ferir o princípio constitucional da igualdade, previsto no artigo 5º de nossa Carta Magna, que diz que "Todos são iguais perante a lei, sem distinção de qualquer natureza".[165]

O último princípio trazido pelo artigo 6º, no inciso X, é o princípio da responsabilização e prestação de contas, o qual obriga o agente a demonstrar a adoção de medidas eficazes e capazes de comprovar a observância e o cumprimento das normas de proteção de dados. Esse princípio relaciona-se diretamente com os princípios da transparência e da prevenção, pois obrigam os agentes não apenas a cumprirem a Lei Geral de Proteção de Dados, mas também a terem capacidade de demonstrar a conformidade legal, incluindo, assim, a adoção de programas de conformidade que atendam aos requisitos mínimos da lei.[166]

Uma vez compreendido esse princípio da LGPD, é possível constatar que muitos são os impactos gerados pela nova legislação no cenário brasileiro,[167] visto que, para uma atuação em conformidade com a lei, tornou-se necessária a estruturação de complexos mecanismos técnicos e organizacionais que possam garantir o respeito à legalidade no tratamento de dados pessoais, aliados a boas práticas corporativas, através de programas de *compliance* e governança.[168]

---

164. EWALD, Ingrid Petroni. *Rastreamento de Mutações Patogênicas nos Genes BRCA1 e BRCA2 em Pacientes Brasileiras em Risco para a Síndrome de Câncer de Mama e Ovário Hereditários*. 2008. Dissertação (Mestrado em Medicina) – Faculdade de Medicina, Universidade Federal do Rio Grande do Sul, 2008.

165. MENDES, Laura Schertel. A vulnerabilidade do consumidor quanto ao tratamento de dados pessoais. In: MARQUES, Claudia Lima; GSELL, Beate (Org.). *Novas tendências do Direito do Consumidor: Rede Alemanha Brasil de Pesquisas em Direito do Consumidor*. São Paulo: Ed. RT, 2015. p. 182-203.

166. MIRAGEM, Bruno. *Curso de Direito do Consumidor*. 8. ed. São Paulo: Thomson Reuters Brasil, 2019. p. 177.

167. Sobre os impactos da entrada em vigor da LGPD veja "Proteção de Dados em vigor: impactos imediatos e possíveis desafios à luz da experiência da União Europeia" (JOELSONS, Marcela. Lei Geral de Proteção de Dados em vigor: impactos imediatos e possíveis desafios à luz da experiência da União Europeia. *Revista dos Tribunais*, São Paulo, v. 22, p. 175-194, dez. 2020).

168. FRAZÃO, Ana; OLIVA, Milena Donato; ABILIO, Viviane da Silveira. Compliance de Dados Pessoais. In: FRAZÃO, Ana; TEPEDINO, Gustavo; OLIVA, Milena Donato (Coord.). Lei Geral de Proteção de Dados e suas repercussões no Direito brasileiro. São Paulo: Thomson Reuters Brasil, 2019. p. 677-716.

Uma importante obrigação imposta ao controlador, nos termos do artigo 41 da LGPD, é a indicação de um encarregado pelo tratamento de dados pessoais, profissional que serve como elo de comunicação entre a empresa e os titulares de dados, os controladores, e a ANPD, e é responsável por orientar os funcionários da entidade acerca das práticas a serem tomadas, nos termos do artigo 41 da LGP.[169]

Além disso, tornou-se indispensável a elaboração de um mapeamento de dados pessoais e, em seguida, a elaboração de seu inventário por toda e qualquer instituição que se enquadre no escopo de aplicação da LGPD, de acordo com o artigo 3º e seus incisos. Isso nem de perto é tarefa fácil, sendo necessária a participação e o engajamento dos diversos departamentos para o sucesso do mapeamento. A partir disso, revelam-se os riscos a serem mitigados, o plano de mitigação e a construção da política de conformidade da organização, que deve estar de acordo com a estrutura e com o escopo da operação envolvendo o tratamento de dados pessoais.[170]

Outras providências tornaram-se igualmente importantes, tais como a adequação de documentos e processos incluindo termos de uso e de políticas de privacidade para clientes e empregados; a revisão de contratos e processos com subcontratados, fornecedores, correspondentes bancários, parceiros e outros terceiros; a definição de políticas e processos internos; a construção de estrutura de obtenção de consentimento dos clientes, conforme o uso e a destinação dos dados; a construção de regras e rotinas para atender às solicitações e reclamações dos titulares de dados; a adoção de medidas de segurança técnicas e administrativas para proteção dos dados.[171]

Por outro lado, cumpre referir que, mesmo considerando o prazo até o início das sanções administrativas e a existência de pontos da LGPD a serem regulamentados pela ANPD, os titulares dos dados pessoais podem desde já exercer seus direitos, nos termos do artigo 18, quais sejam: confirmação da existência de tratamento; acesso aos dados; correção dos dados; anonimização; portabilidade; eliminação dos dados; informação sobre compartilhamento e a revogação do consentimento.

Todos esses direitos deverão ser observados e atendidos pelos agentes de dados, sob pena de reparação de danos patrimoniais e morais individuais, de acordo com o artigo 42 da LGPD. Observa-se que a lei brasileira traz, em sua previsão, o caráter

---

169. Este profissional é conhecido no mercado como *data protection officer* ou DPO, necessita ter conhecimentos jurídicos, regulatórios, de gerenciamento de riscos e Tecnologia da Informação, e poderá ser um funcionário a exercer esta atividade de forma exclusiva ou acumulá-la com outras – o que é comum no caso de a empresa optar por nomear um funcionário que já atua na organização –, havendo também a possibilidade de terceirização do cargo, através de contrato de prestação e serviços (VAINZOF, Rony. Conceito, perfil, papéis e responsabilidades do Encarregado (Data Protection Officer). In: BLUM, Renato Opice; VAINZOF, Rony; MORAES, Henrique Fabretti (Coord.). *Data Protection Officer (Encarregado):* teoria e prática de acordo com a LGPD e o GDPR. São Paulo: Thomson Reuters Brasil, 2020. p. 25-56).

170. CAOVILLA, Renato; DUFLOTH, Rodrigo; PAZINE, Letícia. Proteção de dados pessoais: desafios e impactos práticos para as organizações. *Revista de Direito Recuperacional e Empresa*, São Paulo, v. 12, abr.-jun. 2019.

171. NEGRÃO, Antônio Carlos. Economia digital, proteção de dados e competitividade. In: CUEVA, Ricardo Villas; DONEDA, Danilo; MENDES, Laura Schertel (Coord.). Lei Geral de Proteção de Dados (Lei 13.709/2018). São Paulo: Ed. RT. p. 29-37.

solidário da responsabilização do controlador e do operador[172] no caso de violação à legislação de proteção de dados, prevendo sansões expressivas e multas elevadas, visando assegurar a reparação adequada e integral dos danos causados ao indivíduo em razão da violação do seu direito à privacidade.[173]

Dependendo do tipo de violação, poderão ser aplicadas as penalidades previstas no Código de Defesa do Consumidor, que abrangem medidas penais, no caso de condutas que impeçam ou dificultem o acesso do consumidor a suas informações que constem em bancos de dados, deixem de corrigir informações em cadastros de inadimplência, ou ainda de reparar danos patrimoniais, morais, individuais, coletivos e difusos.[174]

Com efeito, a legislação estabelece como um de seus pressupostos fundamentais que o tratamento de dados não pode ser realizado sem que haja uma base normativa que o autorize, seguindo o modelo *ex ante* de proteção, que se baseia no fato de que não existem mais dados irrelevantes diante do processamento eletrônico e ubíquo de dados na sociedade da informação.[175]

Essas bases normativas correspondem às hipóteses legais nas quais a legislação protetiva autoriza a realização do tratamento de um dado pessoal e que deverão ser indicadas expressamente pelos agentes de tratamento (controlador ou operador) como o fundamento legal da atividade e dos processos adotados, antes mesmo do início do tratamento para que este seja considerado lícito. Ademais, as referidas bases deverão constar nos respectivos relatórios de impacto elaborados pelos agentes de tratamento.[176]

Ao total, são previstas dez hipóteses autorizativas para o tratamento de dados pessoais, não havendo hierarquia entre elas, todas são igualmente importantes e podem ser utilizadas pelo controlador, que irá definir qual base legal é a mais apro-

---

172. O controlador é a "pessoa natural ou jurídica, de direito público ou privado, a quem competem as decisões referentes ao tratamento de dados pessoais", ele que determina as finalidades e as maneiras de tratamento dos dados pessoais, nos termos do inciso VI, art. 5º, da LGPD. Já o operador é a "pessoa natural ou jurídica, de direito público ou privado, que realiza o tratamento de dados pessoais em nome do controlador", este normalmente realiza o tratamento de dados pessoais conforme as instruções recebidas do controlador, conforme preconiza o inciso VII art. 5º, da LGPD.

173. MENDES, Laura Schertel. O direito fundamental à proteção de dados pessoais. *Revista do Direito do Consumidor*, São Paulo, v. 79, p. 45-81, jul.-set. 2011.

174. MENDES, Laura Schertel. O diálogo das fontes entre o Marco Civil da Internet e o Código de Defesa do Consumidor. *Revista do Direito do Consumidor*, São Paulo, v. 106, p. 37-69, jul.-ago. 2016.

175. BIONI, Bruno; MENDES, Laura Schertel. Regulamento Europeu de Proteção de Dados Pessoais e a Lei Geral brasileira de Proteção de Dados: mapeando convergências na direção de um nível de equivalência. In: FRAZÃO, Ana; TEPEDINO, Gustavo, OLIVA, Milena Donato (Coord.). *Lei Geral de Proteção de Dados Pessoais e suas repercussões no direito brasileiro*. São Paulo: Thomson Reuters Brasil, 2019. p. 797-820.

176. RÖDER, Marcus Paulo; LANA, Pedro de Perdigão. A cláusula aberta dos interesses legítimos e as autoridades nacionais: análise comparativa entre LGPD e RGPD. In: WACHOWICZ, Marcos (Org.). *Proteção de dados pessoais em perspectiva*: LGPD e RGPD na ótica do direito comparado. Curitiba: Gedai/UFPR, 2020. p. 210-214.

priada em cada caso, considerando as finalidades de tratamento.[177] Nos termos do art. 7º e seus incisos, o tratamento de dados pessoais somente poderá ser realizado nas seguintes hipóteses: consentimento do titular; cumprimento de obrigação legal ou regulatória pelo controlador dos dados; execução de contrato ou de procedimentos contratuais preliminares; exercício regular de direito em processo judicial, administrativo ou arbitral; proteção da vida ou da incolumidade física do titular ou de terceiros; tutela da saúde, exclusivamente, em procedimento realizado por profissionais de saúde, serviços de saúde ou autoridade sanitária; para a proteção do crédito; pela administração pública, para execução de políticas públicas previstas em leis e regulamentos; e, finalmente, para atendimento de interesses legítimos do controlador ou de terceiros – que constitui o objeto de investigação deste trabalho e será analisado com maior profundidade no ponto que se segue.

2.1.4 A base legal do legítimo interesse do controlador ou de terceiros

O legítimo interesse do controlador ou de terceiros é trazido pelo legislador no capítulo II da LGPD, intitulado *Do tratamento de dados pessoais*, na seção I, denominada *Dos requisitos para o tratamento de dados pessoais*, junto ao inciso IX do artigo 7º, que autoriza que sejam operados dados pessoais:

> [...] quando necessário para atender aos interesses legítimos do controlador ou de terceiro, exceto no caso de prevalecerem direitos e liberdades fundamentais do titular que exijam a proteção dos dados pessoais.[178]

Todavia, referida autorização não se estendeu ao tratamento de dados sensíveis, de acordo com o artigo 11 da LGPD, definidos como dados que possibilitam definir a origem racial ou étnica, posicionamentos religiosos, filosóficos ou políticos, relações sindicais, condições de saúde ou da vida sexual do titular, além de dados biométricos ou genéticos, de acordo com o artigo 5º, inciso II da lei. Trata-se de postura coerente, uma vez que a sensibilidade de tais informações é incompatível com a sua exploração comercial, devendo o agente de tratamento buscar outras formas de regularizar as operações envolvendo dados sensíveis.[179]

Em relação aos dados pessoais de crianças e adolescentes, a doutrina vem defendendo que devem ser tratados de forma semelhante aos dados pessoais sensíveis,

---

177. LEONARDI, Marcel. Legítimo Interesse. *Revista do Advogado*, São Paulo, v. 39, p. 67-73, nov. 2019.

178. "Art. 7º O tratamento de dados pessoais somente poderá ser realizado nas seguintes hipóteses: [...] IX – quando necessário para atender aos interesses legítimos do controlador ou de terceiros, exceto no caso de prevalecerem direitos e liberdades fundamentais do titular que exijam a proteção dos dados pessoais [...]" (BRASIL. Lei 13.709 de 14 de agosto 2018. Lei Geral de Proteção de Dados Pessoais. Brasília, DF: Planalto, 2018. Disponível em: http://www.planalto.gov.br/ccivil_03/_ato2015-2018/2018/lei/L13709.htm. Acesso em: 12 ago. 2020).

179. SOUZA, Carlos Affonso Pereira de; VIOLA, Mario Viola; PADRÃO, Vinicius. Considerações iniciais sobre os interesses legítimos do controlador na lei geral de proteção de dados pessoais. *Revista de Direito Público*, Brasília, v. 6, n. 90, p. 109-131, nov.-dez. 2019.

em uma categoria de dados especiais e com o acréscimo da indispensável verificação de seu melhor interesse. Assim, no caso de crianças e adolescentes, não haveria base legal para o tratamento de dados pessoais por legítimo interesse do controlador ou de terceiros, pois, de acordo com o art. 7º da LGPD, dispositivo que apresenta a regra geral para o tratamento de dados pessoais, isso não se aplicaria por completo, no que diz respeito a dados pessoais de crianças e adolescentes, por ter menor proteção em comparação ao disposto no art. 14 da LGPD, específico para o tratamento de dados pessoais de crianças e adolescentes.[180]

Veja-se que legítimo interesse não é aplicável apenas ao controlador, mas também à figura do "terceiro", conforme previsão expressa no artigo 7º, inciso IX. Isso significa que o controlador pode realizar um tratamento de dados que não seja do seu próprio interesse, podendo se valer dos interesses de terceiros ou da sociedade como um todo. Diferentemente do RGPD, a lei brasileira não traz uma definição de quem seria o terceiro, ou de quando ocorre o enquadramento nesta figura.

A priori, este terceiro poderia ser tipificado como qualquer outra pessoa, jurídica ou natural, de direito público ou privado, que poderá tratar os dados pessoais do titular, mas que não se enquadra nas categorias de controlador, operador ou encarregado. Assim, o termo terceiro não se refere apenas a outras organizações, podendo também ser um indivíduo não envolvido inicialmente de forma direta na relação ou o público em geral.[181] Ou seja, é uma pessoa alheia à colheita inicial dos dados pessoais, mas que pode ter acesso a eles e, assim, prosseguir com algum outro tipo de tratamento.[182]

Quanto aos possíveis interesses legítimos de terceiros, Marcel Leonardi averba que englobariam não apenas os terceiros em uma relação negocial, mas também a própria sociedade amplamente considerada, ou seja, o legítimo interesse de categorias de pessoas ou mesmo de toda a população, conforme o caso.[183] Possíveis exemplos do uso da base legal em interesse de terceiro seriam a prevenção de fraudes, a *due diligence* em processos de fusão e aquisição, respostas em incidentes de segurança e a publicação de dados para fins de transparência e *accountability*.[184]

É válido apontar que, na primeira versão do anteprojeto da LGPD, submetido à consulta pública pelo Ministério da Justiça, em dezembro de 2010, o consentimento

---

180. HENRIQUES, Isabella; PITA, Marina; HERTUNG, Pedro. A Proteção de Dados Pessoais de crianças e adolescentes. In: MENDES, Laura Schertel; DONEDA, Danilo; SARLET, Ingo Wolfganf; RODRIGUES JR., Otavio Luiz (Coord.). Tratado de Proteção de Dados Pessoais. Rio de Janeiro: Forense, 2021. p. 199-226.
181. VIOLA, Mario; TEFFÉ, Chiara Spadaccini de. Tratamento de dados pessoais na LGPD: estudo sobre as bases legais dos artigos 7.º e 11. In: MENDES, Laura Schertel; DONEDA, Danilo; SARLET, Ingo Wolfganf; RODRIGUES JR., Otavio Luiz (Coord.). *Tratado de Proteção de Dados Pessoais*. Rio de Janeiro: Forense, 2021. p. 117-148.
182. SANTOS, Isabela Maria Rosal. O Legítimo Interesse do controlador ou de terceiro e o teste de proporcionalidade no tratamento de dados pessoais. In: BEZERRA, Tiago José de Souza Lima et al. (Org.). *Open data day*: dados abertos governamentais e inovação cívica. Natal: Editora Motres, 2020. p. 23-61.
183. LEONARDI, Marcel. Legítimo Interesse. *Revista do Advogado*, São Paulo, v. 39, p. 67-73, nov. 2019.
184. BIONI, Bruno; KITAYAMA, Marina; RIELLI, Mariana. *O Legítimo Interesse na LGPD*: quadro geral e exemplos de aplicação. São Paulo: Associação Data Privacy Brasil de Pesquisa, 2021. p. 22-23.

era tido como a base legal prioritária, e o legítimo interesse sequer constava no rol das hipóteses legais para o tratamento de dados.[185]

Foi apenas na segunda consulta pública, realizada no ano de 2015, que, em meio a um debate entre o setor empresarial e a sociedade civil, foi sugerida a sua inclusão, por empresas privadas como Claro e Vivo, bem como por associações, a exemplo da Câmara Brasileira de Comércio Eletrônico, do Groupe Speciale Mobile Association, do Interactive Advertising Bureau, da Federação Brasileira dos Bancos, e da Associação Brasileira de Empresas de Tecnologia da Informação e Comunicação, que defendiam a necessidade de uma base legal mais flexível e pertinente ao cenário de uso intensivo de dados. Na ocasião, o Instituto de Tecnologia e Sociedade do Rio de Janeiro sugeriu a modificação de redação do texto legislativo, visando acrescentar o legítimo interesse do responsável pelo tratamento como exceção ao consentimento.[186]

Em julho de 2015, por ocasião do primeiro substitutivo apresentado ao anteprojeto da LGPD, as hipóteses legais foram então colocadas em forma de incisos, visando elidir qualquer tipo de hierarquia entre as bases legais, quando então houve a inclusão do legítimo interesse. Esse texto era similar, em sua estrutura, ao texto do Regulamento Geral de Proteção de Dados e da Diretiva 46/95/CE da União Europeia, e continha a ressalva desde que não prevaleçam sobre os interesses ou os direitos e as liberdades fundamentais do titular dos dados.[187]

Por outro lado, a academia e a sociedade civil, sob o argumento da necessidade de serem asseguradas previsibilidade e segurança jurídica na interpretação do conceito, exigiu que o legítimo interesse viesse acompanhado de requisitos para a sua aplicação, bem como de dispositivos protetores do titular dos dados. Assim, o texto que foi apresentado pela Presidência da República à Câmara trazia a hipótese legitimadora de forma mais robusta, contemplando o princípio da necessidade, da transparência, além da legítima expectativa, que foram objeto de disputa até o momento final antes da apresentação do substitutivo.[188]

Destarte, o texto final da LGPD trouxe como requisito que o tratamento de dados realizado através da base legal do legítimo interesse não viole os direitos e as liberdades fundamentais do titular dos dados, bem como suas legítimas expectativas;

---

185. BIONI, Bruno. *Xeque-Mate: o tripé de proteção de dados pessoais no xadrez das iniciativas legislativas.* São Paulo: GPoPAI/USP, 2015.

186. INTERNETLAB, Associação Internetlab de Pesquisa em Direito e Tecnologia. *O que está em jogo no debate sobre dados pessoais no Brasil: Relatório final sobre o debate público promovido pelo Ministério da Justiça sobre o Anteprojeto de Lei de Proteção de dados pessoais.* São Paulo: INTERNETLAB, 2016. p. 134-136. Disponível em: https://www.internetlab°rg.br/wp-content/uploads/2016/05/reporta_apl_dados_pessoais_final.pdf. Acesso em: 10 jul. 2021.

187. BIONI, Bruno; KITAYAMA, Marina; RIELLI, Mariana. *O Legítimo Interesse na LGPD:* quadro geral e exemplos de aplicação. São Paulo: Associação Data Privacy Brasil de Pesquisa, 2021. p. 22-23.

188. BIONI, Bruno Ricardo. *Proteção de dados pessoais:* a função e os limites do consentimento. Rio de Janeiro: Forense, 2019. p. 250.

e que medidas para garantir a transparência de tal tratamento sejam adotadas, nos termos do artigo 10, parágrafos 1º e 2º.

O diploma ainda abarcou duas situações exemplificativas e não exaustivas nos incisos I e II do mesmo artigo, nos seguintes termos: "apoio e promoção de atividades do controlador"; e "proteção, em relação ao titular, do exercício regular de seus direitos ou prestação de serviços que o beneficiem". Ademais, nesse dispositivo legal, constou que "o legítimo interesse do controlador somente poderá fundamentar tratamento de dados pessoais para finalidades legítimas, consideradas a partir de situações concretas", e que somente os dados pessoais estritamente necessários para a finalidade pretendida poderão ser tratados.

Ainda, foi estabelecida como obrigação aos controladores que utilizem esta base legal na elaboração de relatório de impacto à proteção de dados pessoais, por força do que dispõe o art. 10, parágrafo 3º, da LGPD, pelo qual:

> a autoridade nacional poderá solicitar ao controlador relatório de impacto à proteção de dados pessoais, quando o tratamento tiver como fundamento seu interesse legítimo, observados os segredos comercial e industrial.

Essa obrigação é reforçada no artigo 37, o qual dispõe que os operadores devem manter registro das operações de tratamento de dados que realizarem, "especialmente quando baseado no legítimo interesse".

Para Bruno Bioni, Marina Kitayama e Mariana Rielli, a lei brasileira teria inovado ao "prever critérios interpretativos próprios para o legítimo interesse", dentre eles: i) finalidade legítima; ii) situação concreta; iii) balanceamento em relação a direitos e liberdades fundamentais do titular; iv) princípio da necessidade; v) medidas para garantia da transparência; vi) possibilidade de solicitação, ao responsável, de relatório de impacto à proteção de dados, visando trazer maior previsibilidade quanto à sua aplicação, em resposta à preocupação quanto aos efeitos colaterais, em termos de segurança jurídica, da introdução da base legal na LGPD.[189]

Ao ser realizada a leitura conjunta dos dispositivos da lei que versam sobre o legítimo interesse, é possível verificar que há cinco termos centrais que permeiam essa base legal, quais sejam: "interesse", "legítimo", "finalidades", "necessários", "expectativas". Assim, para uma melhor compreensão do instituto, será realizada a análise das referidas terminologias, por meio da dogmática e do próprio contexto da LGPD.

De acordo com Carnelluti, interesse é uma relação, é uma posição favorável à satisfação de uma necessidade, é, portanto, "uma relação entre um homem e um bem".[190] Interesse é uma relação heterogênea "no sentido de que pode consistir

---

189. BIONI, Bruno; KITAYAMA, Marina; RIELLI, Mariana. *O Legítimo Interesse na LGPD*: quadro geral e exemplos de aplicação. São Paulo: Associação Data Privacy Brasil de Pesquisa, 2021. p. 22-23.
190. CARNELUTTI, Francesco. *Teoria geral do direito*. São Paulo: Saraiva, 1940. p. 48.

2 • O LEGÍTIMO INTERESSE COMO FUNDAMENTO PARA O TRATAMENTO DE DADOS PESSOAIS

numa complementaridade entre uma pessoa e uma coisa".[191].Está, portanto, intrinsicamente ligado à necessidade do indivíduo de ser complementado pelo bem da vida que persegue.[192]

Quanto a ser legítimo, podemos trazer a definição de Hans Kelsen acerca da legitimidade, que seria:

> O princípio de que a norma de uma ordem jurídica é válida até a sua validade terminar por um modo determinado através desta mesma ordem jurídica, ou até ser substituída pela validade de uma outra norma desta ordem jurídica [...].[193]

Por conseguinte, um interesse poderá ser considerado legítimo nos termos da LGPD se admissível nos termos da lei em sentido *lato*, incluindo todas as formas de direito escrito, consuetudinário, legislação primária, decretos municipais, princípios constitucionais, direitos fundamentais, outros princípios jurídicos, jurisprudência. Entretanto, o que pode ser considerado um interesse legítimo pode sofrer alterações ao longo do tempo, em consequência do desenvolvimento tecnológico e das mudanças na sociedade.[194]

Quanto à finalidade, conforme já visto anteriormente, ela foi positivada na LGPD como princípio que significa "a realização do tratamento para propósitos legítimos, específicos, explícitos e informados ao titular, sem possibilidade de tratamento posterior de forma incompatível com essas finalidades", nos termos do artigo 6º, inciso I. Esse princípio é central no sistema de proteção de dados, tendo grande relevância prática, pois, a partir dele, pode-se estruturar os critérios para valorar a razoabilidade da utilização de determinados dados para determinado fim, bem como restringir-se à transferência de dados a terceiros.[195] Ou seja, o princípio da finalidade exige que seja respeitada a correlação entre o tratamento de dados e os propósitos específicos informados, sendo essencial para a proteção dos direitos dos titulares dos dados, a fim de evitar a utilização indevida e para outros fins que sejam autorizados pelo próprio titular ou pela legislação.[196]

Quanto ao termo "necessário", está vinculado ao princípio da necessidade e à minimização de dados, que, em sentido estrito, diz respeito ao tratamento da menor quantidade de dados possível para uma determinada finalidade e, em sentido *lato*, se

---

191. CARNELUTTI, Francesco. *Teoria geral do direito*. São Paulo: Saraiva, 1940. p. 53
192. CARNELUTTI, Francesco. *Teoria geral do direito*. São Paulo: Saraiva, 1940. p. 80.
193. KELSEN, Hans. *Teoria Pura do Direito*. 6. ed. São Paulo: Martins Fontes, 1998. p. 146.
194. UNIÃO EUROPEIA. Grupo de Trabalho do Artigo 29.º da Directiva 95/46/CE. *Parecer 06/2014 sobre o conceito de interesses legítimos do responsável pelo tratamento dos dados na aceção do artigo 7.º da Directiva 95/46/CE.* Bruxelas: UE, 2014. p. 39-40. Disponível em: https://bit.ly/2TDXCoI. Acesso em: 07 jul. 2021.
195. MIRAGEM, Bruno. A Lei Geral de Proteção de dados (Lei 13.709/2018) e o direito do consumidor. *Revista dos Tribunais*, São Paulo, v. 1009, p. 173-222, nov. 2019.
196. OLIVEIRA, Marco Aurélio Bellizze; LOPES, Isabela Maria Pereira. Os princípios norteadores da proteção de dados pessoais no Brasil e sua otimização pela Lei 13.709/2018. In: FRAZÃO, Ana; TEPEDINO, Gustavo; OLIVA, Milena Donato (Coord.). *Lei Geral de Proteção de dados pessoais e suas repercussões no direito brasileiro.* São Paulo: Thomson Reuters Brasil, 2019. p. 73.

refere à articulação de medidas de salvaguardas mitigatórias aos riscos para os direitos e as liberdades fundamentais dos titulares.[197] Assim, o tratamento será necessário sempre que não exista uma alterativa menos intrusiva na esfera da vida privada do titular do dado. Ainda, segundo António Barreto Menezes Cordeiro, o conceito de necessidade assume um conteúdo devedor do princípio da proporcionalidade.[198]

Ademais, conforme previsão do artigo 10, inciso II, é essencial a análise da finalidade pretendida pelo controlador a fim de verificar se há congruência com as expectativas legítimas do titular dos dados. António Menezes Cordeiro conceitua a expectativa como um "fato jurídico complexo, de produção sucessiva", em que se requer, "para o aparecimento de determinado efeito jurídico, uma sucessão articulada de eventos que vão se produzindo no tempo", retratando "a posição do sujeito inserido na sequência que irá conduzir a um verdadeiro direito, mas antes de este surgir".[199]

Veja-se que a expectativa é tratada na teoria geral do direito civil como uma espécie de posição jurídica ativa, figurando ao lado das noções de direito subjetivo, direito potestativo, poderes, faculdades e exceções.[200] No direito brasileiro, costuma-se conceituar a expectativa como "um direito em formação, ainda dependente de algum elemento", diferenciando-se a expectativa de fato, não reconhecida pelo direito, da expectativa de direito, tutelada pelo direito.[201]

A delimitação do conceito de expectativa legítima é tema que desafia a doutrina brasileira; e, no campo da proteção de dados, ainda requer um maior desenvolvimento dogmático. Sendo assim, apenas no contexto da proteção da confiança é que o conceito de expectativa legítima vai encontrar espaço, confundindo-se com o próprio conceito de confiança legítima, o qual impõe "sobre todos o dever de não se comportar de forma lesiva aos interesses e expectativas legítimas despertadas no outro".[202]

É válido apontar que a teoria da confiança tem por principal escopo a defesa das legítimas expectativas que nascem entre os contratantes, quando pactuadas as obrigações que mutuamente são assumidas criando entre ambos um vínculo contratual.[203]

---

197. BIONI, Bruno; KITAYAMA, Marina; RIELLI, Mariana. *O Legítimo Interesse na LGPD*: quadro geral e exemplos de aplicação. São Paulo: Associação Data Privacy Brasil de Pesquisa, 2021. p. 8.
198. CORDEIRO, Antonio Barreto Menezes. *Direito da proteção de dados*: à luz do RGPD e da Lei 58/2019. Coimbra: Almedina, 2020. p. 225.
199. MENEZES CORDEIRO, Antonio Manuel da Rocha e. *Tratado de direito civil*. Coimbra: Almedina, 2012. v. I. p. 908-909.
200. PETERSEN, Luisa. Expectativas legítimas tuteladas pela boa-fé: critérios para qualificação. *Revista de Direito Privado*, São Paulo, v. 105, p. 119-142, jul.-set. 2020.
201. AMARAL, Francisco. *Direito civil*. Introdução. 8. ed. Rio de Janeiro: Editora Renovar, 2014. p. 252-253.
202. SCHREIBER, Anderson. A proibição de comportamento contraditório: tutela da confiança e "*venire contra factum proprium*". 2. ed. Rio de Janeiro: Renovar, 2007. p. 62.
203. CATALAN, Marcos Jorge. Princípios aplicáveis à formação e adimplemento dos contratos no Código de Defesa do Consumidor. *Revista de Ciências Jurídicas do Curso de Mestrado em Direito da UEM*, Maringá, v. 6, p. 141-152, 2000.

2 • O LEGÍTIMO INTERESSE COMO FUNDAMENTO PARA O TRATAMENTO DE DADOS PESSOAIS

Luisa Petersen, em estudo sobre a matéria publicado na *Revista de Direito Priva-do*, asseverou que a expectativa legítima seria aquela que resulta de uma situação de confiança legítima. Assim, havendo uma proximidade entre os conceitos de confiança e expectativa legítima, os critérios para a sua qualificação poderiam ser buscados nos pressupostos que legitimam a proteção da confiança: a boa-fé subjetiva, o fator de justificação, o investimento de confiança e a imputação da situação de confiança.[204]

Uma vez analisados os termos centrais que permeiam a base legal do legítimo interesse, pode-se trazer a conceituação formulada por Thiago Sombra:

> Um interesse legítimo pode ser definido como a ampliação da participação que um controlador pode ter no processamento de dados pessoais ou um benefício que o controlador pode obter do processo. Para ser legítimo, o interesse deve ser suficientemente articulado com as atividades do controlador de modo a permitir que o teste de equilíbrio seja realizado em contraste com os direitos fundamentais do titular dos dados pessoais. Por essa razão, é essencial que se trate de um interesse real e atual, passível de ser exercido em conformidade com a lei, ou seja, algo que corresponda às atividades atuais ou benefícios que são esperados em um futuro próximo [...].[205]

De volta ao texto da LGPD, verifica-se que não há qualquer menção ao conceito do interesse legítimo ao longo do artigo 5º e seus incisos, que traz a conceituação de diversos termos e nomenclaturas que a lei introduziu no ordenamento jurídico brasileiro. Em verdade, esse hiato conceitual acerca da base legal foi trazido de forma proposital pelas autoridades legislativas, visando manter a fundamentação jurídica com significado amplo e flexível.

O intuito desta previsão é, justamente, manter seu caráter casuístico e maleável para que possa abarcar situações infindáveis que não poderiam ser previstas uma a uma na lei e que são necessárias para o desenvolvimento econômico e para a inovação.[206]

Haja vista esse elevado grau de abertura e indeterminação, Laura Schertel Mendes e Danilo Doneda já se referiram à base legal do legítimo interesse do controlador como "uma espécie de cláusula geral", na qual opera-se um teste de proporcionalidade entre os interesses na utilização dos dados pessoais, que são do controlador ou de terceiro, e os direitos do titular.[207] Outros autores, a exemplo de Bruno Miragem[208]

---

204. PETERSEN, Luisa. Expectativas legítimas tuteladas pela boa-fé: critérios para qualificação. *Revista de Direito Privado*, São Paulo, v. 105, jul.-set. 2020. p. 119-142.

205. SOMBRA, Thiago Luís Santos. *Fundamentos da regulação da privacidade e proteção de dados pessoais*: pluralismo jurídico e transparência em perspectiva. São Paulo: Thomson Reuters Brasil, 2019. p. 181.

206. CARNEIRO, Isabelle Nobrega R.; SILVA, Luiza Caldeira Leite; TABACH, Danielle. Tratamento de dados pessoais. In: FIELGELSON, Bruno; SIQUEIRA, Antonio Henrique Albani (Coord.). *Comentários à Lei Geral de Proteção de Dados Lei 13.709/2018*. São Paulo: Thomson Reuters, 2019. p. 59-115.

207. DONEDA, Danilo; MENDES, Laura Schertel. Reflexões iniciais sobre a nova lei geral de proteção de dados. *Revista do Direito do Consumidor*, São Paulo, v. 120, p. 469-483, nov.-dez. 2018.

208. Nas palavras de Bruno Miragem, "Como conceito indeterminado, o legítimo interesse do controlador deverá ter seu conteúdo adensado a partir da casuística e da regulamentação da lei, e observada a proporcionalidade na avaliação da conduta do controlador, em razão dos objetivos que pretenda atender com o tratamento e o grau de ingerência na esfera jurídica do titular dos dados." (MIRAGEM, Bruno. Direito civil: responsabilidade civil. 2. ed. Rio de Janeiro: Forense, 2021. *E-book*).

e Bruno Bioni,[209] salientam que a base legal do legítimo interesse constituiria em verdade um "conceito jurídico indeterminado". Já Daniel Bucar e Mário Viola são categóricos ao afirmar que se estaria diante de uma autêntica cláusula geral, tal como a boa-fé objetiva e a função social do contrato, que deve ser preenchida no caso concreto.[210]

Veja-se que tanto as cláusulas gerais como os conceitos legais indeterminados complementam previsões normativas exatas, através de juízos de valoração, que possibilitam a mobilidade do sistema jurídico ao mesmo tempo em que evitam o envelhecimento das codificações.[211] Cumpre assim compreender estes institutos, à luz da principal doutrina alemã – origem do conceito de cláusula geral[212] – e nacional, com foco na interpretação do legítimo interesse, salientando-se, desde já, que o assunto é polêmico e debatido até os dias atuais.

Por conceito indeterminado pode-se entender "um conceito cujo conteúdo e extensão são em larga medida incertos".[213] Os conceitos jurídicos indeterminados podem ser descritivos, que designam descritivamente objetos reais ou objetos que, de certa forma, participam da realidade, ou normativos, também conhecidos como conceitos jurídicos indeterminados em sentido estrito, que, por sua vez, podem apresentar duas significações.[214]

Conforme ensina o jurista alemão Karl Engisch, os conceitos normativos seriam "aqueles que, contrariamente aos conceitos descritivos, visam dados que não são simplesmente perceptíveis pelos sentidos ou percepcionáveis, mas que só em conexão com o mundo das normas se tornam representáveis e compreensíveis".[215] A segunda significação de conceito normativo em sentido estrito, que merece a preferência do autor, se traduz no fato de que "é sempre precisa uma valoração para aplicar, no caso concreto".[216]

---

209. BIONI, Bruno. Legítimo Interesse: aspectos gerais a partir de uma visão obrigacional. In: MENDES, Laura Schertel; DONEDA, Danilo; SARLET, Ingo Wolfganf; RODRIGUES JR., Otavio Luiz (Coord.). *Tratado de Proteção de Dados Pessoais*. Rio de Janeiro: Forense, 2021. p. 163-176.
210. BUCAR, Daniel; VIOLA, Mario. Tratamento de dados pessoais por legítimo interesse do controlador: primeiras questões e apontamentos. In: FRAZÃO, Ana; TEPEDINO, Gustavo; OLIVA, Milena Donato (Coord.). *Lei Geral de Proteção de Dados e suas repercussões no Direito brasileiro*. São Paulo: Thomson Reuters Brasil, 2019. p. 465-484.
211. FURK, Christiane Hessler. Conceito legal indeterminado: a função social do contrato e a função criadora do juiz. *Revista de Direito Privado*, São Paulo, v. 34, p. 85-104, abr.-jun. 2008.
212. Sobre a origem das cláusulas gerais na Alemanha veja "A interpretação das cláusulas gerais: a subsunção e a concreção dos conceitos" (MENKE, Fabiano. A interpretação das cláusulas gerais: a subsunção e a concreção dos conceitos. *Revista de Direito do Consumidor*, São Paulo, v. 50, p. 9-35, abr.-jun. 2004).
213. ENGISCH, Karl. *Introdução ao pensamento jurídico*, 6. ed. Trad. de J. Baptista Machado, Lisboa: Fundação Calouste Gulbenkian, 1988. p. 208.
214. ZANELLATO, Marco Antonio. Boa-fé objetiva: formas de expressão e aplicações. *Revista de Direito do Consumidor*, São Paulo, v. 100, p. 141-194, jul.-ago. 2015.
215. ENGISCH, Karl. *Introdução ao pensamento jurídico*, 6. ed., Trad. de J. Baptista Machado, Lisboa: Fundação Calouste Gulbenkian, 1988. p. 212.
216. ENGISCH, Karl. *Introdução ao pensamento jurídico*, 6. ed., Trad. de J. Baptista Machado, Lisboa: Fundação Calouste Gulbenkian, 1988. p. 213.

2 • O LEGÍTIMO INTERESSE COMO FUNDAMENTO PARA O TRATAMENTO DE DADOS PESSOAIS

A função dos conceitos indeterminados normativos seria justamente permanecer aberta às mudanças das valorações. Assim, a valoração que o conceito normativo exige seria, normalmente, uma questão de conhecimento, de forma que "O órgão aplicador do Direito tem de 'averiguar' quais são as concepções efetivamente vigentes".[217]

Passando então às cláusulas gerais, Engisch observa que "o conceito multissignificativo de cláusula geral", que não raramente é confundido com os conceitos indeterminados, "há de ter uma significação própria".[218] Do seu ponto de vista, a cláusula geral seria então técnica legislativa que, através de uma formulação da hipótese legal, em termos de grande generalidade, abrange e submete a tratamento jurídico todo um domínio de casos.[219]

Para Judith Martins-Costa, as cláusulas gerais seriam *proteiformes*, isto é, mudam de forma frequente, assumindo significados diversos de acordo com a análise que é realizada. Assim, o termo "cláusula geral" poderia designar tanto técnica legislativa, como norma jurídica em sentido estrito, caracterizada por sua estrutura incompleta.[220] Nesse sentido, seria uma norma vaga que exige precisão e construção por parte do intérprete, através do reenvio a outros espaços do próprio ordenamento jurídico ou até mesmo de valores existentes dentro ou fora do sistema para fundamentar a sua linha argumentativa.[221]

Para outros juristas nacionais, como Nelson Nery Jr. e Rosa Nery, tantos as cláusulas gerais como os conceitos jurídicos indeterminados possuem extrema vagueza e generalidade, que devem ser preenchidas pelo juiz. Todavia, no caso de a norma já prever as consequências e os efeitos incidentes no caso concreto, se estaria diante de um conceito jurídico indeterminado.[222]

Claudia Lima Marques, apoiada nos mestres alemães Engisch, Larenz e Canaris, defende a evolução do modelo clássico de cláusula geral, a exemplo do §242 do *Bürgerliches Gesetzbuch*, Código Civil Alemão (BGB), que não prevê um resultado, aberto ou fechado, mas estipula apenas uma diretriz, para um modelo que valoriza as novas, também chamadas de "pequenas" cláusulas gerais, como a dos bons costumes, a exemplo do §138 do BGB, que prevê a solução jurídica na

---

217. ENGISCH, Karl. *Introdução ao pensamento jurídico*, 6. ed., Trad. de J. Baptista Machado, Lisboa: Fundação Calouste Gulbenkian, 1988. p. 240.
218. ENGISCH, Karl. *Introdução ao pensamento jurídico*, 6. ed., Trad. de J. Baptista Machado, Lisboa: Fundação Calouste Gulbenkian, 1988. p. 228.
219. ENGISCH, Karl. *Introdução ao pensamento jurídico*, 6. ed., Trad. de J. Baptista Machado, Lisboa: Fundação Calouste Gulbenkian, 1988. p. 237.
220. MARTINS-COSTA, Judith. *A boa-fé no direito privado*: critérios para a sua aplicação. São Paulo: Marcial Pons, 2015. p. 121.
221. MENKE, Fabiano. A interpretação das cláusulas gerais: a subsunção e a concreção dos conceitos. *Revista de Direito do Consumidor*, São Paulo, v. 50, p. 9-35, abr.-jun. 2004.
222. NERY JUNIOR, Nelson; NERY, Rosa Maria Andrade. *Código Civil Comentado*. 9. ed. São Paulo: Ed. RT, 2013. p. 2031.

consequência legal, qual seja a indenização, e nem por isso deixa de ser considerado uma cláusula geral pelos autorizados doutrinadores alemães. Assim, assevera que também essas cláusulas gerais devem ser preenchidas com os direitos humanos ou fundamentais presentes nas constituições, impondo a proteção dos mais fracos, em especial dos consumidores, proteção à privacidade, direito à informação, dentre tantos outros.[223]

Destarte, diante do que foi exposto até aqui, é possível afirmar que a classificação do instituto do legítimo interesse como um conceito jurídico indeterminado ou cláusula geral dependerá diretamente da linha doutrinária adotada, não havendo consenso nacional ou internacional sobre a matéria.

Por outro lado, é possível constatar que a resposta que buscamos, encontra-se, em verdade, junto ao *caput* do artigo 10 da LGPD, o qual impõe que sejam consideradas as situações concretas na avaliação do uso desta hipótese autorizativa ao tratamento de dados pessoais, a saber: "O legítimo interesse do controlador somente poderá fundamentar tratamento de dados pessoais para finalidades legítimas, consideradas a partir de situações concretas". Portanto, estando na própria LGPD a orientação sobre a forma de preenchimento do legítimo interesse, a tarefa de realizar um enquadramento desse instituto como um conceito jurídico indeterminado ou cláusula geral, que demandaria maior aprofundamento, não será o foco.

E assim sendo, o julgador, na avaliação do caso concreto, deverá preencher o conteúdo abstrato da norma através da concreção, sendo necessária a mudança de raciocínio dos aplicadores desta lei, em verdadeira adaptação dos processos intelectivos dos envolvidos na prática.

Consoante, Humberto Ávila salienta que, na concreção, ocorre "uma mescla de indução e dedução", em que são analisadas todas as circunstâncias do caso: o conteúdo da norma, os precedentes judiciais e quaisquer outros elementos que venham a ser considerados relevantes.[224]

Segundo Karl Larenz, "Na apreciação do caso concreto, o juiz não tem apenas de generalizar o caso; tem também de individualizar até certo ponto o critério; e, precisamente por isso, a sua atividade não se esgota na subsunção".[225]

Sobre o tema, Fabiano Menke assevera que a individualização, até certo ponto do critério regulador do caso concreto, pode ser considerado o mais importante para a compreensão do processo de concreção, pois é nesse momento que ocorre efetiva criação judicial para a hipótese fática em questão, com a

---

223. MARQUES, Claudia Lima. Boa-fé nos serviços bancários, financeiros, de crédito e securitários e o Código de Defesa do Consumidor: informação, cooperação e renegociação? *Revista de Direito do Consumidor*, São Paulo, v. 43, p. 215-257, jul.-set. 2002.

224. ÁVILA, Humberto Bergmann. Subsunção e concreção na aplicação do direito. In: MEDEIROS, Antônio Paulo Cachapuz de (Org.). *Faculdade de Direito da PUC-RS: o ensino jurídico no limiar do novo milênio*. Porto Alegre: Edipuc-RS, 1997. p. 413-465.

225. LARENZ, Karl. *Metodologia da ciência do direito*. 3. ed. Lisboa: Fundação Calouste Gulbenkian, 1997. p. 150.

2 • O LEGÍTIMO INTERESSE COMO FUNDAMENTO PARA O TRATAMENTO DE DADOS PESSOAIS

finalidade de afastar os abusos. Contudo, como bem alerta o autor, não se pode ignorar que, de uma maneira ou de outra, as normas abertas imprimem no sistema certa dose de imprevisibilidade e de insegurança, à medida que têm a finalidade de alcançar a justiça do caso concreto;[226] pois é justamente a falta de previsibilidade e de segurança jurídica na interpretação da base legal do legítimo interesse que levou à instauração de extensa discussão no âmbito europeu, que remonta a época da Diretiva 95/46/CE, do ano de 1995, e que foi consolidada quando da entrada promulgação do RGPD, em 2016, com o estabelecimento de alguns critérios para a sua aplicação.

Uma vez realizada a análise da evolução do direito à proteção de dados pessoais no ordenamento jurídico brasileiro, da própria Lei Geral de Proteção de Dados e das primeiras impressões sobre base legal do legítimo interesse como hipótese autorizativa para o tratamento de dados pessoais, é necessário realizar o mesmo caminho em relação ao cenário europeu, para que seja possível verificar no que se difere o nível de maturidade e o estado da arte do tema na UE.

Para tanto, ao longo da próxima seção, serão investigadas as origens do direito à proteção de dados pessoais na Alemanha, o modelo europeu de regulação e a aplicação do legítimo interesse no tratamento de dados pessoais no direito comunitário europeu, para permitir um adequado exame comparatista e de equivalência funcional desse instituto.

2.2 O DESENVOLVIMENTO DO MODELO EUROPEU DE PROTEÇÃO DE DADOS PESSOAIS E A APLICAÇÃO DO LEGÍTIMO INTERESSE NA UNIÃO EUROPEIA

O cidadão europeu, em virtude de um processo histórico de conflitos, guerras e regimes autoritários, muito cedo compreendeu a importância de sua privacidade e os riscos envolvidos no uso indevido de seus dados pessoais. Por isso, é fundamental compreender toda essa trajetória, que culminou na concepção e evolução do direito à proteção de dados no cenário europeu desde o ponto de partida, que se deu na Alemanha, como veremos a seguir.

2.2.1 As raízes do direito à proteção de dados pessoais e da autodeterminação informativa na Alemanha

O berço da proteção de dados na Europa é a Alemanha, nação em que a legislação para proteção de dados pessoais é mais evoluída e oferece maior proteção aos seus cidadãos, muito em razão do histórico de reconhecimento dos direitos

---

226. MENKE, Fabiano. A interpretação das cláusulas gerais: a subsunção e a concreção dos conceitos. *Revista de Direito do Consumidor*, São Paulo, v. 50, p. 9-35, abr.-jun. 2004.

fundamentais, com especial destaque aos direitos de personalidade, que possuem doutrina bem desenvolvida.[227]

Os questionamentos doutrinários acerca da matéria já estavam presentes entre os estudiosos alemães do século XIX, lançando suas raízes no direito natural e na defesa dos direitos do ser humano em face do Estado. Já a jurisprudência, especialmente do Tribunal Constitucional Federal, ao longo do século XX, a partir da Lei Fundamental de Bonn (art. 2.1), desenvolveu a noção de privacidade e intimidade como uma faceta do direito geral de personalidade, tendo como seu fundamento último a própria dignidade da pessoa humana.[228]

A legislação de proteção de dados alemã influenciou tanto a criação como a implementação normativa do bloco europeu,[229] sendo, portanto, relevante entender o contexto prévio ao surgimento da primeira lei do mundo sobre a matéria nesse país. Para tanto, é necessário retroceder ao período do Terceiro Reich e da República Democrática Alemã.

O Holocausto, maior genocídio do século XX, somente foi possível devido à atuação dos nazistas, que cedo compreenderam a necessidade de identificação dos judeus para colocar a "solução final" em prática, o que foi feito através de sucessivas operações de recenseamento racial, que listavam não apenas filiações religiosas, mas também linhagens étnicas que remontavam as gerações. Nisso consistia a avidez dos nazistas pelos dados pessoais da população, não apenas para contar os números de judeus e minorias na Alemanha e territórios, mas também para identificá-los.[230]

Antes mesmo do início do Regime Nazista, em 1916, foi realizado um primeiro censo demográfico com cunho antissemita, que visava identificar os judeus participantes da Primeira Guerra Mundial, sob o pretexto de avaliar a adesão e a participação desta minoria na guerra e assim descobrir se existiam pessoas com a intenção de desertar, de não participar da guerra ou de se evadir. Os resultados desse censo não trouxeram as informações esperadas por seus realizadores, uma vez que se observou que a participação dos judeus era, no mínimo, tão intensa quanto a dos não judeus e, por isso, jamais foram revelados ao grande público.[231]

---

227. PETRY, Alexandre Torres; COSTA, Dominik Manuel Bouza. Os bancos de créditos e os direitos dos consumidores: a realidade na Alemanha e no Brasil. *Revista luso-brasileira de direito do consumidor,* Curitiba, v. III, n. 10, p. 33-86, jun. 2013.

228. No direito alemão, existe a proteção da pessoa por meio do direito geral da personalidade, que foi amplamente reconhecido pela doutrina e jurisprudência, e pelos direitos especiais da personalidade, estes expressamente regulados pela legislação. O direito geral da personalidade constitui a base para a formação dos direitos especiais da personalidade, que podem ser considerados como desdobramento do direito geral da personalidade. (ZANINI, Leonardo Estevam de Assis. A Proteção dos Direitos da Personalidade na Alemanha. *Revista Jurídica Luso-Brasileira,* Lisboa, ano 6, n. 2, p. 731-759, 2020).

229. SPINDLER, Gerald. Consumer data protection in Germany. In: HUBER, Florian (Coord.). *Consumer data protection in Brazil, China and Germany.* Göttingen: Göttingen University Press, 2016. p. 71-134.

230. BLACK, Edwin. *IBM e o Holocausto.* Rio de Janeiro: Campus, 2001. p. 4.

231. OELSNER, Miriam Bettina Paulina Bergel. *A gênese do nacional-socialismo na Alemanha do século 19 e a autodefesa judaica.* 2017. Tese (Doutorado em História Social) – Programa de Pós-Graduação em História Social da Faculdade de Filosofia, Letras e Ciências Humanas da Universidade de São Paulo, 2017. p. 118.

2 • O LEGÍTIMO INTERESSE COMO FUNDAMENTO PARA O TRATAMENTO DE DADOS PESSOAIS

Em 1933, já durante as primeiras semanas do Terceiro Reich, o regime de Hitler anunciou o recenseamento de todos os alemães, pois os nazistas queriam respostas rápidas sobre quem eram os judeus, quantos eram no total, onde moravam, quais eram os seus trabalhos, seus nomes, suas identidades. Então, foi realizado o censo da Prússia, estado alemão em que residiam três quintos da população. Os recenseadores batiam de porta em porta e realizavam entrevistas que abrangiam perguntas sobre religião, chefe da família e casamento. Esse censo apontou, por exemplo, que a maior concentração de judeus em Berlim vivia no distrito de Wilmerdorf, e que eles correspondiam a 13,54% da população local.[232]

Em 1939, foi realizado o censo nazista de minorias, que, em preparação para a segregação racial, coletou dados pessoais, tais como nomes próprios e sobrenomes, datas de nascimento, local de nascimento, língua materna, local de residência, níveis de educação, profissão, número de filhos, religião da pessoa, de seus pais e seus avós, e, pela primeira vez, também se registrou a "raça" do indivíduo com base na de seus avós.[233]

Aquelas informações foram mais tarde registradas por milhares de funcionários em cartões codificados através de perfurações, que, por sua vez, eram organizados e contados pela máquina Hollerith, uma versão anterior ao computador moderno.[234]

Através da tecnologia dos cartões perfurados, que passavam a dispor de informações pessoais sobre os indivíduos, os dados pessoais dos cidadãos eram processados e indexados, junto com um cruzamento de outros dados provenientes dos registros públicos, em um novo banco de dados que classificava as pessoas de forma minuciosa, revelando a presença judaica de cidade em cidade, quarteirão por quarteirão, o que possibilitou ao governo nazista ter todo conhecimento necessário para botar em prática as medidas contra os judeus, que primeiramente foram tirados das casas, enviados para o guetos e, depois, aos campos de concentração.[235] Assim, apoiados pelo governo, os nazistas alemães e seus colaboradores perseguiram e exterminaram dois terços dos judeus da Europa entre 1933 e 1945.

Uma vez terminada a Segunda Guerra Mundial, e com a divisão da Alemanha e da Europa, foi então instituída a República Democrática Alemã em 1949, estado socialista como uma resposta ao fascismo, à guerra e ao Holocausto, que haviam danificado a imagem dos alemães no mundo. Foram 40 anos de opressão da liberdade de expressão e limitação do desenvolvimento individual dos cidadãos da Alemanha

---

232. BLACK, Edwin. *IBM e o Holocausto*. Rio de Janeiro: Campus, 2001. p. 60-61.
233. LOCALIZANDO as vítimas. In: HOLOCAUST Encyclopedia. Washington: United States Holocaust Memorial Museum, [201-]. Disponível em: https://encyclopedia.ushmm°rg/content/pt-br/article/locating-the-victims. Acesso em: 09 set. 2019.
234. LOCALIZANDO as vítimas. In: HOLOCAUST Encyclopedia. Washington: United States Holocaust Memorial Museum, [201-]. Disponível em: https://encyclopedia.ushmm°rg/content/pt-br/article/locating-the-victims. Acesso em: 09 set. 2019.
235. BLACK, Edwin. *IBM e o Holocausto*. Rio de Janeiro: Campus, 2001. p. 64.

Oriental pelo Estado, que, através da Stasi, sua polícia secreta, espionava a população através de escutas e grampos que vigiavam os espaços públicos e privados, de modo que ninguém estava a salvo de ter sua intimidade observada e registrada. O sonho do suposto "melhor Estado alemão" acabou de forma tempestuosa com a queda do Muro de Berlim, em 9 de novembro de 1989, e a Reunificação da Alemanha, no ano seguinte.[236]

Após ter vivenciado o Regime Nazista, que possibilitou que os direitos fundamentais restassem suprimidos diante da rigorosa disciplina imposta pelo Terceiro Reich, bem como que a ampla espionagem à população fosse realizada durante todo o período do Nacional Socialismo, a Alemanha, diante dessa raiz histórica de falta de liberdade, adquiriu consciência quanto à importância dos Direitos Humanos. Como consequência, foi criada a "regra de ouro" (*goldene Regel*), de que a liberdade de um termina onde começa a de outro, e a expressão "nunca mais" (*Nie wieder*), tendo seu ápice na Lei Fundamental de 1949, que nasceu para proteção da vida e da dignidade do homem.[237]

Assim, direitos fundamentais sofreram efeitos expansivos, passando a ser a verdadeira ordem de valor, vindo a influenciar todo o sistema jurídico alemão e nunca deixando de avançar. Na Constituição Alemã, a proteção da personalidade é assegurada através do seguinte texto: "A dignidade do ser humano é intangível, também o direito do livre desdobramento da personalidade pertence a esse contexto, pois exige o respeito à esfera íntima".[238]

Por outra senda, é possível observar que a experiência alemã gerou um esforço robusto da dogmática nos estudos acerca da proteção da esfera privada, justamente com o intuito de evitar novos episódios de totalitarismo, repressão e vigilância.[239]

Tanto isso é verdade que, após a Segunda Guerra Mundial, a proteção aos direitos de privacidade também foi adotada por outros sistemas jurídicos, bem como pelo direito internacional através da Declaração Universal dos Direitos Humanos de 1948, que defendia que nenhuma pessoa poderia ser "objeto de ingerências arbitrárias em sua vida privada", que buscou afirmar globalmente os valores mínimos essenciais à existência digna do ser humano.[240]

---

236. 1949: CRIAÇÃO da República Democrática Alemã. *Deutsche Welle*, [s. l.], 7 nov. 2020. Disponível em: https://www.dw.com/pt-br/1949-cria%C3%A7%C3%A3o-da-rep%C3%BAblica-democr%C3% A1tica-alem%C3%A3/a-4772457. Acesso em: 21 fev. 2021.
237. AMORIM, Mônica Testa de. Fundamentos históricos e o desenvolvimento dos direitos fundamentais na Alemanha. *Revista de Direito Constitucional e Internacional*, São Paulo, v. 85, p. 77-100, out.-dez. 2013.
238. ASHTON, Peter Walter. Manter o computador sob controle manual. *Revista da Procuradoria Geral do Estado*, Porto Alegre, v. 9, n. 24, p. 23-27, 1979.
239. RODRIGUES, Daniel Piñero. *O direito fundamental à proteção de dados pessoais*: as transformações da privacidade na sociedade de vigilância e a decorrente necessidade de regulação. 2010. Dissertação (Mestrado em Direito) – Programa de Pós-Graduação em Direito da Escola de Direito da Pontifícia Universidade Católica do Rio Grande do Sul, Porto Alegre, 2010.
240. MANTOVANI, Alexandre Casanova. *O consentimento na disciplina da proteção dos dados pessoais*: uma análise dos seus fundamentos e elementos. 2019. Dissertação (Mestrado em Direito) – Programa de Pós-Graduação em Direito da Universidade Federal do Rio Grande do Sul, Porto Alegre, 2019.

Ademais, os referidos acontecimentos históricos fizeram com que o cidadão alemão desenvolvesse uma consciência elevada e se preocupasse com a utilização indevida de dados pessoais para fins discriminatórios, o que deu origem a uma codificação adequada para proteção jurídica desse direito, que passou a ser visto como um requisito para liberdade em um Estado Democrático de Direito.

Assim, em 1970, houve uma tentativa de elaborar um sistema de proteção de dados através da Lei de Proteção de Dados Pessoais (*Hessiches Datenschutzgesetz*) do Land de Hesse, na então República Federal Alemã. Por ser uma lei sintética, esta primeira tentativa regulatória concentrou-se em disciplinar as atividades dos centros de processamento de dados geridos pelo poder público e as instituições sujeitas às autoridades locais, além de ter instituído uma pessoa designada como comissário para proteção de dados pessoais.[241]

Posteriormente, em 1977, foi promulgada uma lei federal sobre a matéria, a *Bundesdatenschutzgesetz*, constituindo um importante marco legislativo sobre a proteção de dados na Alemanha, e que, de acordo com o seu parágrafo primeiro, instituiu a "tarefa de proteção de dados pessoais e a proteção de dados pessoais contra seu abuso".[242]

Uma vez trazido o contexto, é possível entender o motivo da preocupação da população alemã com o uso dos dados pessoais coletados em recenseamentos, o que, por sua vez, deu origem a uma importante decisão do ano de 1983, proferida pelo Tribunal Constitucional Alemão, no julgamento histórico da Lei de Recenciamento de População, Profissão, Moradia e Trabalho (*BVerfGE 65, 1 Volkszählung*), que passa a ser analisada.

Em 1982, o governo federal alemão planejava conduzir um recenseamento geral da população, com dados sobre a profissão, moradia e local de trabalho para fins estatísticos. Assim, o parlamento federal alemão (*Bundestag*) aprovou uma lei para implementar o censo demográfico, a ser realizado no ano seguinte, por meio de levantamentos realizados por pesquisadores credenciados. Esse censo possuía como objetivo declarado a obtenção de dados sobre o estágio do crescimento populacional, a distribuição espacial da população no território, sua composição segundo características demográficas e sociais, assim como sobre sua atividade econômica. Tais dados já haviam sido considerados indispensáveis para decisões político-econômicas da União, estados e municípios, e o último censo havia acontecido em 1970.[243]

Houve um grande debate na sociedade sobre os riscos gerados pelo recenseamento em detrimento da proteção dos dados pessoais da população, bem como sobre

---

241. DONEDA, Danilo. *Da privacidade à proteção de dados pessoais*. Rio de Janeiro: Renovar, 2006. p. 228.
242. DONEDA, Danilo. *Da privacidade à proteção de dados pessoais*. Rio de Janeiro: Renovar, 2006. p. 192.
243. HORNUNG, Gerrit; SCHNABEL, Christoph. Data Protection in Germany I: The population census decision and the right to informational selfdetermination. *Computer Law and Security Review*, Kassel, n. 25, p. 84-88, 2009.

a real utilidade do referido censo. A oposição compôs uma corrente divergente, mas não logrou convencer *o Bundesregierung* a abandonar ou mesmo sequer alterar seus planos. Além de um ceticismo geral em relação às possibilidades de planejamento central, os argumentos dos adversários já focavam na problemática de proteção de dados.[244]

Os planos do governo encontraram uma opinião pública caracterizada pelo ressentimento geral contra a crescente vigilância e processamento de dados. A posição negativa foi parcialmente interligada com antipatias às autoridades públicas e a chamada "informatização" em geral. Além disso, existiam controvérsias em torno de pontos específicos da lei, como a possibilidade de que os dados obtidos fossem cruzados com outros registros públicos para a finalidade genérica de "atividades administrativas"; a possibilidade de esses mesmos dados, desde que não identificados com o nome de cada titular, pudessem ser transmitidos às autoridades federais e aos *Lander*; bem como a existência de uma multa pecuniária, relativamente elevada, para os que não respondessem ao censo, junto de um mecanismo de favorecimento àqueles que denunciassem tais pessoas.[245]

Assim, diante da vagueza e amplitude da lei, diversas reclamações foram ajuizadas perante o Tribunal Constitucional Alemão, sob a alegação de que a legislação em questão violaria diretamente alguns direitos fundamentais dos reclamantes, sobretudo o direito ao livre desenvolvimento da personalidade, previsto no artigo 2º, I, da *Grundgesetz*, e da inviolabilidade da dignidade da pessoa humana, previsto no artigo 1º, I, da lei fundamental alemã.[246]

O Tribunal Constitucional Alemão considerou presentes as condições processuais das reclamações constitucionais, a serem julgadas conjuntamente, pois os reclamantes seriam, em grande parte, própria, direta e atualmente atingidos, suspendendo provisoriamente a realização do censo. No mérito, a corte julgou as reclamações constitucionais parcialmente procedentes, confirmando a constitucionalidade da lei em geral, bem como declarou nulos os dispositivos sobre a comparação e trocas de dados, bem como sobre a competência de transmissão de dados para fins de execução administrativa.[247]

---

244. HORNUNG, Gerrit; SCHNABEL, Christoph. Data Protection in Germany I: The population census decision and the right to informational selfdetermination. *Computer Law and Security Review*, Kassel, n. 25, p. 84-88, 2009.

245. HORNUNG, Gerrit; SCHNABEL, Christoph. Data Protection in Germany I: The population census decision and the right to informational selfdetermination. *Computer Law and Security Review*, Kassel, n. 25, p. 84-88, 2009.

246. HORNUNG, Gerrit; SCHNABEL, Christoph. Data Protection in Germany I: The population census decision and the right to informational selfdetermination. *Computer Law and Security Review*, Kassel, n. 25, p. 84-88, 2009.

247. O julgamento teve a seguinte ementa: "1. Os § 2 I a VII e §§ 3 a 5 da Lei do Recenseamento de População, Profissão, Moradia e Trabalho (Lei do Recenseamento de 1983), de 25 de março de 1982 (BGBl. I, p. 369), são compatíveis com a Grundgesetz, mas o legislador deve providenciar regulamentação complementar sobre a organização e procedimento do recenseamento. 2. O § 9 I a III da Lei de Recenseamento de 1983 é

2 • O LEGÍTIMO INTERESSE COMO FUNDAMENTO PARA O TRATAMENTO DE DADOS PESSOAIS

Os julgadores entenderam que, considerando as condições do moderno processamento de dados, a proteção do indivíduo contra levantamento, armazenagem, uso e transmissão irrestritos de seus dados pessoais seria abrangida pelo direito ao livre desenvolvimento da personalidade e a inviolabilidade da dignidade humana, os quais compunham um direito geral de personalidade, nos termos dos artigos 2º, I e 1º, I da *Grundgesetz*, que, por sua vez, possuía diversas implementações, sendo uma delas o direito à autodeterminação informativa. Assim, esse direito fundamental à proteção dos dados pessoais, pela primeira vez reconhecido, deveria garantir o poder do cidadão de ele mesmo determinar sobre a exibição e o uso de seus dados pessoais, para que assim pudesse desenvolver uma personalidade livre e autodeterminada.[248]

Segundo a fundamentação do julgado, a autodeterminação individual pressuporia, sob as condições da moderna tecnologia de processamento de informação, que fossem garantidos ao indivíduo dois requisitos: a liberdade de decisão sobre as ações a serem procedidas ou omitidas, e a possibilidade de se comportar realmente conforme tal decisão.[249]

A corte ainda afirmou que o moderno processamento de dados configuraria uma grave ameaça à personalidade do indivíduo, na medida em que possibilitaria o armazenamento ilimitado de dados da pessoa, sem sua participação ou conhecimento, indo contra o direito do indivíduo de determinar o fluxo de suas informações na sociedade.[250]

Como consequência da decisão, uma nova lei veio a corrigir os pontos contestados no ano de 1985, e o censo ocorreu apenas no ano de 1987. Nesse novo censo, os dados coletados para fins estatísticos eram separados das informações individuais e pessoais dos cidadãos. A transferência de dados entre autoridades federais e estaduais foi vetada. A autodeterminação informativa foi concebida como um direito fundamental, que coloca o cidadão em uma postura ativa de controle dos seus dados pessoais, e a Magna Carta do direito alemão é considerada, pois trouxe suporte para a discussão constitucional sobre a intervenção e controle do Estado nesse âmbito.[251]

Como resultado, foram atribuídos efeitos horizontais e de irradiação desse direito fundamental (*Drittwirkung der Grundrechte*), pois a autodeterminação

---

incompatível com o art. 2 I c. c. o art. 1 I GG, e, assim, é nulo. 3. Os direitos fundamentais dos reclamantes, decorrentes dos art. 2 I e art. 1 I GG, foram violados pela Lei do Recenseamento de 1983 em seus números 1 e 2. De resto, as Reclamações Constitucionais são improcedentes. 4. A República Federal da Alemanha deve reembolsar aos reclamantes as despesas necessárias." (SCHWABE, Jürgen. *Cinqüenta anos de jurisprudência do Tribunal Constitucional Federal Alemão*. Montevideo: Konrad-Adenauer-Stiftung, 2005. p. 233-245).

248. SCHWABE, Jürgen. *Cinqüenta anos de jurisprudência do Tribunal Constitucional Federal* Alemão. Montevideo: Konrad-Adenauer-Stiftung, 2005. p. 233-245.

249. SCHWABE, Jürgen. *Cinqüenta anos de jurisprudência do Tribunal Constitucional Federal* Alemão. Montevideo: Konrad-Adenauer-Stiftung, 2005. p. 233-245.

250. MENDES, Laura Schertel. O Direito fundamental à proteção de dados pessoais. *Revista do Direito do Consumidor*, São Paulo, v. 79, p. 45-81, jul.-set. 2011.

251. RUARO, Regina Linden; RODRIGUEZ, Daniel Piñero; FINGER, Brunize. O direito à proteção de dados pessoais e a privacidade. *Revista da Faculdade de Direito UFPR*, Curitiba, n. 53, 2011.

informativa vincula além do Estado, também terceiros, em relações particulares, relacionados ao vínculo específico do Poder Judiciário aos direitos fundamentais, havendo como desdobramento a obrigação estatal de interpretar e aplicar todo o direito infraconstitucional, em especial pelas cláusulas gerais, de modo consoante aos direitos constitucionais.[252]

Assim, o direito fundamental à proteção de dados pessoais passou a ensejar tanto um direito subjetivo de defesa do indivíduo, que acaba por poder delimitar uma esfera de liberdade individual, de não sofrer intervenções do Estado ou de terceiros, conhecido como "dimensão subjetiva do direito", como um dever estatal de tutela, dada a incontrolabilidade do desenvolvimento das tecnologias da informação, para que se evitem danos causados por particulares e também pelo Estado, conhecido como "dimensão objetiva". Nessa senda, o ordenamento jurídico alemão reconheceu um dever de proteção a ser concretizado mediante prestações normativas e fáticas, por meio de uma regulação infraconstitucional, dos diversos aspectos relacionados às posições jusfundamentais referidas, para que fosse assegurada a sua efetividade.[253]

Além disso, através desse precedente, o conceito de autodeterminação informativa estabeleceu a proteção de dados como uma evolução do direito à privacidade, pois, diferentemente da ideia do *right to be alone*, possui efeitos distintos: o indivíduo é protegido contra interferências em assuntos pessoais, criando, assim, uma esfera em que pode se sentir seguro de qualquer interferência, e, ao mesmo tempo, a proteção de dados é também uma pré-condição para a participação imparcial dos cidadãos nos processos políticos do Estado de Direito Democrático.[254] O direito à autodeterminação informativa orienta até hoje a proteção de dados pessoais na Alemanha e exerce grande influência nos países de sistema jurídico romano-germânica.[255]

Posteriormente, no ano de 2008, o Tribunal Constitucional Alemão, no julgamento do caso *BVerfGE 120, 274*, uma reclamação constitucional ajuizada contra a lei do estado *Nordrhein-Westfalen*, que permitia investigação remota de computadores pessoais e o monitoramento de todas as atividades *on-line* do sujeito suspeito de cometer crimes, em tentativa de evitar que o avanço do terrorismo no território alemão, garantiu a confidencialidade e a integridade dos sistemas técnico-informacionais através do reconhecimento de um novo direito fundamental: o *Grundrecht auf Gewährleistung der Vertraulichkeit und Integrität informationstechnischer Systeme*.[256]

---

252. DUQUE, Marcelo Schenk. *Direito Privado e Constituição – Drittwirkung dos direitos fundamentais*: construção de um modelo de convergência à luz dos contratos de consumo. São Paulo: Ed. RT, 2013. p. 57 ss.

253. SARLET, Ingo Wolfgang. Direitos fundamentais em espécie. In: SARLET, Ingo Wolfgang; MARINONI, Luiz Guilherme; MITIDIERO, Daniel. *Curso de Direito Constitucional*, 3. ed. rev., atual. e ampl. São Paulo: Ed. RT, 2014. p. 435.

254. MENDES, Laura Schertel. O Direito fundamental à proteção de dados pessoais. Revista do Direito do Consumidor, São Paulo, v. 79, p. 45-81, jul.-set. 2011.

255. DONEDA, Danilo. *Da privacidade à proteção de dados pessoais*. Rio de Janeiro: Renovar, 2006. p. 228.

256. MENKE, Fabiano. A proteção de dados e o novo direito fundamental à garantia da confidencialidade e da integridade dos sistemas técnico-informacionais no direito alemão. In: MENDES, Gilmar Ferreira; SARLET,

2 • O LEGÍTIMO INTERESSE COMO FUNDAMENTO PARA O TRATAMENTO DE DADOS PESSOAIS   77

Embora a Alemanha não tenha sido atingida por atentados terroristas, após os ataques de 11 de setembro de 2001, o país editou leis de segurança para possibilitar que a polícia e as agências de inteligência tivessem armas de combate ao terror. Uma lei em especial teve um pesado impacto sobre os direitos e as liberdades dos cidadãos alemães.[257]

Tratava-se da Lei de Proteção da Constituição do estado de Nordrhein-Westfalen, a qual permitia que a polícia daquela unidade da federação realizasse busca ou investigação secreta e remota de computadores de pessoas suspeitas de cometer ilícitos criminais, autorizando, também, o monitoramento de todas as atividades dos suspeitos na internet.[258]

O artigo 5.2 dessa lei passou a definir ações permitidas para obtenção de informações e dados privados de suspeitos, autorizando dois tipos de medidas investigativas: a) o monitoramento secreto sobre o conteúdo da comunicação na internet, o que significa acesso aos *sites* visitados pelo suspeito, monitoramento da participação deste em *chats* ou fóruns *on-line*, acesso a sua caixa de *e-mails* e *sites* restritos; e b) o acesso secreto a sistemas de tecnologia da informação (computadores) por meio de medidas como sua infiltração técnica, aproveitando brechas na segurança do sistema de destino ou instalando um programa espião, como o Trojan. Esses métodos investigativos tentavam driblar as dificuldades nas investigações que surgiam quando os criminosos, em particular os de grupos extremistas e terroristas, usavam a internet para comunicação, planejamento e cometimento de crimes.

No entanto, quatro requerentes apresentaram uma queixa constitucional contra a alteração do § 5.2 da Lei de Proteção da Constituição da Nordrhein-Westfalen, alegando a violação direta de seus direitos constitucionais. No caso *BVerfGE 120, 274*, o Tribunal Constitucional Federal Alemão julgou as reclamações constitucionais parcialmente procedentes e, no mérito, decidiu que o § 5.2 da Lei de Proteção da Constituição de Nordrhein-Westfalen não estava em conformidade com a Constituição Alemã e, portanto, seria nulo.[259]

Ingo Wolfgang; COELHO, Alexandre Zavaglia P. (Coord.). *Direito, inovação e tecnologia*. São Paulo: Saraiva, 2015. p. 205-230.

257. MENKE, Fabiano. A proteção de dados e o novo direito fundamental à garantia da confidencialidade e da integridade dos sistemas técnico-informacionais no direito alemão. In: MENDES, Gilmar Ferreira; SARLET, Ingo Wolfgang; COELHO, Alexandre Zavaglia P. (Coord.). Direito, inovação e tecnologia. São Paulo: Saraiva, 2015. p. 205-230.

258. MENKE, Fabiano. A proteção de dados e o novo direito fundamental à garantia da confidencialidade e da integridade dos sistemas técnico-informacionais no direito alemão. In: MENDES, Gilmar Ferreira; SARLET, Ingo Wolfgang; COELHO, Alexandre Zavaglia P. (Coord.). Direito, inovação e tecnologia. São Paulo: Saraiva, 2015. p. 205-230.

259. O julgamento teve a seguinte ementa: "1. O direito geral da personalidade (Artigo 2.1 em conjunto com o Artigo 1.1 da Lei Básica (Grundgesetz – GG)) abrange o direito fundamental à garantia da confidencialidade e integridade dos sistemas de tecnologia da informação. 2. A infiltração secreta de um sistema de tecnologia da informação por meio dos quais o uso do sistema pode ser monitorado e sua mídia de armazenamento pode ser lida apenas é constitucionalmente permitida se existirem indicações factuais de um perigo concreto para um interesse legal predominantemente importante ou uma ameaça à qual afeta a base ou existência

A expectativa era de que o tribunal explicitasse direitos básicos e princípios constitucionais enumerados para chegar a essa conclusão; no entanto, o tribunal foi muito além, tendo se envolvido com profundidade considerável em questões tecnológicas específicas levantadas pela legislação. Restou constando que, por várias razões, os direitos até então existentes não eram suficientes para proteger os direitos constitucionais dos cidadãos contra a potencial perda de liberdade que a busca remota de computadores poderia causar e, em decisão inovadora, o Tribunal Constitucional Federal Alemão concebeu um novo direito fundamental: a garantia da confidencialidade e da integralidade dos sistemas informáticos, que atualizou a proteção da personalidade à realidade tecnológica do século XXI.[260]

Nos termos do voto conjunto dos julgadores, restou destacada a importância da confiança do usuário na infraestrutura de comunicação e informação, bem como da existência de uma lacuna de proteção, uma vez que a legislação vigente e a autodeterminação informativa não conseguem defender o indivíduo de todas as ameaças à sua personalidade como as existentes quando o usuário confia em sistemas técnico-informáticos.[261]

Assim, foi declarada a existência de um novo direito constitucional, de confidencialidade e integridade no sistema de tecnologia da informação, apto a proteger a vida pessoal e privada dos titulares de direitos que acessam dispositivos de tecnologia da informação e, em particular, protege o acesso do Estado aos sistemas de

---

continuada do Estado ou base da existência humana. São predominantemente importantes a vida e a liberdade, os interesses individuais ou do público. A medida pode ser justificada, mesmo que ainda não possa ser apurada com probabilidade suficiente de que o perigo surja no futuro próximo, na medida em que certos fatos indiquem um perigo para o interesse legal predominantemente importante de indivíduos específicos no caso individual. 3. A infiltração secreta de um sistema de tecnologia da informação deve, em princípio, ser submetida à reserva de uma ordem judicial. A concessão de poderes para realizar tal invasão deve conter precauções para proteger a área central da vida privada. 4. Na medida em que o empoderamento é restrito a uma medida estatal por meio da qual o conteúdo e as circunstâncias das telecomunicações em andamento são coletados na rede de computadores ou os dados relacionados a ela são avaliados, a invasão deve feita em respeito ao Artigo 10.1 da somente a Lei Básica. 5. Se o Estado obtiver conhecimento do conteúdo da comunicação na internet pelo canal tecnicamente fornecido, isso só constituirá uma violação do Artigo 10.1 da Lei Básica se a agência não está autorizada a obter esse conhecimento pelos envolvidos na comunicação. 6. Se o Estado obtiver conhecimento dos conteúdos de comunicação que são acessíveis ao público na internet ou se participar de processos de comunicação acessíveis ao público, em princípio não invade sobre direitos fundamentais." (GERMANY. The Federal Constitutional Court. *BVerfGE 120, 274*. The general right of personality (Article 2.1 in conjunction with Article 1.1 of the Basic Law (Grundgesetz – GG)) encompasses the fundamental right to the guarantee of the confidentiality and integrity of information technology systems. [...]. President: Papier. Judgment of the First Senate of 27 February 2008. Disponível em: http://www.bverfg.de/e/rs20080227_1bvr037007en.html. Acesso em: 19 set. 2019).

260. HORNUNG, Gerrit; SCHNABEL, Christoph. Data Protection in Germany II: Recent decisions on-line searching computers, automatic number plate recogniction and data retention. *Computer Law And Security Review*, Kassel, n. 25, p. 115-122, 2009.

261. GERMANY. The Federal Constitutional Court. *BVerfGE 120, 274*. The general right of personality (Article 2.1 in conjunction with Article 1.1 of the Basic Law (Grundgesetz – GG)) encompasses the fundamental right to the guarantee of the confidentiality and integrity of information technology systems. [...]. President: Papier. Judgment of the First Senate of 27 February 2008. Disponível em: http://www.bverfg.de/e/rs20080227_1bvr037007en.html. Acesso em: 19 set. 2019.

tecnologia da informação como um todo, e não apenas em eventos de comunicação ou em caso de dados armazenados. O escopo de proteção desse direito abrange os dados armazenados na memória, bem como os dados mantidos de forma temporária.[262] Veja-se, portanto, que a inovação da decisão reside no fato de que o objeto da proteção constitucional passa a ser o próprio sistema informático pessoal e, por consequência, o indivíduo que o utiliza.[263]

Para Fabiano Menke, referida decisão constituiu mais um importante passo na história da proteção de dados na Alemanha, modernizando a autodeterminação informativa em adequação à realidade das relações sociais e da vida dos indivíduos no ambiente tecnológico.[264].

Atualmente, em termos de legislação especifica, a proteção de dados é garantida pela lei federal "relativa à proteção contra a utilização abusiva de dados pessoais no tratamento de dados" (*Gesetz zum Schutz vor Missbrauch personenbezogener Daten bei der Datenverarbeitung – Bundesdatenschutzgesetz* – BDSG), bem como pelas leis estaduais de proteção de dados (*Landesdatenschutzgesetze*), que tem como ponto de partida a tutela constitucional da personalidade (art. 2º, 1 e art. 1º, 1) pela Lei Fundamental Alemã. Ademais, existem previsões sobre a proteção de dados em outras leis especiais, como as leis policiais (*Polizeigesetze*).[265]

Veja-se que lei federal *Bundesdatenschutzgesetz* (BDSG) concede às pessoas afetadas o direito de notificação e de informação e, além disso, de correção de dados falsos, bem como de bloqueio e de supressão de dados. Órgãos públicos somente podem coletar, armazenar, alterar ou utilizar dados para fins permitidos em lei. Referida lei concede direito de indenização, independentemente de culpa, se uma pessoa afetada tiver sofrido danos pelo recolhimento, processamento ou utilização de dados pessoais automatizados, inadmissíveis ou incorretos, por parte de um órgão público. Regras rigorosas valem igualmente para os entes não estatais, que somente podem trabalhar com os dados autorizados e para as finalidades consentidas pelas pessoas afetadas.[266]

---

262. ABEL, Wiebke; SCHAFER, Burkhard. The German Constitucional Court on the right in confidentiality and integrety of information technology systems: a case report on BVerfG, NJW 2008, 822. *SCRIPTed*, Edinburgh, v. 6, n. 1, p. 106-123, Apr. 2009. Disponível em: https://script-ed°rg/wp-content/uploads/2016/07/6-1-Abel.pdf. Acesso em: 20 set. 2019.

263. JOELSONS, Marcela. Inviolabilidade na comunicação dos dados de computador no Brasil versus direito fundamental à confidencialidade e integralidade de sistemas informáticos na Alemanha. *Revista de Direito Constitucional e Internacional*, São Paulo, v. 125, p. 111-135, maio-jun. 2021.

264. MENKE, Fabiano. A proteção de dados e o novo direito fundamental à garantia da confidencialidade e da integridade dos sistemas técnico-informacionais no direito alemão. In: MENDES, Gilmar Ferreira; SARLET, Ingo Wolfgang; COELHO, Alexandre Zavaglia P. (Coord.). *Direito, inovação e tecnologia*. São Paulo: Saraiva, 2015. p. 205-230.

265. ZANINI, Leonardo Estevam de Assis. A Proteção dos Direitos da Personalidade na Alemanha. *Revista Jurídica Luso-Brasileira*, Lisboa, ano 6, n. 2, p. 731-759, 2020.

266. ZANINI, Leonardo Estevam de Assis. A Proteção dos Direitos da Personalidade na Alemanha. *Revista Jurídica Luso-Brasileira*, Lisboa, ano 6, n. 2, p. 731-759, 2020.

Uma vez realizada esta investigação histórica, restam evidentes as contribuições essenciais da Alemanha para a estruturação do direito à proteção de dados pessoais, já que o país foi pioneiro no reconhecimento desse direito e responsável por elaborar os conceitos estruturantes que conhecemos hoje, como o da autodeterminação informativa e da confidencialidade e integridade no sistema de tecnologia da informação. Nesse cenário, nada mais lógico do que ter ocorrido uma influência germânica no processo normativo da União Europeia sobre a matéria.[267]

Por conseguinte, cumpre analisar os antecedentes e a formação do modelo europeu de proteção de dados, que de forma embrionária iniciou trabalhos e estudos por volta de 1960, diante da evolução tecnológica, como será visto no próximo ponto.

2.2.2 O modelo europeu de proteção de dados e as recentes reformas

Após a Segunda Guerra Mundial, o positivismo jurídico como ideia de um ordenamento jurídico indiferente a valores éticos foi superado pelo pensamento jurídico. Os acontecimentos dessa época deixam claro que seria necessária a construção de padrões éticos globais, com a inserção de valores nos sistemas, para que o Direito garantisse a correção das condutas humanas ao mundo jurídico do ideal de justiça.[268] Assim, a teoria jurídica abriu caminho para o pós-positivismo, inserindo a dignidade humana no epicentro jurídico, como forma de evitar que as barbáries de outrora voltassem a ocorrer.

O reflexo desse momento histórico foi a internacionalização dos direitos humanos, que culminou na criação da Organização das Nações Unidas (ONU) em 1945[269] e na adoção da Declaração Universal dos Direitos Humanos em 1948.[270]

Dois anos depois, a Convenção Europeia dos Direitos do Homem (CEDH) foi adotada pelo Conselho da Europa com o objetivo de proteger os Direitos Humanos e as liberdades fundamentais e já garantia aos cidadãos europeus o direito à vida privada, nos termos do artigo 8°.[271]

---

267. GASIOLA, Gustavo Gil. Criação e desenvolvimento da proteção de dados na Alemanha. *Jota Info*, [s. l.], 2019. Disponível em: https://www.jota.info/opiniao-e-analise/artigos/criacao-e-desenvolvimen to-da-protecao-de-dados-na-alemanha-29052019#sdfootnote3sym. Acesso em: 28 fev. 2021.

268. ALEXY, Robert. *Constitucionalismo discursivo*. Porto Alegre: Livraria do Advogado, 2006. p. 20.

269. NAÇÕES UNIDAS. *História da ONU*. [S. l.]: ONU, 2019. Disponível em: https://unric°rg/pt/historia-da-onu/. Acesso em: 13 jun. 2021.

270. NAÇÕES UNIDAS. *Declaração Universal dos Direitos Humanos*. [S. l.]: ONU, 2020. Disponível em: https://brasil.un°rg/index.php/pt-br/91601-declaracao-universal-dos-direitos-humanos. Acesso em: 13 jun. 2021.

271. "Article 8. Right to respect for private and family life 1 Everyone has the right to respect for his private and family life, his home and his correspondence. 2 There shall be no interference by a public authority with the exercise of this right except such as is in accordance with the law and is necessary in a democratic society in the interests of national security, public safety or the economic well-being of the country, for the prevention of disorder or crime, for the protection of health or morals, or for the protection of the rights and freedoms of others." (COUNCIL OF EUROPE. *Convention for the Protection of Human Rights and Fundamental Freedoms. Rome: COE,1950*. Disponível em: https://www.coe.int/en/web/conventions/full-list/-/conventions/treaty/205?module= treaty-detail&treatynum=005. Acesso em: 13 jun. 2021).

De acordo com a jurisprudência da Corte Europeia dos Direitos Humanos (CEDH), abarcaria situações de proteção de dados pessoais, como questões relacionadas a intercepções de comunicações, formas de vigilância e armazenamento de dados pessoais por autoridades públicas. Todavia, por ter sido editada em uma época em que não havia ameaças aos direitos humanos por novas tecnologias, não restou conferida uma tutela jurídica adequada à proteção de dados pessoais.[272]

Assim, apenas em 1973, quando a Assembleia Consultiva da Europa solicitou a elaboração de recomendações sobre o uso de novas técnicas de coleta de dados ao Comitê de Ministros, para a salvaguarda dos direitos e das liberdades fundamentais previstas na Convenção Europeia dos Direitos do Homem, relativos à privacidade em relação à vida privada e familiar, ao domicílio e à correspondência. Como resultado, foi publicado o documento chamado *Resolução sobre a proteção da privacidade dos indivíduos em relação aos bancos de dados eletrônicos no setor privado*, que instituiu princípios mínimos na matéria, visando incentivar os países europeus ao respeito destes.[273]

Em 1980, a OCDE, organização econômica intergovernamental fundada em 1961 para estimular o progresso econômico e o comércio mundial, formou um grupo de *experts* para elaboração de uma normativa modelo sobre o tráfego internacional de dados. O resultado desse trabalho foram as *Diretrizes sobre Proteção da Privacidade e Circulação Transfronteiriça de Dados Pessoais*, que é considerada uma *softlaw* precursora no tema, estabelecendo parâmetros para a regulação da proteção de dados através de princípios.[274] O artigo 7º do documento trouxe a importante previsão de que "Deve haver limites para a coleta de dados pessoais e quaisquer desses dados devem ser obtidos por meios lícitos e justos e, quando apropriado, com o conhecimento ou consentimento do titular dos dados".[275]

Destaca-se que essas *guidelines* se tornaram uma referência comum na área, em que pese sua preocupação central, fosse com o tráfego dos dados, não com a proteção da pessoa, e a ausência de efeitos vinculante aos países-membros da OCDE, seja no sentido de obrigar a legislar de acordo com as *Diretrizes*, ou de aplicabilidade direta sobre seu direito interno.[276]

---

272. BONE, Leonardo Castro de; MOMO, Maria Vitória Galvan. Da privacidade à proteção de dados pessoais: uma análise comparada da GDPR do parlamento europeu e do conselho da união europeia e a LGPD brasileira. *Revista Jurídica Luso-Brasileira*, Lisboa, ano 7, v. 2, p. 957-982, 2021.

273. DONEDA, Danilo. *Da privacidade à proteção de dados pessoais*: elementos da formação da Lei geral de proteção de dados. 2. ed. rev. e atual. São Paulo: Thomson Reuters Brasil, 2019. p. 192.

274. LIMA, Cíntia Rosa Pereira de. *Autoridade Nacional de Proteção de Dados e a Efetividade da Lei Geral de Proteção de Dado*. São Paulo: Almedina, 2020. p. 131.

275. ORGANISATION FOR ECONOMIC COOPERATION AND DEVELOPMENT. Guidelines on the Protection of Privacy and Transborder Flows of Personal. [S. l.]: OECD, 1980. Disponível em: http://www°ecd°rg/digital/ieconomy/oecdguidelinesontheprotectionofprivacyandtransborderflowsofpersonaldata.htm. Acesso em: 20 fev. 2021.

276. DONEDA, Danilo. *Da privacidade à proteção de dados pessoais*: elementos da formação da Lei geral de proteção de dados. 2. ed. rev. e atual. São Paulo: Thomson Reuters Brasil, 2019. p. 193.

A Convenção do Conselho Europeu sobre Proteção de Dados Pessoais, que ocorreu em 1981 em Estrasburgo, denominada de Convenção 108, constituiu o primeiro passo para instituição de um sistema integrado europeu de proteção de dados por ser fruto de debates e reflexões sobre os rumos da matéria, tendo sido aberta para adesão de países não membros do Conselho da Europa – como de fato o foi pela Argentina, Uruguai, México, Marrocos –, com a finalidade de uniformizar a legislação de dados pessoais no mundo, tratando o tema como um direito humano, pressuposto do estado democrático.[277]

Através da Convenção 108, os signatários foram instados a adotar normas específicas para o tratamento de dados pessoais, consoante seus parâmetros nacionais, como a adequada coleta e o tratamento automatizado de dados, de forma lícita e em observância à sua finalidade; a proteção mais forte aos dados sensíveis; o direito de informação e correção do titular dos dados, bem como a criação de uma autoridade independente para a fiscalização do cumprimento das leis de proteção de dados pessoais.[278] Nesse sentido, destaca-se o artigo 5º do documento, que assegurou que a coleta, o armazenamento e o processamento de dados pessoais deveriam se dar para propósitos específicos e legítimos, de forma adequada e não excessiva.[279]

As exigências do bloco unificado europeu de harmonizar as regras comuns para circulação de dados pessoais na região, bem como de proteger a pessoa em relação aos seus dados pessoais levaram a um próximo passo necessário para assegurar o fortalecimento desse mercado interno, qual seja, a instituição da Diretiva 95/46/CE do Parlamento Europeu e do Conselho relativa à proteção das pessoas singulares no que diz respeito ao tratamento de dados pessoais e à livre circulação desses dados, no ano de 1995, que foi o principal instrumento legislativo sobre o tema no direito comunitário europeu.[280]

Danilo Doneda afirma que essa diretiva se estruturou através de dois eixos: a proteção das liberdades e dos direitos fundamentais das pessoas singulares, especialmente à vida privada, no tratamento de dados pessoais; a necessidade de viabilizar a livre circulação das mercadorias, das pessoas, dos serviços, dos capitais, que inclui os dados pessoais, entre as fronteiras do bloco europeu.[281]

---

277. DONEDA, Danilo. *Da privacidade à proteção de dados pessoais*: elementos da formação da Lei geral de proteção de dados. 2. ed. rev. e atual. São Paulo: Thomson Reuters Brasil, 2019. p. 194

278. LIMA, Cíntia Rosa Pereira de. Autoridade Nacional de Proteção de Dados e a Efetividade da Lei Geral de Proteção de Dado. São Paulo: Almedina, 2020. p. 131.

279. COUNCIL OF EUROPE. *Convention for the Protection of Individuals with regard to Automatic Processing of Personal Data*. Strasbourg: COE, 1981. Disponível em: https://rm.coe.int/CoERM PublicCommonSearchServices/DisplayDCTMContent?documentId=0900001680078b37. Acesso em: 20 fev. 2021.

280. DONEDA, Danilo. *Da privacidade à proteção de dados pessoais*: elementos da formação da Lei geral de proteção de dados. 2. ed. rev. e atual. São Paulo: Thomson Reuters Brasil, 2019. p. 197.

281. DONEDA, Danilo. *Da privacidade à proteção de dados pessoais*: elementos da formação da Lei geral de proteção de dados. 2. ed. rev. e atual. São Paulo: Thomson Reuters Brasil, 2019. p. 198.

A parte mais substancial da Diretiva encontra-se no seu capítulo II, referente às "condições gerais de licitude do tratamento de dados pessoais". Dele se extraem os princípios da proteção de dados pessoais (arts. 6º, 7º, 16 e 17), as categorias de tratamento (art. 8º), os deveres do responsável pelo tratamento (arts. 10, 11 e 18) e os direitos dos titulares dos dados (arts. 12 e 14).[282]

Em vez de optar pelo enfoque no reconhecimento expresso de direitos e seus respectivos limites e garantias, sob a lógica do apontamento de direitos subjetivos enquanto instrumento de proteção do indivíduo, a Diretiva 95/46/CE propõe princípios a serem observados no tratamento de dados. Esses princípios, somados aos pontuais direitos garantidos de forma expressa, permitem que se extraiam diversos outros direitos e limitações no que concerne à coleta e ao uso de informações pessoais, abrindo-se espaço para a constante e necessária atualização do direito à proteção de dados diante dos avanços tecnológicos na área informacional.[283]

Além disso, a Diretiva 95/46/CE, ao estabelecer uma terminologia básica e princípios os quais os Estados-membros deveriam incluir em suas legislações internas, conduziu os países que ainda não possuíam legislação a promulgarem suas primeiras leis sobre proteção de dados, de forma que, em 1997, todos os 18 países submetidos à norma já a haviam incorporado em suas legislações nacionais, positivando, assim, o direito à proteção de dados pessoais como um direito fundamental do cidadão.[284]

Posteriormente, em 2002, entrou em vigor a Diretiva 2002/58/CE do Parlamento Europeu e do Conselho, relativa ao tratamento de dados pessoais e à proteção da privacidade no setor das comunicações eletrônicas, norma setorial conhecida como *e-Privacy Directive*, que, da mesma forma, necessitou ser transposta ao direito interno de cada país-membro. Trata-se de importante legislação no contexto atual, em que o acesso às *clouds*, redes móveis digitais, com grande capacidade de armazenamento de dados com baixo custo, está amplamente difundido, pois traz regras para limitar a coleta, o armazenamento e a utilização de dados pessoais no contexto das comunicações eletrônicas, bem como para assegurar o anonimato do usuário.[285]

Em 2009, entrou em vigor a Diretiva 2009/136/EC, também chamada de *Cookie Directive*, que acrescentou regras sobre os serviços universais de comunicação e sobre as redes sociais, incluindo a obrigação de o indivíduo consentir expressamente o armazenamento de seus dados pessoais para fins de *marketing* através do uso da

---

282. UNIÃO EUROPEIA. *Diretiva 95/46/CE do Parlamento Europeu e do Conselho de 24 de outubro de 1995 relativa à proteção das pessoas singulares no que diz respeito ao tratamento de dados pessoais e à livre circulação desses dados.* Luxemburgo, 24 de outubro de 1994. Disponível em: https://eur-lex.europa.eu/legal-content/PT/TXT/PDF/?uri=CELEX:31995L0046&from=PT. Acesso em: 12 ago. 2020.

283. DONEDA, Danilo. *Da privacidade à proteção de dados pessoais*: elementos da formação da Lei geral de proteção de dados. 2. ed. rev. e atual. São Paulo: Thomson Reuters Brasil, 2019. p. 198.

284. DONEDA, Danilo. *Da privacidade à proteção de dados pessoais*. Rio de Janeiro: Renovar, 2006. p. 224-226.

285. LIMA, Cíntia Rosa Pereira de. *Autoridade Nacional de Proteção de Dados e a Efetividade da Lei Geral de Proteção de Dado*. São Paulo: Almedina, 2020. p. 138.

tecnologia de *cookies*, sendo possibilitada a revogação do consentimento a qualquer tempo.[286]

Em 2016, quatro anos após a apresentação da proposta original pela comissão, cuja missão era a revisão da legislação de proteção de dados da UE, por meio de uma harmonização plena, ao mais alto nível, que ofereça segurança jurídica e um nível de proteção das pessoas elevado e uniforme em todas as circunstâncias, após ter passado pelo Parlamento e pelo Conselho da União Europeia, onde recebeu inúmeras alterações, houve a promulgação do Regulamento Geral de Proteção de Dados (UE) 2016/679.[287]

O produto de todos esses estudos e debates foi consolidado através de um texto amplo e comprometido, apresentado em duas principais divisões: 173 considerandos, que servem de didática introdutória ao documento, contextualizando as regras, expondo os valores que as embasaram e, por conseguinte, facilitando seu entendimento e aplicação; e o texto normativo propriamente dito, de 99 artigos, tendo a maioria deles tópicos e alíneas complementadoras do *caput*.[288]

Em maio de 2018, esse regulamento entrou em vigor na União Europeia, substituindo a Diretiva 95/46/CE e tornando-se uma referência global na matéria, sustentado em torno dos princípios da licitude, lealdade e transparência, da limitação da finalidade, da minimização de dados, da exatidão dos dados, da limitação da conservação, da integridade e da confidencialidade.[289]

Veja-se que, mesmo com o advento da revogação, o RGPD manteve parte do texto da Diretiva 95/46/CE, além de trazer diversas modificações que procuraram lidar com as novas questões trazidas pelo advento da economia digital e pelo desenvolvimento de tecnologias, sendo considerado, portanto, um aperfeiçoamento legislativo no contexto da União Europeia.[290]

De início, ressalta-se que o RGPD, à semelhança da diretiva, foi constituído com dois grandes propósitos, quais sejam, a defesa dos direitos e das liberdades fundamentais dos titulares dos dados, bem como a promoção da livre circulação dos dados pessoais, nos termos do artigo 1º do regulamento. Assim, como bem destaca

---

286. LIMA, Cíntia Rosa Pereira de. *Autoridade Nacional de Proteção de Dados e a Efetividade da Lei Geral de Proteção de Dado*. São Paulo: Almedina, 2020. p. 140-141.

287. CORDEIRO, Antonio Barreto Menezes. *Direito da proteção de dados*: à luz do RGPD e da Lei 58/2019. Coimbra: Almedina, 2020. p. 80-84.

288. BLUM, Renato Opice. GDPR – General Data Protection Regulation: destaques da regra europeia e seus reflexos no Brasil. *Revista dos Tribunais*, São Paulo, v. 994, p. 205-221, ago. 2018.

289. UNIÃO EUROPEIA. *Regulamento (UE) 2016/679 do Parlamento Europeu e do Conselho de 27 de abril de 2016 relativo à proteção das pessoas singulares no que diz respeito ao tratamento de dados pessoais e à livre circulação desses dados e que revoga a Diretiva 95/46/CE (Regulamento Geral sobre a Proteção de Dados)*, Bruxelas, 27 de abril de 2016. Disponível em: https://bit.ly/2RC45KC. Acesso em: 28 fev. 2021.

290. UEHARA, Luiz Fernando; TAVARES FILHO, Paulo César. Transferência internacional de dados pessoais: uma análise crítica entre o regulamento geral de proteção de dados pessoais da União Europeia (RGPD) e a Lei Brasileira de Proteção de Dados Pessoais (LGPD). *Revista de Direito e as Novas Tecnologias*, São Paulo, v. 2, jan.-mar. 2019.

2 • O LEGÍTIMO INTERESSE COMO FUNDAMENTO PARA O TRATAMENTO DE DADOS PESSOAIS

António Barreto Menezes Cordeiro, esse funcionamento impõe ao aplicador da lei a obrigação de interpretar as disposições sempre no sentido em que melhor favoreça os dois objetivos declarados no RGPD.[291]

Em relação à natureza jurídica do RGPD, possui aplicação direta, nos termos do artigo 288 do Tratado sobre o Funcionamento da União Europeia, sendo obrigatória em todos os seus elementos e aplicável imediatamente a todos os Estados-membros do bloco europeu.[292]

Todavia, cumpre advertir que o regulamento possui cerca de 70 cláusulas de abertura, medidas legislativas facultativas de índole substantiva, que foram introduzidas no RGPD em benefício dos Estados-membros e da própria UE. Essas cláusulas de abertura implicam que os países aprovem suas próprias leis de execução nacionais, que, por sua vez, não podem violar nem a letra, nem o espírito do RGPD.[293]

As leis de execução, a seu turno, são aplicadas pelos respectivos tribunais nacionais e interpretadas de acordo com os modelos metodológicos vigentes em cada nação, o que poderia levar a aplicações divergentes, não fosse o importante papel do TJUE, que desenvolve os cânones interpretativos do Direito Europeu.[294]

Dentre as medidas legais de âmbito nacional, destaca-se, também, a necessidade de alocação de poderes para as autoridades nacionais de proteção de dados em cada país que compõe o bloco europeu, tendo o poder de fiscalizar os agentes e aplicar multas administrativas. Nesse sentido, o trabalho das autoridades nacionais de proteção de dados, em cooperação com o Comitê Europeu de Proteção de Dados

---

291. CORDEIRO, Antonio Barreto Menezes. *Direito da proteção de dados*: à luz do RGPD e da Lei 58/2019. Coimbra: Almedina, 2020. p. 33-34.

292. CORDEIRO, Antonio Barreto Menezes. *Direito da proteção de dados*: à luz do RGPD e da Lei 58/2019. Coimbra: Almedina, 2020. p. 40.

293. Essas cláusulas de abertura podem ser sistematizadas consoante: (i) a natureza das medidas a implementar; (ii) os seus propósitos em face do conteúdo dos regulamentos; e (iii) a margem de manobra que conferem aos Estados-membros. II. A primeira categoria é composta por três grupos principais: (i) medidas legislativas de índole substantiva; (ii) medidas legislativas de índole processual; e (iii) medidas relacionadas com a supervisão. 13. Do ponto de vista dos propósitos prosseguidos, as cláusulas de abertura podem ser: (i) concretizadoras – necessárias para que o regulamento atinja toda a sua plenitude; (ii) complementares – cláusulas de abertura tipicamente facultativas, que permitem a inclusão, ao nível interno, de medidas pontuais sem que o conteúdo comum do regulamento seja afetado; ou (iii) modificativas – pouco habituais, possibilitam alterações ao conteúdo comum do regulamento. As cláusulas de abertura podem, ainda, assumir uma natureza obrigatória ou facultativa (CORDEIRO, Antonio Barreto Menezes. A interpretação dos Regulamentos Europeus e das correspondentes Leis de Execução: o caso paradigmático do RGPD e da Lei 58/2019. *Revista de Direito e Tecnologia*, Lisboa, v. 1, n. 2, p. 175-200, 2019).

294. O TJUE é, nos termos do artigo 267° do TFUE, o órgão competente para decidir, a título prejudicial, a interpretação dos atos adotados pelas instituições, órgãos e organismos da União, privilegiando, classicamente, uma interpretação sistemática, que atente ao direito europeu enquanto um todo, ao contexto em que o preceito surge empregue e às circunstâncias em que se coloca a sua aplicação (CORDEIRO, Antonio Barreto Menezes. A interpretação dos Regulamentos Europeus e das correspondentes Leis de Execução: o caso paradigmático do RGPD e da Lei 58/2019. *Revista de Direito e Tecnologia*, Lisboa, v. 1, n. 2, p. 175-200, 2019).

(*European Data Protection Board – EDPB*) constitui questão-chave para uma aplicação consistente das novas regras no continente europeu.[295]

Voltando ao texto do RGPD, e conforme já referido, logo no artigo 1º, resta esclarecido que, ao lado de preservar o direito à proteção dos dados pessoais, sua meta é também garantir a livre circulação de tais dados. E, para garantir uma aplicação objetiva, o artigo 4º apresenta definições para os principais vocábulos utilizados no decorrer da norma, como, por exemplo, a conceituação de dados pessoais, que compreendem toda informação relativa a uma pessoa singular, que pode ser identificada, direta ou indiretamente. Neste ponto, cumpre esclarecer que, em raciocínio reverso, o regulamento não é aplicável quando os dados não permitem a identificabilidade de uma pessoa, como no caso de dados anonimizados ou dados estatísticos, que podem ser tratados sem as vinculações do RGPD.[296]

Quanto à aplicabilidade territorial, o RGPD conhece o chamado princípio do estabelecimento, nos termos do artigo 3º, parágrafo 1º, ao dispor que quem mantém um estabelecimento na UE e procede a tratamentos de dados "no contexto desse estabelecimento" deve aplicar o direito europeu de proteção de dados. O regulamento traz ainda um novo princípio, do local do mercado, junto ao artigo 3º do parágrafo 2º, que substitui o princípio da territorialidade, antiga regra da diretiva. Assim, um agente de tratamento de dados que oferece bens ou serviços na UE, ou então que realiza uma análise de comportamento voltada para pessoas na UE também está sujeito ao RGPD.[297]

De mais a mais, esse regulamento acaba por criar um mercado interno de dados, uma vez que dentro da União Europeia os dados pessoais podem ser transferidos livremente. Regula, ainda, de que maneira e sob que condições os dados podem ser transferidos para países estrangeiros fora da UE, sob a exigência de que haja uma chamada adequação em relação ao país destinatário. Tal adequação, de acordo com o RGPD, pode ser constatada pelas seguintes formas: os envolvidos chegam a um acordo quanto a regras corporativas vinculantes (*corporate binding rules*), nos termos do artigo 47, se sujeitam a cláusulas contratuais padrão (*standard contractual rules*), conforme o artigo 46, ou a Comissão Europeia tomou uma chamada decisão de adequação, como prevê o artigo 45.[298]

O RGPD consolidou os princípios fundamentais no seu artigo 5º, definindo que os dados pessoais devem ser objeto de um tratamento lícito, leal e transparente em

---

295. DÖHMANN, Indra Spiecker Genannt. A Proteção de Dados Pessoais sob o Regulamento Geral de Proteção de Dados da União Europeia. *Revista de Direito Público*, Brasília, V. 17, n. 93, p. 9-32, maio-jun. 2020.

296. DÖHMANN, Indra Spiecker Genannt. A Proteção de Dados Pessoais sob o Regulamento Geral de Proteção de Dados da União Europeia. *Revista de Direito Público*, Brasília, v. 17, n. 93, p. 9-32, maio-jun. 2020.

297. DÖHMANN, Indra Spiecker Genannt. A Proteção de Dados Pessoais sob o Regulamento Geral de Proteção de Dados da União Europeia. *Revista de Direito Público*, Brasília, v. 17, n. 93, p. 9-32, maio-jun. 2020.

298. DÖHMANN, Indra Spiecker Genannt. A Proteção de Dados Pessoais sob o Regulamento Geral de Proteção de Dados da União Europeia. *Revista de Direito Público*, Brasília, v. 17, n. 93, p. 9-32, maio-jun. 2020.

relação ao titular dos dados (art. 5º/1, a), recolhidos para finalidades determinadas, explícitas e legítimas e não podendo ser tratados posteriormente de forma incompatível com essas finalidades (art. 5º/1, b); adequados, pertinentes e limitados ao que é necessário relativamente às finalidades para as quais são tratados (art. 5º/1, c); exatos e atualizados sempre que necessário, devendo os dados inexatos serem apagados ou retificados sem demora (art. 5º/1, d). Outrossim, consigna, também, o dever de responsabilidade do controlador do banco de dados, que tem a obrigação de demonstrar estar agindo de acordo com esses princípios. O peso dado aos princípios, em verdade, pode ser observado já no artigo 1º do RGPD, ao dispor que os Estados-membros assegurarão a proteção das liberdades e dos direitos fundamentais das pessoas, especialmente do direito à vida privada, no que diz respeito ao tratamento de dados.[299]

A alínea "a" do referido artigo afirma que o tratamento deve ser feito de forma lícita, o que significa ser autorizado por dispositivo legal ou pelo consentimento do titular. Tal alínea também afirma a necessidade de esse tratamento respeitar o princípio da lealdade, nos termos da versão do RGPD em língua portuguesa. No inglês, foi utilizada a expressão *fairness,* no italiano, *correttèzza,* e na versão alemã *Treu und Glauben*, que traz a ligação do termo ao princípio da boa-fé. Conforme leciona António Barreto Menezes Cordeiro, independentemente das diferenças linguísticas, o princípio da lealdade representa um *plus* em relação ao princípio da licitude em sentido estrito, podendo ser invocado em situações que contradigam o espírito do RGPD. Para o autor, "a lealdade impõe aos responsáveis pelo tratamento a obrigação de atenderem, a todo o tempo, aos interesses e às expectativas legítimas dos titulares dos dados".[300]

Em relação ao princípio da transparência, está atrelado a dois elementos que o concretizam: por um lado, o titular dos dados deve ter condições de proceder a um controle próprio da forma como se lida com os dados (e, para isso, são consagrados diversos direitos no RGPD); por outro lado, porém, o responsável pelo tratamento também deve ser obrigado a proceder a uma verificação prospectiva da licitude do tratamento de dados, acompanhada de um dever de documentação.[301]

O princípio da vinculação à finalidade, nos termos da alínea "b" do artigo 5º, estabelece que só podem ser tratados e utilizados pela instância responsável para a finalidade para a qual foram captados, ou seja, o tratamento de dados está vinculado a que ocorra para uma finalidade determinada, e isso se aplica a todos

---

299. VAIZOF, Rony. Dados Pessoais, tratamento e princípios. In: MALDONADO; Viviane Nobrega; BLUM, Renato Opice. (Coord.). Comentários ao GDPR (Regulamento Geral de Dados da União Europeia). São Paulo: Thomson Reuters Brasil, 2018. p. 53-56.

300. CORDEIRO, Antonio Barreto Menezes. *Direito da proteção de dados*: à luz do RGPD e da Lei 58/2019. Coimbra: Almedina, 2020. p. 154.

301. DÖHMANN, Indra Spiecker Genannt. A Proteção de Dados Pessoais sob o Regulamento Geral de Proteção de Dados da União Europeia. *Revista de Direito Público*, Brasília, v. 17, n. 93, p. 9-32, maio-jun. 2020.

os seus passos. Nesse sentido, a finalidade define e limita o tratamento de dados a essa finalidade.[302]

É válido apontar que o RGPD traz um capítulo inteiro dedicado aos "Direitos do Titular dos Dados". Assim, na primeira sessão do capítulo III, ao longo do artigo 12 até o 23, são trazidas regras e também princípios vinculados ao exercício dos direitos pelos titulares. Em suma, estão previstos expressamente o direito à informação (art. 13 e art. 14), o direito de acesso (art. 15), o direito de retificação (art. 16), o direito ao apagamento de dados (art. 17), o direito à limitação de tratamento (art. 18 e art. 19), o direito à portabilidade de dados (art. 20), o direito à oposição (art. 21) e, por fim, o direito de oposição quanto a decisões automatizadas (art. 22).[303]

A propósito, a possibilidade de portabilidade dos dados pessoais constituiu ponto interessante trazido pelo regulamento: de acordo com seu artigo 20, o titular passou a ter o direito de receber seus dados de um fornecedor em um formato estruturado, de uso corrente e de leitura automática, e o direito de transmitir esses dados diretamente a outra empresa, sempre que tal seja tecnicamente possível.[304]

Para dar suporte à conjuntura esperada de uso de tecnologia por todos os tipos de usuários e para todos os tipos de finalidades, o regulamento delineia, a partir do capítulo IV, uma sofisticada estrutura de obrigações, fiscalização e imposição de penalidades incisivas. Logo, para o empresário que oferece intencionalmente produtos e serviços ao público europeu, passou a ser responsável por assegurar e comprovar que o tratamento de dados pessoais é realizado em estrito cumprimento ao regulamento. A conformidade deve ser *privacy by design* e *privacy by default*, ou seja, deve acontecer desde a programação e a concepção arquitetônica dos processos de tratamento de dados e da tecnologia dos produtos e serviços que são colocados no mercado pelos agentes, com a utilização de todas as técnicas que minimizem riscos a direitos ou liberdades individuais, particularmente com a aplicação da pseudonimização.[305]

O ponto de partida dessas concepções é que a melhor maneira de implementar as noções jurídicas sobre a proteção de dados se dá caso esta última já esteja integrada. Por conseguinte, com essa norma, também o desenvolvedor e o programador são, ao menos indiretamente, incluídos nas obrigações previstas no RGPD. Segundo Indra Döhmann, essa norma poderá implicar a existência de violação contratual entre o

---

302. DÖHMANN, Indra Spiecker Genannt. A Proteção de Dados Pessoais sob o Regulamento Geral de Proteção de Dados da União Europeia. *Revista de Direito Público*, Brasília, v. 17, n. 93, p. 9-32, maio-jun. 2020.

303. MALDONADO; Viviane Nobrega. Direitos dos titulares de dados. In: MALDONADO; Viviane Nobrega; BLUM, Renato Opice (Coord.). Comentários ao GDPR (Regulamento Geral de Dados da União Europeia). São Paulo: Thomson Reuters Brasil, 2018. p. 85-19.

304. DÖHMANN, Indra Spiecker Genannt. A Proteção de Dados Pessoais sob o Regulamento Geral de Proteção de Dados da União Europeia. *Revista de Direito Público*, Brasília, v. 17, n. 93, p. 9-32, maio-jun. 2020.

305. Sobre o tema veja a obra "Direito à portabilidade na Lei Geral de Proteção de Dados" (CRAVO, Daniela Copetti; KESSLER, Daniela Seadi; DRESCH, Rafael de Freitas Valle. *Direito à portabilidade na Lei Geral de Proteção de Dados*. Indaiatuba: Editora Foco, 2020).

desenvolvedor do produto e o agente de tratamento de dados no caso de o produto informacional adquirido não cumprir as exigências do RGPD.[306]

Para Cintia Rosa Pereira de Lima, outras importantes mudanças foram trazidas pelo RGPD, como, por exemplo, o aumento dos valores das multas que podem ser aplicadas pelas autoridades de proteção de dados; a exigência de que cláusulas sobre consentimento devem ser redigidas de forma clara; a exigência de que notificações sobre violações do regulamento devem ser realizadas em até 72 horas; o fortalecimento do direito de acesso dos titulares dos dados e a positivação do direito ao esquecimento.[307]

Característica marcante do modelo europeu de proteção de dados é a exigência de que o controlador só possa tratar dados se estiver amparado em uma base legal, o que pode ser compreendido como uma racionalidade *ex ante* de proteção de dados, concepção que já estava presente no direito europeu desde a edição da Diretiva 95/46/CE e foi mantida pelo RGPD. Nesse sentido, o princípio da proibição estipula: em situações em que não há enquadramento nos fundamentos de licitude, previstos no artigo 6º, o processamento não poderá ser realizado. Os requisitos de licitude para o tratamento de dados do regulamento são seis: consentimento; execução de um contrato; obrigação jurídica; defesa de interesses vitais; exercício de funções de interesse público ou ao exercício da autoridade pública; e o legítimo interesse, que é foco do presente estudo.[308]

Assim, uma vez compreendida a origem do direito à proteção de dados pessoais na Alemanha, bem como a evolução legislava acerca deste na União Europeia, se adentrará no tema específico do legítimo interesse como fundamento de licitude para o tratamento de dados pessoais no cenário objeto de comparação. Destarte, para aprofundamento e devida compreensão da terminologia, serão revisados os conteúdos dos textos legais da Diretiva 95/46/CE e do RGPD específicos ao ponto, bem como os esclarecimentos trazidos pelo Grupo de Trabalho do Artigo 29, através do Parecer 06/2014, sobre o conceito de interesses legítimos do responsável pelo tratamento dos dados.

2.2.3 O legítimo interesse como fundamento para o tratamento de dados pessoais na Diretiva 95/46/CE e o Parecer 06/2014 do Grupo de Trabalho do Artigo 29

O legítimo interesse como fundamento para o tratamento de dados pessoais na União Europeia tem suas raízes na Diretiva 95/46/CE de 1995. A previsão foi trazida

---

306. DÖHMANN, Indra Spiecker Genannt. A Proteção de Dados Pessoais sob o Regulamento Geral de Proteção de Dados da União Europeia. *Revista de Direito Público*, Brasília, v. 17, n. 93, p. 9-32, maio-jun. 2020.

307. LIMA, Cíntia Rosa Pereira de. *Autoridade Nacional de Proteção de Dados e a Efetividade da Lei Geral de Proteção de Dado*. São Paulo: Almedina, 2020. p. 134-135.

308. MENDES, Laura Schertel; BIONI, Bruno Ricardo. O regulamento europeu de proteção de dados pessoais e a lei geral de proteção de dados brasileira: mapeando convergências na direção de um nível de equivalência. *Revista de Direito do Consumidor*, São Paulo, v. 124, p. 157-180, jul.-ago. 2019.

pelo legislador tanto no preâmbulo da norma, no considerando 30,[309] como na seção II, intitulada "Princípios relativos à legitimidade do tratamento de dados", junto à alínea f, do artigo 7°, que assim dispunha:

> Os Estados-membros estabelecerão que o tratamento de dados pessoais só poderá ser efetuado se: [...] O tratamento for necessário para prosseguir interesses legítimos do responsável pelo tratamento ou do terceiro a quem os dados sejam comunicados, desde que não prevaleçam os interesses ou os direitos e liberdades fundamentais da pessoa em causa, protegidos ao abrigo do n. 1 do artigo 1°.[310]

Ocorre que a Diretiva 95/46/CE, por não possuir aplicabilidade imediata, necessitava ser transposta à legislação interna de cada Estado-membro da União Europeia para ser vinculante, o que acabou levando à implementação do artigo 7° (f) de forma distinta de um Estado para outro.[311]

Estudos realizados pelo Grupo de Trabalho do Artigo 29 (GTA29), órgão consultivo europeu independente em matéria de proteção de dados e privacidade,[312]

---

309. (30) Considerando que, para ser lícito, o tratamento de dados pessoais deve, além disso, ser efetuado com o consentimento da pessoa em causa ou ser necessário para a celebração ou execução de um contrato que vincule a pessoa em causa, ou para o cumprimento de uma obrigação legal, ou para a execução de uma missão de interesse público ou para o exercício da autoridade pública ou, ainda, para a realização do interesse legítimo de uma pessoa, desde que os interesses ou os direitos e liberdades da pessoa em causa não prevaleçam; que, em especial, para assegurar o equilíbrio dos interesses em causa e garantir ao mesmo tempo uma concorrência real, os Estados-membros são livres de determinar as condições em que os dados pessoais podem ser utilizados e comunicados a terceiros no âmbito de atividades legítimas de gestão corrente das empresas e outros organismos; que, do mesmo modo, podem precisar as condições em que a comunicação a terceiros de dados pessoais pode ser efetuada para fins de mala direta ou de prospecção feita por uma instituição de solidariedade social ou outras associações ou fundações, por exemplo de carácter político, desde que respeitem as disposições que permitem à pessoa em causa opor-se, sem necessidade de indicar o seu fundamento ou de suportar quaisquer encargos, ao tratamento dos dados que lhe dizem respeito (UNIÃO EUROPEIA. *Diretiva 95/46/CE do Parlamento Europeu e do Conselho de 24 de outubro de 1995 relativa à proteção das pessoas singulares no que diz respeito ao tratamento de dados pessoais e à livre circulação desses dados*. Luxemburgo, 24 de outubro de 1994. Disponível em: https://eur-lex.europa.eu/legal-content/PT/TXT/ PDF/?uri=CELEX:31995L0046&from=PT. Acesso em: 12 ago. 2020).

310. UNIÃO EUROPEIA. *Diretiva 95/46/CE do Parlamento Europeu e do Conselho de 24 de outubro de 1995 relativa à proteção das pessoas singulares no que diz respeito ao tratamento de dados pessoais e à livre circulação desses dados*. Luxemburgo, 24 de outubro de 1995. Disponível em: https://eur-lex.europa.eu/legal-content/PT/TXT/PDF/?uri=CELEX:31995L0046&from=PT. Acesso em: 12 ago. 2020.

311. KAMARA, Irene; DE HERT, Paul. Understanding the balancing act behind the legitimate interest of the controller ground. *In*: E. Selinger, J. Polonestsky, O. Tene (ed.). *The Cambridge Handbook of Consumer Privacy*. Cambridge: Cambridge University Press, 2018. p. 321-352.

312. Esse grupo ficou conhecido como Grupo de Trabalho do Artigo 29, ou Working Party 29, originando a sigla WP29. Sua importância não foi apenas a de consolidar e unificar alguns entendimentos divergentes sobre proteção de dados das últimas décadas, mas, principalmente, um exemplar trabalho no apoio à construção do RGPD e à elaboração de orientações sobre a melhor interpretação dessas regras entre a publicação em 2016 e a entrada em vigor em 2018. Nesse momento, a WP29 encerrou seus trabalhos e foi substituída por uma outra instituição, com maiores e mais detalhadas atribuições, o Comitê Europeu para a Proteção de Dados, ou European Data Protection Board, conhecido pela sigla EDPB (RÖDER, Marcus Paulo; LANA, Pedro de Perdigão. A cláusula aberta dos interesses legítimos e as autoridades nacionais: análise comparativa entre LGPD e RGPD. In: WACHOWICZ, Marcos (Org.). *Proteção de dados pessoais em perspectiva*: LGPD e RGPD na ótica do direito comparado. Curitiba: Gedai/UFPR, 2020). p. 210-214.

confirmaram a ausência de harmonização na interpretação e no uso do legítimo interesse e concluíram que a base legal estava sendo utilizada de forma insatisfatória pelos membros do bloco europeu. Por esse motivo, passou-se a defender a necessidade de criação de uma orientação adicional para uso entre os países.[313]

Assim, em 9 de abril de 2014, o GTA29 divulgou um estudo, compilado no documento intitulado como Parecer 06/2014, o qual traçou diretrizes e orientações para aplicação dos interesses legítimos como fundamento para tratamento de dados pessoais. O documento apresentou uma definição sobre a base legal:

> O conceito de "interesse" do responsável pelo tratamento é o interesse mais amplo que este pode ter no tratamento, ou o benefício que retira – ou que a sociedade pode retirar – do tratamento. Pode ser preponderante, simples ou mais controverso. Por conseguinte, as situações [...] podem ir desde o exercício de direitos fundamentais ou a proteção de interesses pessoais ou sociais importantes até outros contextos menos óbvios ou até problemáticos. Para ser considerado "legítimo" e para ser relevante [...], o interesse deverá ser lícito, ou seja, deverá respeitar o direito da UE e o direito nacional. Deve também ser definido de forma suficientemente clara e precisa para permitir a realização do teste da ponderação em relação aos interesses e aos direitos fundamentais da pessoa em causa. Deve igualmente consistir num interesse real e atual – ou seja, não deve ser especulativo.[314]

Ademais, o GTA29 esclareceu que a natureza do interesse poderia variar, podendo estes serem preponderantes benéficos para a sociedade em geral, como o interesse da impressa em publicar informações sobre corrupção governamental; ou menos proeminentes para a sociedade geral, como o interesse econômico de uma empresa em ter a maior quantidade de informações possíveis sobre seus potenciais clientes para melhor direcionar a publicidade de seus produtos e serviços. O parecer ainda apresentou uma lista exemplificativa de possíveis interesses legítimos: i) exercício de direito à liberdade de expressão ou de informação; ii) *marketing* direto convencional; iii) mensagens relativas a campanhas políticas ou atividades beneficentes; iv) cobrança de dívidas através de processos não judiciais; v) prevenção da fraude; vi) monitoramento de atividade de trabalhadores para fins de segurança ou de gestão; vii) segurança de TI e redes; viii) tratamentos para fins históricos, científicos ou estatísticos; ix) tratamentos para fins de investigação.[315]

O estudo apontou que as expectativas razoáveis do titular quanto à utilização e à comunicação dos seus dados pessoais são especialmente relevantes, sendo im-

---

313. BALBONI, Paolo; COOPER, Daniel; IMPERIALI, Rosario; MACENAITE; Milda. Legitimate interest of the data controller. New Data protection paradigm: legitimacy grounded on appropriate protection. *International Data Privacy Law*, Oxford, v. 3, i. 4, p. 244–261, nov. 2013.

314. UNIÃO EUROPEIA. Grupo de Trabalho do Artigo 29.º da Directiva 95/46/CE. *Parecer 06/2014 sobre o conceito de interesses legítimos do responsável pelo tratamento dos dados na aceção do artigo 7.º da Diretiva 95/46/CE*. Bruxelas: UE, 2014. p. 78. Disponível em: https://bit.ly/2TDXCoI. Acesso em: 07 jul. 2021.

315. UNIÃO EUROPEIA. Grupo de Trabalho do Artigo 29.º da Directiva 95/46/CE. *Parecer 06/2014 sobre o conceito de interesses legítimos do responsável pelo tratamento dos dados na aceção do artigo 7.º da Diretiva 95/46/CE*. Bruxelas: UE, 2014. p. 39. Disponível em: https://bit.ly/2TDXCoI. Acesso em: 07 jul. 2021.

prescindível a verificação da natureza jurídica e características do titular (se é uma criança, um idoso, um consumidor, um trabalhador etc.), bem como a natureza da relação ou do serviço prestado ou as obrigações jurídicas ou contratuais aplicáveis, pois esses elementos podem gerar expectativas razoáveis de uma maior confidencialidade e de limitações mais rigorosas na utilização posterior dos dados.[316]

Esse parecer ainda reforçou a existência do direito de oposição do titular dos dados, o qual visa garantir que a pessoa em causa possa se opor, em qualquer altura, por razões preponderantes e legítimas relacionadas com a sua situação particular, considerando que os dados que lhe digam respeito sejam objeto de tratamento, garantindo, assim, que seja exercida a sua autodeterminação. Para tanto, a pessoa teria de demonstrar que possui interesses preponderantes e legítimos para impedir o tratamento dos seus dados pessoais, exceto no contexto de atividades de *marketing* direto, no qual não é necessário que a oposição seja justificada.[317]

Além de trazer importantes definições, o Parecer 06/2014 destacou que os interesses legítimos do responsável pelo tratamento dos dados (ou terceiros), podem, muitas vezes, entrar em conflito com os interesses, direitos e liberdades fundamentais dos titulares dos dados pessoais consagrados na Carta dos Direitos Fundamentais da União Europeia e na Convenção Europeia dos Direitos do Homem,[318] sendo assim indispensável a realização de um teste de ponderação.[319]

Em suma, o Parecer 06/2014 propôs que, inicialmente, fosse verificado se existiriam, de fato, interesses legítimos em jogo. Estes deveriam ser reais e atuais, não sendo admitidos interesses demasiados vagos e especulativos. Convencidos de que se estaria diante de interesses legítimos, passar-se-ia então à aplicação do chamado *balancing test* (teste de ponderação ou teste de proporcionalidade), que, posteriormente, ficou conhecido como *legitimate interest assessment* (LIA), a ser

---

316. UNIÃO EUROPEIA. Grupo de Trabalho do Artigo 29.º da Directiva 95/46/CE. *Parecer 06/2014 sobre o conceito de interesses legítimos do responsável pelo tratamento dos dados na aceção do artigo 7.º da Diretiva 95/46/CE*. Bruxelas: UE, 2014. p. 63. Disponível em: https://bit.ly/2TDXCoI. Acesso em: 07 jul. 2021.

317. UNIÃO EUROPEIA. Grupo de Trabalho do Artigo 29.º da Directiva 95/46/CE. *Parecer 06/2014 sobre o conceito de interesses legítimos do responsável pelo tratamento dos dados na aceção do artigo 7.º da Diretiva 95/46/CE*. Bruxelas: UE, 2014. p. 70. Disponível em: https://bit.ly/2TDXCoI. Acesso em: 07 jul. 2021.

318. Tais como: a liberdade de expressão e de informação, a liberdade das artes e das ciências, o direito de acesso aos documentos, bem como, por exemplo, o direito à liberdade e à segurança, a liberdade de pensamento, de consciência e de religião, a liberdade de empresa, o direito de propriedade, o direito à ação e a um tribunal imparcial ou a presunção de inocência e os direitos de defesa. Portanto, foi definido que, para prevalecimento do interesse legítimo do controlador, o tratamento de dados deveria ser necessário e proporcional, de forma a possibilitar o exercício do direito fundamental em causa (UNIÃO EUROPEIA. Grupo de Trabalho do Artigo 29.º da Directiva 95/46/CE. *Parecer 06/2014 sobre o conceito de interesses legítimos do responsável pelo tratamento dos dados na aceção do artigo 7.º da Diretiva 95/46/CE*. Bruxelas: UE, 2014. p. 70. Disponível em: https://bit.ly/2TDXCoI. Acesso em: 07 jul. 2021).

319. Sobre o teste de proporcionalidade, vide artigo *O legítimo interesse do controlador no tratamento de dados pessoais e o teste de proporcionalidade: desafios e caminhos para uma aplicação no cenário brasileiro* (JOELSONS, Marcela. O legítimo interesse do controlador no tratamento de dados pessoais e o teste de proporcionalidade: desafios e caminhos para uma aplicação no cenário brasileiro. *Revista de Direito e as Novas Tecnologias*, São Paulo, v. 8, jul.-set. 2020).

realizado entre os interesses legítimos do responsável pelo tratamento (ou terceiros) e os interesses ou direitos e liberdades fundamentais do titular dos dados. O documento inclusive trouxe um guia para realização desse teste em um fluxo de avaliação do caso concreto, sendo válido analisá-lo mais de perto, etapa por etapa, para melhor compreensão.

A etapa 1 consistiria em verificar quais os fundamentos jurídicos seriam potencialmente aplicáveis ao caso em análise. Nesse sentido, nos termos da Diretiva 95/45/CE, o tratamento de dados só poderia ser concretizado caso ao menos um dos seis fundamentos previstos na legislação fosse aplicável ao incidente, sendo eles o consentimento inequívoco, a execução de contrato, o cumprimento de obrigação legal, a proteção de interesses vitais do titular, a execução de missão de interesse público ou o exercício da autoridade pública e, ainda, os interesses legítimos do responsável pelo tratamento, do terceiro ou terceiros a quem os dados sejam comunicados. Sendo este último o fundamento jurídico que o controlador desejasse utilizar, deveria prosseguir com a realização do teste.[320]

Na etapa 2, seria necessário qualificar um interesse como "legítimo" ou "ilegítimo". Para ser considerado legítimo, o interesse deveria primeiramente ser lícito, o que significa que deveria respeitar o direito da União Europeia e o direito nacional do país em questão. Ainda, esse interesse lícito deveria ser definido e concreto de forma suficientemente clara para permitir a realização do teste da ponderação em relação aos interesses e aos direitos fundamentais do titular dos dados, bem como deveria representar um interesse real e atual do controlador. Sendo, então, lícito o interesse, seguiria para a próxima fase.[321]

Na etapa 3, o objetivo é determinar se o tratamento seria de fato necessário para servir ao interesse visado. Para cumprir esse requisito, deveria ser verificada a existência de outros meios menos invasivos para alcançar a finalidade definida para o tratamento e servir o interesse legítimo do responsável pelo tratamento. Não existindo outros meios, passar-se-ia ao próximo estágio.[322]

Na etapa 4, o foco seria estabelecer um equilíbrio provisório, verificando se os interesses ou os direitos fundamentais do titular dos dados prevalecem sobre o interesse do responsável pelo tratamento de dados. Tal equilíbrio seria estabelecido

---

320. UNIÃO EUROPEIA. Grupo de Trabalho do Artigo 29.º da Directiva 95/46/CE. Parecer 06/2014 sobre o conceito de interesses legítimos do responsável pelo tratamento dos dados na aceção do artigo 7.º da Diretiva 95/46/CE. Bruxelas: UE, 2014. p. 87. Disponível em: https://bit.ly/2TDXCoI. Acesso em: 07 jul. 2021.

321. UNIÃO EUROPEIA. Grupo de Trabalho do Artigo 29.º da Directiva 95/46/CE. Parecer 06/2014 sobre o conceito de interesses legítimos do responsável pelo tratamento dos dados na aceção do artigo 7.º da Diretiva 95/46/CE. Bruxelas: UE, 2014. p. 87-88. Disponível em: https://bit.ly/2TDXCoI. Acesso em: 07 jul. 2021.

322. UNIÃO EUROPEIA. Grupo de Trabalho do Artigo 29.º da Directiva 95/46/CE. *Parecer 06/2014 sobre o conceito de interesses legítimos do responsável pelo tratamento dos dados na aceção do artigo 7.º da Diretiva 95/46/CE.* Bruxelas: UE, 2014. p. 88. Disponível em: https://bit.ly/2TDXCoI. Acesso em: 07 jul. 2021.

através da análise de uma série de fatores como a natureza dos interesses do responsável pelo tratamento, o eventual prejuízo sofrido pelo responsável do tratamento, por terceiros ou pela comunidade em geral se o tratamento não for efetuado, a posição fática e jurídica do titular dos dados e do responsável pelo tratamento, considerando as desigualdades existentes. Em prosseguimento, identificam-se os direitos fundamentais e os interesses do titular dos dados que podem ser afetados, analisando-se, ainda, as expectativas razoáveis dos titulares dos dados, bem como os impactos na pessoa em causa, comparando-os com o benefício que o responsável pelo tratamento dos dados espera retirar do tratamento.[323]

Nesse sentido, o GTA29 esclareceu que a natureza do interesse poderia variar, podendo esta ser preponderantemente benéfica para a sociedade em geral, como o interesse da imprensa em publicar informações sobre corrupção governamental, ou menos proeminente para a sociedade geral, como o interesse econômico de uma empresa em ter a maior quantidade de informações possíveis sobre seus potenciais clientes para melhor direcionar a publicidade de seus produtos e serviços.[324]

Na avaliação do impacto do tratamento, segundo o órgão consultivo, deveria ter-se em conta as consequências positivas e negativas, que podem incluir potenciais decisões ou ações futuras por parte de terceiros, situações nas quais o tratamento possa conduzir à exclusão ou à discriminação de pessoas e à difamação ou, de forma mais abrangente, situações nas quais exista o risco de prejudicar a reputação, o poder de negociação ou a autonomia da pessoa em causa, ponderando-se que dados aparentemente inócuos, quando tratados em grande escala e combinados com outros dados, podem dar azo a inferências sobre dados mais sensíveis.[325]

Ademais, foi apresentada orientação no sentido de que se os interesses e os direitos fundamentais do titular dos dados podem se sobrepor aos interesses do controlador quando os dados pessoais forem tratados em circunstâncias em que seus titulares já não esperam um tratamento adicional, de acordo com o princípio das limitações da finalidade.[326]

---

323. UNIÃO EUROPEIA. Grupo de Trabalho do Artigo 29.º da Directiva 95/46/CE. Parecer *06/2014 sobre o conceito de interesses legítimos do responsável pelo tratamento dos dados na aceção do artigo 7.º da Diretiva 95/46/CE*. Bruxelas: UE, 2014. p. 89. Disponível em: https://bit.ly/2TDXCoI. Acesso em: 07 jul. 2021.

324. UNIÃO EUROPEIA. Grupo de Trabalho do Artigo 29.º da Directiva 95/46/CE. Parecer 06/2014 sobre o conceito de interesses legítimos do responsável pelo tratamento dos dados na aceção do artigo 7.º da Diretiva 95/46/CE. Bruxelas: UE, 2014. p. 39. Disponível em: https://bit.ly/2TDXCoI. Acesso em: 07 jul. 2021.

325. UNIÃO EUROPEIA. Grupo de Trabalho do Artigo 29.º da Directiva 95/46/CE. Parecer 06/2014 *sobre o conceito de interesses legítimos do responsável pelo tratamento dos dados na aceção do artigo 7.º da* Diretiva 95/46/CE. Bruxelas: UE, 2014. p. 58-59. Disponível em: https://bit.ly/2TDXCoI. Acesso em: 07 jul. 2021.

326. UNIÃO EUROPEIA. Grupo de Trabalho do Artigo 29.º da Directiva 95/46/CE. Parecer 06/2014 sobre o conceito de interesses legítimos do responsável pelo tratamento dos dados na aceção do artigo 7.º da Diretiva 95/46/CE. Bruxelas: UE, 2014. p. 58-59. Disponível em: https://bit.ly/2TDXCoI. Acesso em: 07 jul. 2021.

2 • O LEGÍTIMO INTERESSE COMO FUNDAMENTO PARA O TRATAMENTO DE DADOS PESSOAIS | 95

Já na etapa 5, o escopo seria de estabelecer um equilíbrio final tendo em conta a identificação e a implementação de garantias complementares adequadas decorrentes do dever de cuidado e de diligência, tais como a minimização dos dados, medidas técnicas e organizativas para assegurar que os dados não possam ser utilizados para tomar decisões ou outras medidas em relação às pessoas, utilização de técnicas de anonimização, agregação de dados, tecnologias para reforçar a proteção da privacidade, privacidade desde a concepção, avaliações de impacto na privacidade e na proteção de dados, e maior transparência, direito generalizado e incondicional de oposição, portabilidade dos dados e medidas afins para capacitar os titulares dos dados.[327]

Na etapa 6, deveria ser demonstrado o cumprimento e a garantida da transparência através da elaboração de relatórios que demonstram o cumprimento das etapas 1 a 5 para justificar o tratamento antes de este ter início, os quais devem estar à disposição das autoridades, bem como da informação aos titulares dos dados das razões pelas quais se considera que o equilíbrio é favorável ao responsável pelo tratamento.[328]

Finalmente, tem-se a etapa 7, que consiste em garantir a existência de um mecanismo adequado e de fácil utilização para que o titular possa exercer o seu direito de oposição ao tratamento de seus dados.[329]

Cumpre referir que, embora o teste de ponderação não seja obrigatório, ele constitui uma ferramenta metodológica fundamental para validar o uso do fundamento do legítimo interesse pelo controlador, devido ao natural e inevitável conflito de interesses e direitos havidos; e seu uso tem o condão de impedir o esvaziamento da base legal do legítimo interesse.[330]

Portanto, em situações limítrofes ou nebulosas sobre o enquadramento da situação em alguma base legal, se o resultado do teste de proporcionalidade for favorável, a adoção do legítimo interesse poderá ser a melhor escolha. Mesmo diante de um resultado parcialmente desfavorável ao controlador que deseja tratar os dados, é possível a adoção de medidas de proteção ao titular, que poderão modificar o resultado preliminar obtido, tais como: i) separação funcional; ii) uso de técnicas de

---

327. UNIÃO EUROPEIA. Grupo de Trabalho do Artigo 29.º da Directiva 95/46/CE. *Parecer 06/2014 sobre o conceito de interesses legítimos do responsável pelo tratamento dos dados na aceção do artigo 7.º da Diretiva 95/46/CE.* Bruxelas: UE, 2014. p. 89. Disponível em: https://bit.ly/2TDXCoI. Acesso em: 07 jul. 2021.

328. UNIÃO EUROPEIA. Grupo de Trabalho do Artigo 29.º da Directiva 95/46/CE. *Parecer 06/2014 sobre o conceito de interesses legítimos do responsável pelo tratamento dos dados na aceção do artigo 7.º da Diretiva 95/46/CE.* Bruxelas: UE, 2014. p. 89. Disponível em: https://bit.ly/2TDXCoI. Acesso em: 07 jul. 2021.

329. UNIÃO EUROPEIA. Grupo de Trabalho do Artigo 29.º da Directiva 95/46/CE. *Parecer 06/2014 sobre o conceito de interesses legítimos do responsável pelo tratamento dos dados na aceção do artigo 7.º da Diretiva 95/46/CE.* Bruxelas: UE, 2014. p. 90. Disponível em: https://bit.ly/2TDXCoI. Acesso em: 07 jul. 2021.

330. KAMARA, Irene; DE HERT, Paul. Understanding the balancing act behind the legitimate interest of the controller ground. *In:* E. Selinger, J. Polonestsky, O. Tene (ed.). *The Cambridge Handbook of Consumer Privacy.* Cambridge: Cambridge University Press, 2018. p. 321-352.

anonimização; iii) agregação de dados; iv) tecnologias para fomentar a privacidade; v) transparência; vi) direito de oposição.[331]

Outrossim, o *balancing test* idealizado pelo GTA29 acabou dando origem a outras propostas de testes, elaboradas por diferentes entidades, como será visto na próxima seção.

2.2.4 Novas propostas de sistematização do teste de proporcionalidade e o legítimo interesse no RGPD

O teste de ponderação proposto pelo GTA29 suscitou algumas reservas pela doutrina em relação à sistemática oferecida; e, assim, outras propostas de sistematização foram criadas por acadêmicos e estudiosos do tema, bem como por organizações e entidades independentes.

A entidade independente britânica *Information Comissioner's Office* propõe um teste dividido em três etapas, que se difere do anteriormente mencionado, e foi baseado na abordagem do legítimo interesse realizada pela Corte de Justiça da União Europeia no caso Rigas (C-13/16, que será aprofundado no próximo capítulo), ainda no âmbito da Diretiva 95/46/CE, e é dividido em três subtestes: o do propósito, o da necessidade e o da ponderação.[332]

No primeiro, relativo ao propósito, deve ser identificado o legítimo interesse e decidido sobre sua efetiva legitimidade, impondo-se ao controlador que responda perguntas sobre seus objetivos, possíveis benefícios para si e para terceiros, sobre possíveis impactos para o caso de não prosseguimento ao tratamento, resultados esperados aos titulares dos dados, e o cumprimento de códigos de conduta da empresa.[333]

No teste da necessidade, o controlador deve considerar se o processamento dos dados é realmente necessário para o propósito identificado na etapa anterior, devendo responder questionamentos acerca de como o tratamento em questão lhe auxilia a alcançar seus propósitos e se seria possível a utilização de métodos mais óbvios e menos invasivos aos titulares dos dados.[334]

---

331. UNIÃO EUROPEIA. Grupo de Trabalho do Artigo 29.º da Directiva 95/46/CE. *Parecer 06/2014 sobre o conceito de interesses legítimos do responsável pelo tratamento dos dados na aceção do artigo 7.º da Diretiva 95/46/CE.* Bruxelas: UE, 2014. Disponível em: https://bit.ly/2TDXCoI. Acesso em: 07 jul. 2021.

332. UNITED KINGDOM. Information Comissioner's Office. *Lawful basis for processing Legitimate interests.* [*S. l.*], 22 Mar. 2018. Disponível em: https://ico°rg.uk/for-organisations/guide-to-data-protection/guide-to-the-general-data-protection-regulation-gdpr/legitimate-interests/what-is-the-legitimate-interests-basis/#three_part_test. Acesso em: 07 jul. 2021.

333. UNITED KINGDOM. Information Comissioner's Office. *Lawful basis for processing Legitimate interests.* [*S. l.*], 22 Mar. 2018. p. 36. Disponível em: https://eur-lex.europa.eu/legal-content/PT/TXT/PDF/?uri=CELEX:31995L0046&from=PT. Acesso em: 07 jul. 2021.

334. UNITED KINGDOM. Information Comissioner's Office. *Lawful basis for processing Legitimate interests.* [*S. l.*], 22 Mar. 2018. p. 37. Disponível em: https://ico°rg.uk/for-organisations/guide-to-data-protection/guide-to-the-general-data-protection-regulation-gdpr/legitimate-interests/what-is-the-legitimate-interests-basis/#three_part_test. Acesso em: 07 jul. 2021.

2 • O LEGÍTIMO INTERESSE COMO FUNDAMENTO PARA O TRATAMENTO DE DADOS PESSOAIS — 97

Na terceira e última etapa, é então realizado o teste de ponderação, no qual o controlador deve considerar os interesses, os direitos e as liberdades dos titulares dos dados, e se estes se sobrepõem ao legítimo interesse identificado. Nesse momento, leva-se em consideração a natureza dos dados pessoais, as legítimas expectativas e o impacto do tratamento para os titulares, devendo ser respondidas indagações acerca da natureza dos dados. Deve-se, também, observar com cautela quando o tratamento pretendido for sobre informações de crianças ou outros indivíduos vulneráveis, sobre a preexistência de uma relação prévia com o titular dos dados, sobre as finalidades previamente informadas a estes para processamento dos dados, sobre possíveis expectativas destes, considerando-se, ainda, eventuais mudanças tecnológicas.[335]

Constantin Herfurth, da Universidade de Kassel, na Alemanha, pesquisador dedicado ao estudo da proteção de dados e do RGPD, estruturou um modelo de ponderação em três dimensões: dados pessoais, partes e tratamento.[336]

Na primeira dimensão do teste de ponderação, que é focada nos dados pessoais a serem tratados, o intérprete deve analisar o tipo ou a natureza dos dados pessoais; o grau de identificabilidade do titular dos dados; a quantidade de dados objeto de tratamento; a origem e a qualidade dos dados.[337]

Na segunda dimensão, que é direcionada para a avaliação das partes, o intérprete deve analisar o titular dos dados, sua natureza e características; o número de titulares afetados pelo tratamento; o número de entidades envolvidas no tratamento; a natureza da relação existente entre o titular e o controlador; as expectativas dos titulares em relação à finalidade do tratamento; e, ainda, eventual participação de responsáveis ou terceiros que sejam de origem de país não integrante da União Europeia no tratamento.[338]

Na terceira e última dimensão, relativa ao tratamento propriamente dito, incumbiria ao intérprete analisar o modo como o tratamento será realizado; o tipo de tratamento realizado; a duração do tratamento; a frequência do tratamento; os propósitos do tratamento; e o impacto do tratamento na esfera jurídica do titular.[339]

António Barreto Menezes Cordeiro critica o modelo de ponderação do GTA29 devido à própria estrutura de sistematização. Eis que a complexidade de aplicação da base legal do legítimo interesse seria um reflexo da multiplicidade de fatores que

---

335. UNITED KINGDOM. Information Comissioner's Office. *Lawful basis for processing Legitimate interests*. [*S. l.*], 22 Mar. 2018. p. 38-40. Disponível em: https://eur-lex.europa.eu/legal-content/PT/TXT/PDF/?uri=CELEX:31995L0046&from=PT. Acesso em: 07 jul. 2021.
336. HERFURTH, Constantin. Interessenabwägung nach art. 6 Abs. 1 lit. f DS-GVO: Nachvollziehbare Ergebnisse anhand von 15 Kriterien mit dem sog. 3x5 Modell. *Zeitschrift für Datenschutz*, München, p. 514-520, 2018.
337. HERFURTH, Constantin. Interessenabwägung nach art. 6 Abs. 1 lit. f DS-GVO: Nachvollziehbare Ergebnisse anhand von 15 Kriterien mit dem sog. 3x5 Modell. *Zeitschrift für Datenschutz*, München, p. 514-520, 2018.
338. HERFURTH, Constantin. Interessenabwägung nach art. 6 Abs. 1 lit. f DS-GVO: Nachvollziehbare Ergebnisse anhand von 15 Kriterien mit dem sog. 3x5 Modell. *Zeitschrift für Datenschutz*, München, p. 514-520, 2018.
339. HERFURTH, Constantin. Interessenabwägung nach art. 6 Abs. 1 lit. f DS-GVO: Nachvollziehbare Ergebnisse anhand von 15 Kriterien mit dem sog. 3x5 Modell. *Zeitschrift für Datenschutz*, München, p. 514-520, 2018.

devem ser ponderados. Assim, aponta que o teste de Constantin Herfurth seria mais adequado, por atender tanto ao sistema interno, como ao externo.[340]

Mesmo ante a proposta de novos testes de ponderação e a crítica feita pela doutrina especializada, a importância do Parecer 06/2014 é inegável, tendo em vista que, posteriormente, o próprio Parlamento Europeu e Conselho Europeu o utilizou como base e internalizou grande parte do vocabulário e das orientações relativas ao legítimo interesse quando da promulgação do RGPD em abril de 2016, promovendo, assim, alterações e inclusões necessárias para a promoção de segurança jurídica e previsibilidade no uso da base legal do legítimo interesse.[341]

Veja-se que foram introduzidas duas novidades: a primeira relativa aos dados pessoais das crianças, que merecem atenção do lado do responsável pelo tratamento; e a segunda, quando ao poder público, que não pode fundamentar sua operação de tratamento de dados com base no legítimo interesse.[342]

Nesse sentido, os interesses públicos que não têm relação com os titulares dos dados não são cobertos. Tais interesses podem dar maior peso a um interesse legítimo ou coincidir com os interesses legítimos do controlador ou de terceiros, por exemplo, na prevenção de fraudes ou segurança de TI. No entanto, é excluído que os órgãos privados justifiquem o processamento com base no exercício de interesses gerais (por exemplo, contra o terrorismo, saúde pública). Além disso, não há interesse legítimo em interesses públicos de Estados estrangeiros; entretanto, pode haver um interesse legítimo do controlador em cumprir os requisitos da lei de um país terceiro, a fim de evitar sanções.[343]

Em relação ao processamento de dados relativos a crianças, é mencionado pelo regulamento que os interesses desses titulares requerem proteção especial, uma vez que são menos cientes dos riscos, consequências e garantias em questão e dos seus direitos relacionados com o tratamento dos dados pessoais. O Considerando 38 enfatiza isso em relação à utilização de dados pessoais de crianças e para efeitos de comercialização ou de criação de perfis de personalidade ou de utilizador, bem como em relação à coleta de dados pessoais de crianças quando da utilização de serviços disponibilizados diretamente por elas.[344]

---

340. CORDEIRO, Antonio Barreto Menezes. *Direito da proteção de dados*: à luz do RGPD e da Lei 58/2019. Coimbra: Almedina, 2020. p. 231.

341. UNIÃO EUROPEIA. *Regulamento (EU) 2016/679 do Parlamento e do Conselho Europeu de 27 de abril de 2016 relativo à proteção das pessoas singulares no que diz respeito ao tratamento de dados pessoais e à livre circulação desses dados e que revoga a Diretiva 95/46/CE* (Regulamento Geral sobre a Proteção de Dados). Bruxelas, 27 de abril de 2016. Disponível em: https://eur-lex.europa.eu/legal-content/PT/TXT/PDF/?uri=CELEX:32016R0679&from=PT. Acesso em: 09 jul. 2020.

342. KAMARA, Irene; DE HERT, Paul. Understanding the balancing act behind the legitimate interest of the controller ground. In: E. Selinger, J. Polonestsky, O. Tene (ed.). *The Cambridge Handbook of Consumer Privacy*. Cambridge: Cambridge University Press, 2018. p. 321-352.

343. SCHANTZ, Peter. DSGVO Art. 6 Abs. 1 Rechtmäßigkeit der Verarbeitung. *In*: SIMITIS, Spiros; HORNUNG, Gerrit; SPIECKER DÖHMANN, Indra (Hrsg.). *Datenschutzrecht*. Baden-Baden: Nomos, 2019. *E-book*.

344. (38) As crianças merecem proteção especial quanto aos seus dados pessoais, uma vez que podem estar menos cientes dos riscos, consequências e garantias em questão e dos seus direitos relacionados com o

2 • O LEGÍTIMO INTERESSE COMO FUNDAMENTO PARA O TRATAMENTO DE DADOS PESSOAIS **99**

É possível uma diferenciação de acordo com a idade da criança em questão; isso é feito pelo RGPD no art. 8º, que exige que seja dado consentimento pelos titulares das responsabilidades parentais da criança menor de 16 anos em ambientes particularmente arriscados como o da internet.[345]

Assim, no capítulo II, intitulado "Licitude do tratamento", o artigo 6º/1 (f) admite o tratamento de dados pessoais quando seja necessário para a prossecução dos interesses legítimos prosseguidos pelo responsável pelo tratamento ou por terceiros, exceto se prevalecerem os interesses ou direitos e liberdades fundamentais do titular que exijam a proteção dos dados pessoais, em especial se o titular for uma criança. O mesmo artigo ainda afirma que interesse legítimo "não se aplica ao tratamento de dados efetuado por autoridades públicas".[346]

De acordo com o RGPD, o processamento de dados pessoais com base nos interesses legítimos do responsável pelo tratamento ou de terceiros não significa que o agente está liberado de adotar outras medidas para garantir que o processamento desses dados seja lícito. Nessa premissa, o controlador deverá atentar ao restante do regulamento, começando pelos princípios do artigo 5º – transparência, minimização de dados, limitação da finalidade etc., passando pelos direitos dos titulares dos dados, pelas disposições de responsabilidade (sobre os responsáveis pela proteção de dados, registros de atividades de processamento, avaliações de impacto da proteção de dados), pelos requisitos de segurança, e assim por diante.[347]

De suma importância são as obrigações de transparência, que se aplicam ao processamento de dados com base em interesses legítimos, de forma semelhante ao processamento de dados que é realizado com base no consentimento. Isso significa que as notificações exigidas nos artigos terão que ser fornecidas de forma detalhada,

---

tratamento dos dados pessoais. Essa proteção específica deverá aplicar-se, nomeadamente, à utilização de dados pessoais de crianças para efeitos de comercialização ou de criação de perfis de personalidade ou de utilizador, bem como à recolha de dados pessoais em relação às crianças quando da utilização de serviços disponibilizados diretamente às crianças. O consentimento do titular das responsabilidades parentais não deverá ser necessário no contexto de serviços preventivos ou de aconselhamento oferecidos diretamente a uma criança. (UNIÃO EUROPEIA. *Regulamento (EU) 2016/679 do Parlamento e do Conselho Europeu de 27 de abril de 2016 relativo à proteção das pessoas singulares no que diz respeito ao tratamento de dados pessoais e à livre circulação desses dados e que revoga a Diretiva 95/46/CE* (Regulamento Geral sobre a Proteção de Dados). Bruxelas, 27 de abril de 2016. Disponível em: https://eur-lex.europa.eu/legal-content/PT/TXT/PDF/?uri=CELEX:32016R0679&from=PT. Acesso em: 09 jul. 2020).

345. SCHANTZ, Peter. DSGVO Art. 6 Abs. 1 Rechtmäßigkeit der Verarbeitung. In: SIMITIS, Spiros; HORNUNG, Gerrit; SPIECKER DÖHMANN, Indra (Hrsg.). *Datenschutzrecht*. Baden-Baden: Nomos, 2019. *E-book*.

346. UNIÃO EUROPEIA. *Regulamento (EU) 2016/679 do Parlamento e do Conselho Europeu de 27 de abril de 2016 relativo à proteção das pessoas singulares no que diz respeito ao tratamento de dados pessoais e à livre circulação desses dados e que revoga a Diretiva 95/46/CE* (Regulamento Geral sobre a Proteção de Dados). Bruxelas, 27 de abril de 2016. Disponível em: https://eur-lex.europa.eu/legal-content/PT/TXT/PDF/?uri=CELEX:32016R0679&from=PT. Acesso em: 09 jul. 2020.

347. ANFIR-FORTUNA, Gabriela; TROESTER-FALK, Teresa. *Processing personal data on the basis of legitimate interests under the GDPR*: practical cases. [S. l.]: Future of Privacy Forum, 2018. Disponível em: https://www.ejtn.eu/PageFiles/17861/Deciphering_Legitimate_Interests_Under_the_ GDPR%20(1).pdf. Acesso em: 01 jul. 2021.

conforme exigido por essas disposições. Nos artigos 13/1 (d), 14/2 (b), e 5º (b), do RGPD, que tratam das informações que devem ser prestadas ao titular no momento da coleta dos dados para garantir um tratamento transparente, é feita menção aos tratamentos de dados baseados no legítimo interesse. O artigo 35, por sua vez, traz orientação sobre a avaliação de impacto sobre a proteção de dados a ser elaborada pelo controlador, que deverá conter a finalidade e os interesses legítimos do responsável pelo tratamento.[348]

Bruno Bioni aponta não haver um consenso sobre a obrigatoriedade ou não de registro do teste de ponderação do legítimo interesse no âmbito do RGPD, previamente à realização do tratamento de dados pessoais apoiado na base legal. Nesse sentido, refere que a própria estrutura do teste não estaria esquematizada no texto da lei, mas somente nas diretrizes para a sua interpretação; e que, apesar do regulamento impor o dever de informação do agente ao titular dos dados, nos termos dos artigos 13 e 14 do RGPD, nada é referido sobre a existência do ônus de documentação das operações executadas sob o fundamento de licitude dos interesses legítimos. Por fim, ressalva que tanto a doutrina como diversas autoridades de proteção de dados já se manifestaram no sentido da obrigatoriedade de registro do teste de ponderação, a partir do princípio da *accountability*.[349]

Igualmente, os direitos dos titulares são inteiramente aplicáveis aos dados processados com base em interesses legítimos, incluindo o direito de acesso, de retificação, de apagamento, de restrição, de objeção e o direito de não estar sujeito a uma decisão exclusivamente baseada no processamento automatizado, sendo a única exceção o direito à portabilidade dos dados.[350]

Em relação ao direito geral de objeção, no âmbito do RGPD, é aplicável apenas aos tratamentos de dados com base na necessidade de realizar uma tarefa de um órgão público e na necessidade de um interesse legítimo. Uma vez que a pessoa em questão exerça esse direito, o responsável deve interromper ou evitar iniciar o processamento, a menos que possa demonstrar "motivos legítimos imperiosos".[351]

---

348. OLIVEIRA, Ricardo; COTS, Marcio (Coord.). *O Legítimo interesse e a LGPD*: Lei Geral de Proteção de Dados. São Paulo: Ed. RT, 2019. p. 254-257.

349. BIONI, Bruno. Legítimo Interesse: aspectos gerais a partir de uma visão obrigacional. In: MENDES, Laura Schertel; DONEDA, Danilo; SARLET, Ingo Wolfganf; RODRIGUES JR., Otavio Luiz (Coord.). *Tratado de Proteção de Dados Pessoais*. Rio de Janeiro: Forense, 2021. p. 163-176.

350. ANFIR-FORTUNA, Gabriela; TROESTER-FALK, Teresa. *Processing personal data on the basis of legitimate interests under the GDPR*: practical cases. [S. l.]: Future of Privacy Forum, 2018. Disponível em: https://www.ejtn.eu/PageFiles/17861/Deciphering_Legitimate_Interests_Under_the_ GDPR%20(1).pdf. Acesso em: 01 jul. 2021.

351. Artigo 21 (a). O titular dos dados tem o direito de se opor a qualquer momento, por motivos relacionados com a sua situação particular, ao tratamento dos dados pessoais que lhe digam respeito com base no artigo 6º, n. 1, alínea e) ou f), ou no artigo 6º, n. 4, incluindo a definição de perfis com base nessas disposições. O responsável pelo tratamento cessa o tratamento dos dados pessoais, a não ser que apresente razões imperiosas e legítimas para esse tratamento que prevaleçam sobre os interesses, direitos e liberdades do titular dos dados, ou para efeitos de declaração, exercício ou defesa de um direito em um processo judicial (UNIÃO EUROPEIA. *Regulamento (EU) 2016/679 do Parlamento e do Conselho Europeu de 27 de*

2 • O LEGÍTIMO INTERESSE COMO FUNDAMENTO PARA O TRATAMENTO DE DADOS PESSOAIS

Quanto ao direito à portabilidade dos dados, é o único direito do envolvido que não se aplica ao processamento baseado no artigo 6º/1 (f). De acordo com o primeiro parágrafo do artigo 20, o direito à portabilidade dos dados só se aplica quando o processamento for baseado no consentimento ou no contrato. Entretanto, mesmo que o responsável pelo tratamento não tenha a obrigação de prever a portabilidade dos dados, o GT29 aconselhou que a portabilidade dos dados merece atenção especial entre as salvaguardas adicionais que poderiam ajudar a trazer o equilíbrio necessário ao uso do legítimo interesse para o processamento.[352]

Uma última consequência deve ser mencionada: confiar no artigo 6º/1 (f) como base legitimadora para o processamento, sem respeitar todas as condições associadas a esta disposição, resultará no processamento de dados pessoais sem uma base legal válida para o processamento, o que desencadeia o nível máximo de multas previsto pelo RGPD (20 milhões de euros ou 4% do faturamento anual global). Se os dados forem processados sem um motivo legítimo válido, o controlador também terá a obrigação de apagar os dados.[353]

Em que pese toda a evolução ocorrida desde a diretiva, o conceito de interesses legítimos não foi definido pelo RGPD, justamente pela necessidade de manter sua amplitude e flexibilidade.[354]

Por outro lado, é possível encontrar nos Considerandos 47, 48, 49 e 50 do RGPD uma maior densificação do que seria o interesse legítimo do responsável pelo tratamento dos dados, conforme transcrição dos seus principais trechos, a seguir:

> (47) Os interesses legítimos dos responsáveis pelo tratamento [...] podem constituir um fundamento jurídico para o tratamento, desde que não prevaleçam os interesses ou os direitos e liberdades fundamentais do titular, tomando em conta as expectativas razoáveis dos titulares dos dados baseadas na relação com o responsável. [...] por exemplo, quando existir uma relação relevante e apropriada entre o titular dos dados e o responsável pelo tratamento, em situações como aquela em que o titular dos dados é cliente ou está a serviço do responsável pelo tratamento. [...] existência de um interesse legítimo requer uma avaliação cuidada, nomeadamente da questão de saber se o titular dos dados pode razoavelmente prever, no momento e no contexto em que os dados pessoais são recolhidos, que esses poderão vir a ser tratados com essa finalidade. Os interesses e os direitos fundamentais do titular dos dados podem, em particular, sobrepor-se ao interesse

---

abril de 2016 relativo à proteção das pessoas singulares no que diz respeito ao tratamento de dados pessoais e à livre circulação desses dados e que revoga a Diretiva 95/46/CE (Regulamento Geral sobre a Proteção de Dados). Bruxelas, 27 de abril de 2016. Disponível em: https://eur-lex.europa.eu/legal-content/PT/TXT/PDF/?uri=CELEX:32016R0679&from=PT. Acesso em: 09 jul. 2020).

352. UNIÃO EUROPEIA. Grupo de Trabalho do Artigo 29.º da Directiva 95/46/CE. *Parecer 06/2014 sobre o conceito de interesses legítimos do responsável pelo tratamento dos dados na aceção do artigo 7.º da Diretiva 95/46/CE.* Bruxelas: UE, 2014. p. 47. Disponível em: https://bit.ly/2TDXCoI. Acesso em: 07 jul. 2021.

353. ANFIR-FORTUNA, Gabriela; TROESTER-FALK, Teresa. *Processing personal data on the basis of legitimate interests under the GDPR*: practical cases. [*S. l.*]: Future of Privacy Forum, 2018. Disponível em: https://www.ejtn.eu/PageFiles/17861/Deciphering_Legitimate_Interests_Under_the_ GDPR%20(1).pdf. Acesso em: 01 jul. 2021.

354. ALBRECHT, Jan Philipp. Einführung zu Artikel 6. In: SIMITIS, Spiros; HORNUNG, Gerrit; SPIECKER DÖHMANN, Indra (Hrsg.). *Datenschutzrecht*. Baden-Baden: Nomos, 2019. *E-book*.

do responsável pelo tratamento, quando os dados pessoais sejam tratados em circunstâncias em que os seus titulares já não esperam um tratamento adicional.

(48) Os responsáveis pelo tratamento que façam parte de um grupo empresarial ou de uma instituição associada a um organismo central poderão ter um interesse legítimo em transmitir dados pessoais no âmbito do grupo de empresas para fins administrativos internos, incluindo o tratamento de dados pessoais de clientes ou funcionários [...].

(49) O tratamento de dados pessoais, na medida estritamente necessária e proporcionada para assegurar a segurança da rede e das informações [...] constitui um interesse legítimo do responsável pelo tratamento. Pode ser esse o caso quando o tratamento vise, por exemplo, impedir o acesso não autorizado a redes de comunicações eletrônicas e a distribuição de códigos maliciosos e pôr termo a ataques de "negação de serviço" e a danos causados aos sistemas de comunicações informáticas e eletrônicas.

(50) [...] A indicação pelo responsável pelo tratamento de eventuais atos criminosos ou ameaças à segurança pública e a transmissão dos dados pessoais pertinentes, em casos individuais ou em vários casos relativos ao mesmo ato criminoso ou ameaça à segurança pública, a uma autoridade competente deverão ser consideradas como sendo do interesse legítimo do responsável pelo tratamento [...].[355]

Contudo, esses considerandos somente podem ser invocados para interpretação do RGPD e esclarecimento de suas razões; e não para alterar, restringir ou ampliar a lei. Aliás, a própria jurisprudência do Tribunal de Justiça da União Europeia (TJUE) afirma que os considerandos não possuem valor jurídico obrigatório e não podem ser invocados para derrogação ou intepretação da lei em sentido contrário à sua letra.[356]

Sobre o tema, António Barreto Menezes Cordeiro refere que a interpretação do direito europeu trouxe um tipo de problema sem paralelo em outros sistemas: todas as 24 versões dos diplomas europeus têm força de lei, motivo pelo qual o TJUE tem de atender a todas elas e atribuir-lhes igual relevância interpretativa. Na busca pela intenção do legislador, o TJUE privilegia, classicamente, uma interpretação sistemática, que atente ao direito europeu enquanto um todo, ao contexto em que o preceito surge e as circunstâncias em que se coloca a sua aplicação, através da concreção. Assim, o intérprete-aplicador não pode recorrer aos desenvolvimentos jurídicos internos, mas somente aos do direito europeu, sob pena de operar um efetivo desvirtuamento das pretensões uniformizadores inerentes a qualquer regulamento.[357]

---

355. UNIÃO EUROPEIA. *Regulamento (EU) 2016/679 do Parlamento e do Conselho Europeu de 27 de abril de 2016 relativo à proteção das pessoas singulares no que diz respeito ao tratamento de dados pessoais e à livre circulação desses dados e que revoga a Diretiva 95/46/CE* (Regulamento Geral sobre a Proteção de Dados). Bruxelas, 27 de abril de 2016. Disponível em: https://eur-lex.europa.eu/legal-content/PT/TXT/PDF/?uri=CELEX:32016R0679&from=PT. Acesso em: 09 jul. 2020.

356. CORDEIRO, Antonio Barreto Menezes. *Direito da proteção de dados*: à luz do RGPD e da Lei 58/2019. Coimbra: Almedina, 2020. p. 49.

357. CORDEIRO, Antonio Barreto Menezes. A interpretação dos Regulamentos Europeus e das correspondentes Leis de Execução: o caso paradigmático do RGPD e da Lei 58/2019. *Revista de Direito e Tecnologia*, Lisboa, v. 1, n. 2, p. 175-200, 2019.

Destarte, foi possível observar, ao longo da narrativa da primeira parte do trabalho, que o preenchimento do conceito aberto do legítimo interesse no cenário europeu foi construído através de um longo processo ocorrido desde a entrada em vigor da Diretiva 95/46/CE. Logo, resta evidente que há uma grande diferença em relação à realidade brasileira, o que deve ser considerado para a construção de soluções futuras que venham a utilizar o direito comparado.

3
A CONCREÇÃO DO LEGÍTIMO INTERESSE NO CENÁRIO BRASILEIRO À LUZ DA EXPERIÊNCIA EUROPEIA

Uma vez compreendido o contexto histórico que originou o direito à proteção de dados pessoais na Alemanha, a evolução legislava acerca deste direito na União Europeia, bem como analisado o tema específico do legítimo interesse como fundamento de licitude para o tratamento de dados pessoais, de acordo com a Diretiva 95/46/CE, os estudos do GTA29 e o RGPD, passou-se, então, a investigar as diretrizes, os parâmetros e as controvérsias sobre a aplicação do legítimo interesse havidas no âmbito europeu, e o que podemos aprender para aplicar à LGPD no Brasil.

Para tanto, inicialmente, será realizado um estudo sobre as decisões paradigmáticas do Tribunal de Justiça da União Europeia que contribuíram para a concreção do legítimo interesse naquele cenário, para uma melhor compreensão de como a base legal está sendo caracterizada pela jurisprudência e de quais contribuições esses julgados podem trazer ao direito brasileiro, ainda incipiente no tema.

Após, serão abordados dois casos emblemáticos envolvendo empresas gigantes de tecnologia, o Google e o Facebook, que ilustram as dificuldades que ainda são enfrentadas acerca do tema, principalmente em relação à avaliação das circunstâncias em que os interesses do controlador podem prevalecer sobre os direitos fundamentais dos titulares dos dados. Por fim, serão trazidas algumas das principais orientações fornecidas pelas autoridades nacionais de proteção de dados da UE para nortear a utilização da base legal do legítimo interesse, visando, assim, trazer maior segurança e menos riscos aos agentes.

3.1 OS ENSINAMENTOS DA UNIÃO EUROPEIA

Como se verificou no presente trabalho, em que pese a existência de alguns exemplos do conceito de interesse legítimo nos considerandos do RGPD, não há uma definição concreta do que tornaria um interesse legítimo, tampouco quanto às circunstâncias em que os interesses do controlador podem prevalecer sobre os direitos fundamentais dos titulares dos dados. O estudo também apontou que esses considerandos devem ser invocados apenas para interpretação do RGPD e esclarecimento de suas razões, e não para alterar, restringir ou ampliar a lei, uma vez que não possuem valor jurídico obrigatório.

Assim, verificou-se ser muito difícil fugir da casuística a fim de encontrar regras gerais, pois os elementos de interpretação apresentados pela Diretiva 95/46/CE e pelo RGPD não têm o condão de estabelecer com precisão em todos os casos de tratamento de dados o que seria legítimo interesse, o que deixou margens para controvérsias.[1]

O TJUE tem tido papel fundamental na interpretação da Diretiva 95/46/CE e do RGPD para garantir a aplicação da lei e do direito fundamental à proteção dos dados pessoais da mesma forma em todos os países da UE, tendo, ao longo desse processo, contribuído para a concreção do instituto do legítimo interesse no cenário europeu. Destarte, a próxima etapa desta obra irá apresentar uma análise de jurisprudência sobre a matéria.

3.1.1 A jurisprudência do Tribunal de Justiça da União Europeia

Nos termos do artigo 267 do Tratado sobre o Funcionamento da União Europeia, o TJUE é o órgão competente para decidir a interpretação dos atos adotados pelas instituições, órgãos ou organismos do bloco europeu, sendo, portanto, competente para interpretar o RGPD,[2] trabalho que se dá usualmente através de interpretação sistêmica, que atende o direito europeu como um todo.

Contudo, esse tribunal em poucas oportunidades adentrou na interpretação do interesse legítimo como base legal para o tratamento de dados pessoais, conforme apontou pesquisa qualitativa de jurisprudência realizada por meio de consulta eletrônica ao *site* da Curia do Tribunal de Justiça da União Europeia.[3]

Nesta busca, procedeu-se à análise preliminar das decisões localizadas, visando ao refinamento da pesquisa para identificação de *leading cases* que tenham fixado ou alterado entendimento sobre a conceituação, interpretação e uso da base legal do legítimo interesse, com a exclusão de casos repetitivos e sem relevância, bem como processos que constavam como pendentes de decisão final.

Os resultados preliminares foram comparados e enriquecidos com o uso da *Ficha Temática sobre Proteção dos Dados Pessoais* elaborada pelo TJUE,[4] temáticas,

---

1. CORDEIRO, Antonio Barreto Menezes. O tratamento de dados pessoais fundado em interesses legítimos. *Revista Direito e Tecnologia*, Lisboa, v. 1, n. 1, p. 1-31, 2019.
2. UNIÃO EUROPEIA. *Tratado sobre o funcionamento da União Europeia*. [S. l.]: UE, 2016. Disponível em: https://eur-lex.europa.eu/resource.html?uri=cellar:9e8d52e1-2c70-11e6-b497-01aa 75ed71a1.0019.01/ DOC_3&format=PDF. Acesso em: 13 mar. 2021.
3. Adotou-se os seguintes critérios de busca: palavras do texto = "interesse legítimo" e "interesses legítimos"; matéria = "Proteção dos dados"; jurisdição = "Tribunal de Justiça", com o recorte temporal de 13 de dezembro de 1995 (data de entrada em vigor da Diretiva 95/46/CE) até 13 de junho de 2021 (data de finalização da presente dissertação). O serviço de busca de jurisprudência do *site* da Curia do Tribunal de Justiça da União Europeia está disponível em: http://curia.europa.eu/ juris/recherche.jsf?language=pt. Acesso em: 13 mar. 2021.
4. UNIÃO EUROPEIA. Tribunal de Justiça. *Ficha temática*: Proteção dos dados pessoais. [S. l.]: Direção da investigação e documentação, 2020. Disponível em: https://bit.ly/3r83zVY. Acesso em: 13 jun. 2021.

3 • A CONCREÇÃO DO LEGÍTIMO INTERESSE NO CENÁRIO BRASILEIRO À LUZ DA EXPERIÊNCIA EUROPEIA **107**

documento que analisa a regulamentação, a jurisprudência e o estado do direito positivo, sobre uma determinada temática. Assim, como resultado final, foram selecionados dezessete casos da jurisprudência que abordaram o tema e contribuíram de alguma forma para a concreção da base legal no direito comunitário europeu, apresentados a seguir.

No primeiro caso a ser analisado, *Österreichischer Rundfunk* (C-465/00, C-138/01 e C-139/01), Christa Neukomm e Joseph Lauermann, funcionários da ÖRF, entidade sujeita à auditoria do Tribunal de Constas (*Rechnungshof*), apresentaram, nos tribunais austríacos, um pedido de providências cautelares destinado a impedir a ÖRF de responder ao pedido de comunicação de dados apresentado pelo *Rechnungshof*. A finalidade desse pedido seria a elaboração de um relatório anual para o Parlamento, que seria posto à disposição do público, o qual deveria incluir os nomes, os vencimentos e as pensões pagos aos trabalhadores que ultrapassem determinado valor. Os cidadãos alegavam uma ingerência desproporcionada em suas vidas privadas, em ofensa ao artigo 8º/2 da Convenção Europeia dos Direitos do Homem. As providências cautelares foram indeferidas em primeira instância, e *Oberlandesgericht Wien* (Áustria) confirmou, em sede de recurso, o indeferimento dos pedidos. Entretanto, o órgão jurisdicional encaminhou o processo para o TJUE, ante a necessidade de verificação se a lei austríaca, como interpretado pelo *Rechnungshof*, seria compatível com o direito comunitário europeu, em especial com as disposições da Diretiva 95/46/CE, no artigo 6º/1 (b, c), e artigo 7º (c, e), à luz do artigo 8º da CEDH. O caso foi julgado em conjunto com outro processo que já tramitava por inciativa do próprio Tribunal de Contas austríaco, no qual igualmente se discutia a obrigatoriedade de comunicação de dados pessoais relativos aos rendimentos de trabalhadores. O julgamento realizado em 20 de maio de 2003 deu origem ao primeiro acórdão do Tribunal de Justiça da União Europeia a abordar a questão da proteção dos dados pessoais, motivo pelo qual foi dada grande ênfase aos direitos fundamentais na interpretação e aplicação da Diretiva 95/46/CE. Os julgadores afirmaram que:

> [...] para controlar a boa utilização dos fundos públicos, o *Rechnungshof* e as diferentes assembleias parlamentares têm indiscutivelmente necessidade de conhecer o montante das despesas consagradas aos recursos humanos nas diferentes entidades públicas.

Acrescentando ainda que, em uma sociedade democrática, assistiria aos contribuintes e à opinião pública, em geral, o direito de serem informados da utilização das receitas públicas, confirmando a existência de um interesse público e legítimo. Todavia, não haveria de se falar em uma oposição automática da lei austríaca ao direito comunitário, em especial as relativas à proteção de dados. Nesse sentido, o TJUE indicou a necessidade de ser observada a exigência de proporcionalidade entre os motivos invocados para justificar tal divulgação e a consequência de violação do direito de respeito à vida privada dos titulares dos dados, nos termos de aplicação do artigo 8º da CEDH, circunstância que incumbiria ao órgão jurisdicional nacional. Assim, o tribunal decidiu que os artigos 6º/1 (b, c) e 7º (c, e) da Diretiva 95/46 seriam diretamente aplicáveis, podendo, portanto, ser invocados por um particular para afastar a aplicação das regras de direito interno contrárias a essas disposições.[5]

O segundo caso, Lindqvist (C-101/01), é considerado um marco no seio da produção jurisprudencial europeia no que diz respeito à proteção dos dados pessoais e da privacidade na internet, pois reconheceu que os princípios da Diretiva 95/46/CE se aplicam ao uso de dados pessoais na rede mundial de computadores. O processo teve origem quando a senhora Bodil Lindqvist, uma trabalhadora de uma igreja na Suécia, decidiu publicar uma página na internet dedicada à catequese, introduzindo, nessa página, os nomes completos, a situação familiar, as funções que exercem, os *hobbies*, os números de telefone e outros dados dos seus colegas catequistas, para que qualquer paroquiano pudesse consultar e obter as informações úteis de que necessitasse. Ocorre que Lindqvist não informou aos seus colegas sobre a criação da página e não obteve o consentimento destes sobre a introdução dos seus dados pessoais, bem como não notificou a autoridade sueca de proteção de dados pessoais (*Datainspektion*) do tratamento de dados que tinha efetuado, motivo pelo qual acabou sendo processada pelo governo sueco por violação da legislação de proteção de dados do país. Lindqvist recorreu ao Tribunal de Justiça da União Europeia alegando violação à Diretiva 95/46/CE. Na ocasião do julgamento, ocorrido em 6 de novembro de 2003, restou decidido pelo tribunal que a publicação de informações pessoais em *sites* da internet constitui "processamento de informações", nos exatos termos do artigo 2º da Diretiva 95/46/CE, atraindo, portanto, a aplicação da diretiva, mesmo que a atividade da senhora Lindqvist não visasse propriamente ao lucro. Este julgado também foi relevante, pois afirmou que a liberdade de expressão poderia constituir um fundamento para o processamento de dados pessoais.[6]

No terceiro caso, Promusicae (C-275/06), uma associação sem fins lucrativos havia apresentado um pedido de diligência em face da empresa Telefônica de Madrid, prestadora de serviços de internet, para que fossem revelados a identidade e o endereço das pessoas que utilizavam o programa de troca de arquivos de musicais denominado KaZaa, tendo em vista a ofensa a direitos patrimoniais e de exploração que lhe pertenciam. A Telefônica contestou a ordem, alegando que só seriam exigíveis tais informações em caso de investigação criminal, segurança pública ou

---

5. UNIÃO EUROPEIA. Tribunal de Justiça (Grande Secção). *Acórdão C-465/00, C-138/01 e C-139/01*. Protecção das pessoas singulares no que diz respeito ao tratamento de dados pessoais – Directiva 95/46/CE – Protecção da vida privada – Divulgação de dados sobre os rendimentos de assalariados de entidades sujeitas à auditoria do Rechnungshof. Relator: Puissochet, M. Wathelet, 20 de maio de 2003. Disponível em: https://curia.europa.eu/juris/document/document. jsf?text=&docid=48331&pageIndex=0&doclang=PT&mode=lst&dir=&occ=first&part=1&cid=23713656. Acesso em: 30 jun. 2021.

6. UNIÃO EUROPEIA. Tribunal de Justiça (Grande Secção). *Acórdão C-101/01*. Directiva 95/46/CE – Âmbito de aplicação – Publicação de dados de carácter pessoal na Internet – Local da publicação – Conceito de transferência de dados de carácter pessoal para países terceiros – Liberdade de expressão – Compatibilidade com a Directiva 95/46 de uma maior protecção de dados de carácter pessoal pela legislação nacional de um Estado-Membro. Relator. M. Ileši , J. Malenovský, 6 de novembro de 2003. Disponível em: https://eur-lex. europa.eu/legal-content/PT/TXT/PDF/?uri= CELEX:62001CJ0101&from=EN. Acesso em: 05 jan. 2021.

defesa nacional, e não em âmbito cível. O caso acabou suspenso por questões preliminares, tendo sido enviado ao Tribunal de Justiça da União Europeia. Assim, em julgamento realizado em 29 de janeiro de 2008, o tribunal reafirmou o valor normativo dos direitos fundamentais, admitiu a legitimidade do interesse na defesa dos direitos de propriedade intelectual, desde que não representasse uma interferência desproporcional ao direito à proteção dos dados pessoais e ao direito à privacidade. Ainda, aceitou o fato de que o direito penal não é o único meio pelo qual o legislador nacional poderia impor seu juízo negativo para uma conduta, como nesse caso, com o compartilhamento de arquivos de música. O caso é relevante ao presente estudo, pois abarcou ao interesse legítimo os direitos patrimoniais, autorais e de propriedade, a serem prosseguidos em processos judiciais cíveis.[7]

Já no quarto caso, Heinz Huber (C-275/06), austríaco que vivia e trabalhava na Alemanha desde 1996, na condição de cidadão da União Europeia, tinha seus dados pessoais armazenados em um registo central operado pelo Serviço Federal para a Migração e Refugiados alegou se sentir discriminado por causa de sua nacionalidade, ao passo que os dados pessoais dos cidadãos alemães eram armazenados apenas em registos locais ou municipais, não existindo relativamente a eles um registo central a nível federal. Assim, H. Huber requereu a eliminação de seus dados desse registro central, em ação proposta contra o Bundesrepublik Deutschland, com base nos artigos 12 e 49 da Diretiva 95/46/CE, que foi julgada procedente no Tribunal Administrativo de Köln. A República Federal da Alemanha recorreu dessa sentença, alegando que o registo era necessário, na acepção do artigo 7º (e), pois foi utilizado para fins estatísticos pelos serviços de segurança e de polícia, assim como pelas autoridades judiciárias, no exercício de competências no domínio do processo penal, e em investigações de atos criminosos ou de atos que pusessem em perigo a ordem pública. Nesse contexto, o *Oberverwaltungsgericht für das Land Nordrhein-Westfalen* decidiu suspender a instância e submeter ao TJUE. Assim, em julgamento realizado em 16 de dezembro de 2008, o Tribunal de Justiça respondeu que apenas pode ser armazenada e tratada a informação essencial à aplicação das regras em matéria de emigração e sobre a situação em termos de residência. A transmissão de estatísticas relativas aos fluxos migratórios nos territórios dos Estados-membros pressupõe a recolha, por estes, das informações que permitem a elaboração dessas estatísticas, mas esse objetivo apenas carece de tratamento de informações anônimas. O caso foi relevante, pois analisou a licitude de um tratamento de dados baseado no interesse público sob o viés da necessidade no âmbito da Diretiva 95/46/CE, reafirmando a

---

7. UNIÃO EUROPEIA. Tribunal de Justiça (Grande Secção). *Acórdão C-275/06.* Sociedade da informação – Obrigações dos prestadores de serviços – Conservação e divulgação de determinados dados de tráfego – Obrigação de divulgação – Limites – Protecção da confidencialidade das comunicações electrónicas – Compatibilidade com a protecção dos direitos de autor e dos direitos conexos – Direito à protecção efectiva da propriedade intelectual. Relator: M. Ileši , J. Malenovský, 29 de janeiro de 2008. Disponível em: http://curia.europa.eu/juris/document/document.jsf?text=&docid=70107&pageIndex=0&doclang=PT&mode=lst&dir=&occ=first&part=1&cid=8871709. Acesso em: 05 jan. 2021.

importância da proporcionalidade no tratamento de dados pessoais, inclusive nas medidas tomadas por autoridades em razões de ordem pública ou de segurança, devendo basear-se exclusivamente no comportamento da pessoa em questão. Nesse sentido, afirmou que "para proteger uma finalidade legítima, deve demonstrar que essa é a medida menos restritiva para alcançar esse objetivo" e que:

> O comportamento da pessoa em questão deve constituir uma ameaça real, atual e suficientemente grave que afete um interesse fundamental da sociedade. Não podem ser utilizadas justificações não relacionadas com o caso individual ou baseadas em motivos de prevenção geral.[8]

No quinto caso, Bavarian Lager (C-28/08), uma sociedade criada para importar cerveja alemã engarrafada para bares e *pubs* no Reino Unido não podia vender seus produtos, uma vez que a maioria desses estabelecimentos estava vinculada, por contratos de compra exclusiva, a certas cervejarias. Os regulamentos do Reino Unido exigiam que as cervejarias britânicas permitissem que os gerentes de *pubs* comprassem cerveja de outra cervejaria se a cerveja fosse condicionada em barril. No entanto, a maioria das cervejas produzidas fora do Reino Unido, como a do requerente, era vendida em garrafas. Considerando que a referida regulamentação constituía uma medida de restrição quantitativa às importações, a Bavarian Lager apresentou uma denúncia à comissão, que deu origem a um processo contra o Reino Unido, no âmbito do qual foi realizada uma reunião em 1996. Depois de a alteração da regulamentação ter sido informada pelas autoridades inglesas, que passaram a permitir a venda de cerveja engarrafada e a cerveja em barril, a comissão informou a Bavarian Lager da suspensão do processo. A Bavarian Lager apresentou um pedido para a obter a ata completa da reunião ocorrida no ano de 1996, com a menção do nome de todos os participantes. Esse pleito foi indeferido pela comissão por decisão proferida em 2004, uma vez que cinco pessoas, cujos dados estavam no documento, não haviam fornecido consentimento para tanto. Nesse sentido, a comissão havia requisitado a apresentação de uma justificativa expressa que legitimasse a divulgação dos dados pessoais à Bavarian Lager, mas sem essa resposta a comissão não pôde ponderar os diversos interesses das partes envolvidas, nos termos da legislação de proteção de dados, o que deu azo à negativa. Contra a decisão, foi interposto recurso ao Tribunal Geral, o qual foi acolhido em 2007, anulando a decisão da comissão que havia indeferido o pedido de acesso à ata pela Bavarian Lager. Ato contínuo, as partes interpuseram recurso ao Tribunal de Justiça da União Europeia, que foi julgado em 29 de junho de 2010. Na decisão, restou consignado que, ao exigir o consentimento dos participantes para a divulgação da ata da reunião realizada com as autoridades

---

8. UNIÃO EUROPEIA. Tribunal de Justiça (Grande Secção). *Acórdão C-524/06*. Protecção de dados pessoais – Cidadania europeia – Princípio da não discriminação em razão da nacionalidade – Directiva 95/46/CE – Conceito de 'necessidade' – Tratamento geral de dados pessoais respeitantes a cidadãos da União nacionais de outro Estado-Membro – Registo central dos estrangeiros. Relator: E. Levits, 16 de dezembro de 2008. Disponível em: https://curia.europa.eu/juris/document/document.jsf?text=&docid=76077&pageIndex=0&doclang=pt&mode=lst&dir=&occ=first&part=1&cid=23713192. Acesso em: 05 jan. 2021.

britânicas, documento que contém dados pessoais, a comissão cumpriu a legislação. Ademais, não tendo a Bavarian Lager fornecido nenhuma justificativa quanto ao seu legítimo interesse ou argumento convincente demonstrativo da necessidade da transferência desses dados pessoais, a comissão não poderia verificar se não existiam motivos para supor que os interesses legítimos das pessoas em causa seriam prejudicados. Assim, a comissão acertou ao rejeitar o pedido de acesso às informações.[9]

No sexto caso, Volker und Markus Schecke GbR (C-92/09), os litígios nos processos principais envolviam agricultores alemães beneficiários de fundos provenientes do Fundo Europeu Agrícola de Garantia e do Fundo Europeu Agrícola de Desenvolvimento Rural que tiveram seus dados pessoais publicados em *site* do Serviço Federal para a Agricultura e a Alimentação (*Bundesanstalt für Landwirtschaft und Ernährung*). Assim, os agricultores opuseram-se à referida publicação em ação em face do Land Hessen, alegando a ausência de um interesse público preponderante e a invalidade dos Regulamentos 1290/2005/CE e 259/2008/CE, que regravam a divulgação desses dados. O Tribunal Administrativo de Wiesbaden (*Verwaltungsgericht*) Wiesbaden submeteu ao TJUE a questão, que, em 9 de novembro de 2010, declarou inválidas certas disposições dos regulamentos. A decisão foi fundamentada no sentido de seria necessária uma ponderação equilibrada do interesse legítimo da União em garantir a transparência das suas ações e uma utilização adequada dos fundos públicos com os direitos fundamentais dos titulares dos dados consagrados nos artigos 7º e 8º da Carta, e que não seria possível "reconhecer que o objetivo de transparência prima automaticamente sobre o direito à proteção dos dados pessoais, mesmo que estejam em jogo interesses econômicos importantes".[10]

No sétimo caso, o ASNEF (C-468/10), a Associação Nacional de Estabelecimentos Financeiros de Crédito (ASNEF) e a Federação de Comércio Eletrônico e *Marketing* Direto (FECEMD) da Espanha questionavam a legislação nacional (Lei Orgânica 15/1999) que internalizava a Diretiva 95/46/CE para o direito nacional espanhol. Segundo as demandantes, tal lei violaria a diretiva ao acrescentar condições ao fundamento legal do legítimo interesse, pois determinava que o controlador

---

9. UNIÃO EUROPEIA. Tribunal de Justiça (Grande Secção). *Acórdão C-28/08*. Recurso de decisão do Tribunal de Primeira Instância – Acesso aos documentos das instituições – Documento relativo a uma reunião realizada no âmbito de um procedimento por incumprimento – Protecção de dados pessoais – Regulamento (CE) 45/2001 – Regulamento (CE) 1049/2001. Relator: E. Levits, 29 de junho de 2010. Disponível em: https://curia.europa.eu/juris/document/document.jsf?text=&docid=84752&pageIndex=0&doclang=pt&mode=lst&dir=&occ=first&part=1&cid=603240. Acesso em: 05 jan. 2021.

10. UNIÃO EUROPEIA. Tribunal de Justiça (Grande Secção). *Acórdão C-92/09 e C-93/09*. Protecção das pessoas singulares no que diz respeito ao tratamento de dados pessoais – Publicação de informação sobre os beneficiários de ajudas agrícolas – Validade das disposições do direito da União que determinam essa publicação e definem as suas modalidades – Carta dos Direitos Fundamentais da União Europeia – Artigos 7º e 8º – Directiva 95/46/CE – Interpretação dos artigos 18º e 20º. Relator: K. Lenaerts, 9 de novembro de 2010. Disponível em: https://curia.europa.eu/ juris/document/document.jsf?text=%2522interesse%2Blegítimo%2522&docid=79001&pageIndex=0&doclang=pt&mode=lst&dir=&occ=first&part=1&cid=25110777. Acesso em: 5 jan. 2021.

somente poderia processar dados pessoais oriundos de fontes públicas. O Supremo Tribunal de Justiça da Espanha considerou que tal restrição do decreto espanhol seria uma barreira à livre circulação de dados pessoais; e como o caso dependia da interpretação da Diretiva 95/46/CE, encaminhou a questão para apreciação do TJUE. Assim, em julgamento realizado em novembro de 2011, o TJUE confirmou que a lista de fundamentos para o processamento de dados constantes do artigo 7° da Diretiva 95/46/CE seria de natureza exaustiva e taxativa, motivo pelo qual os Estados-membros da UE não poderiam acrescentar novos princípios relativos à legitimação do tratamento de dados pessoais, nem prever exigências suplementares que alterassem o alcance de um dos seis princípios previstos nesse artigo. Destarte, a contribuição desse julgado foi a confirmação de que o interesse legítimo não é aplicável estritamente para dados pessoais que aparecem em fontes públicas.[11]

No oitavo caso, Schwarz (C-291/12), Michael Schwarz solicitou a emissão de um passaporte na *Stadt Bochum*, recusando-se, nessa ocasião, a autorizar a coleta e o uso de suas impressões digitais, o que resultou na impossibilidade de emissão do documento. Assim, M. Scharwz interpôs recurso no órgão jurisdicional de reenvio, a fim de obrigar a cidade a emitir um passaporte sem o fornecimento de suas impressões digitais, contestando a validade do artigo 1°/2 do Regulamento n. 2252/2004, que introduziu a referida obrigação sob o argumento de ausência de base jurídica adequada e ofensa ao direito à proteção dos dados pessoais, consagrado nos artigos 7° e 8° da Carta dos Direitos Fundamentais da União Europeia. Nessas condições, o *Verwaltungsgericht Gelsenkirchen* decidiu suspender a instância e submeter ao Tribunal de Justiça da União Europeia. O caso foi julgado em 17 de outubro de 2013, ocasião em que o tribunal confirmou a validade do artigo 1°/2 do Regulamento n. 2252/2004. O acórdão foi fundamentado no sentido de que haveria um interesse geral e legítimo da União no uso das impressões digitais dos titulares dos dados, de prevenir a falsificação de passaportes e impedir sua utilização fraudulenta, isto é, sua utilização por pessoas diferentes do seu legítimo titular. Ademais, considerou que "o ato lesivo constituído pela medida de recolha de impressões digitais não vai além do que é necessário para a realização do referido objetivo", uma vez que a alternativa de "reconhecimento da íris é, atualmente, um procedimento sensivelmente mais oneroso do que o da comparação das impressões digitais e, por isso, menos adequado a uma utilização generalizada".[12]

---

11. UNIÃO EUROPEIA. Tribunal de Justiça (Terceira Secção). *Acórdão C-468/10*. Tratamento de dados pessoais – Directiva 95/46/CE – Artigo 7°, alínea f) – Efeito directo. Relator: K. Lenaerts, 24 de novembro de 2011. Disponível em: https://bit.ly/3olefyM. Acesso em: 05 jan. 2021.

12. UNIÃO EUROPEIA. Tribunal de Justiça (Quarta Secção). *Acórdão C-291/12*. Reenvio prejudicial — Espaço de liberdade, de segurança e de justiça — Passaporte biométrico — Impressões digitais — Regulamento (CE) 2252/2004 — Artigo 1°, n. 2 — Validade — Fundamento jurídico — Processo de adoção — Artigos 7° e 8° da Carta dos Direitos Fundamentais da União Europeia — Direito ao respeito da vida privada — Direito à proteção dos dados pessoais — Proporcionalidade. Relator: J. Malenovský, 17 de outubro de 2013. Disponível em: https://curia.europa.eu/juris/ document/document.jsf?text=&docid=143189&pageIndex=0&doclang=pt&mode=lst&dir=&occ=first&part=1&cid=23714852. Acesso em: 05 jan. 2021.

No nono caso, Google Spain (C-131/12), Mario Costeja González, de nacionalidade espanhola, apresentou perante a Agência Espanhola de Proteção de Dados (AEPD) uma reclamação contra o jornal *La Vanguardia* e contra a Google Spain e a Google Inc. Na reclamação, Mario afirmava que, quando seu nome era inserido no motor de busca do grupo Google, o internauta obtinha ligações a páginas do jornal referido do ano de 1998, nas quais figurava um anúncio de uma venda de imóveis em hasta pública decorrente de um processo recuperação de dívidas junto à Segurança Social, que já haviam sido devidamente quitadas. AEPD indeferiu a reclamação em relação ao jornal *La Vanguardia* e a deferiu em relação à Google Spain e à Google Inc., que, então, recorreram da decisão. Assim, a AEPD decidiu suspender a instância e submeter o caso ao TJUE, que foi julgado em maio de 2014. O tribunal decidiu pela legalidade do pedido de supressão dos resultados de pesquisa pela plataforma Google, uma vez que essas informações do reclamante já não eram pertinentes devido ao longo decurso de tempo, deixando, assim, de atender ao princípio da finalidade, de modo que deveriam prevalecer os direitos fundamentais deste (à proteção dos seus dados e ao respeito de sua vida privada, que englobariam o direito a ser esquecido) sobre os interesses legítimos do operador e sobre o interesse geral da liberdade de informação. O julgado foi de suma importância, pois estabeleceu o direito ao esquecimento, bem como a possibilidade de a legitimidade de um tratamento de dados com base no fundamento do interesse legítimo ser perdida com o tempo.[13]

O décimo caso é o Rynes (C-212/13), no qual o cidadão da República Checa Frantisek Rynes havia instalado, em sua residência, um sistema de vigilância que filmava a entrada a casa, a via pública e a entrada de outra casa situada em frente, uma vez que ele e sua família tinham sido alvo de ataques, durante vários anos, por parte de um desconhecido não identificado pelas autoridades. Assim, quando da ocorrência de um novo ataque, graças ao sistema de vídeo em questão, foi possível identificar os suspeitos, que, por sua vez, solicitaram a verificação da legalidade do sistema de vigilância. Nesse sentido, o Tribunal da Comarca de Praga declarou que Rynes haveria cometido infrações nos termos da Lei 101/2000, e quando da remessa do caso ao Supremo Tribunal Administrativo, este determinou a suspensão da instância para submissão do caso ao TJUE. Destarte, em julgamento realizado em dezembro de 2014, o TJUE afirmou que esse sistema de gravação, em que pese não fosse constituir uma atividade exclusivamente pessoal ou doméstica, poderia ser reconhecido como lícito, pois a proteção da propriedade, da saúde, da família e da vida

---

13. UNIÃO EUROPEIA. Tribunal de Justiça (Grande Secção). *Acórdão C-131/12*. Dados pessoais — Proteção das pessoas singulares no que diz respeito ao tratamento desses dados — Diretiva 95/46/CE — Artigos 2º, 4º, 12º e 1º — Âmbito de aplicação material e territorial — Motores de busca na Internet — Tratamento de dados contidos em sítios web — Pesquisa, indexação e armazenamento desses dados — Responsabilidade do operador do motor de busca — Estabelecimento no território de um Estado-Membro — Alcance das obrigações desse operador e dos direitos da pessoa em causa — Carta dos Direitos Fundamentais da União Europeia — Artigos 7º e 8º. Relator: M. Ileši , 13 de maio de 2014. Disponível em: https://bit.ly/3sS6cwK. Acesso em: 05 jan. 2021.

do indivíduo poderiam de fato constituir interesses legítimos para o processamento de dados. Esse julgado é considerado relevante, pois atribuiu um papel mais amplo ao motivo de interesse legítimo, o de trazer o equilíbrio entre interesses e direitos conflitantes, e lembrou a relatividade do direito à proteção de dados pessoais.[14]

No décimo primeiro caso, Breyer (C-582/14), Patrick Breyer propôs uma medida cautelar de proibição contra a *Bundesrepublik Deutschland* (República Federal da Alemanha) para que esta se abstivesse de armazenar ou providenciasse que terceiros se abstivessem de armazenar o seu endereço de IP, uma vez que esse dado permitiria a identificação do utilizador. O *Bundesgerichtshof* (Supremo Tribunal Federal) rejeitou o pedido sob o argumento de que o armazenamento de endereços IP seria necessário para proteger o bom funcionamento dos serviços de internet contra possíveis ataques, nos termos da legislação alemã sobre telecomunicações, a *Telemediengesetz*, e que somente nas circunstâncias descritas na lei tais dados poderiam ser tratados. O caso acabou sendo submetido ao TJUE, que, em outubro de 2016, decidiu que o endereço de IP constitui um dado pessoal e que a lei nacional alemã estaria se opondo à Diretiva 95/46/CE, pois seria mais restritiva e, assim, impediria tratamentos que poderiam ser protegidos por um interesse legítimo. Ademais, o TJUE fixou o entendimento de que assegurar a operacionalidade dos serviços de mídia *on-line* pode constituir um interesse legítimo e que, para uma correta avaliação, deveria ser realizada uma análise detalhada de todas as circunstâncias que concorrem em cada caso, bem como realizada a ponderação dos interesses em jogo.[15]

Em relação ao décimo segundo caso, Bara (C-201/14), a cidadã romena Smaranda Bara recorreu ao Tribunal de Apelação de Cluj, contestando a legalidade da transmissão de dados fiscais relativos aos seus rendimentos, à luz da Diretiva 95/46/CE. Alegou que, com base em um simples protocolo interno, seus dados pessoais haviam sido transmitidos e utilizados para fins diferentes daqueles inicialmente comunicados à Agencia Nacional de Administração Fiscal (ANAF), sem o seu consentimento expresso e sem qualquer informação prévia. O caso acabou sendo enviado ao TJUE, que deveria se pronunciar sobre a legalidade da transmissão de dados, com o objetivo de impor aos cidadãos do Estado-membro obrigações de pagamento das contribuições sociais às instituições. Em outubro de 2015, o TJUE decidiu que a medida não seria contrária às disposições da Diretiva 95/46/CE, con-

---

14. UNIÃO EUROPEIA. Tribunal de Justiça (Quarta Secção). *Acórdão C-212/13*. Reenvio prejudicial — Diretiva 95/46/CE — Proteção das pessoas singulares — Tratamento de dados pessoais — Conceito de 'exercício de atividades exclusivamente pessoais ou domésticas. Relator: M. Safjan, 11 de dezembro de 2014. Disponível em: https://bit.ly/2Y9UNdt. Acesso em: 05 jan. 2021.

15. UNIÃO EUROPEIA. Tribunal de Justiça (Segunda Secção). *Acórdão C-582/14*. Reenvio prejudicial — Tratamento de dados pessoais — Diretiva 95/46/CE — Artigo 2°, alínea a) — Artigo 7°, alínea f) — Conceito de 'dados pessoais' — Endereços de protocolo Internet — Conservação por um prestador de serviços de meios de comunicação em linha — Regulamentação nacional que não permite ter em conta o interesse legítimo prosseguido pelo responsável pelo tratamento. Relator: A. Rosas, 19 de outubro de 2016. Disponível em: https://bit.ly/3c3VbCx. Acesso em: 05 jan. 2021.

firmando que a imposição de pagamento das contribuições sociais pode constituir um interesse legítimo.[16]

Já no decimo terceiro caso, Manni (C-398/15), Salvatore Manni pedia a desassociação dos seus dados com os da falência de sua antiga empresa que havia sido decretada em 1992, em face da Câmara de Comércio, Indústria, Artesanato e Agricultura de Lecce, na Itália, tendo em vista que sua reputação estaria sendo prejudicada e, por isso, não se vendiam imóveis de um complexo turístico de sua titularidade. O Tribunal de Lecce julgou procedente o pedido e ordenou que as demandadas tornassem anônimos os dados que associavam o requerente à empresa falida. Todavia, quando o caso chegou à Supremo Tribunal de Cassação da Itália (*Corte Suprema di Cassazione*), foi determinada a suspensão da instância e submissão ao TJUE. Assim, em março de 2017, foi proferida decisão negando o pedido, sob o argumento de que, no ambiente comercial, o interesse de terceiros em conhecer os registros passados de uma empresa deveria ser considerado. Esse julgado, então, fixou o atendimento de que a promoção de segurança jurídica nas relações comerciais configura um interesse legítimo.[17]

O décimo quarto caso que merece menção é o Rīgas Satiksme (C-13/16), no qual a empresa de transportes da cidade de Riga solicitou acesso ao nome, endereço, número de identidade e cópia de declarações à Polícia Nacional da Letónia de uma pessoa que teria causado um acidente de trânsito com danos materiais à empresa, a fim de ingressar com uma ação judicial indenizatória. Contudo, a autoridade se recusou a comunicar os dados sob o argumento de que a legislação de proteção de dados a impediria de divulgar tais informações a terceiros. O caso foi levado ao TJUE, que, em maio de 2017, definiu que não há obrigação do controlador dos dados em compartilhar dados pessoais com terceiro para que esse possa atingir seus interesses legítimos, mas também não há nenhum impedimento sobre essa ação. A decisão salientou que o interesse legítimo do terceiro interessado estava claro, porque este objetivava tratar essas informações para possibilitar a persecução de possível indenização. O acordão em questão é considerado relevante, pois detalhou as três condições cumulativas para o uso da base legal: o interesse legítimo, a necessidade do tratamento e o balanceamento relativo ao caso concreto.[18]

---

16. UNIÃO EUROPEIA. Tribunal de Justiça (Terceira Secção). *Acórdão C-201/14.* reenvio prejudicial — Diretiva 95/46/CE — Tratamento de dados pessoais — Artigos 10° e 11° — Informação das pessoas em causa — Artigo 13° — Exceções e limitações — Transferência, por uma Administração Pública de um Estado-Membro, de dados fiscais pessoais, com vista ao seu tratamento por outra Administração Pública. Relator: C. G. Fernlund, 1 de outubro de 2015. Disponível em: https://bit.ly/39cnixj. Acesso em: 05 jan. 2021.

17. UNIÃO EUROPEIA. Tribunal de Justiça (Segunda Secção). *Acórdão C-398/15.* Reenvio prejudicial — Dados pessoais — Proteção das pessoas singulares no que respeita ao tratamento desses dados — Diretiva 95/46/CE — Artigo 6°, n. 1, alínea e) — Dados sujeitos à publicidade do registo das sociedades — Primeira Diretiva 68/151/CEE — Artigo 3° — Dissolução da sociedade em causa — Limitação do acesso de terceiros a esses dados. Relator: M. Ilešič, 09 de março de 2017. Disponível em: https://bit.ly/3sS9Lmp. Acesso em: 05 jan. 2021.

18. UNIÃO EUROPEIA. Tribunal de Justiça (Segunda Seção). Acórdão *C-13/16.* Reenvio prejudicial — Diretiva 95/46/CE — Artigo 7°, alínea f) — Dados pessoais — Requisitos de licitude de um tratamento de dados

O décimo quinto caso, Peter Puškár (*C-73/16*), teve origem com a interposição de um recurso no Supremo Tribunal da República Eslovaca (*Najvyšší súd*), requerendo que a Direção de Finanças (*Finančné riaditeľstvo*), todas as autoridades fiscais sob o seu controle e o Serviço de Luta contra a Criminalidade Financeira (*Kriminálny úrad finančnej správy*) fossem intimados a não inscrever o seu nome na lista de pessoas consideradas como "testas de ferro", elaborada no âmbito da cobrança de impostos. Além disso, postulou que fosse suprimida qualquer referência ao seu nome nessas listas junto ao sistema informático da administração financeira. Nessas condições, o *Najvyšší súd* submeteu o processo para o TJUE para saber se o direito ao respeito da vida privada e familiar e das comunicações, consagrado no artigo 7° da Carta, e o direito à proteção dos dados pessoais, consagrado no art. 8°, podem ser interpretados no sentido de que é vedado que um Estado-membro da UE, sem o consentimento do interessado, elabore listas de dados pessoais para efeitos da cobrança de impostos, na medida em que a obtenção de dados pessoais pelas autoridades públicas para combater a fraude fiscal poderia, em si mesma, constituir um risco. O tribunal, em julgamento realizado em 27 de setembro de 2017, concluiu que não haveria ofensa à Diretiva 95/46, desde que: i) essas autoridades tenham sido investidas pela legislação nacional de missões de interesse público para a criação dessa lista; ii) a inscrição do nome das pessoas seja efetivamente adequada e necessária para alcançar os objetivos prosseguidos; iii) existem indícios suficientes para presumir que a inscrição das pessoas na lista é justificada; e iv) todos os requisitos de licitude deste tratamento de dados pessoais impostos pela Diretiva 95/46/CE sejam cumpridos.[19]

No décimo sexto caso, Fashion ID (*C-40/17*), uma empresa alemã de *e-commerce* de vestuário havia inserido, em seu *site*, um *plugin* do botão "curtir" do Facebook, que transmitia os dados dos usuários ao Facebook Ireland sem que o visitante estivesse ciente, e independentemente do fato de o consumidor ser membro da rede social. Assim, o Centro de Aconselhamento ao Consumidor (*Verbraucherzentrale NRW*) intentou uma ação inibitória contra a empresa para coibir essa prática sem o consentimento dos usuários, por violação das disposições relativas à proteção dos

---

pessoais — Conceito de "necessidade para a realização do interesse legítimo de terceiro" — Pedido de comunicação dos dados pessoais de uma pessoa responsável por um acidente de viação para o exercício de um direito num processo judicial — Obrigação do responsável pelo tratamento de deferir esse pedido — Inexistência. Relator: A. Rosas. 04 de maio de 2017. Disponível em: https://curia.europa.eu/juris/document/document.jsf?text=&docid=190322 &doclang=PT. Acesso em: 05 jan. 2021.

19. UNIÃO EUROPEIA. Tribunal de Justiça (Segunda Secção). *Acórdão C-73/16*. Reenvio prejudicial — Carta dos Direitos Fundamentais da União Europeia — Artigos 7°, 8° e 47 — Diretiva 95/46/CE — Artigos 1°, 7° e 13 — Tratamento dos dados pessoais — Artigo 4°, n. 3, TUE — Criação de uma lista de dados pessoais — Objeto — Cobrança de impostos — Luta contra a fraude fiscal — Fiscalização jurisdicional — Proteção das liberdades e dos direitos fundamentais — Subordinação do recurso judicial à exigência de reclamação administrativa prévia — Admissibilidade da lista como meio de prova — Requisitos de licitude de um tratamento de dados pessoais — Execução de uma missão de interesse público do responsável pelo tratamento. Relator: A. Rosas, 27 de setembro de 2017. Disponível em: https://curia.europa.eu/juris/document/document.jsf?text=&docid=195046&pageIndex=0&doclang=pt&mode=lst&dir=&occ=first&part=1&cid=23715332. Acesso em: 05 jan. 2021.

dados pessoais. O Tribunal Regional de Düsseldorf (*Landgericht Düsseldorf*) julgou os pedidos parcialmente procedentes, tendo sido interposto recurso pela parte, com intervenção do Facebook Ireland. O caso foi enviado ao TJUE e, em julho de 2019, em acórdão que tratou da corresponsabilidade de controlador, o tribunal decidiu que, nos casos de uma atuação conjunta de controladores (que aqui eram o Facebook e o administrador do *site*), cada um deveria demonstrar o seu respectivo interesse legítimo no tratamento dos dados pessoais que era realizado, nos termos do artigo 7°, alínea f), da Diretiva 95/46, para que a operação fosse considerada lícita. Ademais, o tribunal reforçou o dever de cumprimento da obrigação de informação ao titular do dado pessoal pelo administrador do *site*, prevista no artigo 10 da Diretiva 95/46, no momento da coleta dos dados, mas "apenas sobre a operação ou o conjunto de operações de tratamento de dados pessoais cujas finalidades e meios são efetivamente determinados por esse administrador".[20]

Por fim, no décimo sétimo caso, Asociaţia de Proprietari bloc M5A-ScaraA (C-708/18), um cidadão romeno morador de um condomínio de apartamentos se recusou a aceitar que instalassem câmeras de vigilâncias nas áreas comuns do edifício, sob o argumento de que o sistema de videovigilância constituiria uma violação ao seu direito à reserva da vida privada, motivo pelo qual interpôs uma ação judicial. Segundo o órgão jurisdicional local, o sistema de vigilância em causa não parceria ter sido utilizado de forma ou com uma finalidade que não correspondesse ao objetivo declarado pela associação dos condôminos do edifício, a saber, a proteção da vida, da integridade física e da saúde das pessoas. Nessas circunstâncias, o Tribunal de Primeira Instância de Bucareste, Romênia, decidiu suspender a instância e submeter o caso ao TJUE. Assim, em dezembro de 2019, foi proferida decisão afirmando que disposições nacionais que autorizam a instalação de sistema de videovigilância para prosseguir com interesses legítimos de garantia da segurança e da proteção das pessoas e dos bens, mesmo sem o consentimento de todos os condôminos, não seria por si só ilegal. Por outro lado, o tribunal ressaltou que este tratamento de dados deveria cumprir com os requisitos do artigo 7° (f) da diretiva, o que incumbiria ao órgão jurisdicional de reenvio verificar. Essa decisão do TJUE pode não ter sido inovadora, mas foi importante, pois revisitou vários dos pontos que haviam sido firmados nas decisões anteriores dos casos ASNEF, Google Spain, Rynes, Breyer e Rigas, bem como reforçou a importância da análise do caso concreto e da realização

---

20. UNIÃO EUROPEIA. Tribunal de Justiça (Segunda Secção). *Acórdão C-40/17*. Reenvio prejudicial — Proteção das pessoas singulares no que diz respeito ao tratamento de dados pessoais — Diretiva 95/46/CE — Artigo 2°, alínea d) — Conceito de "responsável pelo tratamento" — Administrador de um sítio Internet que incorporou nesse sítio um módulo social que permite a comunicação dos dados pessoais do visitante desse sítio ao fornecedor do referido módulo — Artigo 7°, alínea f) — Legitimidade do tratamento de dados — Tomada em conta do interesse do administrador do sítio Internet ou do interesse do fornecedor do módulo social — Artigo 2°, alínea h), e artigo 7°, alínea a) — Consentimento da pessoa em causa — Artigo 10 — Informação da pessoa em causa — Regulamentação nacional que concede às associações de defesa dos interesses dos consumidores legitimidade judicial. Relator: A. Rosas, 29 de julho de 2019. Disponível em: https://bit.ly/3pfRmxT. Acesso em: 05 jan. 2021.

do teste de ponderação, apontando os pontos de atenção a serem obrigatoriamente observados:

O critério relativo à gravidade da violação dos direitos e liberdades da pessoa em causa é um elemento essencial do exercício de ponderação casuístico exigido pelo artigo 7º, alínea f), da Diretiva 95/46. A este respeito, deve nomeadamente ser tida em conta a natureza dos dados pessoais em questão, em especial a natureza potencialmente sensível desses dados, bem como a natureza e as modalidades concretas do tratamento dos dados em questão, sobretudo o número de pessoas que têm acesso a esses dados e as modalidades de acesso aos mesmos. Para efeitos desta ponderação, são igualmente relevantes as expectativas razoáveis da pessoa em causa de que os seus dados pessoais não serão tratados se, nas circunstâncias do caso concreto, a mesma não puder razoavelmente esperar um tratamento posterior dos dados. Por último, estes elementos devem ser ponderados com a importância [...] do interesse legítimo prosseguido [...].[21]

Uma vez concluída a análise dos principais casos, foi possível constatar que o Tribunal de Justiça da União Europeia dá grande ênfase aos direitos fundamentais na interpretação e aplicação da Diretiva 95/46/CE e do RGPD, bem como considera que estas leis devem ser interpretadas de acordo com o direito à vida privada como é protegido no artigo 8º da CEDH. Quando direitos fundamentais estão em conflito, o TJUE determina que os tribunais nacionais realizem a ponderação, segundo o princípio da proporcionalidade, dos diversos direitos e liberdades, consoante as circunstâncias do caso concreto.[22]

O estudo da casuística demonstrou que os interesses legítimos no cenário europeu podem ser bastante variados, tendo sido possível extrair alguns exemplos concretos: a divulgação de dados sobre os rendimentos de servidores públicos, para fins de controle a boa utilização dos fundos públicos (C-465/00, C-138/01 e C-139/01); a publicação de dados de carácter pessoal na internet, para fins de informação e liberdade de expressão (C-101/01); o acesso à identidade e ao endereço de pessoas que utilizavam programas de troca de arquivos, para defesa de direitos patrimoniais, autorais e de propriedade, a serem prosseguidos em processos judiciais cíveis (C-275/06); o armazenamento de dados pessoais de migrantes e refugiados

---

21. UNIÃO EUROPEIA. Tribunal de Justiça (Terceira Secção). *Acórdão C-708/18*. Reenvio prejudicial — Proteção das pessoas singulares no que diz respeito ao tratamento de dados pessoais — Carta dos Direitos Fundamentais da União Europeia — Artigos 7º e 8º — Diretiva 95/46/CE — Artigo 6º, n. 1, alínea c), e artigo 7º, alínea f) — Legitimidade para o tratamento de dados pessoais — Legislação nacional que permite a videovigilância para garantir a segurança e proteção das pessoas, bens e valores e para a prossecução de interesses legítimos, sem o consentimento da pessoa em causa — Instalação de um sistema de videovigilância nas partes comuns de um edifício para habitação. Relator: A. Prechal, 11 de dezembro de 2019. Disponível em: http://curia.europa.eu/juris/document/ document.jsf?text=&docid=221465&pageIndex=0&doclang=PT&mode=lst&dir=&occ=first&part=1&cid=21359264. Acesso em: 05 jan. 2021.

22. VASCONCELOS, Maria da Graça das Neves. *Comunicações Eletrônicas e Direitos Fundamentais no Âmbito do Direito da União Europeia*. 2012. Dissertação (Mestrado em Direito) – Escola de Direito Universidade do Minho, Portugal, 2012.

3 • A CONCREÇÃO DO LEGÍTIMO INTERESSE NO CENÁRIO BRASILEIRO À LUZ DA EXPERIÊNCIA EUROPEIA

pelas autoridades, para garantir a segurança nacional e evitar a prática de crimes (C-524/06); a publicação de informações sobre os beneficiários de ajudas agrícolas, para fins de controlar a boa utilização dos fundos públicos (C-92/09); a disponibilização de informações históricas e de relevância para o público geral em buscador na internet (C-131/12); o uso de biometria em passaporte, para evitar fraudes e garantir a segurança nacional (C-291/12); o uso de câmeras de vigilância em residência e na via pública, para segurança e proteção das pessoas e dos bens (C-212/13); o armazenamento de IP de usuário, para segurança dos serviços na internet (C-582/14); para possibilitar cobrança de contribuições em atraso (C-201/14); a manutenção de registro de empresas falidas, para fins de promoção de segurança jurídica nas relações comerciais (C-398/15); o acesso a informações relativas a pessoas envolvidas em acidente de trânsito perante a autoridade policial, para possibilitar a persecução de indenização em processo judicial (C-13/16); a divulgação de listas de pessoas consideradas como "testas de ferro", para fins de combate à fraude fiscal (C-73/16); e, por fim, o uso de câmeras de vigilância em condomínio privativo para segurança e proteção das pessoas e dos bens (C-708/18).

Outrossim, é valido apontar que, em alguns dos acórdãos analisados, em que pese tenham sido utilizadas as expressões "interesse legítimo" ou "interesses legítimos", estavam sendo discutidos interesses gerais ou públicos como fundamento de licitude para o tratamento ou compartilhamento de dados pessoais com a administração pública.

Neste ponto, explica-se que, na época da Diretiva 95/46/CE, duas questões não estavam devidamente esclarecidas: se o controlador de dados, no compartilhamento de dados com a administração pública, poderia se valer do fundamento de licitude constante do art. 7º (f); e se administração pública, no âmbito dos tratamentos de dados realizados em suas atividades, poderia se valer do fundamento de licitude constante do art. 7º (f).

As respostas foram trazidas pelo RGPD, através dos Considerandos 50 e 47, a saber:

> (50) [...] A indicação pelo responsável pelo tratamento de eventuais atos criminosos ou ameaças à segurança pública e a transmissão dos dados pessoais pertinentes a uma autoridade competente deverão ser consideradas como sendo do interesse legítimo do responsável pelo tratamento [...].
>
> (47) [...] esse fundamento jurídico não deverá ser aplicável aos tratamentos efetuados pelas autoridades públicas na prossecução das suas atribuições [...].[23]

Em relação aos tratamentos de dados pessoais realizados pelas autoridades públicas competentes para efeitos de prevenção, investigação, detecção e repressão

---

23. UNIÃO EUROPEIA. *Regulamento (UE) 2016/679 do Parlamento Europeu e do Conselho de 27 de abril de 2016 relativo à proteção das pessoas singulares no que diz respeito ao tratamento de dados pessoais e à livre circulação desses dados e que revoga a Diretiva 95/46/CE (Regulamento Geral sobre a Proteção de Dados)*, Bruxelas, 27 de abril de 2016. Disponível em: https://bit.ly/2RC45KC. Acesso em: 28 fev. 2021.

de infrações penais, passaram a ser regidos por lei própria: a Diretiva (UE) 2016/680 do Parlamento Europeu e do Conselho.[24]

Todas as demais operações envolvendo dados pessoais são regradas pelo RGPD, que traz como fundamento de licitude "o tratamento ser necessário ao exercício de funções de interesse público ou exercício de autoridade pública", nos termos do artigo 6º/1 (e).[25]

Abre-se um parêntese para ressaltar que a lei brasileira se difere da europeia, pois não é aplicada a outras atividades do Estado, como a segurança pública, defesa nacional, segurança do Estado (além das atividades de infração e repressão penal). Nas demais atividades, o Poder Público está sujeito à LGPD e, para realizar tratamento de dados, poderá utilizar a base legal prevista no inciso III do artigo 7º, que traz a possibilidade de "tratamento e uso compartilhado" de dados necessários à execução de políticas públicas, desde que previstos em leis e regulamentos ou respaldadas em contratos, convênios ou instrumentos congêneres. De forma análoga, o art. 11, II, b permite o "tratamento compartilhado" de dados sensíveis necessários à execução de políticas públicas, mas restringe tais políticas àquelas previstas em leis ou regulamentos, excluindo, assim, aquelas respaldadas em outros instrumentos infralegais ou contratuais. Por fim, o art. 33, VII prevê a possibilidade de transferência internacional de dados pessoais em diferentes hipóteses, inclusive quando tal transferência for necessária para a execução de política pública ou atribuição legal do serviço público.[26]

Todavia, como bem alerta Miriam Wimmer, a LGPD não traz respostas claras quanto à possibilidade de o Poder Público se valer da hipótese do legítimo interesse para tratar dados pessoais. Em sua interpretação, em harmonia com o princípio da legalidade, que limita a atuação do Estado àquelas competências que lhe são atribuídas pela lei, o tratamento de dados pessoais pelo Poder Público deverá, em regra, se dar ao abrigo de suas competências legais, ficando as demais hipóteses legais relegadas à condição de exceções.[27]

---

24. UNIÃO EUROPEIA. *Diretiva (UE) 2016/680 do Parlamento Europeu e do Conselho*, de 27 de abril de 2016, relativa à proteção das pessoas singulares no que diz respeito ao tratamento de dados pessoais pelas autoridades competentes para efeitos de prevenção, investigação, deteção ou repressão de infrações penais ou execução de sanções penais, e à livre circulação desses dados. Bruxelas, 27 de abril de 2016. Disponível em: https://eur-lex.europa.eu/legal-content/PT/TXT/PDF/ ?uri=CELEX:32016L0680. Acesso em: 21 jul. 2021.

25. CORDEIRO, Antonio Barreto Menezes. *Direito da proteção de dados*: à luz do RGPD e da Lei n. 58/2019. Coimbra: Almedina, 2020. p. 91 e 166.

26. WIMMER, Miriam. O regime jurídico do tratamento de dados pessoais pelo poder público. In: MENDES, Laura Schertel; DONEDA, Danilo; SARLET, Ingo Wolfganf; RODRIGUES JR., Otavio Luiz (Coord.). *Tratado de Proteção de Dados Pessoais*. Rio de Janeiro: Forense, 2021. p. 282-299.

27. WIMMER, Miriam. O regime jurídico do tratamento de dados pessoais pelo poder público. In: MENDES, Laura Schertel; DONEDA, Danilo; SARLET, Ingo Wolfganf; RODRIGUES JR., Otavio Luiz (Coord.). *Tratado de Proteção de Dados Pessoais*. Rio de Janeiro: Forense, 2021. p. 282-299

Fechado este parêntese, é possível afirmar que a pesquisa de casos apontou que a jurisprudência do TJUE não oferece uma interpretação profunda da base legal do interesse legítimo, mas traz relevantes balizas em relação a casuísticas e uma compilação fragmentada de seus elementos, como a legitimidade do interesse do controlador ou do terceiro, a necessidade e o equilíbrio a ser estabelecido, auxiliando na harmonização da aplicação desses elementos pelos países-membros da União Europeia e confirmando a necessidade de operação do teste de ponderação ao caso concreto, de forma individualizada.

Assim, considerando a complexidade na utilização do teste de ponderação, é possível compreender o motivo pelo qual a doutrina europeia segue em debate quanto à base legal do legítimo interesse, discutindo, inclusive, se haveria uma prevalência do consentimento.[28]

Cumpre, pois, compreender como a doutrina especializada da União Europeia vem se posicionando acerca da matéria, bem como analisar a problemática do ponto de vista das práticas que vêm sendo perpetuadas pelo mercado, a exemplo das empresas Google e Facebook, o que será objeto de análise na próxima seção.

3.1.2 Controvérsias acerca do uso da base legal e os casos Google e Facebook

Em *white paper,* publicado em 2021 pelo Centre for Information Policy Leadership (CIPL), trabalho que se dedicou a analisar o crescente uso da base legal dos interesses legítimos para as atividades de processamento de dados das organizações e examinar como ela deve ser interpretada e aplicada, restou destacado que "a base legal dos interesses legítimos se baseia e promove a responsabilidade organizacional baseada no risco, permitindo um nível robusto de proteção para os indivíduos" (tradução livre).[29]

O documento também trouxe uma lista de categorias não exaustivas de atividades de processamento de dados que constituiriam práticas atuais das organizações sob o fundamento de licitude do legítimo interesse, de acordo com o RGPD. São elas: i) detecção e prevenção de fraudes; ii) cumprimento da lei estrangeira, aplicação da lei, exigências dos tribunais e órgãos reguladores; iii) proteção de sistemas de informação, redes e segurança cibernética; iv) processamento de dados de empregados em *background check*, monitoramento da jornada de trabalho e aplicação de medidas disciplinares; v) segurança física dos clientes; vi) operações corporativas gerais e *due diligence*; vii) desenvolvimento e aprimoramento de produtos; viii) comunicações, *marketing* e anúncios; ix) personalização do conteúdo; x) processamento de dados

---

28. FERRETTI, Federico. Data Protection and the legitimate interest of data controllers: much ado about nothing or the winter of rights? *Commom Market Law Review*, United Kingdom, v. 51, p. 843-868, 2014.

29. CENTRE FOR INFORMATION POLICY LEADERSHIP. *How the "Legitimate Interests" Ground for Processing Enables Responsible Data Use and Innovation*. [*S. l.*]: CIPL, 2021. Disponível em: https://bit.ly/3hX6tJY. Acesso em: 06 jul. 2021. (white paper).

para o bem, como para combate a pandemias, proteção de crianças contra abusos e para o desenvolvimento de tecnologias benéficas ao meio ambiente.[30]

A conclusão do estudo, realizado no âmbito da eminente atualização do Parecer 06/2014 do Grupo de Trabalho do artigo 29 pela EDPB, foi de que o fundamento de licitude será cada vez mais utilizado para justificar necessidades crescentes da sociedade para usos benéficos e responsáveis dos dados no mundo global de hoje, orientado e conectado pelos dados.[31]

Contudo, uma corrente doutrinária tem se posicionado de forma oposta, alertando para as facetas negativas do artigo 6º/1 (f) do RGPD. Segundo Federico Ferretti, a base legal do legítimo interesse possui aplicação vaga e, por isso, poderia ser facilmente utilizada de forma abusiva pelo controlador dos dados. Assim, constituiria uma ferramenta para o esvaziamento da proteção jurídica oferecida ao titular dos dados pessoais, bem como uma lacuna na proteção dos valores estabelecidos pela legislação, enfraquecendo o sistema legal europeu de proteção de dados.[32]

O autor ainda aponta, como preocupação, o fato de que é o próprio controlador de dados que realiza a avaliação do teste de ponderação entre os seus interesses e os direitos fundamentais do titular dos dados.[33]

Para António Barreto Menezes Cordeiro, o legítimo interesse coloca o titular dos dados em uma situação de fragilidade, uma vez que é o responsável e interessado pelo uso dos dados que decide se deve realizar ou não o tratamento, e em que moldes essa atividade irá ocorrer, o que abriria portas para tratamentos de dados pessoais com consequências imprevisíveis.[34]

Segundo Peter Schantz, na obra *Datenschutzrecht*, organizada por Spiros Simitis, Gerrit Hornung e Indra Spiecker Döhmann, o processamento de dados a partir do legítimo interesse, nos termos do art. 6º/1 (f), constitui, na prática, a base jurídica mais importante para o processamento de dados privados, junto com o consentimento, referindo que:

---

30. CENTRE FOR INFORMATION POLICY LEADERSHIP. *How the "Legitimate Interests" Ground for Processing Enables Responsible Data Use and Innovation*. [S. l.]: CIPL, 2021. Disponível em: https://bit.ly/3hX6tJY. Acesso em: 06 jul. 2021. (white paper).
31. CENTRE FOR INFORMATION POLICY LEADERSHIP. *How the "Legitimate Interests" Ground for Processing Enables Responsible Data Use and Innovation*. [S. l.]: CIPL, 2021. Disponível em: https://bit.ly/3hX6tJY. Acesso em: 06 jul. 2021. (white paper).
32. FERRETTI, Federico. Data Protection and the legitimate interest of data controllers: much ado about nothing or the winter of rights? *Commom Market Law Review*, United Kingdom, v. 51, p. 843-868, 2014.
33. FERRETTI, Federico. Data Protection and the legitimate interest of data controllers: much ado about nothing or the winter of rights? *Commom Market Law Review*, United Kingdom, v. 51, p. 843-868, 2014.
34. CORDEIRO, Antônio Barreto Menezes. O tratamento de dados pessoais fundado em legítimos interesses. *Revista de Direito e Tecnologia*, Lisboa, v. 1, n. 1, p. 1-31, 2019.

A vantagem é sua flexibilidade, que relativiza consideravelmente o rigor do princípio da proibição. A desvantagem dessa flexibilidade é a falta de previsibilidade para o interessado e a insegurança jurídica para o responsável. (tradução livre).[35]

Por outro lado, Irene Kamara e Paul De Hert discordam dessas avaliações negativas e afirmam que o legítimo interesse não constitui uma brecha na lei, mas sim uma base legal igualmente importante para o tratamento de dados, aduzindo que somente se ela for mal interpretada ou aplicada de má-fé poderá ser vista como excessivamente permissiva ou falha.[36]

Como muito bem observado pelos autores, o problema reside justamente na aplicação do legítimo interesse no caso concreto, uma vez que a sua subjetividade e abstração podem resultar em uma interpretação que favoreça o atendimento prioritário dos interesses dos próprios controladores, em detrimento aos direitos fundamentais e as legítimas expectativas dos titulares dos dados. No caso das gigantes da tecnologia, a posição no mercado e a dependência dos usuários a essas plataformas podem trazer impactos negativos no uso da base legal, com a imposição de políticas de privacidade que tangenciam diversa interpretação da legislação.

A fim de demonstrar essa problemática, serão analisados os casos do Google e do Facebook, plataformas *on-line* que fornecem serviços gratuitos aos usuários em troca de seus dados pessoais, realizando tratamentos de dados que foram questionados à luz da legislação de proteção dados da União Europeia.

O Google coleta uma grande quantidade de dados de usuários de três fontes principais: de sua serviços voltados para o usuário (fornece mais de 50 serviços desse tipo, incluindo pesquisa e Gmail); de dispositivos móveis rodando o Android, sistema operacional do Google; e da tecnologia analítica que eles colocam em *sites* e aplicativos de terceiros (conhecidos como *tags*). Dentre os dados pessoais coletados de forma voluntária, estão nomes, detalhes de contato e senhas dos usuários, quando eles criam uma conta. Também são coletados dados que os consumidores podem desconhecer, tais como informações do dispositivo e do navegador, endereço de IP, sistema operacional; e informações sobre atividades do consumidor, tais como preferências, dados de interação (por exemplo, cliques e pausas do *mouse*), histórico de pesquisas e dados de localização.[37]

---

35. SCHANTZ, Peter. DSGVO Art. 6 Abs. 1 Rechtmäßigkeit der Verarbeitung. In: SIMITIS, Spiros; HORNUNG, Gerrit; SPIECKER DÖHMANN, Indra (Hrsg.). *Datenschutzrecht*. Baden-Baden: Nomos, 2019. *E-book*.

36. KAMARA, Irene; DE HERT, Paul. Understanding the balancing act behind the legitimate interest of the controller ground. In: E. Selinger, J. Polonestsky, O. Tene (ed.). *The Cambridge Handbook of Consumer Privacy*. Cambridge: Cambridge University Press, 2018. p. 321-352.

37. CRAWFORD, Gregory S. *et al. Digital regulation project*: Consumer Protection for Online Markets and Large Digital Platforms. Yale: Tobin Center for Economic Policy, 2021. Policy Discussion Paper n. 1. Disponível em: https://tobin.yale.edu/sites/default/files/pdfs/digital%20regulation%20papers/Digital%20 Regulation%20Project%20-%20Consumer%20Protection%20-%20Discussion%20Paper%20No%201. pdf. Acesso em: 30 jun. 2021.

Para tanto, o Google, ao elaborar uma nova versão de sua política de privacidade no ano de 2012, que iria consolidar todos os seus produtos e permitir o compartilhamento de dados entre empresas, optou por não utilizar o consentimento do titular dos dados, mas o legítimo interesse, a fim de executar seus serviços, melhorá-los e, assim, consequentemente, desenvolver novas ferramentas para beneficiar seus usuários. De acordo com a interpretação do legítimo interesse realizada pela empresa, o fato de que os próprios serviços oferecidos pelo Google seriam benéficos e acessíveis a toda sociedade justificaria o uso da base legal do legítimo interesse.[38]

Contudo, o GTA 29 não concordou com essa avaliação e, por isso, em março de 2012, enviou uma notificação para a companhia alertando que as operações de dados envolvendo os usuários da plataforma não estariam sendo realizadas a partir de uma base legal válida, uma vez que seus usuários não estariam cientes da extensão exata dos tratamentos de dados realizados, em ofensa a suas legítimas expectativas. Assim, foi recomendado que o Google passasse a solicitar o consentimento dos titulares.[39]

Mas o Google não seguiu a recomendação e continuou a considerar o legítimo interesse como uma base válida, o que levou várias *Data Protection Authorities* (DPAs), que são as autoridades de proteção de dados da União Europeia, a adotarem medidas coercitivas contra a empresa, por violação à Diretiva 95/46/CE e às leis internas dos respectivos Estados-membros.[40]

Em 2013, a Commission Nationale de l'Informatique et des Libertés (CNIL), órgão regulador da França, determinou que o Google definisse as finalidades específicas do processamento de dados pessoais dos usuários, os períodos de retenção para os dados pessoais que não excedam o período necessário para os fins coletados, bem como que informasse os usuários e obtivesse consentimento antes de armazenar cookies em seus dispositivos. O descumprimento das referidas determinações pela empresa resultou na aplicação de multa no valor de 150 mil euros pela CNIL. Além disso, o Google foi obrigado a interromper o processamento de dados pessoais e a publicar o pedido e a multa em sua página inicial na França por quarenta e oito horas.[41]

No ano de 2014, descobriu-se que o Google processava informações nas contas do Gmail dos seus usuários, para fins de publicidade comportamental, usando *cookies* e outras atividades de criação de perfis para criar anúncios segmentados, o que deu origem à autuação da empresa pelo DPA italiano. A autoridade ordenou que o Google

---

38. HOUSER, Kimberly A.; VOSS, Gregory w. GDPR: The end of Google and Facebook or a new paradigm in Data Privacy. *The Richmond Journal of Law and Technology*, Richmond, v. 25, n. 1, 2018.

39. EUROPEAN UNION. Article 29 Data Protection Working Party. *Letter to Google*. Brussels, 16 Nov. 2012. Disponível em: https://ec.europa.eu/justice/article-29/documentation/other-document/files/2012/20121016_letter_to_google_en.pdf. Acesso em: 19 out. 2019.

40. HOUSER, Kimberly A.; VOSS, Gregory w. GDPR: The end of Google and Facebook or a new paradigm in Data Privacy. *The Richmond Journal of Law and Technology*, Richmond, v. 25, n. 1, 2018.

41. WHITNEY, Lance. France orders Google to change its privacy policies. *CNET*, [s. l.], June 2013. Disponível em: https://www.cnet.com/news/france-orders-google-to-change-its-privacy-policies/. Acesso em: 19 out. 2019.

fornecesse aviso de informações eficazes aos usuários e obtivesse consentimento prévio para o processamento de seus dados pessoais.[42]

Ainda em 2014, o DPA de Hamburgo, atuando na Alemanha, também emitiu uma ordem, observando as violações do Google à lei alemã de proteção de dados, com relação as suas atividades de processamento de dados e criação de perfis de usuários, como a coleta dos hábitos de navegação e compras dos usuários, combinados com outras informações, como dados de localização.[43]

Em setembro de 2014, o GTA29 concluiu as investigações que eram conduzidas desde 2012, confirmando que a política de privacidade do Google não atendia aos requisitos estabelecidos nas leis de proteção de dados. Essas conclusões foram apresentadas em uma reunião com a presença de cinco autoridades nacionais de proteção de dados e o próprio Google. Na ocasião, foi apresentado aos presentes um documento contendo diretrizes e uma lista de medidas práticas que empresa poderia implementar para entrar em *compliance* com a legislação de proteção de dados da UE (*List of Possible Compliance Measures*).[44]

Mesmo depois de todas essas ocorrências, o Google não realizou as adequações recomendadas. Em 2019, a empresa acabou multada em 50 milhões de euros pela CNIL, autoridade de dados da França. A CNIL aplicou a sanção, alegando "falta de transparência, informação insuficiente e falta de consentimento válido sobre personalização de anúncios".[45]

Em dezembro de 2020, o Google foi novamente penalizado pela CNIL, dessa vez com aplicação de multa de 100 milhões de euros, tendo em vista que a investigação conduzida pela autoridade apontou "que quando chegaram ao *site* google.fr, foram colocados sete *cookies* no seu equipamento terminal, antes de qualquer ação da sua parte". Assim, a autoridade de proteção de dados da França concluiu que a empresa não estava cumprindo o requisito de informação prévia, clara e completa para usuários quanto ao tratamento de seus dados pessoais, tampouco o requisito de obtenção de consentimento para o uso de *cookies*. Além da sanção administrativa, foi determinado o cumprimento liminar da decisão, no sentido de que fossem pro-

---

42. ITALIA. Garante per la Protezione dei Dati Personali. *Provvedimento prescrittivo nei confronti di Google Inc. sulla conformità al Codice dei trattamenti di dati personali effettuati ai sensi della nuova privacy policy.* Roma: GPDP, 2014. Disponível em: https://www.garanteprivacy.it/web/guest/home/ docweb/-/docweb-display/docweb/3283078. Acesso em: 19 out. 2019.

43. HOUSER, Kimberly A.; VOSS, Gregory w. GDPR: The end of Google and Facebook or a new paradigm in Data Privacy. *The Richmond Journal of Law and Technology*, Richmond, v. 25, n. 1, 2018.

44. EUROPEAN UNION. Article 29 Data Protection Working Party. *List of possible compliance measures.* Brussels, 23 Sep. 2014. Disponível em: https://ec.europa.eu/justice/article-29/documenta tion/other-document/files/2014/20140923_letter_on_google_privacy_policy_appendix.pdf. Acesso em: 19 out. 2019.

45. FRANCE. Commission Nationale de l'Informatique et des Libertés. *The CNIL's restricted committee imposes a financial penalty of 50 Million euros against GOOGLE LLC.* [S. l.]: CNIL, 2019. Disponível em: https://www.cnil.fr/en/cnils-restricted-committee-imposes-financial-penalty-50-million-euros-against-google-llc. Acesso em: 19 out. 2019.

cedidas as alterações necessárias pelo Google, em um prazo máximo de três meses, sob pena de multa de 100 mil euros por dia de atraso.[46]

Ao final da presente pesquisa, o ainda Google exigia que seus usuários concordem com seus termos e condições de forma integral para que criem suas contas, possibilitando a modificação das configurações de privacidade apenas após o aceite[47]. Ou seja, a instituição segue utilizando a base legal do legítimo interesse para fins de processamento de dados para realização de *profiling* e *marketing* comportamental, mesmo após ter sido autuada por diversas autoridades da União Europeia.[48]

Passando ao caso do Facebook: a companhia reúne dados de usuários dos três principais serviços que oferecem (Facebook, Instagram e WhatsApp) e da análise do Facebook enquanto tecnologia colocada em *sites* de terceiros (conhecidos como *pixels*), tendo, ainda, a vantagem de oferecer a capacidade de atingir públicos específicos com base nas características demográficas, interesses e localização.

Em 2013, a França publicou regras que estabeleceram que o uso de *cookies* necessitaria de consentimento do usuário. Todavia, foi descoberto que o Facebook tinha colocado *cookies* nos navegadores dos usuários e visitantes, sem informá-los. Assim, em maio de 2017, a CNIL multou conjuntamente o Facebook Inc. e o Facebook Ireland no valor de 150 mil euros, por violação à legislação de proteção de dados, devido à coleta de grandes quantidades de dados pessoais dos usuários, usando *cookies* para obter informações comportamentais, sem informar adequadamente os usuários.[49]

As investigações também foram conduzidas por autoridades de outros países-membros da UE, como a Bélgica, Holanda, Alemanha e Espanha, pelas violações de privacidade de dados em torno do rastreamento de usuários e não usuários e o uso de dados do usuário para publicidade direcionada. Em fevereiro de 2018, um tribunal

---

46. FRANCE. Commission Nationale de l'Informatique et des Libertés. *Délibération de la formation restreinte no SAN-2020-012 du 7 décembre 2020 concernant les sociétés GOOGLE LLC et GOOGLE IRELAND LIMITED.* [*S. l.*]: CNIL, 2020. Disponível em: https://www.legifrance.gouv.fr/ cnil/id/CNILTEXT000042635706. Acesso em: 19 out. 2019.

47. É válido apontar que dados fornecidos pelo próprio Google por um período de 28 dias durante os meses de setembro e outubro 2019 mostraram que a visita média à página *web* da política de privacidade durou 47 segundos com 85% das visitas durando menos de 10 segundos e apenas 0,4% de visitas com duração superior a 30 minutos. Considerando que, para os consumidores da União Europeia, a política sobre a privacidade do Google totaliza mais de 4.500 palavras, este é um tempo muito curto para ler e indica que os consumidores não podem ou não estão dispostos a se envolver com a privacidade políticas dessa extensão ou complexidade (CRAWFORD, Gregory S. et al. *Digital regulation project*: Consumer Protection for Online Markets and Large Digital Platforms. Yale: Tobin Center for Economic Policy, 2021. Policy Discussion Paper n. 1. Disponível em: https://tobin.yale.edu/sites/default/files/pdfs/digital%20regulation%20papers/ Digital%20Regulation%20Project%20-%20Consumer%20Protection%20-%20Discussion%20Paper%20 No%201.pdf. Acesso em: 30 jun. 2021).

48. GOOGLE. *Política de Privacidade.* [*S. l.*]: Google, 2021. Disponível em: https://policies.google.com/ privacy?hl=pt-BR. Acesso em: 07 mar. 2021.

49. GIBBS, Samuel. Facebook facing privacy actions across Europe as France fines firm 150k. *The Guardian,* [*s. l.*], 16 May 2017. Disponível em: https://www.theguardian.com/technology/2017/ may/16/facebook-facing-privacy-actions-across-europe-as-france-fines-firm-150k. Acesso em: 50 jul. 2021.

belga ordenou que o Facebook parasse de violar as leis de privacidade rastreando pessoas em *sites* de terceiros sob pena de aplicação de multa no valor de 250 mil euros por dia.[50] Em maio de 2017, a DPA holandesa concluiu que o Facebook violou a lei de privacidade, e a DPA se reservou ao direito de impor sanções posteriormente.[51]

Na Alemanha, também houve repercussão. Em fevereiro de 2018, o Tribunal Regional de Berlim decidiu, em uma ação proposta pela Federação da Organização Alemã de Consumidores (*Verbraucherzentrale Bundesverband*), que o Facebook não fornecia informações suficientes aos usuários para obter consentimento informado e que as caixas de opção pré-marcadas do Facebook violavam a lei alemã de privacidade e proteção de dados.[52]

Em fevereiro de 2019, o Escritório Federal de Cartéis (*Bundeskartellamt)* proibiu o Facebook de combinar dados do usuário de diferentes serviços prestados pela cia em *sites* de terceiros, bem como impôs restrições ao processamento de dados de longo alcance, devido ao abuso de poder de mercado e à violação à legislação de proteção de dados. A determinação da autoridade alemã incluía diferentes fontes de dados. Os serviços de propriedade do Facebook, como WhatsApp e Instagram, poderiam continuar a coletar dados; no entanto, a atribuição dos dados a contas de usuários do Facebook só seria possível mediante consentimento voluntário dos usuários. Quando o consentimento não fosse dado, os dados deveriam permanecer com o respectivo serviço e não poderiam ser processados em combinação com os dados do Facebook. Ademais, restou determinado que a coleta de dados de *sites* de terceiros e sua atribuição a uma conta de usuário do Facebook também só seria possível se os usuários fornecessem seu consentimento.[53]

De acordo com as diretrizes do Conselho de Proteção de Dados da Alemanha, uma vez executado adequadamente o teste de ponderação, o interesse do Facebook em realizar o tratamento dos dados pessoais de seus usuários não teria como prevalecer os direitos fundamentais dos titulares dos dados, nos termos do artigo 6º/1

---

50. BARTUNEK, Robert-Jan. Facebook loses Belgian privacy case, faces fine of up to $125 million. *Reuters*, [s. l.], Feb. 16, 2018. Disponível em: https://www.reuters.com/article/us-facebook-belgium/facebook-loses-belgian-privacy-case-faces-fine-of-up-to-125-million-idUSKCN1G01LG. Acesso em: 05 jul. 2021.

51. NEDERLANDS. Autoriteit Persoonsgegevens. *Dutch data protection authority: Facebook violates privacy law*. [S. l.]: AP, 2017. Disponível em: https://autoriteitpersoonsgegevens.nl/en/news/dutch-data-protection-authority-facebook-violates-privacy-law. Acesso em: 05 jul. 2021.

52. DEUTSCHLAND. Landgererecht Berlin. Geschäftsnummer 16 O 341/15. Für Recht erkannt: 1. Die Beklagte wird verurteilt, es bei Vermeidung eines für jeden Fall der Zuwiderhandlung festzusetzenden Ordnungsgeldes bis zu 250.000,00 [...]. Belin, 19 Jan. 2018. Disponível em: https://www.vzbv.de/sites/default/files/downloads/2018/02/12/facebook_lg_berlin.pdf. Acesso em: 07 fev. 2021.

53. GERMANY. Bundeskartellamt. *Ref: B6-22/16*. Facebook, Exploitative business terms pursuant to Section 19(1) GWB for inadequate data processing. 4. Decision Based on the above and in exercising due discretion, the Bundeskartellamt has prohibited the data processing policy Facebook imposes on its users and its corresponding implementation pursuant to Sections 19(1), 32 GWB and ordered the termination of this conduct. Bonn, 15 February 2019. Disponível em: https://www.bundeskartellamt.de/SharedDocs/Entscheidung/EN/Fallberichte/Missbrauchsaufsicht/ 2019/B6-22-16.pdf?__blob=publicationFile&v=4. Acesso em: 07 fev. 2021.

(f) do RGPD, quando consideradas as consequências para os usuários afetados, levando em conta o tipo de dado e a forma como são processados, bem como as suas expectativas razoáveis.[54]

O Facebook, uma das maiores empresas do mundo digital, vem enfrentando investigações e processos conduzidos não apenas pelas autoridades de proteção de dados da Europa, mas também pelas autoridades responsáveis por ações antitruste, manutenção do mercado e da concorrência[55]. Por ser uma das empresas mais importantes na indústria dos dados, autoridades apontam possíveis abuso de seu poder econômico pela imposição de políticas de privacidade que desrespeitariam o RGPD – justamente pela realização de uma avaliação incorreta da base legal que é o objeto de análise desta pesquisa.

Foi esse contexto que deu azo a críticas que apontam deficiências nas normas legais do RGPD, uma vez que tratamentos de dados com fins questionáveis seguem sendo realizados baseados no legítimo interesse.

Pesquisas publicadas entre 2018 e 2020 na União Europeia revelaram que os consumidores possuem uma percepção comum de que as plataformas coletam uma grande quantidade de dados pessoais, mas poucos deles estão cientes do verdadeiro volume de informações que são ou podem ser coletados[56]. Além disso, referidos estudos constataram que os consumidores geralmente possuem apenas um conhecimento básico do que está envolvido no processamento de seus dados,[57] o que leva a uma compreensão rasa e superficial do que está efetivamente ocorrendo nos tratamentos de seus dados pessoais executados diariamente.[58] A conclusão dessas pesquisas foi de que poucos consumidores estão cientes sobre a extensão em que ocorre o compartilhamento de seus dados pessoais e sobre os riscos acerca da criação de perfis com base nestes compartilhamentos.[59]

---

54. GERMANY. Bundeskartellamt. *Ref: B6-22/16*. Facebook, Exploitative business terms pursuant to Section 19(1) GWB for inadequate data processing. 4. Decision Based on the above and in exercising due discretion, the Bundeskartellamt has prohibited the data processing policy Facebook imposes on its users and its corresponding implementation pursuant to Sections 19(1), 32 GWB and ordered the termination of this conduct. Bonn, 15 February 2019. Disponível em: https://www. bundeskartellamt.de/SharedDocs/Entscheidung/EN/Fallberichte/Missbrauchsaufsicht/2019/B6-22-16.pdf?__blob=publicationFile&v=4. Acesso em: 07 fev. 2021.

55. CARUGATI, Christophe. The Facebook saga: a competition, consumer and data protection story. *European Competition and Regulatory Law Review*, European Union, v. 2, n. 1, p. 4-10, 2018.

56. COMMUNICATIONS CONSUMER PANEL. *Digital footprints*: Consumer concerns about privacy and security. London: CCP, 2016. Disponível em: https://www.communicationsconsumerpanel°rg.uk/downloads/communications_consumer_panel_digital_footprints-cover_report.pdf. Acesso em: 06 jul. 2021.

57. WHICH?; BRITAINTHINKS. *Policy Research Report June* 2018: Control, Alt or Delete? Consumer research on attitudes to data collection and use. London: [s. n.], 2018. Disponível em: https://www. which.co.uk/policy/digital/2707/control-alt-or-delete-consumer-research-on-attitudes-to-data-collection-and-use. Acesso em: 06 jul. 2021.

58. MILLER, C. et al. *People, Power and Technology*: The 2020 Digital Attitudes Report. London: Doteveryone, 2020. Disponível em: https://doteveryone°rg.uk/report/peoplepowertech2020/. Acesso em: 06 jul. 2021.

59. WHICH?; BRITAINTHINKS. *Policy Research Report June* 2018: Control, Alt or Delete? Consumer research on attitudes to data collection and use. London: [s. n.], 2018. Disponível em: https://www. which.co.uk/

Lokke Moerel e Corien Prins apontam que, em uma nova era dos sistemas baseados em algoritmos, que são capazes de combinar e analisar grandes quantidades de dados coletados de inúmeras fontes, existem impactos que levam à necessidade de uma reavaliação da base legal do legítimo interesse do controlador. Por isso, os autores sugerem que o processamento de dados pessoais para fins comportamentais de publicidade que envolvam o rastreamento de pessoas através de serviços da internet não poderia se basear no legítimo interesse.[60]

É interessante sinalizar que o *European Data Protection Board* (EDPB) publicou, em setembro de 2020, as Diretrizes 8/2020 sobre a segmentação de usuários de redes sociais (*Guidelines on Social Media Targeting Under – GDPR*). Trata-se de diretrizes preliminares para plataformas de mídia social, anunciantes e empresas *adtech*, que visa estabelecer esclarecimentos das funções e responsabilidades das partes interessadas e regras para tal consentimento. As principais conclusões do EDPB foram de que: i) a segmentação leva ao controle conjunto entre o anunciante e a plataforma, que pode contar com interesses legítimos; ii) a segmentação por público-alvo também cria controle conjunto e pode ser baseada em interesses legítimos; iii) a segmentação com base na localização requer consentimento; iv) a segmentação comportamental *on-line* requer que todas as partes interessadas obtenham consentimento; v) a segmentação comportamental extensiva constitui a criação de perfis e pode envolver a tomada de decisões automatizadas; e vi) a transparência é requisito que deve ser cumprido.[61]

Quanto ao último ponto, relativo ao dever de transparência dos agentes, a EDPB reiterou que o simples uso da palavra "publicidade" não é suficiente para informar os titulares que suas atividades *on-line* estão sendo monitoradas e seus dados pessoais processados para efeitos de publicidade direcionada. Assim, os titulares dos dados devem ser claramente informados sobre que tipos de processamentos são realizadas e o que isso significa na prática para elas.[62]

Outrossim, como foi possível observar, a UE ainda está em busca de previsibilidade e segurança jurídica na aplicação da base legal do legítimo interesse, encontrando-se, inclusive, na eminência de atualizar sua legislação sobre o tema, para que seu RGPD não perca a efetividade.

---

policy/digital/2707/control-alt-or-delete-consumer-research-on-attitudes-to-data-collection-and-use. Acesso em: 06 jul. 2021.

60. MOEREL, Lokke; PRINS, Corien. *Privacy for the Homo Digitalis*: Proposal for a New Regulatory Framework for Data Protection in the Light of Big Data and the Internet of Things. Tilburg, May 2016. Disponível em: https://ssrn.com/abstract=2784123. Acesso em: 04 jan. 2020.

61. EUROPEAN UNION. European Data Protection Board. *Guidelines 08/2020 on the targeting of social media users*. Brussels, 2 Sep. 2020. Disponível em: https://edpb.europa.eu/sites/default/files/ consultation/edpb_guidelines_202008_onthetargetingofsocialmediausers_en.pdf. Acesso em: 10 jul. 2021.

62. EUROPEAN UNION. European Data Protection Board. Guidelines 08/2020 on the targeting of social media users. Brussels, 2 Sep. 2020. Disponível em: https://edpb.europa.eu/sites/default/files/ consultation/edpb_guidelines_202008_onthetargetingofsocialmediausers_en.pdf. Acesso em: 10 jul. 2021.

Nesse sentido, alerta-se para a importância de orientações confiáveis sobre o tema, seja pela doutrina, pelos tribunais ou pelas DPAs, para possibilitar um ambiente de proteção de dados seguro para todos os atores envolvidos.[63]

Desse modo, cumpre aprofundar o papel das autoridades de proteção de dados europeias, bem como destacar como essas DPAs vêm contribuindo para a fixação de diretrizes sobre o legítimo interesse e para a fiscalização de sua correta aplicação pelas companhias, garantindo, assim, o cumprimento da legislação de proteção de dados no cenário da UE.

3.1.3 O papel das autoridades de proteção de dados europeias

A experiência da União Europeia, que completou, em agosto de 2020, dois anos de vigência do seu RGPD e vem cumulando boas práticas neste período, muito interessa ao Brasil e à sua Autoridade Nacional de Proteção de Dados, que foi constituída em 2020 e ainda precisa descobrir como desempenhar eficazmente as suas funções no país.

No ensejo do aniversário do RGPD, diversas pesquisas foram realizadas por instituições do bloco europeu, visando medir os resultados até então alcançados pela reforma da legislação.

De acordo com levantamento realizado em 2019 pela *Varonis Systems*, uma das principais organizações atuantes na área de proteção de dados do mundo, menos da metade das empresas na União Europeia possuía operações com estruturas ajustadas e compatíveis com o RGPD à época da pesquisa. Apesar disso, quatro em cada cinco companhias estariam trabalhando para atender aos requisitos legais do regulamento.[64]

Em maio de 2020, a Acess Now, entidade internacional que defende os direitos digitais dos usuários digitais em nível global, publicou o relatório intitulado *Two years under the EU GDPR: an implementation progress report*, contendo rica análise da aplicação do RGPD em cada país-membro da União Europeia. Esse estudo trouxe constatações de suma importância, dentre elas, que a efetividade do regulamento estaria intimamente ligada à atuação da DPA no respectivo país. Além disso, observou que os fatores prejudiciais à atuação das DPAs seriam a falta de independência, de recursos humanos e técnicos, bem como barreiras burocráticas e recursos financeiros escassos. Segundo conclusão da Acess Now, um orçamento inadequado fornecido às DPAs significa que os direitos dos titulares dos dados não serão protegidos de

---

63. RÖDER, Marcus Paulo; LANA, Pedro de Perdigão. A cláusula aberta dos interesses legítimos e as autoridades nacionais: análise comparativa entre LGPD e RGPD. In: WACHOWICZ, Marcos (Org.). *Proteção de dados pessoais em perspectiva*: LGPD e RGPD na ótica do direito comparado. Curitiba: Gedai/UFPR, 2020. p. 210-214.

64. SOBERS, Rob. A Year in the Life of the GDPR: Must-Know Stats and Takeaways. *Varonis*, [s. l.], 2020. Disponível em: www.varonis.com/blog/gdpr-effect-review. Acesso em: 04 jan. 2020.

forma eficaz. Com um orçamento limitado, as autoridades que investigam grandes empresas de tecnologia tendem a fechar acordos que podem ser mais favoráveis para as empresas, o que é agravado pela enorme disparidade de recursos entre essas autoridades de proteção de dados e as empresas que são supervisionadas.[65]

No mês seguinte, em junho de 2020, foi a vez da Comissão ao Parlamento Europeu e ao Conselho divulgar o relatório oficial de avaliação e revisão do RGPD intitulado *A proteção de dados enquanto pilar da capacitação dos cidadãos e a abordagem da UE para a transição digital: dois anos de aplicação do RGPD*. A opinião geral emitida pelo comunicado foi de que, dois anos após a sua entrada em vigor, o RGPD cumpriu os objetivos de reforçar a proteção do direito dos cidadãos em matéria de proteção de dados pessoais e de garantir a livre circulação de dados pessoais na UE. No entanto, foram também identificados alguns pontos que carecem de melhorias no futuro e os desafios até o momento enfrentados na aplicação do RGPD.[66]

Dentre as importantes conclusões apresentadas pelo relatório, estava a necessidade de um aconselhamento mais prático às organizações e aos cidadãos, por meio de exemplos concretos, e a necessidade de as autoridades de proteção de dados serem dotadas dos recursos humanos, técnicos e financeiros necessários para desempenhar eficazmente as suas funções. Isso porque as autoridades responsáveis pela proteção de dados desempenham um papel essencial para garantir que o RGPD seja aplicado adequadamente.[67]

De acordo com pesquisa realizada pela European Union Agency for Fundamental Rights em 2020, denominada *Your rights matter: data protection and privacy: fundamental rights survey*, 69% da população da União Europeia com mais de 16 anos já teria ouvido falar do RGPD, e 71 % das pessoas na UE saberiam da existência da sua autoridade nacional responsável pela proteção dos dados. A conclusão desta pesquisa foi que os cidadãos da União Europeia estariam cada vez mais conscientes dos seus direitos, mas ainda seria necessário facilitar seu exercício e plena aplicação pelos titulares dos dados.[68]

---

65. MASSÉ, Estelle. Two years under EU GDPG: an implementation progress report. *Acess Now*, [s. l.], 2020. Disponível em: https://www.accessnow°rg/cms/assets/uploads/2020/05/Two-Years-Under-GDPR.pdf. Acesso em: 07 jun. 2021.
66. UNIÃO EUROPEIA. *Comissão Europeia*. Comunicação da comissão ao parlamento europeu e ao conselho: A proteção de dados enquanto pilar da capacitação dos cidadãos e a abordagem da EU para a transição digital: dois anos de aplicação do RGPD. Bruxelas, 24 de junho de 2020. Disponível em: https://eur-lex. europa.eu/legal-content/PT/TXT/PDF/?uri=CELEX:52020DC0264 &from=EN. Acesso em: 07 jul. 2021.
67. UNIÃO EUROPEIA. *Comissão Europeia*. Comunicação da comissão ao parlamento europeu e ao conselho: A proteção de dados enquanto pilar da capacitação dos cidadãos e a abordagem da EU para a transição digital: dois anos de aplicação do RGPD. Bruxelas, 24 de junho de 2020. Disponível em: https://eur-lex. europa.eu/legal-content/PT/TXT/PDF/?uri=CELEX:52020DC0264 &from=EN. Acesso em: 07 jul. 2021.
68. EUROPEAN UNION AGENCY FOR FUNDAMENTAL RIGHTS. *Your rights matter: data protection and privacy: fundamental Rights Survey*. Luxembourg: FRA, 2020. Disponível em: https://fra.europa.eu/en/ publication/2020/fundamental-rights-survey-data-protection. Acesso em: 07 jul. 2021.

Outrossim, as autoridades nacionais são importantes para a tutela do cidadão enquanto órgãos responsáveis por implementar e fiscalizar o cumprimento de todo o sistema normativo de proteção de dados. Aliás, as DPAs têm se empenhado para orientar a sociedade sobre o uso da base legal do legítimo interesse, fornecendo diretrizes através de documentos e/ou informações em seus *sites*, voltados tanto aos agentes como aos titulares dos dados, e refletindo os valores culturais característicos de cada Estado.[69]

O Information Commissioner's Office (ICO), do Reino Unido,[70] possui um documento geral sobre legítimos interesses voltado para os controladores e os operadores, que contém um resumo e um *checklist* indicando as mudanças que o RGPD trouxe em relação à Diretiva. Ademais, aponta como funciona seu próprio modelo de *balancing test*, e quando é possível recorrer a essa base legal.[71]

Em relação aos interesses legítimos, a opinião da ICO é a de que, no contexto do processamento intensivo de dados pessoais envolvidos no processamento digital personalizado publicidade, é improvável que os interesses legítimos de um controlador de dados dos consumidores para servir publicidade personalizada sobrepor-se-ia a direitos e liberdades do consumidor.[72]

Ademais, a ICO traz exemplo interessante de aplicação do legítimo interesse de terceiro em seu informativo, a saber: uma empresa financeira não consegue localizar um cliente que parou de efetuar pagamentos referentes a um contrato de compra e venda. O cliente mudou de residência sem notificar a empresa de seu novo endereço. Diante disso, a empresa deseja contratar uma agência de cobrança de dívidas para encontrar o cliente e solicitar o pagamento da dívida. Para tanto, deseja divulgar os dados pessoais do cliente à agência para essa finalidade. No caso, a empresa financeira tem interesse legítimo em recuperar a dívida que é devida e, para atingir esse objetivo, é necessário que ela use uma agência de cobrança de dívidas para rastrear o cliente. Segundo a autoridade britânica, na situação, seria razoável que seus clientes esperem que ela tome medidas para buscar o pagamento de dívidas pendentes. Ainda que os interesses possam ser opostos entre cliente e empresa, sua atuação

---

69. RÖDER, Marcus Paulo; LANA, Pedro de Perdigão. A cláusula aberta dos interesses legítimos e as autoridades nacionais: análise comparativa entre LGPD e RGPD. In: WACHOWICZ, Marcos (Org.). *Proteção de dados pessoais em perspectiva*: LGPD e RGPD na ótica do direito comparado. Curitiba: Gedai/UFPR, 2020. p. 210-214.
70. Em que pese o Reino Unido tenha deixado a União Europeia em 1º de janeiro de 2021, o país ainda aplica o Ato de Proteção de Dados do Reino Unido, que incorporou o Regulamento Geral sobre a Proteção de Dados Europeu.
71. UNITED KINGDOM. Information Comissioner's Office. *Lawful basis for processing Legitimate interests*. [S. l.]: ICO, 2018. Disponível em: https://ico°rg.uk/for-organisations/guide-to-data-protection/guide-to-the-general-data-protection-regulation-gdpr/legitimate-interests/what-is-the-legitimate-interests-basis/#three_part_test. Acesso em: 07 jul. 2021.
72. UNITED KINGDOM. Information Commissioner's Office. *Update report into adtech and real time bidding*. [S. l.]: ICO, 2019. Disponível em: https://ico°rg.uk/media/about-the-ico/documents/2615156/ adtech-real-time-bidding-report-201906-dl191220.pdf. Acesso em: 06 jul. 2019.

estaria dentro do razoavelmente esperado para a situação narrada, restando o saldo em favor da empresa financeira.[73]

A Commission Nationale de l'Informatique et des Libertés (CNIL), da França, destina uma página em seu *site* para esclarecimentos sobre os interesses legítimos de forma acessível ao cidadão comum, usando linguagem simples e alguns exemplos, de fácil leitura. Ainda, recomenda que as empresas documentem a metodologia utilizada para os testes de balanceamento.[74]

O Data Protection Commissioner (DPC), da Irlanda, aborda os interesses legítimos ao lado das outras bases legais, em explicações mais completas do sistema como um todo[75]. A Garante per la Protezione dei Dati Personali, da Itália, segue um caminho semelhante, sendo um pouco mais específica ao abordar as categorias de atividades, como a relativa aos dados pessoais de informações comerciais.[76]

Já a Agencia Española de Protección de Datos (AEPD) oferece orientações relevantes sobre os legítimos interesses através de documentos públicos relativos a casos específicos realmente existentes, que auxiliam o público a entender como funciona a base legal e sua aplicação em concreto.[77] Além disso, oferece guias e notas técnicas sobre temas específicos, como medidas para minimizar o monitoramento da internet, requisitos para auditorias de tratamento que incluem inteligência artificial, autenticação biométrica, implantação de aplicativos móveis no acesso aos espaços públicos, uso de *cookies* etc.[78]

Na Alemanha, o Bundesbeauftragte für den Datenschutz und die Informationsfreiheit disponibiliza uma série de recomendações aos controladores de dados por

---

73. UNITED KINGDOM. Information Comissioner's Office. *Lawful basis for processing Legitimate interests*. [*S. l.*]: ICO, 2018. Disponível em: https://ico°rg.uk/for-organisations/guide-to-data-protection/guide-to-the-general-data-protection-regulation-gdpr/legitimate-interests/what-is-the-legitimate-interests-basis/#three_part_test. Acesso em: 07 jul. 2021.

74. FRANCE. Commission nationale de l'informatique et des libertés. *L'intérêt légitime : comment fonder un traitement sur cette base légale?* [*S. l.*]: CNIL, 2019. Disponível em: https://www.cnil.fr/fr/ linteret-legitime-comment-fonder-un-traitement-sur-cette-base-legale. Acesso em: 07 mar. 2021.

75. IRELAND. Data Protection Commissioner. *Guidance Note: Legal Bases for Processing Personal Data*. [*S. l.*]: DPC, 2019. Disponível em: https://www.dataprotection.ie/sites/default/files/uploads/ 2019-12/ Guidance%20on%20Legal%20Bases_Dec19_1.pdf. Acesso em: 07 mar. 2021.

76. ITALIA. Garante per la protezione dei dati personali. *Deliberazione del 12 giugno 2019 – Codice di condotta per il trattamento dei dati personali in materia di informazioni commerciali*. [*S. l.*]: GPDP, 2019. Disponível em: https://www.garanteprivacy.it/web/guest/home/docweb/-/docweb-display/ docweb/9119868. Acesso em: 07 mar. 2021.

77. ESPAÑA. Agencia Española de Protección de Datos. *La consulta plantea la cuestión de si el consultante, que tiene un sistema de videovigilancia en la sede de la empresa que incluye el interior y el exterior, debe autorizar el visionado de las grabaciones a terceros particulares que lo han solicitado alegando determinada razones [...]*. [*S. l.*]: Gabinete Jurídico, 2019. Disponível em: https://www.aepd.es/sites/default/files/2019-09/informe-juridico-rgpd-interes-legítimo.pdf. Acesso em: 07 mar. 2021.

78. ESPAÑA. Agencia Española de Protección de Datos. *La consulta plantea la cuestión de si el consultante, que tiene un sistema de videovigilancia en la sede de la empresa que incluye el interior y el exterior, debe autorizar el visionado de las grabaciones a terceros particulares que lo han solicitado alegando determinada razones [...]*. [*S. l.*]: Gabinete Jurídico, 2019. Disponível em: https://www.aepd.es/sites/default/files/2019-09/informe-juridico-rgpd-interes-legítimo.pdf. Acesso em: 07 mar. 2021.

meio de guias elaborados para circunstâncias específicas, como a implementação de videoconferências e videovigilância por empresas privadas, medidas de proteção de dados pessoais na transmissão por *e-mail*, segurança de acesso de provedores *on-line*, computação em nuvem, operações bancárias, redes sociais e plataformas de ensino *on-line*.[79]

A autoridade da Hungria, Hungarian National Authority for Data Protection and Freedom of Information, por sua vez, divulga informações sobre os requisitos básicos para o processamento de dados com base no legítimo interesse no contexto do emprego. A orientação aborda situações como candidatura a vagas, verificações de aptidão, monitoramento de funcionários, uso de sistemas de entrada biométrica e investigações. Ainda, afirma que o empregador deve realizar o teste de ponderação, documentá-lo e depois divulgar o resultado para os funcionários, bem como desenvolver procedimentos internos e demonstrar o cumprimento da lei.[80]

Por fim, a Comissão Nacional de Proteção de Dados (CNPD), de Portugal, adota postura semelhante, ao priorizar orientações mais precisas sobre questões concretas, como, por exemplo, o tratamento de dados pessoais no setor da saúde, do trabalho e da educação, não tendo sido localizada nenhuma orientação específica quando ao uso da base legal em questão.[81]

Como visto, as DPAs vêm trabalhando para educar o cidadão e os agentes de tratamento de dados ao trazer informações que elucidam os padrões de aplicação da lei. Mesmo com o foco de primeiro orientar, para depois aplicar as sanções previstas na lei, as multas aplicadas no âmbito da UE não foram poucas.

Nesse ínterim, o levantamento do *GDPR Enforcement Tracker Report* apurou que autoridades europeias emitiram multas totalizando cerca de 260 milhões de euros, em 526 casos publicamente conhecidos, no período compreendido entre maio de 2018 até março de 2021. No topo da lista das violações cometidas pelos agentes, tanto em relação ao número total de 202 multas, como ao valor médio de 820 mil euros das multas arbitradas, encontram-se aquelas cometidas por "base jurídica insuficiente para o processamento de dados".[82]

É importante observar o que é estabelecido pelo RGPD: o tratamento de dados pessoais poderá ocorrer se houver enquadramento em um dos fundamentos de

---

79. DEUTSCHLAND. *Bundesbeauftragte für den Datenschutz und die Informationsfreiheit*, [S. l.]: BFDI, 2021. Disponível em: https://www.bfdi.bund.de/DE/Infothek/Orientierungshilfen/orientierungs hilfen-node. html. Acesso em: 07 mar. 2021.

80. LIBER, Ádám. Hungarian DPA guidance on data processing requirements applicable in the employment context. *Lexology*, Hungary, 15 Nov. 2016. Disponível em: https://www.lexology.com/ library/detail. aspx?g=cd530abe-5c1c-4898-9373-5356d03bbb6f. Acesso em: 70 mar. 2021.

81. PORTUGAL. Comissão Nacional de Proteção de Dados. *Orientações e recomendações*. Lisboa: CNPD, [201-?]. Disponível em: https://www.cnpd.pt/organizacoes/orientacoes-e-recomendacoes/. Acesso em: 07 mar. 2021.

82. RUNTE, Christian; KAMPS, Michael Kamps. *GDPR Enforcement Tracker Report*. Berlin: CMS, 2021.

licitude previstos no artigo 6º/1 do regulamento, quais sejam, o consentimento, execução de um contrato, obrigação jurídica, defesa de interesses vitais, exercício de funções de interesse público ou ao exercício da autoridade pública e o legítimo interesse, e desde que reunidas algumas condições essenciais.[83]

No caso do legítimo interesse, a avaliação do cumprimento dos critérios é inicialmente efetuada pelo próprio controlador responsável pelo tratamento dos dados, nos termos da lei aplicável e de acordo com as diretrizes eventualmente estabelecidas pela DPA. Em um segundo momento, a legitimidade do tratamento poderá ser objeto de nova avaliação e até mesmo contestação pelas partes interessadas, como os titulares dos dados, agentes de tratamento envolvidos na operação, pelas autoridades.[84]

Ou seja, se não forem observadas as condições e as garantias adequadas, a utilização do fundamento de licitude poderá ser considerada excessiva e/ou abusiva pela autoridade nacional, implicando, assim, na configuração de base jurídica insuficiente para o processamento de dados e, em consequência, a aplicação das sanções previstas em lei.

Nesse sentido, o relatório *GDPR Enforcement Tracker Report* dá especial atenção para duas circunstâncias específicas em que o fundamento de licitude do interesse legítimo vem causando autuações aos agentes de tratamentos de dados: medidas de vigilância por vídeo e *marketing* direto não solicitado.[85]

Em relação à vídeo vigilância, independentemente da impressão inicial de que seja um fenômeno comum em uma variedade de Estados-membros da UE, constitui uma medida especificamente intrusiva aos direitos e liberdades dos titulares dos dados, de forma que excessos desnecessários em termos de implementação detalhada (por exemplo, número ou ângulo de câmeras, áreas de vigilância ou períodos de retenção) e falta de transparência (por exemplo, nenhuma sinalização ou informação aos titulares de dados) podem causar a interpretação de que as condições essenciais no caso concreto não foram satisfeitas.[86]

Quanto ao número significativo de multas aplicadas devido ao *marketing* direto não solicitado (um risco frequentemente acionado por meios de comunicação intrusivos, como telefone ou *e-mail*), o documento salienta que os detalhes regulatórios podem variar entre os Estados-membros, e que avaliações quanto a ofensa das legítimas expectativas dos titulares dos dados realizadas por especialistas em *marketing*

---

83. CORDEIRO, Antonio Barreto Menezes. *Direito da proteção de dados*: à luz do RGPD e da Lei n. 58/2019. Coimbra: Almedina, 2020. p. 165-166.
84. UNIÃO EUROPEIA. Grupo de Trabalho do Artigo 29º da Directiva 95/46/CE. *Parecer 06/2014 sobre o conceito de interesses legítimos do responsável pelo tratamento dos dados na aceção do artigo 7º da Directiva 95/46/CE*. Bruxelas: UE, 2014. Disponível em: https://bit.ly/2TDXCoI. Acesso em: 07 jul. 2021.
85. RUNTE, Christian; KAMPS, Michael Kamps. *GDPR Enforcement Tracker Report*. Berlin: CMS, 2021.
86. RUNTE, Christian; KAMPS, Michael Kamps. *GDPR Enforcement Tracker Report*. Berlin: CMS, 2021.

ao invés de jurídicos podem levar a não observação das condições essenciais ao uso do legítimo interesse.[87]

Ao longo da vigência do RGPD, multas expressivas foram aplicadas devido a uma base jurídica insuficiente para o processamento de dados, sendo a mais elevada de 50 milhões de euros, pela CNIL, autoridade da França, contra a Google Inc., em janeiro de 2019. Seguindo na classificação, estão a multa aplicada pela DPA alemã à H&M (35 milhões de euros), em outubro de 2020, e a multa aplicada pela DPA italiana à TIM (27 milhões de euros), em janeiro de 2020. Na sequência, estão os casos da ICO contra a British Airways e contra a rede Mariott Internacional, e os casos alemães, das multas impostas em face da Deutsche Wohnen (14,5 milhões de euros).[88]

Portanto, em que pese as diferentes abordagens de cada uma das autoridades europeias aqui mencionadas, o papel desses órgãos é de suma importância, constituindo verdadeiro reforço informativo em relação ao uso da base legal do legítimo interesse, tanto aos agentes de tratamento, como aos titulares dos dados pessoais.[89]

Uma vez investigadas as controvérsias acerca da aplicação do legítimo interesse no cenário europeu, através do estudo dos principais casos julgados pelo TJUE, passando também pela apreciação dos casos do Google e do Facebook frente às autoridades de proteção de dados, e as próprias orientações fornecidas por essas autoridades, ao longo do próximo subcapítulo, será realizada a análise dos desafios a serem enfrentados pela base legal do legítimo interesse no Brasil, considerando as lições obtidas a partir da experiência da União Europeia.

3.2 CAMINHOS E FRONTEIRAS PARA O USO DA BASE LEGAL DO LEGÍTIMO INTERESSE NO ORDENAMENTO JURÍDICO BRASILEIRO

Uma vez analisados os precedentes do TJUE sobre situações em que há a caracterização do legítimo interesse do controlador, bem como abordados os posicionamentos das autoridades de proteção de dados do bloco europeu sobre as melhores práticas a serem aplicadas pelos agentes nesse ínterim, resta verificar se os parâmetros interpretativos da União Europeia que versam sobre o instituto podem contribuir aos desafios enfrentados no Brasil para a aplicação da base legal.

---

87. RUNTE, Christian; KAMPS, Michael Kamps. *GDPR Enforcement Tracker Report*. Berlin: CMS, 2021.
88. RUNTE, Christian; KAMPS, Michael Kamps. *GDPR Enforcement Tracker Report*. Berlin: CMS, 2021.
89. RÖDER, Marcus Paulo; LANA, Pedro de Perdigão. A cláusula aberta dos interesses legítimos e as autoridades nacionais: análise comparativa entre LGPD e RGPD. In: WACHOWICZ, Marcos (Org.). *Proteção de dados pessoais em perspectiva*: LGPD e RGPD na ótica do direito comparado. Curitiba: Gedai/UFPR, 2020. p. 210-214.

3.2.1 Desafios do legítimo interesse no âmbito nacional e caminhos para aplicação do teste de proporcionalidade

Como visto na primeira parte do presente estudo, o instituto do legítimo pode ser definido como uma ampliação da participação que um controlador pode ter no processamento de dados pessoais ou, ainda, um benefício que o controlador pode obter do processo. Para ser legítimo, esse interesse deve ser suficientemente articulado com as atividades do controlador, de modo a permitir que um teste de equilíbrio seja realizado, em contraste com os direitos fundamentais do titular dos dados pessoais.[90]

Por ser uma base legal aberta, o legítimo interesse constitui instrumento útil para flexibilizar sistemas rígidos. No caso da Lei Geral de Proteção de Dados, a importância dessa base aberta está na possibilidade de trazer respostas às inovações tecnológicas, sociais, culturais e contextuais da sociedade, que possibilitem o fluxo de informações e o desenvolvimento do país diante da atual economia que é movida a dados.

Entretanto, em virtude da amplitude do legítimo, os agentes de tratamento de dados encontram-se em ambiente inseguro no que se refere à aplicação desse conceito, pois ainda não há respostas sobre como a lei brasileira deve ser aplicada. Essa indefinição também traz insegurança ao titular dos dados, já que não conhece as situações em que o controlador poderá processar seus dados de maneira legítima.[91]

Veja-se que o artigo 7º, inciso IV da LGPD, trouxe como requisitos ao tratamento de dados realizado com fulcro na base legal do legítimo interesse, que não sejam violados os direitos e liberdades fundamentais do titular dos dados; e ainda, nos termos do artigo 10, parágrafo 1º, que somente os dados pessoais estritamente necessários para a finalidade pretendida sejam coletados.

Para Daniel Bucar e Mario Viola, a LGPD reconheceu outros valores além da proteção dos dados pessoais, entre eles, a livre-iniciativa, a livre concorrência e o desenvolvimento tecnológico e econômico, interesses estes que deverão conviver com a tutela da privacidade e, eventualmente, irão confrontá-la.[92]

Ocorre que a própria LGPD não traz uma solução para esses conflitos, na medida em que não prevê a prevalência prioritária dos direitos dos titulares de dados. Nos termos da lei, esses direitos irão prevalecer somente quando a situação concreta exigir a proteção desses titulares.[93]

---

90. SOMBRA, Thiago Luís Santos. *Fundamentos da regulação da privacidade e proteção de dados pessoais*: pluralismo jurídico e transparência em perspectiva. São Paulo: Thomson Reuters Brasil, 2019. p. 181.

91. SANTOS, Isabela Maria Rosal. O Legítimo Interesse do controlador ou de terceiro e o teste de proporcionalidade no tratamento de dados pessoais. In: BEZERRA, Tiago José de Souza Lima et al. (Org.). *Open data day*: dados abertos governamentais e inovação cívica. Natal: Editora Motres, 2020. p. 23-61.

92. BUCAR, Daniel; VIOLA, Mario. Tratamento de dados pessoais pelo legítimo interesse do controlador. In: TEPEDINO, Gustavo; FRAZÃO, Ana; OLIVA, Milena Donato (Coord.). *Lei Geral de Proteção de Dados e suas repercussões no Direito brasileiro*. São Paulo: Thomson Reuters Brasil, 2019. p. 465-484.

93. COSTA, Dayana Caroline. Interesses legítimos e o tratamento de dados pessoais sem permissão do usuário. *Consultor Jurídico*, 2018. Disponível em: https://www.conjur.com.br/2018-mai-07/dayana-costa-tratamento-dados-pessoais-aval-usuario. Acesso em: 24 ago. 2019.

É justamente pela ausência de orientação ao aplicador da lei que sobrevém a preocupação sobre qual tipo de interesse se qualificaria como legítimo a ponto de sobrepor-se ao direito fundamental à proteção de dados e à liberdade do usuário. Isso se torna particularmente relevante a partir do momento em que, de acordo com a LGPD, é o próprio controlador de dados que realiza a avaliação entre os seus interesses e os direitos fundamentais do titular dos dados.[94]

Veja-se que a expressão "apoio e promoção das atividades do controlador", constante junto ao inciso I do artigo 10 da LGPD, é bastante ampla, surgindo, assim, um receio de que possa servir de brecha legislativa para justificar todo e qualquer tratamento de dados que não possua outra base legal autorizadora.

Embora útil e necessário, apoiar o tratamento de dados pessoais com base no argumento de interesses legítimos constitui um desafio nesse momento inicial de vigência da lei no Brasil, justamente pela falta de parâmetros e orientações ao aplicador do direito. Mesmo diante dessas lacunas, sabe-se que essa base legal não poderá ser utilizada como uma autorização genérica, muito pelo contrário, sua aplicação deve ser rígida e muito bem justificada, sob pena de tornar a LGPD ineficaz.[95]

Assim, a dificuldade a ser enfrentada no Brasil está na busca de uma solução que consiga englobar a proteção da privacidade do titular dos dados e, ao mesmo tempo, permita a circulação das informações que são essenciais para o mercado econômico.[96]

Visando contribuir com essa problemática, é possível apontar algumas situações que, apenas potencialmente, poderão ser enquadradas pelo agente no cenário brasileiro, como legítimo interesse para o tratamento de dados pessoais, com base no que foi observado na experiência do direito da União Europeia.

De acordo com o Parecer 06/2014 do GTA29, é possível extrair as seguintes hipóteses: i) exercício de direito à liberdade de expressão ou de informação; ii) *marketing* direto convencional; iii) mensagens relativas a campanhas políticas ou atividades beneficentes; iv) cobrança de dívidas através de processos não judiciais; v) prevenção da fraude; vi) monitoramento de atividade de trabalhadores para fins de segurança ou de gestão; vii) segurança de TI e redes; viii) tratamentos para fins históricos, científicos ou estatísticos; ix) tratamentos para fins de investigação[97].

---

94. FERRETTI, Federico. Data Protection and the legitimate interest of data controllers: much ado about nothing or the winter of rights? *Commom Market Law Review*, United Kingdom, v. 51, p. 843-868, 2014.

95. COSTA, Dayana Caroline. Interesses legítimos e o tratamento de dados pessoais sem permissão do usuário. *Consultor Jurídico*, 2018. Disponível em: https://www.conjur.com.br/2018-mai-07/dayana-costa-tratamento-dados-pessoais-aval-usuario. Acesso em: 24 ago. 2019.

96. DONEDA, Danilo. *Da privacidade à proteção de dados pessoais*: elementos da formação da Lei geral de proteção de dados. 2. ed. rev. e atual. São Paulo: Thomson Reuters Brasil, 2019. p. 296.

97. UNIÃO EUROPEIA. Grupo de Trabalho do Artigo 29º da Directiva 95/46/CE. *Parecer 06/2014 sobre o conceito de interesses legítimos do responsável pelo tratamento dos dados na aceção do artigo 7º da Diretiva 95/46/CE*. Bruxelas: UE, 2014. Disponível em: https://bit.ly/2TDXCoI. Acesso em: 07 jul. 2021.

3 • A CONCREÇÃO DO LEGÍTIMO INTERESSE NO CENÁRIO BRASILEIRO À LUZ DA EXPERIÊNCIA EUROPEIA   **139**

Já o RGPD, através de seus considerandos, concretizou alguns dos exemplos: i) quando da existência de uma relação prévia entre o agente e o titular do dado, em situações como aquela em que o titular dos dados é cliente ou está ao serviço do responsável pelo tratamento (considerando 47); ii) prevenção e controle de fraudes (considerando 47); iii) comercialização direta de bens e serviços (considerando 47); iv) quando da existência de relação de grupo empresarial ou de instituição associada a um organismo central, para fins administrativos internos, incluindo os dados de clientes e funcionários (considerando 48); v) segurança das redes de informação (considerando 49); vi) segurança dos serviços conexos oferecidos ou acessíveis através dessas redes e sistemas (considerando 49); vii) impedimento de acesso não autorizado a redes de comunicações eletrônicas e distribuição de códigos malicio-sos (considerando 49); viii) indicação por parte do responsável pelo tratamento de atos criminosos ou ameaças à segurança pública para a autoridade competente (considerando 50).[98].

Outrossim, através da análise da jurisprudência do Tribunal de Justiça da União Europeia, podem ser extraídas mais algumas hipóteses: i) publicação de dados de carácter pessoal na internet no exercício da liberdade de liberdade de expressão (C-101/01); ii) acesso a dados pessoais para defesa de direitos patrimoniais, autorais e de propriedade, a serem prosseguidos em processos judiciais cíveis (C-275/06); iii) disponibilização de informações históricas e de relevância para o público geral em buscador na internet (C-131/12); iv) uso de câmeras de vigilância em residência e na via pública, para segurança e proteção das pessoas e dos bens (C-212/13); v) armazenamento de IP de usuário para segurança dos serviços na internet (C-582/14); vi) manutenção de registros empresariais para promoção de segurança jurídica nas relações comerciais (C-398/15); vii) acesso a informações relativas a pessoas envolvidas em acidente de trânsito perante a autoridade policial, para possibilitar a persecução de indenização em processo judicial (C-13/16); viii) o uso de câmeras de vigilância em condomínio privativo para segurança e proteção das pessoas e dos bens (C-708/18).

Por fim, a doutrina europeia especializada também foi responsável por apontar outros exemplos, como: i) detecção e prevenção de fraudes; ii) cumprimento da lei estrangeira, aplicação da lei, exigências dos tribunais e órgãos reguladores; iii) proteção de sistemas de informação, redes e segurança cibernética; iv) processamento de dados de empregados em *background check*, monitoramento da jornada de trabalho e aplicação de medidas disciplinares; v) segurança física dos clientes; vi) operações corporativas gerais e *due diligence*; vii) desenvolvimento e aprimoramento de produtos;

---

98. UNIÃO EUROPEIA. *Regulamento (EU) 2016/679 do Parlamento e do Conselho Europeu de 27 de abril de 2016 relativo à proteção das pessoas singulares no que diz respeito ao tratamento de dados pessoais e à livre circulação desses dados e que revoga a Diretiva 95/46/CE* (Regulamento Geral sobre a Proteção de Dados). Bruxelas, 27 de abril de 2016. Disponível em: https://eur-lex.europa.eu/legal-content/PT/TXT/PDF/?uri=CELEX:32016R0679&from=PT. Acesso em: 09 jul. 2020.

viii) comunicações, *marketing* e anúncios; ix) personalização de conteúdo; x) processamento de dados para o bem, como para combate a pandemias, proteção de crianças contra abusos e para o desenvolvimento de tecnologias benéficas ao meio ambiente.[99]

Todavia, mesmo que seja inegável a influência da legislação da União Europeia sobre a LGPD do Brasil, há diferenças substanciais no estado atual da arte nos dois cenários, uma vez a cultura, o nível de maturidade em relação à matéria e a própria tradição jurídica muito se diferem.[100]

Veja-se que a Europa iniciou nos anos 1960 seus trabalhos e estudos sobre a proteção de dados pessoais, com destaque às Diretrizes sobre Proteção da Privacidade da OCDE, de 1980, e a Convenção de Estrasburgo, de 1981. Em 1995, a proteção de dados pessoais restou disciplinada pela Diretiva 95/46/CE.

Em junho de 2012, enquanto a UE já discutia a reforma do seu marco regulatório em relação à matéria, o Brasil, de forma insipiente, estava apresentando o seu Projeto de Lei 4060/2012, na Câmara dos Deputados. Quando da entrada em vigor da LGPD no país, a UE já possuía seu RGPD em vigência há mais de dois anos.

Por outro lado, no âmbito do bloco europeu, os diferentes contextos de aplicação da lei nos cenários nacionais de cada país-membro do bloco sempre foram considerados, fosse por meio da necessidade de internalização da Diretiva 95/46/CE, ou de promulgação de leis de execução do RGPD.

Portanto, as soluções do contexto europeu não podem simplesmente ser transplantadas à vivência nacional, sendo necessárias adaptações no uso da base legal do legítimo interesse em nosso ordenamento jurídico.[101]

Assim, serão feitas algumas observações e propostas visando ao estabelecimento de diretrizes para o correto uso do legítimo interesse, em respeito à cultura jurídico-brasileira, bem como à unidade do ordenamento jurídico do país.

Primeiramente, é necessário retornar ao texto da LGPD, mais especificamente ao inciso IX, do artigo 7º, para observar que o legislador brasileiro trouxe ali uma espécie de regra de ponderação, pois refere a "prevalência de direitos" para sindicar a aplicação do legítimo interesse, mas nada traz sobre a técnica que deverá ser utilizada pelo intérprete da lei.[102]

---

99. CENTRE FOR INFORMATION POLICY LEADERSHIP. *How the "Legitimate Interests" Ground for Processing Enables Responsible Data Use and Innovation.* [S. l.]: CIPL, 2021. Disponível em: https://bit.ly/3hX6tJY. Acesso em: 06 jul. 2021. (white paper).

100. DILL, Amanda Lemos. A delimitação dogmática do legítimo interesse para tratamento de dados pessoais. In: MENKE, Fabiano; DRESCH, Rafael de Freitas Valle (Coord.). *Lei Geral de Proteção de Dados*: aspectos relevantes. Indaiatuba: Editora Foco, 2021. p. 95-118.

101. LEMOS, Ronaldo. Prefácio. In: COTS, Márcio; OLIVEIRA, Ricardo. *Lei geral de proteção de dados pessoais comentada.* São Paulo: Thomson Reuters Brasil, 2018. p. 12-13.

102. BUCAR, Daniel; VIOLA, Mario. Tratamento de dados pessoais pelo legítimo interesse do controlador. In: TEPEDINO, Gustavo; FRAZÃO, Ana; OLIVA, Milena Donato (coord.). *Lei Geral de Proteção de Dados e suas repercussões no Direito brasileiro.* São Paulo: Thomson Reuters Brasil, 2019. p. 465-484.

3 • A CONCREÇÃO DO LEGÍTIMO INTERESSE NO CENÁRIO BRASILEIRO À LUZ DA EXPERIÊNCIA EUROPEIA

De forma análoga à Diretiva 95/46/CE e ao RGPD, é possível apurar que o intérprete deverá realizar um teste de ponderação entre o legítimo interesse do controlador ou do terceiro, face às legítimas expectativas e direitos fundamentais do titular do dado, no caso concreto, sendo indispensável o uso da ponderação.[103]

Destarte, pode-se recorrer às concretizações doutrinárias existentes acerca do princípio da proporcionalidade e como ponderar os conflitos de interesses. A técnica do teste de proporcionalidade de direitos fundamentais, comumente referenciado na cultura jurídica brasileira, poderá operar como um referencial analítico relevante também para a LGPD no momento do teste do legítimo interesse para o ordenamento jurídico brasileiro.[104]

O próprio Supremo Tribunal Federal adota essa técnica na análise de casos que representam conflitos entre direitos constitucionais fundamentais, o que reverbera para a prática interpretativa de instâncias inferiores, sendo, portanto, conhecida do judiciário brasileiro, além de largamente estudada pela doutrina e referenciada em direitos fundamentais.[105]

Muitos autores desenvolveram teorias sobre o tema, mas não se pode deixar de mencionar o jurista Robert Alexy, que, em sua obra *Teoria dos Direitos Fundamentais*, traz importante lição sobre a aplicação de princípios, sustentando que estes "são normas que ordenam que algo seja realizado na maior medida possível dentro das possibilidades jurídicas e fáticas existentes", através da máxima da proporcionalidade.[106]

Para Alexy, a dita máxima da proporcionalidade decorre do caráter principiológico dos direitos fundamentais, e possui três máximas parciais, quais sejam, da adequação, da necessidade e da proporcionalidade em sentido estrito, que definem aquilo que deve ser compreendido por otimização em relação aos princípios colidentes. Sua doutrina explica que a otimização é idêntica à lei do sopesamento, que dita o seguinte: "Quanto maior for o grau de não satisfação ou de afetação de um princípio, tanto maior terá que ser a importância da satisfação do outro".[107]

Ainda, o doutrinador ensina que a lei do sopesamento pode ser dividida em três passos, sendo que, no primeiro, é avaliado o grau de não satisfação ou afetação de um dos princípios; no segundo, avalia-se a importância da satisfação do princípio

---

103. BUCAR, Daniel; VIOLA, Mario. Tratamento de dados pessoais pelo legítimo interesse do controlador. In: TEPEDINO, Gustavo; FRAZÃO, Ana; OLIVA, Milena Donato (Coord.). *Lei Geral de Proteção de Dados e suas repercussões no Direito brasileiro*. São Paulo: Thomson Reuters Brasil, 2019. p. 465-484.
104. MATTIUZZO, Marcela; PONCE, Paula Pedigoni. O legítimo interesse e o teste da proporcionalidade: uma proposta interpretativa. *Internet & Sociedade*, São Paulo, v. 1, n. 2, p. 54-76, dez. 2020.
105. MATTIUZZO, Marcela; PONCE, Paula Pedigoni. O legítimo interesse e o teste da proporcionalidade: uma proposta interpretativa. *Internet & Sociedade*, São Paulo, v. 1, n. 2, p. 54-76, dez. 2020.
106. ALEXY, Robert. *Teoria dos Direitos Fundamentais*. 2. ed. São Paulo: Malheiros, 2015. p. 588.
107. ALEXY, Robert. *Teoria dos Direitos Fundamentais*. 2. ed. São Paulo: Malheiros, 2015. p. 593.

colidente; e, no terceiro, deve ser avaliado se a importância da satisfação do princípio colidente justifica a afetação ou a não satisfação do outro princípio.[108]

Dessa forma, segundo a teoria do jurista, no caso de aplicação de princípios colidentes, um dos princípios deve ser superado, sem que isso signifique que o princípio expulso é inválido, conceito que possui grande utilidade na interpretação do legítimo interesse do controlador na LGPD como já mostrou a experiência europeia.[109]

Ressalta-se que a aplicação do instrumento de proporcionalidade nos moldes constitucionais ao teste do legítimo interesse não é mandatória, em que pese faça parte da tradição constitucional jurídica brasileira, sendo igualmente viável a utilização da prática europeia para aplicação do teste à luz da LGPD. Ademais, a tendência é que a doutrina brasileira avance mais no tema, apontando caminhos próprios a serem seguidos, conforme já defendem alguns autores nacionais.

Daniel Bucar e Mario Viola sugerem aplicar o legítimo interesse do controlador conforme axiologia constitucional, que revela uma tutela da privacidade não como direito absoluto, mas considerando o livre desenvolvimento da personalidade através da autodeterminação informativa. Segundo os autores:

> A possibilidade de sopesamento de outros princípios à privacidade deve ser justificada, portanto, à renovada noção que exige o conceito, pelo que casos haverá em que a finalidade de uso dos dados, mesmo sem consentimento do titular, sem ofensa ao objetivo de sua proteção (mandatório, inclusive, ao cumprimento de justiça social e defesa do consumidor no exercício de livre-iniciativa, previsto no artigo 170, *caput*, e inciso V, CF) e com a promoção, inclusive, de outros valores constitucionais. A cláusula geral de interesse legítimo, portanto, permite essa flexibilidade e sua conformidade se desenvolverá no caso concreto pelo correto uso do ônus argumentativo, o que revelará um resultado adequado. Essa deverá ser a direção para a futura concretização do legítimo interesse, pois perante a unidade do ordenamento jurídico, a ponderação será, portanto, indispensável.[110]

Bruno Bioni destaca a importância da sistematização de um teste que possa efetivamente balancear os direitos em jogo, através da verificação da existência ou não de um interesse legítimo do agente, bem como do respeito às legítimas expectativas e direitos do cidadão.[111]

Para cumprir tal objetivo, o autor propôs um teste dividido em quatro etapas: i) legitimidade; ii) necessidade; iii) balanceamento; iv) salvaguardas. Assim, o primeiro passo consistiria na verificação da legitimidade do controlador, com a análise

---

108. ALEXY, Robert. *Teoria dos Direitos Fundamentais*. 2. ed. São Paulo: Malheiros, 2015. p. 594.
109. KAMARA, Irene; DE HERT, Paul. Understanding the balancing act behind the legitimate interest of the controller ground. In: E. Selinger, J. Polonestsky, O. Tene (ed.). *The Cambridge Handbook of Consumer Privacy*. Cambridge: Cambridge University Press, 2018. p. 321-352.
110. BUCAR, Daniel; VIOLA, Mario. Tratamento de dados pessoais pelo legítimo interesse do controlador. In: TEPEDINO, Gustavo; FRAZÃO, Ana; OLIVA, Milena Donato (Coord.). *Lei Geral de Proteção de Dados e suas repercussões no Direito brasileiro*. São Paulo: Thomson Reuters Brasil, 2019. p. 465-484.
111. BIONI, Bruno Ricardo. *Proteção de dados pessoais*: a função e os limites do consentimento. Rio de Janeiro: Forense, 2019. p. 252-256.

da finalidade do tratamento dos dados a ser realizado, que não poderá ser contrária à lei, bem como da situação concreta. No segundo passo, deve verificar se os dados que serão coletados são realmente necessários para atingir a finalidade pretendida, tendo em foco o obtivo de minimização e, ainda, se o tratamento de dados não seria viável por meio de outra base legal. A terceira etapa, considerada a mais importante pelo autor, consiste em perquirir se o novo uso que será atribuído ao dado está dentro das legítimas expectativas de seu titular, e de que forma este será impactado em repercussões negativas, discriminatórias e limitantes de sua autonomia, em ofensa a seus direitos fundamentais. O último passo consistiria na atribuição de salvaguardas, como a transparência em relação ao tratamento, ao poder de tomada de decisão para oposição e à adoção de medidas de mitigação de riscos, tais como a anonimização dos dados pessoais.[112]

Marcela Mattiuzzo e Paula Pedigoni Ponce também propõem um teste em quatro etapas, que se difere da proposta de Bioni, devendo ser conduzido pelas seguintes fases: i) legitimidade; ii) adequação; iii) necessidade; iv) balanceamento, com análise das salvaguardas e medidas de *accountability* adotadas. Na primeira etapa do teste, as autoras sugerem identificar se o interesse perseguido pelo agente de tratamento de dados pessoais é legítimo, ou seja, suficientemente claro e concreto, além de não ilegal. Na segunda etapa, seria necessário verificar se a medida é apta a fomentar o objetivo pretendido através de uma avaliação lastreada em possibilidades, se o conjunto de dados coletados tem pertinência com a finalidade de tratamento almejada. Na terceira etapa, sugerem a avaliação sobre a existência de medida menos gravosa e onerosa ao direito fundamental afetado para atingir aquela mesma finalidade de forma suficiente, englobando, assim, os impactos do tratamento de dados pessoais para o seu titular. A última etapa é o balanceamento com a avaliação sobre os possíveis efeitos do tratamento sobre os direitos e liberdades fundamentais do titular de dados pessoais, e potencial ofensa as suas legítimas expectativas, em comparação à relevância daquilo que pretende o controlador com o tratamento e seus benefícios.[113]

Já Marcel Leonardi sugere a aplicação de um teste com três etapas, quais sejam: i) teste da finalidade: identificação de qual é o interesse legítimo e se esse interesse legítimo é próprio ou de terceiros; ii) teste da necessidade: demonstração de que o tratamento dos dados pessoais é necessário para alcançar esse interesse legítimo; e iii) teste da proporcionalidade: balanceamento desse interesse legítimo com os direitos e as liberdades fundamentais do titular que exijam a proteção dos dados pessoais.[114]

Ao que se pode observar, nenhum dos testes trazidos pela doutrina brasileira especializada até o momento se assemelha ao teste de três dimensões, que envolve a

---

112. BIONI, Bruno Ricardo. *Proteção de dados pessoais*: a função e os limites do consentimento. Rio de Janeiro: Forense, 2019. p. 252-256.
113. MATTIUZZO, Marcela; PONCE, Paula Pedigoni. O legítimo interesse e o teste da proporcionalidade: uma proposta interpretativa. *Internet & Sociedade*, São Paulo v. 1, n. 2, p. 54-76, dez. 2020.
114. LEONARDI, Marcel. Legítimo Interesse. *Revista do Advogado*, São Paulo, v. 39, p. 67-73, nov. 2019.

análise dos dados pessoais, das partes e do tratamento, desenvolvido pelo pesquisador alemão Constantin Herfurth,[115] e balizado pelo autor português António Barreto Menezes Cordeiros, em sua obra *Direito à Proteção de Dados*.[116]

Todavia, considera-se que o teste de três dimensões possui grande potencial de atender às necessidades atuais da sociedade da informação brasileira, por conduzir o seu aplicador a uma dupla visão do sistema, interna e externa, com foco em um dos pontos mais importantes da legislação de proteção de dados, tanto da União Europeia, como no Brasil: o sujeito de direito que é tutelado.

Com efeito, uma posição desprotegida pode ser agravada a depender de características do titular. Por exemplo, uma criança, ou um idoso, podem estar em situação de vulnerabilidade extremada, e essas características devem ser levadas em consideração. Então, quem é o titular e quem é o controlador são variáveis que importam na definição de legítimo interesse no caso concreto.[117]

O teste de Constantin Herfurth possui uma dimensão inteiramente dedicada à análise das "partes" envolvidas no tratamento de dados a ser realizado, que se decompõe nos seguintes elementos: análise da natureza e características do titular do dado; verificação do número de titulares afetados pelo tratamento almejado pelo agente; avaliação da natureza jurídica da relação existente entre o agente e o titular do dado; análise das expectativas desse titular em relação à finalidade do tratamento.[118]

Acredita-se, portanto, que esse formato de teste de ponderação, que analisa em profundidade o sujeito de direito afetado pelo tratamento de dados e as circunstâncias que o cercam, poderá exercer um papel relevante para aplicação do legítimo interesse no ordenamento jurídico brasileiro, pois, através dele, seria possível verificar a existência de situação de desequilíbrio entre o controlador e o titular dos dados, justamente como ocorre nos tratamentos de dados oriundos das relações de consumo, e que traz consigo a necessidade de uma proteção especial a esse sujeito de direito: o consumidor titular de dados pessoais.

Assim, faz-se importante compreender a vulnerabilidade do consumidor frente ao mercado de consumo digital, bem como o papel que o Código de Defesa do Con-

---

115. O detalhamento desse teste encontra-se no ponto 2.2 deste trabalho, de acordo com Constantin Herfurth (HERFURTH, Constantin. Interessenabwägung nach art. 6 Abs. 1 lit. f DS-GVO: Nachvollziehbare Ergebnisse anhand von 15 Kriterien mit dem sog. 3x5 Modell. *Zeitschrift für Datenschutz*, München, p. 514-520, 2018) e Antonio Barreto Menezes Cordeiro (CORDEIRO, Antonio Barreto Menezes. O tratamento de dados pessoais fundado em interesses legítimos. *Revista Direito e Tecnologia*, Lisboa, v. 1, n. 1, p. 1-31, 2019).

116. CORDEIRO, Antonio Barreto Menezes. *Direito da proteção de dados*: à luz do RGPD e da Lei 58/2019. Coimbra: Almedina, 2020.

117. UNIÃO EUROPEIA. Grupo de Trabalho do Artigo 29º da Directiva 95/46/CE. *Parecer 06/2014 sobre o conceito de interesses legítimos do responsável pelo tratamento dos dados na aceção do artigo 7º da Diretiva 95/46/CE*. Bruxelas: UE, 2014. p. 20. Disponível em: https://bit.ly/2TDXCoI. Acesso em: 07 jul. 2021.

118. CORDEIRO, Antonio Barreto Menezes. O tratamento de dados pessoais fundado em interesses legítimos. *Revista Direito e Tecnologia*, Lisboa, v. 1, n. 1, p. 1-31, 2019.

3 • A CONCREÇÃO DO LEGÍTIMO INTERESSE NO CENÁRIO BRASILEIRO À LUZ DA EXPERIÊNCIA EUROPEIA — 145

sumidor poderá desempenhar frente aos desafios impostos pelo novo paradigma tecnológico, em conjunto com a LGPD.

3.2.2 A vulnerabilidade do consumidor em relação ao tratamento de seus dados pessoais e o diálogo entre a Lei Geral de Proteção de Dados e o Código de Defesa do Consumidor

O consumidor, diariamente, tem seus dados tratados sem entender o motivo pelo qual informações pessoais como nome, endereço, *e-mail*, estado civil, formação, interesses etc. são solicitados para qualquer cadastro que é realizado em redes sociais como Facebook, Instagram, Twitter, Linkedin, bem como para compra de qualquer produto por *e-commerce*. Para utilização dos aplicativos em *smartphones*, não basta o cadastro, é necessário dar acesso ao dispositivo de geolocalização, à câmera e, até mesmo, ao microfone do celular. Todavia, os usuários não possuem conhecimento sobre os riscos aos quais estão sendo expostos, embora tenham a sensação de que suas conversas estão sendo bisbilhotadas e propagandas estão sendo empurradas com base no que é falado.[119]

Diversas são as técnicas que possibilitam a extração de valiosas informações a partir de dados coletados, como o *data warehousing*, que é o depósito de dados de forma organizada, de acordo com critérios específicos, que, posteriormente, são utilizados para a construção de perfis. O *data mining* é a mineração de dados, técnica que combina os dados obtidos com estatísticas, formando novos elementos informativos, com a finalidade de gerar regras para a classificação de pessoas ou objetos. O *online analytical processing*, que é uma evolução do *data mining*, tem como vantagem possibilitar a previsão e tendências e prognósticos a partir da análise de determinada base de dados. O *profiling*, por sua vez, é a construção de perfis através da reunião de diversos dados da pessoa, com a finalidade de obter uma imagem detalhada e confiável, visando à previsibilidade de padrões de comportamento, gostos e hábitos de consumo. Por último, há o *scoring*, que é o sistema de avaliação que identifica os "melhores" e os "piores consumidores" para uma empresa.[120]

Uma vez extraídas e processadas, as informações pessoais dos cidadãos passaram a ser livremente utilizadas como combustível direcionador dos fornecedores dessa sociedade de consumo em massa, que hoje consegue analisar o comportamento e o desejo de compra dos consumidores, colocando no mercado produtos cada vez mais

---

119. JOELSONS, Marcela. A necessária limitação ao legítimo interesse do fornecedor no tratamento de dados pessoais dos consumidores. In: Ingo Wolfgang Sarlet, Jeferson Ferreira Barbosa, Augusto Antônio Fontanive Leal, Andressa de Bittencourt Siqueira (Org.). *Direitos fundamentais*: os desafios da igualdade e da tecnologia num mundo em transformação. Porto Alegre: Editora Fundação Fênix, 2020. p. 347-369.

120. MENDES, Laura Schertel. *Privacidade, proteção de dados e defesa do consumidor*: linhas gerais de um novo direito fundamental. São Paulo: Saraiva, 2014. p. 107-112.

focados em seu público-alvo, criando uma falsa necessidade de consumo, através da utilização de técnicas avançadas de *neuromarketing*.[121]

Na economia movida à informação, o fornecedor necessita conhecer seus consumidores, e o faz através da coleta de seus dados pessoais. Logo, os consumidores ficam expostos e fragilizados perante o mercado de consumo, sofrendo com decisões tomadas pelas empresas a partir de informações pessoais armazenadas, que podem influenciar negativamente suas chances de vida.[122]

Esse é o caso do processamento de dados pessoais cujo efeito é a discriminação do consumidor do mercado. Para Laura Schertel Mendes, esse tipo de processamento será considerado ilegítimo, independentemente do consentimento do consumidor, por ferir não apenas o direito à proteção de dados, mas, especialmente, o princípio da igualdade, protegido pela Constituição Federal.[123]

Novas formas de discriminação passam a ser possíveis a partir da associação entre tecnologias da informação e o armazenamento de enormes quantidades de dados pessoais, como, por exemplo, a discriminação estatística, prática que associa atributos aparentemente inofensivos, como idade, gênero, nacionalidade ou endereço, a grupos de consumidores, com dados cuja identificação pelo fornecedor é mais difícil, como nível de renda, risco de inadimplência, de forma que esses consumidores passam a receber tratamento diferenciado, através da imposição de preços ou condições de contratação diferentes.[124]

Nesse contexto, algumas práticas têm sido recorrentes no mercado digital brasileiro. O *credit scoring*, por exemplo, é um sistema de avaliação de crédito dos consumidores que objetiva identificar os clientes que têm maior valor para a empresa, para que sejam alvo de promoções e estratégias de fidelização. O fornecedor tem interesse em identificar os "melhores consumidores" para que possa construir com eles uma relação mais duradoura, garantindo vantagens competitivas e manutenção dos níveis de lucratividade, possuindo como finalidade, ainda, dimensionar os riscos de contratação, indicando quais consumidores apresentam "menor risco" de inadimplência. Ocorre que a identificação dos "melhores consumidores" também pressupõe a identificação daqueles considerados "piores consumidores", aqueles

---

121. PARCHEN, Charles Emmanuel; FREITAS, Cinthia Obladen de Almendra; MEIRELES, Jussara Maria Leal de. Vício de consentimento através do neuromarketing nos contratos da era digital. *Revista de Direito do Consumidor*, São Paulo, v. 115, p. 331-356, jan.-fev. 2018.

122. MENDES, Laura Schertel. A vulnerabilidade do consumidor quanto ao tratamento de dados pessoais. In: MARQUES, Claudia Lima; GSELL, Beate (Org.). *Novas tendências do Direito do Consumidor*: Rede Alemanha Brasil de Pesquisas em Direito do Consumidor. São Paulo: Ed. RT, 2015. p. 182-203.

123. MENDES, Laura Schertel. A vulnerabilidade do consumidor quanto ao tratamento de dados pessoais. In: MARQUES, Claudia Lima; GSELL, Beate (Org.). *Novas tendências do Direito do Consumidor*: Rede Alemanha Brasil de Pesquisas em Direito do Consumidor. São Paulo: Ed. RT, 2015. p. 182-203.

124. MENDES, Laura Schertel. A vulnerabilidade do consumidor quanto ao tratamento de dados pessoais. In: MARQUES, Claudia Lima; GSELL, Beate (Org.). *Novas tendências do Direito do Consumidor*: Rede Alemanha Brasil de Pesquisas em Direito do Consumidor. São Paulo: Ed. RT, 2015. p. 182-203

3 • A CONCREÇÃO DO LEGÍTIMO INTERESSE NO CENÁRIO BRASILEIRO À LUZ DA EXPERIÊNCIA EUROPEIA **147**

que as empresas têm interesse em oferecer as piores ofertas ou nenhuma oferta e que podem ter o seu acesso a bens e serviços negado, em razão da sua classificação como um consumidor "ruim".[125]

A *geolocalização* é um método de *credit scoring* que utiliza como critério de avaliação a localização geográfica do usuário da internet, considerando que o cliente que reside em determinado país, cidade ou bairro teria maior ou menor poder aquisitivo, sendo digno de receber, ou não, determinadas ofertas de serviços ou produtos, em verdadeira discriminação do consumidor. Tal fato é extremamente preocupante, uma vez que esse critério extrai pressupostos gerais sobre as condições financeiras da pessoa, unicamente em razão de seu local de moradia, desconsiderando, na maioria das vezes, a situação específica de cada consumidor.[126]

Por meio da geolocalização, pode ser implementado o *geo-blocking*, que consiste basicamente em bloquear uma oferta a determinados usuários e disponibilizar para outros. Através do *geo-blocking*, o fornecedor acaba exercendo total ou parcialmente a recusa à venda de bens ou prestação de serviços a determinado grupo de consumidores. Tal medida pode ser considerada com uma prática abusiva, que é vedada pelo Código de Defesa do Consumidor, em seu artigo 39, incisos II e IX.[127]

Outra possibilidade de aplicação é o *geopricing*, quando o fornecedor leva em consideração a origem geográfica do consumidor para praticar diferenciação de preços. De modo semelhante, a coleta de dados de consumidores e a sua utilização como critério para diferenciação de preços praticados revela-se uma técnica de venda igualmente censurável, diante dos termos dos incisos V e X do artigo 39 do Código de Defesa do Consumidor, que consagram ser vedado ao fornecedor elevar sem justa causa o preço de produtos ou serviços, ou exigir do consumidor vantagem manifestamente excessiva.[128]

A prática desse tipo de discriminação de preços tem chamado a atenção da comunidade jurídica inclusive em âmbito internacional, de forma que o Parlamento Europeu e o Conselho da União Europeia aprovaram, em fevereiro de 2018, o Regulamento (UE) 2018/302 "que visa prevenir [...] formas de discriminação baseadas na nacionalidade, no local de residência ou no local de estabelecimento dos clientes no mercado interno". Segundo seu artigo 4º, parágrafo 1º:

---

125. MENDES, Laura Schertel. *Privacidade, proteção de dados e defesa do consumidor*: linhas gerais de um novo direito fundamental. São Paulo: Saraiva, 2014. p. 112-114.
126. MENDES, Laura Schertel. *Privacidade, proteção de dados e defesa do consumidor*: linhas gerais de um novo direito fundamental. São Paulo: Saraiva, 2014. p. 115.
127. DIAS, Daniel; NOGUEIRA, Rafaela; QUIRINO, Carina de Castro. Vedação à discriminação de preços sem justa causa: uma interpretação constitucional e útil do art. 39, X, do CDC. *Revista de Direito do Consumidor*, São Paulo, v. 121, p. 51-97, jan.-fev. 2019.
128. DIAS, Daniel; NOGUEIRA, Rafaela; QUIRINO, Carina de Castro. Vedação à discriminação de preços sem justa causa: uma interpretação constitucional e útil do art. 39, X, do CDC. *Revista de Direito do Consumidor*, São Paulo, v. 121, p. 51-97, jan.-fev. 2019.

[...] os comerciantes não podem aplicar condições gerais de acesso diferentes aos bens ou serviços, por razões relacionadas com a nacionalidade, com o local de residência ou com o local de estabelecimento do cliente.[129]

Portanto, restam evidentes os riscos de toda essa vigilância e processamento de dados por meio de tecnologias avançadas, uma vez que, pela classificação e categorização das pessoas, resta estabelecido o fácil ou difícil acesso a determinados bens e serviços, de forma discriminatória e abusiva. Como consequência, o consumidor sofre ameaça a sua personalidade, tem diminuída sua autonomia, sua capacidade de autodeterminação e as próprias chances de vida.[130]

Diante desse cenário, há que se considerar a vulnerabilidade do consumidor, pois esse reconhecimento trará diferentes efeitos e consequências às relações jurídicas estabelecidas no ambiente virtual entre o controlador e o titular dos dados.[131]

Veja-se que o artigo 4º, inciso I, do Código de Defesa do Consumidor institui como princípio que deve balizar a orientação do intérprete, o reconhecimento da vulnerabilidade do consumidor no mercado de consumo. Esse princípio é base indispensável para o funcionamento de todo o microssistema, porquanto reconhece que a relação consumidor-fornecedor é naturalmente desigual, sendo preciso conferir ao primeiro os instrumentos necessários para defender-se.[132]

A vulnerabilidade decorre da ideia de que o consumidor está potencialmente sujeito a ser ofendido, seja no sentido físico, psíquico ou econômico do termo. O jurista francês Jean-Pascal Chazal esclarece que:

[...] se o consumidor deve ser protegido pela lei, não é porque ele é sistematicamente lesionado, mas porque é suscetível de sê-lo pela simples razão de defender-se mal, de não estar bem armado para fazer frente a seu parceiro-adversário que é o fornecedor. (tradução livre).[133]

Conforme a doutrina de Claudia Lima Marques:

---

129. UNIÃO EUROPEIA. *Regulamento (UE) 2018/302* do Parlamento Europeu e do Conselho de 28 de fevereiro de 2018 que visa prevenir o bloqueio geográfico injustificado e outras formas de discriminação baseadas na nacionalidade, no local de residência ou no local de estabelecimento dos clientes no mercado interno, e que altera os Regulamentos (CE) 2006/2004 e (UE) 2017/2394 e a Diretiva 2009/22/CE. [*S. l.*], 2018. Disponível em: https://eur-lex.europa.eu/legal-content/PT/TXT/HTML/?uri=CELEX:32018R0302&from=PT. Acesso em: 24 ago. 2019.
130. MENDES, Laura Schertel. A vulnerabilidade do consumidor quanto ao tratamento de dados pessoais. In: MARQUES, Claudia Lima; GSELL, Beate (Org.). *Novas tendências do Direito do Consumidor: Rede Alemanha Brasil de Pesquisas em Direito do Consumidor*. São Paulo: Ed. RT, 2015. p. 182-203.
131. MIRAGEM, Bruno. Princípio da vulnerabilidade: perspectiva atual e funções no direito do consumidor contemporâneo. In: MIRAGEM, Bruno; MARQUES, Claudia Lima; DIAS, Lucia Ancona Lopez de (Org.). *Direito do Consumidor*: 30 anos do CDC: da consolidação como direito fundamental aos atuais desafios da sociedade. Rio de Janeiro: Forense, 2021. p. 233-261.
132. MARQUES, Claudia Lima. *Contratos no Código de Defesa do Consumidor*: o novo regime das relações contratuais. 8. ed. rev. atual. ampl. São Paulo: Ed. RT, 2016. p. 305-306.
133. CHAZAL, Jean-Pascal. Vulnérabilité et droit de la consommation. In: COHETCORDEY, Frédérique (Org.). *Vulnérabilité et droit:* le développement de la vulnérabilité et ses enjeux en droit. Grenoble: Presses Universitaires de Grenoble, 2000. p. 247.

3 • A CONCREÇÃO DO LEGÍTIMO INTERESSE NO CENÁRIO BRASILEIRO À LUZ DA EXPERIÊNCIA EUROPEIA

> [...] vulnerabilidade é uma situação permanente ou provisória, individual ou coletiva, que fragiliza, enfraquece o sujeito de direitos, desequilibrando a relação de consumo. Vulnerabilidade é uma característica, um estado do sujeito mais fraco, um sinal de necessidade de proteção.[134]

A vulnerabilidade do consumidor, segundo a autora, pode ser de quatro tipos: técnica, jurídica ou científica, fática e, conforme entendimento mais recente, informacional. Nesse sentido, leciona que:

> Na vulnerabilidade técnica, o comprador não possui conhecimentos específicos sobre o objeto adquirido e, portanto, é mais facilmente enganado quanto às características do bem ou quanto à sua utilidade, o mesmo ocorrendo em matéria de serviços. [...] Já a vulnerabilidade jurídica ou científica é a falta de conhecimentos jurídicos específicos, conhecimento de contabilidade ou de economia. [...] Há ainda a vulnerabilidade fática, ou socioeconômica, em que o ponto de concentração é o outro parceiro contratual, o fornecedor que, por sua posição de monopólio, fático ou jurídico, por seu grande poder econômico ou em razão da essencialidade do seu serviço, impõe a superioridade a todos que com ele contratam.[135]

Quanto à vulnerabilidade informacional, trata-se da vulnerabilidade básica do consumidor, intrínseca e característica deste e de seu papel na sociedade, pois o que caracteriza a hipossuficiência do consumidor é justamente seu déficit informacional.[136]

Na sociedade contemporânea da informação, a vulnerabilidade informacional merece atenção especial, uma vez que a fragilidade do consumidor não é exatamente a falta de informação. Ao contrário, apesar de o consumidor aparentemente ter acesso abundante a todo e qualquer tipo de informação através da internet, essa é, muitas vezes, manipulada, controlada, superficial, limitada, ou conseguida somente após o *click*.[137]

Outra dimensão pode ser atribuída à vulnerabilidade informacional do consumidor no mundo digital: a ausência de habilidade ou familiaridade com o ambiente digital, que gera efeitos na capacidade do consumidor em interpretar seus próprios interesses nessas relações jurídicas, bem como em responder adequadamente aos estímulos que recebe. Verifica-se, inclusive, uma vulnerabilidade neuropsicológica desse sujeito quanto às interferências da economia comportamental e à sua estrutura movida a *nugdes*. Assim, através das novas estratégias de comunicação, que influenciam o consumidor por estímulos sensoriais e emocionais, realizados

---

134. BENJAMIM, Antonio Herman; MARQUES, Claudia Lima; BESSA, Leonardo. *Manual de Direito do Consumidor*. 8. ed. rev. atual. ampl. São Paulo: Ed. RT, 2017. p. 117.
135. BENJAMIM, Antonio Herman; MARQUES, Claudia Lima; BESSA, Leonardo. *Manual de Direito do Consumidor*. 8. ed. rev. atual. ampl. São Paulo: Ed. RT, 2017. p. 117-123.
136. BENJAMIM, Antonio Herman; MARQUES, Claudia Lima; BESSA, Leonardo. *Manual de Direito do Consumidor*. 8. ed. rev. atual. ampl. São Paulo: Ed. RT, 2017. p. 126.
137. MARQUES, Claudia Lima; KLEE, Antonia Espíndola Longoni. Os direitos do consumidor e a regulamentação do uso da internet no Brasil: convergência no direito às informações claras e completas nos contratos de prestação de serviços de internet. In: LEITE, George Salomão; LEMOS, Ronaldo (Coord.). *Marco Civil da Internet*. São Paulo: Atlas, 2014. p. 469-517.

justamente com o intuito de conduzir seu comportamento, a sua capacidade de escolha se torna reduzida.[138]

Refletindo sobre essa nova era e sua repercussão no direito, Claudia Lima Marques assevera que essa:

> [...] é uma época de vazio, de individualismo nas soluções e de insegurança jurídica, onde as antinomias são inevitáveis e a desregulamentação do sistema convive com um pluralismo de fontes legislativas e uma forte internacionalidade das relações.[139]

Nos ensinamentos de Erik Jayme: "no que concerne às novas tecnologias, a comunicação, facilitada pelas redes globais, determina uma maior vulnerabilidade daqueles que se comunicam", trazendo o comércio eletrônico consigo "a questão do sistema jurídico de proteção efetiva dos consumidores".[140]

Diversas são as dificuldades enfrentadas pelo consumidor quando se fala, por exemplo, em comércio eletrônico: as formas de oferta, devendo ser definido se o *site* é por si uma modalidade de oferta; as questões envolvendo publicidade (*metatags, spam, cybersquatting*, publicidade oculta, *cookies*); o dever de informação no ambiente virtual; o direito de arrependimento; o dever de boa-fé na utilização das tecnologias; o documento digital eletrônico, assinatura digital e autoria; e, por último e não menos importante, a proteção dos dados pessoais dos consumidores.[141]

Ricardo Lorenzetti destaca que a contratação eletrônica tem ameaçado os seguintes direitos do consumidor: direito à proteção igual ou maior do que a existente em outras áreas do comércio; à informação; à proteção contra as práticas que infringem a concorrência; à segurança; à proteção contratual; à proteção contra a publicidade ilícita; ao ressarcimento; à efetiva proteção; bem como ao acesso à justiça e ao devido processo legal.[142]

Demonstrado, portanto, que a vulnerabilidade inerente às relações de consumo transformou-se com o advento das novas tecnologias, verifica-se a vulnerabilidade do consumidor em concreto quando se fala no tratamento de seus dados pessoais: seja por causa de sua vulnerabilidade técnica, por possuir menos conhecimento que o fornecedor a respeito da forma como a tecnologia capta, processa, trata e circula

---

138. MIRAGEM, Bruno. Princípio da vulnerabilidade: perspectiva atual e funções no direito do consumidor contemporâneo. In: MIRAGEM, Bruno; MARQUES, Claudia Lima; DIAS, Lucia Ancona Lopez de (Org.) *Direito do Consumidor*: 30 anos do CDC: da consolidação como direito fundamental aos atuais desafios da sociedade. Rio de Janeiro: Forense, 2021. p. 233-261.
139. MARQUES, Claudia Lima. *Contratos no Código de Defesa do Consumidor*: o novo regime das relações contratuais. 8. ed. rev. atual. ampl. São Paulo: Ed. RT, 2016. p. 173-174.
140. CANTO, Rodrigo Eidelvein do. Direito do consumidor e vulnerabilidade no meio digital. *Revista de Direito do Consumidor*, São Paulo, v. 87, p. 179-210, maio-jun. 2013.
141. JAYME, Erik. O direito internacional privado e cultural pós-moderno. *Cadernos do Programa de Pós-graduação em Direito da Universidade Federal do Rio Grande do Sul*, Porto Alegre, v. 1, n. 1, p. 86, mar. 2003.
142. LORENZETTI, Ricardo Luis. *Comércio eletrônico*. São Paulo: Ed. RT, 2004. p. 274-275.

seus dados pessoais;[143] de sua vulnerabilidade jurídica ou científica, por não possuir informações sobre a verdadeira finalidade da solicitação de seus dados pessoais e sobre o que será feito com o eles; ou pela própria vulnerabilidade fática, uma vez que a posição do econômica do fornecedor, mais forte, acaba tirando a opção do consumidor de fornecer, ou não, seus dados pessoais para que possa adquirir o produto ou fazer uso do serviço, de forma que o usuário acaba sofrendo uma verdadeira imposição.[144]

De acordo com a Comissão Europeia, em comunicado da Nova Agenda do Consumidor, devido à vulnerabilidade do consumidor, se torna necessário, no atual cenário, combater os tratamentos de dados e práticas comerciais que não respeitam o direito do consumidor de fazer uma escolha informada, que abusam dos seus preconceitos comportamentais ou que distorcem seus processos de tomada de decisão.[145]

Em se tratando de atividades de tratamento de dados pessoais no âmbito do relacionamento entre consumidores e fornecedores, elas estão sujeitas a uma pluralidade de normas do ordenamento jurídico brasileiro, principalmente a LGPD, o Código de Defesa do Consumidor e a Constituição Federal. Assim, cumpre aos operadores do direito harmonizar as diversas normas, de modo a construir soluções aptas a proteger o cidadão à luz do princípio da dignidade da pessoa humana.[146]

A esse respeito, a experiência europeia já havia mencionado, através do Parecer 06/2014 do GTA29, que "a legislação em matéria de defesa do consumidor, em especial as leis que defendem os consumidores contra práticas comerciais desleais, é igualmente muito relevante neste contexto".[147]

As Diretrizes das Nações Unidas para a Proteção do Consumidor, que constituem um conjunto de recomendações para que os governos desenvolvam políticas adequadas de proteção ao consumidor em seus países, foram atualizadas em 2015, ocorrendo a inclusão, dentre outras questões, da proteção de dados e da privaci-

---

143. Segundo Bruno Miragem, "À exceção dos técnicos em informática, todos são vulneráveis tecnicamente diante dos serviços informáticos" (MIRAGEM, BRUNO. Responsabilidade por danos na sociedade de informação e proteção jurídica do consumidor: desafios atuais da regulação jurídica da internet. *Revista de Direito do Consumidor*, São Paulo, v. 70, p. 41-92, abr.-jun. 2009).

144. MENDES, Laura Schertel. A vulnerabilidade do consumidor quanto ao tratamento de dados pessoais. In: MARQUES, Claudia Lima; GSELL, Beate. (org.). *Novas tendências do Direito do Consumidor*: Rede Alemanha Brasil de Pesquisas em Direito do Consumidor. São Paulo: Ed. RT, 2015. p. 182-203.

145. Essas práticas incluem a utilização de padrões obscuros, determinadas práticas de personalização frequentemente baseadas na definição de perfis, a publicidade oculta, as fraudes, a informação falsa ou enganosa e a manipulação das avaliações dos consumidores (UNIÃO EUROPEIA. Comissão Europeia. *Comunicação da comissão ao parlamento europeu e ao conselho*: Nova Agenda do Consumidor: Reforçar a resiliência dos consumidores para uma recuperação sustentável. Bruxelas, 13 de novembro de 2020. Disponível em: https://eur-lex.europa.eu/legal-content/PT/TXT/PDF/?uri=CELEX:52020DC0696&from=EN. Acesso em: 13 mar. 2021).

146. MENDES, Laura Schertel. *Privacidade, proteção de dados e defesa do consumidor*: linhas gerais de um novo direito fundamental. São Paulo: Saraiva, 2014. p. 191-192.

147. UNIÃO EUROPEIA. Grupo de Trabalho do Artigo 29° da Directiva 95/46/CE. *Parecer 06/2014 sobre o conceito de interesses legítimos do responsável pelo tratamento dos dados na aceção do artigo 7° da Diretiva 95/46/CE*. Bruxelas: UE, 2014. p. 78. Disponível em: https://bit.ly/2TDXCoI. Acesso em: 07 jul. 2021.

dade dos consumidores. Assim, três novas diretrizes passaram a integrar o texto: o princípio geral de proteção da privacidade do consumidor e do fluxo global das informações, junto à *guideline* 5; o princípio para boas práticas comerciais, que engloba o uso de mecanismos apropriados de controle, segurança, transparência e consentimento relacionados à coleta e ao uso de dados pessoais dos consumidores, na *guideline* 11; e o princípio da necessidade dos Estados protegerem os dados dos consumidores, através da *guideline* 14. Nesse sentido, verifica-se a manifestação das Nações Unidas sobre a existência de um diálogo entre a proteção de dados e o direito do consumidor.[148]

Compreendida a importância do Direito do Consumidor para proteção do consumidor titular de dados pessoais, resta saber como viabilizar a aplicação do CDC em matéria de tratamento de dados pessoais, que é regrada pela LGPD.

Para tanto, poderá ser utilizado o método do Diálogo das Fontes, que se constitui uma proposta de solução para o desafio de aplicação das leis no complexo sistema de direito privado atual, de conflito de leis no tempo, por meio de um modelo de aplicação simultânea, coerente e coordenada de fontes normativas plurais.[149]

A expressão "Diálogo das Fontes" foi utilizada pela primeira vez pelo professor Erick Jayme, em seu Curso Geral de Haia, no ano de 1995, em uma tentativa de expressar a necessidade de aplicação de leis de direito privado coexistentes, na busca de uma solução flexível, útil e coerente, de interpretação mais favorável ao mais fraco da relação.[150]

Posteriormente, essa proposta de solução pós-moderna para coordenação de fontes, adequada aos atuais fenômenos jurídicos complexos, que não poderiam ser resolvidos pelas regras de ab-rogação, derrogação e revogação, foi trazida ao Brasil e consagrada pela jurista Claudia Lima Marques, que propôs instaurar mais harmonia e cooperação entre as normas do ordenamento jurídico do que exclusão. Através do diálogo, as fontes plurais não mais se excluem, ao contrário, mantêm suas diferenças, cabendo ao aplicador da lei coordená-las através de soluções harmonizadas e funcionais, com efeitos úteis a essas fontes.[151]

Segundo a autora:

> Nesses casos difíceis, há convivência de leis com campos de aplicação diferentes, campos por vezes convergentes e, em geral, diferentes no que se refere aos sujeitos, em um mesmo sistema

---

148. UNITED NATIONS. United Nations Conference on Trade and Development. *United Nations Guidelines for Consumer Protection*. New York; Geneva: UNCTAD, 2016. Disponível em: https://unctad°rg/system/files/official-document/ditccplpmisc2016d1_en.pdf. Acesso em: 28 mar. 2021.
149. MARQUES, Claudia Lima. *Contratos no Código de Defesa do Consumidor*: o novo regime das relações contratuais. 8. ed. rev. atual. ampl. São Paulo: Ed. RT, 2016. p. 756-760.
150. MARQUES, Claudia Lima. *Contratos no Código de Defesa do Consumidor*: o novo regime das relações contratuais. 8. ed. rev. atual. amp. São Paulo: Ed. RT, 2016. p. 756.
151. MARQUES, Claudia Lima. *Contratos no Código de Defesa do Consumidor*: o novo regime das relações contratuais. 8. ed. rev. atual. amp. São Paulo: Ed. RT, 2016. p. 756-760.

jurídico, há um "diálogo das fontes" especiais e gerais, aplicando-se ao mesmo caso concreto, tudo iluminado pelo sistema de valores constitucionais e de direitos fundamentais.[152]

Com efeito, a Teoria do Diálogo das Fontes, que tem se mostrado útil para a resolução de casos difíceis de coexistência de normas, possui um novo desafio a ser enfrentado diante da entrada em vigor da LGPD. Por se tratar de uma legislação transversal, com campo de aplicação materialmente geral e especial ao mesmo tempo, mas subjetivamente geral, ela atravessa o ordenamento jurídico brasileiro, impactando o direito privado e o direito público de forma revolucionária.[153]

Assim, todas as outras leis deverão se adaptar a esta, sob pena de ser instaurada insegurança jurídica no ordenamento jurídico brasileiro, existindo, portanto, uma nova oportunidade para aplicação da Teoria do Diálogo das Fontes.

Nesse sentido, os diálogos de coerência, de complementaridade e subsidiariedade, e de coordenação e adaptação sistemática entre a LGPD e o CDC, à Luz da Constituição Federal, permitirão a aplicação simultânea, coerente e harmônica dessas leis, para a tutela do consumidor titular dos dados, a fim de que seja alcançada uma resposta normativa unitária e eficaz para o desafio enfrentado pela sociedade da informação, ante a vulnerabilidade do consumidor no processo de coleta e tratamento de dados, bem como os riscos aos quais ele está exposto.[154]

Isso porque o método do Diálogo das Fontes possibilita uma aplicação do conjunto de fontes a favor do consumidor, permitindo assegurar à pessoa humana, consumidora, uma tutela especial conforme os valores e princípios constitucionais de proteção.[155]

Através do diálogo entre as leis, a discriminação injusta do consumidor titular dos dados poderá ser combatida. Especificamente em relação às normas consumeristas, deve-se lembrar que a não discriminação constitui direito básico do consumidor, consagrado no artigo 6º, II, do CDC, sob a forma da liberdade de escolha e da igualdade nas contratações. A LGPD reforça esse direito, ao trazer, junto ao inciso IV do artigo 6º, o princípio da não discriminação do titular dos dados, que estabelece a impossibilidade de realização do tratamento para fins discriminatórios ilícitos ou abusivos.

---

152. BENJAMIM, Antonio Herman; MARQUES, Claudia Lima; BESSA, Leonardo. *Manual de Direito do Consumidor*. 8. ed. ver. atual. ampl. São Paulo: Ed. RT, 2017. p. 148.

153. MARQUES, Claudia Lima. A teoria do 'diálogo das fontes' hoje no Brasil e seus novos desafios: uma homenagem à magistratura brasileira. In: MARQUES, Claudia Lima; MIRAGEM, Bruno. *Diálogo das fontes*: novos estudos sobre a coordenação e aplicação das normas no direito brasileiro. São Paulo: Thomson Reuters, 2020. p. 17-72.

154. MARQUES, Claudia Lima. A teoria do 'diálogo das fontes' hoje no Brasil e seus novos desafios: uma homenagem à magistratura brasileira. In: MARQUES, Claudia Lima; MIRAGEM, Bruno. *Diálogo das fontes*: novos estudos sobre a coordenação e aplicação das normas no direito brasileiro. São Paulo: Thomson Reuters, 2020. p. 17-72.

155. MARQUES, Claudia Lima. *Contratos no Código de Defesa do Consumidor*: o novo regime das relações contratuais. 8. ed. rev. atual. amp. São Paulo: Ed. RT, 2016. p. 791.

Ainda, especificamente em relação à base legal do legítimo interesse, o diálogo sistemático e de adaptação possui grande valia, já que, para sua concreção, são necessários caminhos inovativos de interpretação teológica, usando o microssistema de defesa do consumidor, para que seja mantida a manutenção da coerência do ordenamento jurídico, nos valores constitucionais, de proteção dos mais fracos.[156]

É importante ressaltar que o próprio legislador, ao elaborar a LGPD, se preocupou em promover esse diálogo, conforme se verifica no texto do artigo 2º, inciso VI, em que a defesa do consumidor é trazida como um dos fundamentos da proteção de dados. O artigo 45 da nova lei dispõe que as hipóteses de violação do direito do titular no âmbito das relações de consumo permanecem sujeitas às regras de responsabilidade previstas na legislação pertinente, ou seja, autoriza expressamente a aplicação das penalidades já previstas no Código de Defesa do Consumidor. Por fim, o artigo 64 estabelece que os direitos e princípios expressos na LGPD não excluem outros previstos no ordenamento jurídico pátrio relacionados à matéria ou nos tratados internacionais em o Brasil seja parte.[157]

Ademais, o Código de Defesa do Consumidor já vinha sendo utilizado para a tutela do consumidor quanto aos tratamentos de dados operados nas relações de consumo, durante a *vacatio legis* da LGPD e até mesmo antes de sua promulgação, restando evidente a importância e utilidade do CDC para a proteção dos consumidores.[158]

Nesse sentido, inúmeros casos foram investigados e autuados pela Secretaria Nacional do Consumidor (SENACON), envolvendo o tema do tratamento de dados pessoais de consumidores, antes da entrada em vigor da LGPD.[159]

---

156. MARQUES, Claudia Lima. A teoria do Diálogo das Fontes hoje no Brasil e seus novos desafios. In: MARQUES, Claudia Lima; MIRAGEM, Bruno (Coord.). *Diálogo das fontes*: novos estudos sobre a coordenação e aplicação das normas no direito brasileiro. São Paulo: Thomson Reuters. 2021. p. 17-72.

157. CARVALHO, Diógenes Faria de; FERREIRA, Vitor Hugo do Amaral. Sanção do Projeto de Lei Geral de Proteção de Dados Pessoais. *Instituto Brasileiro de Política e Direito do Consumidor*. Disponível em: http://brasilconºrg. br/noticia/sancao-do-projeto-de-lei-geral-de-protecao-de-dados-pessoais. Acesso em: 1º dez. 2018.

158. Sobre o tema, ler "A importância do CDC no tratamento de dados pessoais de consumidores no contexto de pandemia e de vacatio legis da LGPD" (CRAVO, Daniela Copetti; JOELSONS, Marcela. A importância do CDC no tratamento de dados pessoais de consumidores no contexto de pandemia e de vacatio legis da LGPD. *Revista de Direito do Consumidor*, São Paulo, v. 131, p. 111-145, set.-out. 2020).

159. Foram investigados supostos vazamentos de dados e valores de dívidas dos consumidores por meio do serviço TIM Negocia (CONSUMIDOR MODERNO. *Senacon investiga suposto vazamento de dados de empresa de telecom*. Disponível em: https://www.consumidormoderno.com.br/ 2019/09/18/senacon-vazamento-dados-telecom/. Acesso em: 30 jun. 2020), notificação ao delivery Rappi para que ela esclareça se possui consentimento do consumidor para tratar dados pessoais e quais são exatamente as operações de tratamento que executa, (OLHAR DIGITAL. *Senacon pede explicações a Rappi por coletar de dados de clientes*. Disponível em: https://olhardigital.com.br/noticia/senacon-pede-explicacoes-a-rappi-por-coletar-de-dados-de-clientes/95276. Acesso em: 30 jun. 2020), e notificação ao aplicativo Zoom (BRASIL. Ministério da Justiça e Segurança Pública. *Aplicativo Zoom é notificado por suspeita de compartilhamento de dados*. 8 de abril de 2020. Disponível em: https://www.gov.br/pt-br/noticias/justica-e-seguranca/2020/04/ aplicativo-zoom-e-notificado-por-suspeita-de-compartilhamento-de-dados. Acesso em: 30 jun. 2020).

3 • A CONCREÇÃO DO LEGÍTIMO INTERESSE NO CENÁRIO BRASILEIRO À LUZ DA EXPERIÊNCIA EUROPEIA   155

É válido ainda apontar o acordo de cooperação técnica firmado entre a SENACON e a ANPD, com o objetivo de proteger os dados do consumidor no Brasil através do alinhamento de esforços das instituições para uma atuação coordenada no endereçamento de reclamações de consumidores também demonstra a interconexão entre a LGPD e o CDC.[160]

Fica claro, portanto, que o titular de dados pessoais também é um consumidor, merecendo, assim, a tutela pelo Código de Defesa do Consumidor, que exerce importante papel de proteção da pessoa no ordenamento jurídico; e, através do caráter principiológico de suas normas, se mostrou aberto a oferecer soluções aos novos conflitos relacionados à tecnologia da informação, inclusive contra os riscos advindos do processamento de dados pessoais.[161]

A propósito, o CDC propôs a revitalização de um dos princípios gerais do direito, denominado princípio da boa-fé objetiva, que representa o valor da ética, veracidade e correção dos contratantes, operando de diversas formas e em todos os momentos do contrato, desde a sua negociação até sua execução. O princípio da boa-fé como cláusula geral serve de paradigma para as relações provenientes da contratação em massa e deve incidir na interpretação dos contratos.[162]

Eleita como princípio informador das relações de consumo, a boa-fé permite a recondução do consumidor ao equilíbrio contratual, mediante a "superação" de sua vulnerabilidade, posto que atua como instrumento de harmonização das relações de consumo, sendo, desse modo, considerado o princípio máximo orientador do Código de Defesa do Consumidor,[163] que será aprofundado no próximo ponto.

3.2.3   A boa-fé objetiva e as fronteiras do legítimo interesse

A boa-fé, desde sua origem no direito romano, teve inúmeros significados e aplicações. Modernamente, ela é vista de forma bipartida, existindo uma clara distinção entre a boa-fé objetiva e a boa-fé subjetiva, entendimento que surgiu a partir do Código Civil Alemão de 1900.[164]

O princípio da boa-fé objetiva constitui um modelo de conduta social ou um padrão ético de comportamento, que impõe, concretamente, a todo o cidadão que,

---

160. PEDUZZI, Pedro. Senacon e ANPD assinam acordo para proteção de dados do consumidor, *Agência Brasil*. Brasília, 22 mar. 2021. Disponível em: https://agenciabrasil.ebc.com.br/justica/noticia/2021-03/senacon-e-anpd-assinam-acordo-visando-protecao-de-dados. Acesso em: 27 mar. 2021.
161. CRAVO, Daniela Copetti; JOELSONS, Marcela. A importância do CDC no tratamento de dados pessoais de consumidores no contexto de pandemia e de vacatio legis da LGPD. *Revista de Direito do Consumidor*, São Paulo, v. 131, p. 111-145, set.-out. 2020.
162. PEIXOTO, Ester Lopes. O princípio da boa-fé no direito civil brasileiro. *Revista de Direito do Consumidor*, São Paulo, v. 45, p. 140-171, jan.-mar. 2003.
163. PEIXOTO, Ester Lopes. O princípio da boa-fé no direito civil brasileiro. *Revista de Direito do Consumidor*, São Paulo, v. 45, p. 140-171, jan.-mar. 2003.
164. ZANELLATO, Marco Antonio. Boa-fé objetiva: formas de expressão e aplicações. *Revista de Direito do Consumidor*, São Paulo, v. 100, p. 141-194, jul.-ago. 2015.

na sua vida de relação, atue com honestidade, lealdade e probidade; não devendo ser confundido com a boa-fé subjetiva (*guten Glauben*), que é aquela que se funda no erro ou na ignorância da verdadeira situação jurídica.[165]

Na boa-fé subjetiva, verifica-se a conduta de quem vai adotar um comportamento pautado na ignorância de certo fato ou de algum componente importante para a formação do Direito. O erro ou a ignorância levam a pessoa a crer que se está comportando conforme ao Direito, sendo também conhecida na doutrina, como boa-fé-crença.[166]

Portanto, a boa-fé objetiva apresenta um *plus* em relação à boa-fé subjetiva, uma vez que se constituiu pelo comportamento ético, padrão de conduta, tomando como paradigma o homem honrado e predominante nas relações obrigacionais. Por isso, é conhecida como boa-fé contratual, como observa Rizzatto, por se tratar de comportamento fiel, leal, na atuação de cada uma das partes contratantes a fim de garantir respeito à outra. É princípio que visa garantir a ação sem abuso, sem obstrução, sem causar lesão a ninguém, cooperando sempre para atingir o fim colimado no contrato, realizando os interesses das partes.[167]

A boa-fé contratual é uma regra de comportamento ético-jurídica, situada no mesmo plano da lei e, vale dizer, adquire função de norma dispositiva, integrando, suprindo e corrigindo o regulamento contratual, nos termos do artigo 422 do Código Civil, como uma cláusula geral. Daí a sua natureza objetiva, que não está baseada na vontade das partes, mas na adequação dessa vontade ao princípio que a inspira e fundamenta o vínculo negocial.[168]

Realizada essa distinção, passa-se a abordar a boa-fé objetiva, que interessa ao presente trabalho. Claudia Lima Marques escreve, com precisão, que a boa-fé objetiva, no âmbito contratual, desponta como:

> [...] um *standard*, um parâmetro objetivo e genérico de conduta. Boa-fé objetiva significa, portanto, uma atuação "refletida", uma atuação pensando no outro, no parceiro contratual, respeitando-o, respeitando seus legítimos interesses, suas expectativas razoáveis, seus direitos,

---

165. CARVALHO, Diógenes Faria de; MARQUES, Claudia Lima. Os significados da boa-fé nos contratos de serviços massificados: convergências entre o CDC, o CC/2002 e a Lei da Liberdade Econômica. In: MARQUES, Claudia Lima; LORENZETTI, Ricardo Luis; CARVALHO, Diógenes Faria de; MIRAGEM, Bruno. *Contratos de Serviços em Tempos Digitais*. São Paulo: Ed. RT, 2021. *E-book*.

166. CARVALHO, Diógenes Faria de; MARQUES, Claudia Lima. Os significados da boa-fé nos contratos de serviços massificados: convergências entre o CDC, o CC/2002 e a Lei da Liberdade Econômica. In: MARQUES, Claudia Lima; LORENZETTI, Ricardo Luis; CARVALHO, Diógenes Faria de; MIRAGEM, Bruno. *Contratos de Serviços em Tempos Digitais*. São Paulo: Ed. RT, 2021. *E-book*.

167. NUNES, Luiz Antônio Rizzatto. *Curso de direito do consumidor*: com exercícios. São Paulo: Saraiva, 2004. p. 570.

168. Importante referir que esse princípio não se limita apenas à esfera contratual, já que atua como limitação ao exercício de direitos subjetivos, tal como corre na disposição do artigo 187 do Código Civil, e como norma de interpretação objetiva dos negócios em geral, de acordo com o artigo 113, também do Código Civil (ZANELLATO, Marco Antonio. Boa-fé objetiva: formas de expressão e aplicações. *Revista de Direito do Consumidor*, São Paulo, v. 100, p. 141-194, jul.-ago. 2015).

agindo com lealdade, sem abuso, sem obstrução, sem causar lesão ou desvantagem excessiva, cooperando para atingir o bom fim das obrigações: o cumprimento do objetivo contratual e a realização dos interesses das partes [...].[169]

Ainda, a boa-fé é cooperação, respeito, conduta leal esperada em todas as relações sociais, um verdadeiro dever de consideração para com outro. Por isso, a sua proteção é a base de todas as relações jurídicas e princípio máximo das relações contratuais, conforme os ensinamentos de Clovis do Couto e Silva.[170]

Na definição de Judith Martins-Costa, a boa-fé objetiva é regra de conduta e pode ser entendida como "modelo de conduta social, arquétipo ou *standard* jurídico, segundo o qual cada pessoa deve ajustar a própria conduta a esse arquétipo, obrando como obraria um homem reto: com honestidade, lealdade, probidade".[171]

Refere-se àquela conduta que se espera das partes contratantes, com base na lealdade, de sorte que toda cláusula que infringir esse princípio é considerada abusiva. Sob o signo da boa-fé, a relação entre os contratantes ganha "conteúdo novo", devendo ser pautada pelos valores da lealdade e cooperação, privilegiando-se o respeito à confiança e às expectativas legítimas da contraparte.[172]

Nessa toada, a doutrina brasileira, coadunando-se com doutrinadores germânicos, atribui à boa-fé tríplice função, assim composta: i) função interpretativa, como critério hermenêutico dos contratos; ii) função criadora de deveres anexos ou acessórios à prestação principal; e iii) função restritiva de exercícios abusivos de direitos contratuais.[173]

Sobre a primeira função, é interpretadora, pois a melhor linha de interpretação de um contrato ou de uma relação de consumo deve ser a do princípio da boa-fé, posto que permite uma visão total e real do contrato sob exame; com expressa menção ao art. 47 do CDC, como norma concretizadora do princípio e norma que esclarece a conexidade entre o negócio principal de consumo e os negócios acessórios. Esse impressionante exercício de concretização de uma cláusula geral e de realização do direito dos juízes também se encontra no Código Civil de 2002.[174]

A segunda função é considerada criadora, seja como fonte de novos deveres, deveres de conduta anexos aos deveres de prestação contratual; seja como dever de informação, de cuidado e de cooperação; seja como fonte de responsabilida-

---

169. MARQUES, Claudia Lima. *Contratos no Código de Defesa do Consumidor*: o novo regime das relações contratuais. 8. ed. rev. atual. ampl. São Paulo: Ed. RT, 2016. p. 222.
170. SILVA, Clovis do Couto e. *A obrigação como Processo*. Rio de Janeiro: Editora FGV, 2006. p. 32-35.
171. MARTINS-COSTA, Judith. *A boa-fé no direito privado*. São Paulo: Ed. RT, 1999. p. 24.
172. PEIXOTO, Ester Lopes. O princípio da boa-fé no direito civil brasileiro. *Revista de Direito do Consumidor*, São Paulo, v. 45, p. 140-171, jan.-mar. 2003.
173. MARQUES, Claudia Lima. *Contratos no Código de Defesa do Consumidor*: o novo regime das relações contratuais. 8. ed. rev. atual. ampl. São Paulo: Ed. RT, 2016. p. 221.
174. MARQUES, Claudia Lima. *Contratos no Código de Defesa do Consumidor*: o novo regime das relações contratuais. 8. ed. rev. atual. ampl. São Paulo: Ed. RT, 2016. p. 249.

de por ato lícito, ao impor riscos profissionais novos e agora indisponíveis por contrato.[175]

Quanto à terceira função, chamada de limitadora, age:

> [...] reduzindo a liberdade de atuação dos parceiros contratuais ao definir algumas cláusulas e condutas como abusivas, seja controlando a transferência de riscos profissionais e libertando o devedor face à não razoabilidade de outra conduta [...].[176]

António Menezes Cordeiro relaciona essa limitação ao exercício de direitos à cinco figuras típicas: a *exceptio dolis*, que é faculdade potestativa de paralisar o comportamento da outra parte em caso de dolo; o *venire contra factum próprio*, que é a proibição ao comportamento contraditório ou à frustração de expectativas legítimas da outra parte por comportamento diverso e inesperado; a *supressio*, que veda, em razão do decurso do tempo, a possibilidade de exigência de direito subjetivo que poderia ter sido exercido, mas não o foi; a *surrectio*, que é o surgimento de um direito que, apesar de não existir juridicamente, era socialmente aceito; e ao *tu quoque*, que veda que o sujeito violador de uma norma jurídica tire proveito da situação em benefício próprio.[177]

Com efeito, uma vez compreendidos os principais aspectos sobre a boa-fé objetiva, passa-se a analisar a sua incidência em relação ao instituto do legítimo interesse do controlador para o tratamento de dados pessoais.

A inclusão pelo legislador brasileiro da boa-fé no artigo 6º da LGPD, junto ao *caput*, que é o cerne do dispositivo e exprime a sua norma geral, é indicativa da centralidade desse princípio, inclusive em relação aos demais expressos em incisos (da finalidade, da adequação, da necessidade, do livre acesso, da transparência, da segurança, da prevenção, da não discriminação e da responsabilização e prestação de contas). Ainda, a boa-fé está inserida na seção de disposições preliminares da lei como princípio, que também conta com fundamentos (art. 2º), escopo de aplicação (art. 3º e art. 4º) e definições (art. 5º), representando, nesse sentido, parte do núcleo de premissas que orientam toda a LGPD e, assim, recaem sobre todos os seus artigos.[178]

O destaque dado ao princípio da boa-fé no texto da lei brasileira, embora dialogue com o princípio da lealdade do RGPD, possui o diferencial de remeter a toda uma tradição civil germânica existente no Brasil, que tem a boa-fé como o principal parâmetro na aplicação de uma visão social dos contratos, em sua função interpretativa, limitadora de direitos subjetivos e criadora de deveres de conduta.[179]

---

175. MARQUES, Claudia Lima. *Contratos no Código de Defesa do Consumidor*: o novo regime das relações contratuais. 8. ed. rev. atual. ampl. São Paulo: Ed. RT, 2016. p. 221.
176. MARQUES, Claudia Lima. *Contratos no Código de Defesa do Consumidor*: o novo regime das relações contratuais. 8. ed. rev. atual. ampl. São Paulo: Ed. RT, 2016. p. 221.
177. MENEZES CORDEIRO, Antonio Manuel da Rocha e. *Da boa fé no direito civil*. Lisboa: Almedina, 2001. p. 740.
178. BIONI, Bruno; KITAYAMA, Marina; RIELLI, Mariana. *O Legítimo Interesse na LGPD*: quadro geral e exemplos de aplicação. São Paulo: Associação Data Privacy Brasil de Pesquisa, 2021. p. 7.
179. MENDES, Laura Schertel; BIONI, Bruno Ricardo. O regulamento europeu de proteção de dados pessoais e a lei geral de proteção de dados brasileira: mapeando convergências na direção de um nível de equivalência. *Revista de Direito do Consumidor*, São Paulo, v. 124, p. 157-180, jul.-ago. 2019.

3 • A CONCREÇÃO DO LEGÍTIMO INTERESSE NO CENÁRIO BRASILEIRO À LUZ DA EXPERIÊNCIA EUROPEIA **159**

Dessa forma, o princípio da boa-fé irradia a existência de deveres de conduta por parte do agente de tratamento de dados, de lealdade junto ao titular dos dados, de modo que não frustre a confiança nele depositada, relacionando-se diretamente com a exigência de respeito às legítimas expectativas desses titulares, nos termos da previsão do artigo 10, inciso II, da LGPD.[180]

Aqui, abre-se um parêntese para trazer a definição de Gerson Branco sobre expectativas legítimas. Para o autor,

> [...] são o nome que se atribui a uma relação jurídica específica, nascida de atos e fatos que não se enquadram dentro da tradicional classificação das fontes das obrigações, mas que, em razão da necessidade de proteção da confiança, produzem uma eficácia específica.[181]

Assim, segundo o autor, o direito contratual contemporâneo traz a ideia de função social, ligado aos problemas da realidade e aos valores sociais, em busca da solução mais justa no caso concreto, tendo em vista que a análise da proteção das expectativas legítimas exige o tratamento do contrato sob o ponto de vista material, para a busca de uma justiça contratual, representada pela equivalência entre prestações "na proteção da confiança e da boa-fé das partes".[182]

Em relação ao tratando de dados pessoais, a boa-fé adquire importância fundamental no equilíbrio dos interesses envolvidos, impondo o dever de cooperação dos agentes de tratamento de dados com os titulares de dados. Por isso, a partir de uma leitura conjunta do artigo 7º, inciso IX, com o artigo 10 da LGPD, a própria base legal do legítimo interesse deverá ser tratada como uma espécie de cláusula geral, a ser preenchida com os direitos fundamentais, os valores do ordenamento jurídico brasileiro e seus princípios, em especial o princípio da boa-fé objetiva, através de avaliação casuística que considere todas as especificidades contextuais do caso concreto, em especial, seu sujeito de direito.

Somente dessa forma poderá ser evitado um transplante legal inadequado do legítimo interesse do direito comunitário europeu, sem a devida correspondência no ordenamento jurídico brasileiro.[183]

Outrossim, por mais que a situação concreta do tratamento promova atividades legítimas do controlador, ainda é dever deste atender às previsões contidas no inciso

---

180. BIONI, Bruno; KITAYAMA, Marina; RIELLI, Mariana. *O Legítimo Interesse na LGPD*: quadro geral e exemplos de aplicação. São Paulo: Associação Data Privacy Brasil de Pesquisa, 2021. p. 31.
181. BRANCO, Gerson Luiz Carlos. a proteção das expectativas legítimas derivadas das situações de confiança: elementos formadores do princípio da confiança e seus efeitos. *Revista de Direito Privado*, São Paulo, v. 12, p. 169-225, out.-dez. 2002.
182. BRANCO, Gerson Luiz Carlos. a proteção das expectativas legítimas derivadas das situações de confiança: elementos formadores do princípio da confiança e seus efeitos. *Revista de Direito Privado*, São Paulo, v. 12, p. 169-225, out.-dez. 2002.
183. BIONI, Bruno; KITAYAMA, Marina; RIELLI, Mariana. *O Legítimo Interesse na LGPD*: quadro geral e exemplos de aplicação. São Paulo: Associação Data Privacy Brasil de Pesquisa, 2021. p. 31.

II, art. 10 da lei, figurando o respeito às legítimas expectativas do titular como um requisito para a operação almejada pelo agente.

Isso implica a indispensável análise de compatibilidade consubstanciada na verificação sobre a proximidade contextual entre o uso feito dos dados do titular e aquilo que ele espera, uma vez que o próprio princípio da finalidade preconiza a "realização do tratamento para propósitos legítimos, específicos, explícitos e informados ao titular, sem possibilidade de tratamento posterior de forma incompatível com essas finalidades", de acordo com o artigo 6º, inciso I da LGPD.

Nesse contexto, no caso de legítimo interesse de terceiro, considerando alguém que não mantém uma relação já preestabelecida com o titular dos dados, a noção de legítima expectativa mostra-se mais difícil de ser demonstrada, levando ao aumento do risco da aplicação dessa base legal e à necessidade de cautela em sua utilização.[184]

Sendo relação de consumo, igualmente incidirá o regramento do Código de Defesa do Consumidor, que, além de realizar a interconexão com os princípios da boa-fé objetiva, nos termos do artigo 4º, inciso III, e da transparência, conforme o artigo 30, presentes também na LGPD, poderá permitir a construção de arcabouço teórico mais preciso acerca da efetividade dos direitos básicos do consumidor, em especial, segurança, proteção, privacidade e escolha, previstos nos incisos I, II e III, do artigo 6º do CDC; afinal, não há dado do consumidor que seja insignificante.[185]

Veja-se que o dever anexo de informação e transparência foi trazido pelo próprio legislador da LGPD como uma obrigação imposta ao agente que realiza o tratamento de dados com fundamento do legítimo interesse, nos termos do parágrafo 2º, do artigo 10, ao dispor que "O controlador deverá adotar medidas para garantir a transparência do tratamento de dados baseado em seu legítimo interesse".

Mais incisiva é a LGPD quanto ao dever de transparência, quando o estabelece como princípio, que se traduz na "garantia, aos titulares, de informações claras, precisas e facilmente acessíveis sobre a realização do tratamento e os respectivos agentes", de acordo com o artigo 6º, inciso VI, e de modo que se possa "estabelecer relação de confiança com o titular, por meio de atuação transparente e que assegura mecanismos mínimos de participação", conforme o artigo 50, parágrafo 2º, inciso I.

---

184. VIOLA, Mario; TEFFÉ, Chiara Spadaccini de. Tratamento de dados pessoais na LGPD: estudo sobre as bases legais dos artigos 7º e 11º. In: MENDES, Laura Schertel; DONEDA, Danilo; SARLET, Ingo Wolfganf; RODRIGUES JR., Otavio Luiz (Coord.). *Tratado de Proteção de Dados Pessoais*. Rio de Janeiro: Forense, 2021. p. 117-148.
185. FRANZOLIN, Cláudio José; VALENTE, Victor Augusto Estevam. Alguns apontamentos sobre a responsabilidade ativa mediante a prestação de contas e a prevenção de danos por meio de conformidades: a Lei Geral de Proteção de Dados e a tutela do consumidor em construção. *Revista de Direito do Consumidor*, São Paulo, v. 133, p. 75-106, jan.-fev. 2021.

3 • A CONCREÇÃO DO LEGÍTIMO INTERESSE NO CENÁRIO BRASILEIRO À LUZ DA EXPERIÊNCIA EUROPEIA | **161**

Em vista disso, a informação configura o mecanismo de controle do titular do dado, para que ele possa fiscalizar possíveis desvios de interesses e abusos no tratamento de seus dados pessoais. Ademais, se os dados pessoais se referem à pessoa e o representam, afetando a sua personalidade, ela deve ter conhecimento, bem como a possibilidade de decidir sobre o fluxo de seus dados, salvo em casos excepcionais ou de expressa previsão legal, em respeito às diretrizes estabelecidas pela autodeterminação informativa, que é ponto central da LGPD.[186]

Nesse sentido, a aplicação da base legal do legítimo interesse dispensará o consentimento, mas não que o usuário seja devidamente informado acerca do tratamento de seus dados realizado pelo controlador. Junto da informação, cabe ao agente a inserção de um mecanismo de *opt-out*, dando-lhe a possibilidade de oposição ao tratamento realizado por considerar ser este incompatível com as suas legítimas expectativas.[187]

Para Bruno Bioni, Marina Kitayama e, Mariana Rielli, em que pese o direito à oposição seja uma peça-chave tanto no processo de avaliação do legítimo interesse, como no próprio direito do titular do dado à autodeterminação informativa, que é fundamento da lei, esse direito não seria absoluto, uma vez que a legislação traz como condicionante o desrespeito à lei por parte do controlador.[188]

Assim, no caso de o titular dos dados manifestar discordância a um determinado tratamento, por considerar que é contrário às suas legítimas expectativas, e o controlador não respeite essa decisão, potencialmente estar-se-ia diante de um desrespeito à lei, restando cumprida a condicionante. *A priori*, segundo os autores, poderiam existir casos de conflitos em que a aplicabilidade do *opt-out* não seria automática; todavia, a regra deva ser a existência da prerrogativa ao titular do dado.[189]

---

186. BIONI, Bruno. O dever de informar e a teoria do diálogo das fontes para a aplicação da autodeterminação informacional como sistematização para a proteção dos dados pessoais dos consumidores: convergências e divergências a partir da análise da ação coletiva promovida contra o Facebook e o aplicativo "Lulu". *Revista de Direito do Consumidor*, São Paulo, v. 94, p. 283-324, jul.-ago. 2014.

187. No denominado sistema *opt-in*, não deve haver a coleta de dados sem o consentimento do indivíduo, enquanto no sistema *opt-out*, a coleta de dados ocorre já de início, independentemente de consentimento, devendo o titular do dado, para barrá-la, exercer seu poder de escolha de estar fora do tratamento, *a posteriori*. (BIONI, Bruno. O dever de informar e a teoria do diálogo das fontes para a aplicação da autodeterminação informacional como sistematização para a proteção dos dados pessoais dos consumidores: convergências e divergências a partir da análise da ação coletiva promovida contra o Facebook e o aplicativo "Lulu". *Revista de Direito do Consumidor*, São Paulo, v. 94/2014, p. 283-324, jul.-ago. 2014).

188. Considerando que o direito de oposição é regrado pelo parágrafo 2º do artigo 18 da LGPD, o qual prevê que "o titular pode opor-se a tratamento realizado com fundamento em uma das hipóteses de dispensa de consentimento, em caso de descumprimento ao disposto nesta lei" (BIONI, Bruno; KITAYAMA, Marina; RIELLI, Mariana. *O Legítimo Interesse na LGPD*: quadro geral e exemplos de aplicação. São Paulo: Associação Data Privacy Brasil de Pesquisa, 2021. p. 36-37).

189. BIONI, Bruno; KITAYAMA, Marina; RIELLI, Mariana. *O Legítimo Interesse na LGPD*: quadro geral e exemplos de aplicação. São Paulo: Associação Data Privacy Brasil de Pesquisa, 2021. p. 36-37.

Dessa forma, a partir do momento em que o titular se opõe ao tratamento realizado com seus dados, para continuar tal tratamento, caberá ao controlador provar que o tratamento é tão necessário naquele caso específico que a objeção do titular não deve prevalecer. Indiscutivelmente, trata-se de ônus do controlador demonstrar que seu legítimo interesse se sobrepõe aos direitos e garantias fundamentais do titular do dado potencialmente ofendido. Caso o pedido de *opt-out* do titular do dado não seja acolhido, o controlador aceitará um risco jurídico, na medida em que a avaliação de seu legítimo interesse e da ofensa às legítimas expectativas dos titulares está sujeita à revisão, e possível discordância, por parte da ANPD e do poder judiciário, que realizarão a análise do caso concreto à luz da boa-fé.

Veja-se, inclusive, que o direito de oposição não é novidade no ordenamento jurídico brasileiro, tendo sido amplamente debatido pelo Superior Tribunal de Justiça quando do julgamento do Recurso Especial 1.419.697/RS, em 2014, que resultou na edição da Súmula 550 do STJ. Como visto no ponto 2.1.2, no caso do sistema de *credit scoring,* foi assegurada a legalidade do modelo de *opt-out*, no qual o consumidor pode solicitar a sua retirada do banco de dados e/ou realizar um controle da veracidade do conteúdo através da garantia de acesso às informações, respeitando o direito à transparência e lealdade entre as partes, desde que respeitados os limites postos pelo sistema de proteção ao consumidor, nos termos do CDC.

Por outro lado, o artigo 37 da LGPD, ao estabelecer um dever geral de registro de quaisquer operações de tratamento de dados pessoais realizadas, reforça que o dever de transparência é especialmente aplicável no caso de tratamentos de dados pessoais realizados a partir do legítimo interesse, dispondo que: "O controlador e o operador devem manter registro das operações de tratamento de dados pessoais que realizarem, especialmente quando baseado no legítimo interesse".

Ainda, o artigo 10, parágrafo 3º, da LGPD, dispõe que:

> A autoridade nacional poderá solicitar ao controlador relatório de impacto à proteção de dados pessoais, quando o tratamento tiver como fundamento seu interesse legítimo, observados os segredos comercial e industrial.

Nesse ponto, o texto do artigo pode ter deixado margem para discussão sobre a obrigatoriedade do relatório de impacto à proteção[190] de dados exigível em toda situação de aplicação do legítimo interesse, havendo quem defenda que a base legal em si não deflagra a exigibilidade do relatório de impacto, mas sim o alto risco da atividade em questão. Assim, não havendo alto risco, o registro das atividades

---

190. Mais informações sobre esse documento estão contidas no inciso XVII do artigo 5º da LGPD, que o conceitua como "documentação do controlador que contém a descrição dos processos de tratamento de dados pessoais que podem gerar riscos às liberdades civis e aos direitos fundamentais, bem como medidas, salvaguardas e mecanismos de mitigação de risco".

3 • A CONCREÇÃO DO LEGÍTIMO INTERESSE NO CENÁRIO BRASILEIRO À LUZ DA EXPERIÊNCIA EUROPEIA

pelo próprio teste do legítimo interesse[191] supriria os deveres de responsabilidade e prestação de contas trazidos pela LGPD.[192]

Contudo, cumpre observar o artigo 38 da lei, por sua vez, refere que:

A autoridade nacional poderá determinar ao controlador que elabore relatório de impacto à proteção de dados pessoais [...] referente a suas operações de tratamento de dados [...].

Sobre o tema, Marcel Leonardi traz a necessária elucidação, afirmando que é possível observar-se obrigações distintas impostas pelo legislador nos referidos artigos da LGPD: enquanto o artigo 38 estipula que a ANPD poderá "determinar a elaboração de relatório", o artigo 10 da mesma lei destaca que a autoridade "poderá solicitar ao controlador esse relatório". Ou seja, o relatório de impacto deve ter sido elaborado anteriormente, no momento da decisão pela utilização do legítimo interesse e antes que qualquer tratamento de dados pessoais fundamentado nessa base legal efetivamente ocorra.[193]

Logo, tendo em vista os deveres de informação e transparência que acompanham o legítimo interesse, entende-se que o relatório de impacto deverá ser elaborado pelo agente antes da realização do tratamento, contendo informações detalhadas sobre o uso da base legal, incluindo o registro do teste de proporcionalidade, para que possa ser disponibilizado aos titulares de dados pessoais, à ANPD e ao poder judiciário quando necessário, mesmo diante da possível interpretação de que o documento somente seria obrigatório mediante requerimento da autoridade.

Trata-se de medida de suma importância, uma vez que o teste de proporcionalidade realizado pelo controlador poderá ser questionado, por inúmeros motivos, como, por exemplo, o interesse do controlador ser diferente do declarado ou porque o teste não foi detalhado o suficiente, servindo o relatório de impacto justamente para minimizar os questionamentos e assegurar possíveis verificações posteriores.[194]

Ademais, nos tratamentos de dados realizados através da base legal do legítimo interesse, igual importância merece ser dada à função restritiva da boa-fé, também

---

191. A diferença essencial entre essas duas avaliações é que o teste do legítimo interesse é deflagrado pelo próprio texto da lei e tem como objetivo avaliar a adequação da base legal do legítimo interesse. O relatório de impacto à proteção de dados, por outro lado, tem como gatilho o alto nível de risco de qualquer atividade de tratamento de dados pessoais (GOMES, Maria Cecília Oliveira. Relatório de impacto à proteção de dados pessoais. Uma breve análise da sua definição e papel na LGPD. *Revista da AASP*, São Paulo, n. 144, p. 176, dez. 2019).

192. BIONI, Bruno; KITAYAMA, Marina; RIELLI, Mariana. *O Legítimo Interesse na LGPD*: quadro geral e exemplos de aplicação. São Paulo: Associação Data Privacy Brasil de Pesquisa, 2021. p. 41.

193. LEONARDI, Marcel. Legítimo Interesse. *Revista do Advogado*, São Paulo, v. 39, p. 67-73, nov. 2019.

194. SANTOS, Isabela Maria Rosal. O Legítimo Interesse do controlador ou de terceiro e o teste de proporcionalidade no tratamento de dados pessoais. In: BEZERRA, Tiago José de Souza Lima et al. (Org.). *Open data day*: dados abertos governamentais e inovação cívica. Natal: Editora Motres, 2020. p. 23-61.

chamada de limitadora, que atua corrigindo e limitando as condutas dos contratantes, tendo em vista os valores e a justiça que presidem o ordenamento jurídico.[195]

Aqui, o que interessa é o efeito típico limitador ao "exercício, antes ilícito, hoje abusivo, dos direitos subjetivos",[196] que fundamenta o instituto do abuso de direito. Nesse sentido, o termo "abuso" vem de *abusus*, particípio passado de *abutor-abutere*, abusar, ou seja, usar em excesso, usar desviando do uso normal. Em português, é exatamente esse excesso no uso.[197] Em um conceito moderno, Menezes Cordeiro afirma que o abuso do direito é o "exercício inadmissível de posições jurídicas".[198] Assim, nos termos do artigo 187 do Código Civil Brasileiro, o abuso do direito é o ato antijurídico cometido pelo titular de um direito, que "ao exercê-lo, excede manifestamente os limites impostos pelo seu fim econômico ou social, pela boa-fé ou pelos bons costumes".[199]

Bruno Miragem ensina que o excesso no exercício do direito subjetivo pode ser verificado quando resta ultrapassado o limite imposto pelo direito positivo, compreendendo não apenas o texto legal, mas também as normas éticas que coexistem em todo o sistema jurídico. Assim, a teoria do abuso de direito constitui um meio eficaz de limitação da autonomia da vontade individual, uma vez que corrige, atua e impede os desregramentos, assegurando a observância dos princípios da equivalência das prestações e equilíbrio dos interesses em concorrência.[200]

Portanto, a boa-fé, através de sua função limitadora, deverá funcionar como uma verdadeira fronteira ao uso da base legal do legítimo interesse, vedando o abuso do direito do controlador e do terceiro em processar dados pessoais, que não poderá exceder manifestamente os limites impostos pelos valores éticos e sociais do sistema, principalmente a boa-fé, os bons costumes e a finalidade social e econômica do direito.

Mais reforçada se tornará essa fronteira em relação ao tratamento de dados pessoais ocorridos no âmbito das relações de consumo, uma vez que, para o direito do consumidor, o efeito típico da boa-fé em matéria de limitação do exercício de liberdade ou direito subjetivo constitui também um preceito de proteção do consumidor em face da atuação abusiva do fornecedor, como no caso da publicidade

---

195. LOPEZ, Teresa Ancona. Exercício do direito e suas limitações: abuso do direito. *Revista dos Tribunais*, São Paulo, v. 885, p. 49-68, jul. 2009.

196. MARQUES, Claudia lima. 30 Anos do Código de Defesa do Consumidor: revisando a teoria geral dos serviços com base no CDC em tempos digitais. In: MIRAGEM, Bruno; MARQUES, Claudia Lima; DIAS, Lucia Ancona Lopez de (org.). *Direito do Consumidor*: 30 anos do CDC: da consolidação como direito fundamental aos atuais desafios da sociedade. Rio de Janeiro: Forense, 2021. p. 3-66.

197. LOPEZ, Teresa Ancona. Exercício do direito e suas limitações: abuso do direito. *Revista dos Tribunais*, São Paulo, v. 885, p. 49-68, jul. 2009.

198. MENEZES CORDEIRO, Antonio Manuel da Rocha e. *Da boa-fé no direito civil*. Coimbra: Almedina, 2001.

199. BRASIL. *Lei 10.406, de 10 de janeiro de 2002*. Altera o Código Civil. Brasília, DF: Planalto, 2002. Disponível em: http://www.planalto.gov.br/ccivil_03/leis/2002/l10406compilada.htm. Acesso em: 13 mar. 2021.

200. MIRAGEM, Bruno. Abuso do Direito. Ilicitude objetiva no direito privado brasileiro. *Revista dos Tribunais*, São Paulo, v. 842, p. 11-44, dez. 2005.

3 • A CONCREÇÃO DO LEGÍTIMO INTERESSE NO CENÁRIO BRASILEIRO À LUZ DA EXPERIÊNCIA EUROPEIA

abusiva e das práticas abusivas, condutas proibidas expressamente pelo Código de Defesa do Consumidor, no artigo 27, parágrafo 2º, e artigo 39.[201]

O problema é que essa abusividade não é facilmente reconhecida pelo consumidor, sendo de suma importância que este assuma uma posição ativa na busca de explicações sobre o uso que é feito de seus dados pessoais pelos fornecedores. Nesse sentido, a norma conduta da transparência merece ser revalorizada, para que haja responsabilidade e lisura nas práticas comerciais perpetradas no meio digital e, assim, seja assegurada a proteção da privacidade e dos dados pessoais dos consumidores.[202]

Observando os ensinamentos da experiência da União Europeia, é possível estabelecer a recomendação de que os responsáveis pelo tratamento de dados não deverão invocar o legítimo interesse para monitorar indevidamente as atividades dos consumidores, combinar grandes volumes desses dados, provenientes de diferentes fontes e recolhidos inicialmente noutros contextos e para outros fins; e criar ou comercializar perfis complexos das personalidades e das preferências.

O GTA29, em 2014, já havia alertado que a atividade de elaboração de perfis é suscetível de representar uma intromissão significativa na vida privada do consumidor, de forma que os interesses e os direitos da pessoa em causa devem prevalecer sobre o interesse do responsável pelo tratamento.[203]

Segundo o parecer europeu, as mensagens publicitárias são cada vez mais especificamente direcionadas, as atividades *on-line* dos consumidores cada vez mais rastreadas, através de técnicas de rastreamento tais como *cookies* que armazenam informações no terminal utilizado. Os dados pessoais dos titulares são tratados por métodos automatizados cada vez mais sofisticados, tudo para atender ao interesse econômico das organizações empresariais. Todavia, esse interesse não mais se sustenta em ponderação aos direitos fundamentais e ao interesse dessas pessoas de não serem indevidamente monitoradas.[204]

Foi justamente a situação retratada que levou a União Europeia a exigir o consentimento do titular dos dados nos termos do artigo 5º/3, e do artigo 13 da Diretiva 2002/58/CE do Parlamento e Conselho Europeu relativa ao tratamento de dados pessoais e à proteção da privacidade no setor das comunicações eletrô-

---

201. MIRAGEM, Bruno. *Curso de Direito do Consumidor.* 8. ed. rev. atual. e ampl. São Paulo: Thomson Reuters Brasil, 2019. p. 219.
202. MARQUES, Claudia Lima; MUCELIN, Guilherme. Inteligência artificial e "opacidade" no consumo: a necessária revalorização da transparência para a proteção do consumidor. TEPEDINO, Gustavo; SILVA, Rodrigo da Guia (coord.). *O Direito Civil na era da inteligência artificial.* São Paulo: Thomson Reuters Brasil, 2020. p. 411-439.
203. UNIÃO EUROPEIA. Grupo de Trabalho do Artigo 29º da Directiva 95/46/CE. *Parecer 06/2014 sobre o conceito de interesses legítimos do responsável pelo tratamento dos dados na aceção do artigo 7º da Diretiva 95/46/CE.* Bruxelas: UE, 2014. p. 41. Disponível em: https://bit.ly/2TDXCoI. Acesso em: 07 jul. 2021.
204. UNIÃO EUROPEIA. Grupo de Trabalho do Artigo 29º da Directiva 95/46/CE. *Parecer 06/2014 sobre o conceito de interesses legítimos do responsável pelo tratamento dos dados na aceção do artigo 7º da Diretiva 95/46/CE.* Bruxelas: UE, 2014. p. 72-73. Disponível em: https://bit.ly/2TDXCoI. Acesso em: 07 jul. 2021.

nica (*ePrivacy Directive*) para publicidade comportamental baseada em técnicas de rastreamento.[205]

De mais a mais, sobre a temática da publicidade comportamental, corretagem de dados, publicidade baseada na localização ou pesquisa de mercado digital baseada no rastreamento *marketing* comportamental, o GTA29 referiu, em seu Parecer sobre a limitação da finalidade, que "[...] o consentimento prévio, livre, específico, informado e inequívoco é quase sempre exigido; caso contrário, a utilização posterior dos dados não pode ser considerada compatível".[206]

Em relação ao *marketing* direto (concebido para o contexto tradicional do correio postal e para a publicitação de produtos análogos), no âmbito da União Europeia, o legítimo interesse poderá constituir fundamento jurídico para o tratamento de dados pessoais, sendo previsto o direito incondicional de oposição ou *opt-out*, nos termos do artigo 21 do RGPD.[207]

Tal recomendação poderá ser adotada no Brasil. Assim, não havendo o consentimento do titular dos dados pessoais para realização de tratamento para fins de *marketing*, deverão ser amplamente respeitados os direitos dos consumidores de transparência e informação sobre tratamento de dados a ser realizado com base no legítimo interesse, e, principalmente, de oposição à realização do tratamento almejado pelo controlador, que deverá cessar se esta for a vontade do titular.

Nessa premissa, cumpre trazer a doutrina de Arthur Pinheiro Bassan, que, de forma favorável ao *opt-out*, defende o reconhecimento de um direito da fundamental e da personalidade de proteção dos dados pessoais a fim de que o titular do dado pessoal não seja importunado pelas empresas que promovem publicidades virtuais de consumo, como uma concreção da integridade física do consumidor, na figura do sossego, que impõe o dever de abstenção das companhias de uma atuação publicitária ilimitada. Para o autor, isso significa permitir ao usuário não apenas o direito de aquietar-se e de reservar-se na sua privacidade, mas também o direito de controlar o grau de sua exposição aos incessantes fluxos informacionais.[208]

---

205. UNIÃO EUROPEIA. *DIRECTIVA 2002/58/CE DO PARLAMENTO EUROPEU E DO CONSELHO de 12 de Julho de 2002 relativa ao tratamento de dados pessoais e à protecção da privacidade no sector das comunicações electrónicas (Directiva relativa à privacidade e às comunicações electrónicas).* Disponível em: https://eur-lex. europa.eu/legal-content/PT/TXT/PDF/?uri=CELEX: 32002L0058&from=PT. Acesso em: 12 ago. 2020.

206. EUROPEAN UNION. Article 29 Data Protection Working Party. *Opinion 03/2013 on purpose limitation.* Brussels, 2 April 2013. Disponível em: https://ec.europa.eu/justice/article-29/documenta tion/opinion-recommendation/files/2013/wp203_en.pdf. Acesso em: 05 jan. 2021.

207. UNIÃO EUROPEIA. *Regulamento (EU) 2016/679 do Parlamento e do Conselho Europeu de 27 de abril de 2016 relativo à proteção das pessoas singulares no que diz respeito ao tratamento de dados pessoais e à livre circulação desses dados e que revoga a Diretiva 95/46/CE* (Regulamento Geral sobre a Proteção de Dados). Bruxelas, 27 de abril de 2016. Disponível em: https://eur-lex.europa.eu/ legal-content/PT/TXT/ PDF/?uri=CELEX:32016R0679&from=PT. Acesso em: 09 jul. 2020.

208. BASSAN, Arthur Pinheiro. *Publicidade Digital e proteção de dados pessoais*: o direito ao sossego. Indaiatuba: Editora Foco, 2021. p. 72 e 97.

3 • A CONCREÇÃO DO LEGÍTIMO INTERESSE NO CENÁRIO BRASILEIRO À LUZ DA EXPERIÊNCIA EUROPEIA | **167**

A própria legislação da União Europeia caminha nessa direção, uma vez que a publicidade direcionada está na eminência de ser reprimida contra as plataformas Big Tech como parte das novas regras quanto aos serviços digitais do bloco, conforme Parecer do Supervisor de Proteção de Dados da UE (*The European Data Protection Supervisor*) sobre as propostas da Comissão Europeia para Lei de Serviços Digitais (*Digital Services Act*) e a Lei de Mercados Digitais (*Digital Markets Act*), que a AEPD divulgou em fevereiro de 2021.[209]

Outrossim, cumpre destacar que a ANPD deverá, o quanto antes, disponibilizar orientação aos agentes de tratamento de dados que optarem pelo legítimo interesse para lastrear suas operações, bem como realizar esclarecimentos sobre a existência do legítimo interesse do controlador em casos concretos e de acordo com os setores e *players* que utilizam comumente os dados em suas atividades empresariais. Caberá também a esse órgão a verificação da ocorrência de abusos de direito e contrariedade aos valores maiores do ordenamento jurídico, com a aplicação das competentes sanções.[210]

Levando-se em conta a desproporção entre a vontade do titular dos dados e toda a estrutura de mercado existente dirigida para a coleta desses dados, a ANDP também terá um papel de garantia institucional, encontrando respostas eficazes para assegurar a igualdade, o balanceamento dos interesses dos agentes e a proteção dos direitos fundamentais que são caros à nossa Constituição Federal.[211]

Afinal, uma vez que a proteção da privacidade e do consumidor são abrangidas pelos direitos fundamentais constantes na Constituição Federal, os tratamentos de dados pessoais deverão ser compatibilizados com o postulado que é base do nosso ordenamento jurídico, a dignidade da pessoa humana[212]. Conforme a melhor doutrina de Ingo Sarlet, entende-se

> [...] por dignidade da pessoa humana a qualidade intrínseca e distintiva reconhecida em cada ser humano que o faz merecedor do mesmo respeito e consideração por parte do Estado e da comunidade, implicando, nesse sentido, um complexo de direitos e deveres fundamentais que assegurem a pessoa tanto contra todo e qualquer ato de cunho degradante e desumano, como venham a lhe garantir condições existenciais mínimas para uma vida saudável, além de propiciar e promover sua participação ativa e corresponsável nos destinos da própria existência e da vida em comunhão com os demais seres que integram a rede da vida.[213]

---

209. EUROPEAN UNION. European Data Protection Supervisor. *Opinion 1/2021 on the Proposal for a Digital Services Act*. Brussels, 10 Feb. 2021. Disponível em: https://www.euractiv.com/wp-content/uploads/sites/2/2021/02/10-02-2021-Opinion_on_Digital_Services_Act_EN.pdf. Acesso em: 07 jul. 2021.

210. BUCAR, Daniel; VIOLA, Mario. Tratamento de dados pessoais pelo legítimo interesse do controlador. In: TEPEDINO, Gustavo; FRAZÃO, Ana; OLIVA, Milena Donato (Coord.). *Lei Geral de Proteção de Dados e suas repercussões no Direito brasileiro*. São Paulo: Thomson Reuters Brasil, 2019. p. 465-484.

211. DONEDA, Danilo. *Da privacidade à proteção de dados pessoais*: elementos da formação da Lei geral de proteção de dados. 2. ed. rev. e atual. São Paulo: Thomson Reuters Brasil, 2019. p. 320-321.

212. RUARO, Regina Linden. O direito fundamental à proteção de dados pessoais do consumidor livre mercado. *Revista de Direito do Consumidor*, São Paulo, v. 118, p. 195-219, jul.-ago. 2018.

213. SARLET, Ingo Wolfgang. *Dignidade (da pessoa) humana e os direitos fundamentais na Constituição Federal de 1988*. 10. ed. rev. atual. Porto Alegre: Livraria do Advogado Editora, 2015. p. 70-71.

Através dos ditames da Constituição Federal, a privacidade e a dignidade poderão ser projetadas como elementos constitutivos da cidadania, para que a pessoa consumidora não seja reduzida a fins mercadológicos, tampouco seja discriminada ou classificada.[214]

Para reforçar estas garantias, revelam-se úteis a Proposta de Emenda à Constituição (PEC) 17/2019, bem como o Projeto de Lei (PL) 3514/2015 da Câmara dos Deputados, para atualização do Código de Defesa do Consumidor.

Cita-se a PEC 17/2019, por possuir a finalidade de adicionar a proteção dos dados pessoais no rol de direitos e garantias fundamentais (art. 5º, inciso XII), além de estabelecer a competência privativa da União para legislar na matéria (art. 22, inciso XXX).[215] Por derradeiro, a inclusão da proteção de dados como um direito expresso no rol do artigo 5º garantiria visibilidade e dispensaria uma sofisticada argumentação e esforço dogmático para sua defesa. Ademais, conduziria ao amadurecimento da compreensão (e delimitação) do alcance desse direito ante a necessidade de seu equacionamento diante de outros bens constitucionalmente assegurados, como resultado de um processo de ponderação de direitos fundamentais.[216]

Já o PL 3514/2015 é mencionado, pois visa à inclusão de dois importantes incisos ao artigo 6º do CDC (XI e XII), que agregariam aos direitos básicos do consumidor "a privacidade e a segurança das informações e dados pessoais prestados ou coletados, por qualquer meio, inclusive o eletrônico, assim como o acesso gratuito do consumidor a estes e a suas fontes", e "a liberdade de escolha, em especial frente a novas tecnologias e redes de dados, vedada qualquer forma de discriminação e assédio de consumo".[217] Nesse sentido, reconhecer a proteção de dados pessoais um direito básico do consumidor constitui medida relevante em uma dupla dimensão: de tutela da personalidade do consumidor contra os riscos inerentes ao tratamento de seus dados pessoais, abrangendo a legitimidade do tratamento; de empoderamento do consumidor para que possa controlar o fluxo de seus dados na sociedade, abrangendo a autodeterminação informativa do consumidor.[218]

---

214. RODOTÁ, Stefano. *A vida na sociedade de vigilância*: a privacidade hoje. Rio de Janeiro: Renovar, 2008. p. 24-25.

215. BRASIL. Proposta de Emenda à Constituição 17, de 2019. Acrescenta o inciso XII-A, ao art. 5º, e o inciso XXX, ao art. 22, da Constituição Federal para incluir a proteção de dados pessoais entre os direitos fundamentais do cidadão e fixar a competência privativa da União para legislar sobre a matéria. Brasília, DF: Senado Federal, 2019. Disponível em: https://www25.senado.leg.br/web/ atividade/materias/-/materia/135594. Acesso em: 08 jul. 2021.

216. BIONI, Bruno. MOTA ALVES, Fabrício da. A importância da PEC de proteção de dados mesmo após o histórico julgamento do STF. *Jota Info*, 2020. Disponível em: https://www.jota.info/paywall? redirect_to=// www.jota.info/opiniao-e-analise/artigos/a-importancia-da-pec-de-protecao-de-dados-mesmo-apos-o-historico-julgamento-do-stf-16062020. Acesso em: 29 jun. 2020.

217. BRASIL. *Projeto de Lei 3514/2015*. Altera a Lei 8.078, de 11 de setembro de 1990 (Código de Defesa do Consumidor) [...]. Brasília, DF: Câmara dos Deputados, 2015. Disponível em: https:// www.camara.leg. br/proposicoesWeb/fichadetramitacao?idProposicao=2052488. Acesso em: 04 jul. 2020.

218. BASSAN, Arthur Pinheiro. *Publicidade Digital e proteção de dados pessoais*: o direito ao sossego. Indaiatuba: Editora Foco, 2021. p. 114.

3 • A CONCREÇÃO DO LEGÍTIMO INTERESSE NO CENÁRIO BRASILEIRO À LUZ DA EXPERIÊNCIA EUROPEIA | 169

Conforme a doutrina de Laura Schertel Mendes, o consumidor inserido na sociedade de informação, por ser vulnerável, merece a tutela estatal, que somente poderá ser atingida pelo reconhecimento do direito básico do consumidor à proteção de seus dados pessoais, que engloba duas dimensões: uma com aspecto subjetivo, que está vinculado ao controle dos dados pessoais pelo próprio consumidor; e outra com aspecto objetivo, vinculado à proteção contra os riscos causados pelo tratamento de dados pessoais. Unidas, essas dimensões poderão, então, propiciar a autodeterminação informativa do consumidor e um controle objetivo da legitimidade do tratamento dos dados pessoais dentro do mercado de consumo, em atenção à boa-fé objetiva e suas legítimas expectativas.[219]

Nesse contexto, acredita-se que as propostas legislativas da PEC 17/2019[220] e do PL 3514/2015[221] trariam reflexos positivos para a solução dos conflitos que invariavelmente serão enfrentados na aplicação da base legal do legítimo interesse no cenário nacional, seja pela insegurança jurídica que permeia esse instituto, pela discricionariedade que foi dada aos controladores de dados pelo legislador, ou pela necessidade de promoção da confiança do titular dos dados por esses agentes.

---

219. MENDES, Laura Schertel. *Privacidade, proteção de dados e defesa do consumidor*: linhas gerais de um novo direito fundamental. São Paulo: Saraiva, 2014. p. 202-203.
220. A Proposta de Emenda à Constituição 17/2019 foi aprovada por unanimidade no Senado Federal no dia 20 de outubro de 2021 e aguarda promulgação em sessão do Congresso Nacional.
221. O Projeto de Lei, aprovado por unanimidade no Senado Federal, hoje tramita perante a Câmara dos Deputados apensado ao PL 4906/2001 e, apesar de sua urgência, aguarda apreciação do plenário, sem perspectivas concretas para sua aprovação.

4
CONSIDERAÇÕES FINAIS

O enfrentamento da temática da proteção de dados pessoais no Direito Brasileiro não é tarefa simples, tendo em vista a necessidade de absorção de elementos anteriormente presentes no ordenamento pátrio, bem como pela apresentação na própria Lei Geral de Proteção de Dados de elementos e institutos completamente novos, como é o caso do instituto do legítimo interesse.

Como visto, essa relevante hipótese autorizativa, através de sua flexibilidade, visa possibilitar tratamentos de dados importantes, vinculados ao escopo de atividades praticadas pelo controlador e que encontrem justificativa legítima, trazendo consigo grande carga de abstração, o que demanda a sua concreção. A flexibilidade dessa base legal constitui seu diferencial, ao possibilitar a continuidade do fluxo de dados que é cada vez mais necessária para a economia do Brasil na era digital, mas também apresenta uma faceta negativa, trazendo insegurança jurídica ao agente de tratamento e risco de ofensa aos direitos e liberdades fundamentais dos titulares dos dados pessoais.

O presente estudo em direito comparado, nesse norte, buscou identificar balizas já definidas para a utilização do legítimo interesse no tratamento de dados pessoais no cenário da União Europeia, objetivando estabelecer possíveis caminhos e fronteiras para uma adequada recepção desse instituto junto ao ordenamento jurídico brasileiro – sem deixar de considerar as especificidades e as diferenças do estado da arte em cada um dos sistemas, já que o direito comparado não reside na mera comparação de leis, jurisprudência ou doutrina de forma isolada, pois o direito é um objeto cultural inseparável daquela realidade que lhe deu origem.

Neste ponto, não se pôde ignorar que a Europa, em virtude de um processo histórico de conflitos, guerras e regimes autoritaristas, muito cedo compreendeu a importância de sua privacidade e os riscos envolvidos no uso indevido de seus dados pessoais tendo iniciado nos anos 1960 seus trabalhos e estudos sobre a proteção de dados pessoais. Em 1980, foram concebidas as Diretrizes sobre Proteção da Privacidade da OCDE e, em 1995, a Convenção de Estrasburgo. Em 1995, a proteção de dados pessoais restou disciplinada pela Diretiva 95/46/CE. Em junho de 2012, enquanto a UE já discutia a reforma do seu marco regulatório em relação à matéria, o Brasil, de forma insipiente, estava apresentando o seu Projeto de Lei 4060/2012, na Câmara dos Deputados. Quando da entrada em vigor da LGPD no país, a UE já possuía seu RGPD em vigência há mais de dois anos.

Com efeito, não se está negando que a experiência europeia, com suas decisões e boas práticas desde a Diretiva 95/46/CE, possua um papel importante para guiar o Brasil em sua jornada pela efetividade da LGPD. Todavia, as soluções desse contexto não podem simplesmente ser transplantadas à vivência nacional, sendo necessárias importantes adaptações no caso da base legal do legítimo interesse, em atenção à boa-fé objetiva e às legítimas expectativas dos titulares dos dados, que, sendo consumidores, atrairão a incidência do Código de Defesa do Consumidor.

Assim, ao final da investigação proposta, algumas conclusões podem ser formuladas, visando responder ao objetivo geral e aos objetivos específicos que haviam sido atribuídos a este trabalho, bem como traçar os contornos iniciais que o legítimo interesse poderá tomar no cenário nacional. Ditas conclusões tencionam dar continuidade ao debate que se trava no âmbito do presente tema, no esforço de garantir que sejam evitados abusos e que sejam preservados os direitos e as garantias fundamentais dos titulares dos dados, bem como a efetividade da própria Lei Geral de Proteção de Dados. São elas:

i. O direito à privacidade, inicialmente concebido como o direito do indivíduo de ser deixado só (*the right to be alone*), sofreu transformações ao longo do tempo, tendo assumido um papel de extrema importante no século XXI, ao mesmo tempo em que o próprio conceito de privacidade abandonou uma concepção mais restrita, limitada ao círculo da intimidade da pessoa humana. A utilização massiva de dados pessoais por organismos estatais e privados, a partir de avançadas tecnologias da informação, trouxe novos desafios ao direito à privacidade, que não foi capaz de fazer frente às novas situações introduzidas, de certa maneira devido ao seu caráter individualista e subjetivo. A partir dessa situação, a doutrina passou a defender a necessidade de um direito apartado, o direito à proteção de dados pessoais, que, apesar de possuir uma série de valores fortemente ligados à privacidade, é mais amplo, pois abarca todos os dados que dizem respeito a uma pessoa natural, independentemente da sua esfera íntima, privada, familiar ou social, como um direito fundamental autônomo, com vinculação direta à proteção da personalidade.

ii. No panorama do ordenamento jurídico brasileiro, o direito à proteção de dados pessoais não se estruturou a partir de um complexo normativo unitário, mas por meio de uma série de disposições legais que evoluíram ao longo do tempo, desde a Constituição Federal (1988), passando pela Lei do *Habeas Data* (1997), o Código de Defesa do Consumidor (1990), o Código Civil (2002), a Lei do Acesso à Informação (2011), a Lei do Cadastro Positivo (2011), o Marco Civil da Internet (2014), até a Lei Geral de Proteção de Dados (2018). Junto com a legislação, a jurisprudência dos tribunais superiores foi responsável por consolidar marcos no sistema jurídico brasileiro, como o direito de acesso e retificação de dados pessoais oriundos do período da Ditadura Militar no país (RHC 22/DF); a revitalização do *habeas data*, em uma percepção mais ampla, admitindo o direito fundamental à autodeterminação informativa (REXT 673.707/MG); o direito ao dano moral *in re ipsa* ante o registro indevido de dados pessoais nos cadastros negativos de crédito (RESP 1.061.134/RS); a incidência do CDC em serviços gratuitos de provedor de pesquisa na internet (RESP 1.193.764/SP); a legalidade e os limites do sistema de *credit scoring,* com seu modelo *opt-out,* postos pelo sistema de proteção ao consumidor (RESP 1.419.697/RS); e o reconhecimento da existência de um direito fundamental à proteção de dados implícito no direito pátrio (ADI 6.837/DF).

iii. A LGPD constituiu importante passo no caminho para a proteção do cidadão brasileiro na sociedade da informação, tendo entrado em vigor após quase dez anos de tramitação perante as casas legislativas, visto que seu projeto foi concebido no ano de 2012, a partir de forte influência da Diretiva 95/46/CE. O ponto de gravitação dessa nova lei é a pessoa, os dados pessoais são o objeto, e a sua finalidade é a proteção da personalidade, assegurando, assim, a privacidade, a liberdade, a igualdade e o livre desenvolvimento da personalidade em vista do tratamento de dados pessoais em todas as situações em que seja necessário. Dentre os fundamentos da legislação estão o respeito à privacidade, à autodeterminação informativa; a liberdade de expressão, de informação, de comunicação e de opinião; a inviolabilidade da intimidade, da honra e da imagem; o desenvolvimento econômico e tecnológico e a inovação; a livre iniciativa, a livre concorrência e a defesa do consumidor; e os direitos humanos, o livre desenvolvimento da personalidade, a dignidade e o exercício da cidadania pelas pessoas naturais. A lei trouxe a boa-fé como princípio geral norteador das relações jurídicas havidas no âmbito das operações de tratamento de dados pessoais, estabelecendo ainda dez princípios gerais (finalidade, adequação, necessidade, livre acesso, transparência, segurança, prevenção, não discriminação, responsabilização e prestação de contas). Ademais, seguindo o modelo *ex-ante* de proteção, à semelhança do modelo europeu, preconizou-se que o tratamento de dados não pode ser realizado sem que haja uma base normativa que o autorize.

iv. O legítimo interesse foi trazido pelo legislador brasileiro junto ao inciso IX do artigo 7º da LGPD, o qual autoriza que sejam operados dados pessoais quando necessário para atender aos interesses legítimos do controlador ou de terceiro, exceto no caso de prevalecerem direitos e liberdades fundamentais do titular que exijam a proteção dos dados pessoais. Não há qualquer menção ao conceito do interesse legítimo ao longo da lei, tendo sido constatado que esse hiato conceitual foi trazido de forma proposital pelas autoridades legislativas. Justamente por seu significado amplo e flexível, a base legal permite abarcar situações infindáveis que não poderiam ser previstas uma a uma na LGPD, possibilitando o enquadramento de diversas situações que necessitam do fluxo de dados, que é essencial para o desenvolvimento da economia e da tecnologia no país. De forma prudente, referida autorização não se estendeu ao tratamento de dados sensíveis, de acordo com o artigo 11 da LGPD, definidos aqueles que possibilitam definir a origem racial ou étnica, posicionamentos religiosos, filosóficos ou políticos, relações sindicais, condições de saúde ou da vida sexual do titular, além de dados biométricos ou genéticos, nos termos do artigo 5º, inciso II. Em relação ao tratamento de dados pessoais de crianças e adolescentes, também não há possibilidade aplicação, uma vez que estes devem ser tratados de forma semelhante aos dados pessoais sensíveis, como uma categoria de dados especiais, com o acréscimo da indispensável verificação do melhor interesse dos menores. Em relação ao terceiro, a LGPD não traz uma definição, tampouco descreve quando poderá ocorrer o enquadramento nessa figura. A priori, esse terceiro poderia ser tipificado como qualquer outra pessoa, jurídica ou natural, de direito público ou privado, que poderá tratar os dados pessoais do titular, mas que não se enquadra nas categorias de controlador, operador ou encarregado. Assim, o termo terceiro não se refere apenas a outras organizações, podendo também ser um indivíduo não envolvido inicialmente de forma direta na relação ou o público em geral. Da leitura conjunta dos dispositivos da lei que versam sobre o legítimo interesse, é possível verificar a existência de cinco termos centrais que permeiam essa base legal, quais sejam: "interesse", "legítimo", "finalidades", "necessários", "expectativas", que foram estudados à luz da dogmática. Como visto, a doutrina nacional diverge quanto à classificação do instituto, que ora é referido como uma cláusula geral, ora como um conceito jurídico indeterminado. Independentemente dessa classificação, o julgador, na avaliação do caso concreto, deverá preencher o conteúdo abstrato da norma através da concreção.

v. O berço da proteção de dados na Europa é a Alemanha, nação em que a legislação para proteção de dados pessoais é mais evoluída e oferece maior proteção aos seus cidadãos, muito em razão do histórico de reconhecimento dos direitos fundamentais, com especial destaque aos direitos de personalidade, fruto das lembranças ainda vivas do Regime Nazista e da República Democrática Alemã. Esse país forneceu contribuições essenciais para a estruturação do direito à proteção de dados pessoais na UE, tendo sido responsável pela concepção, através da jurisprudência do seu Tribunal Constitucional, dos conceitos estruturantes que conhecemos da autodeterminação informativa (decisão *BVerfGE 65, 1*) e da confidencialidade e integridade no sistema de tecnologia da informação (decisão *BVerfGE 120, 274*).

vi. A Diretiva 95/46/CE entrou em vigor no ano de 1995 no bloco europeu, tendo se estruturado através de dois eixos principais: a proteção das liberdades e dos direitos fundamentais das pessoas singulares, especialmente à vida privada, no tratamento de dados pessoais; e a necessidade de viabilizar a livre circulação das mercadorias, das pessoas, dos serviços, dos capitais, que inclui os dados pessoais, entre as fronteiras do bloco europeu. Em 2002, a UE passou a contar com a Diretiva 2002/58/CE (*e-Privacy Directive*), relativa ao tratamento de dados pessoais e à proteção da privacidade no setor das comunicações eletrônicas e, em 2009, com a Diretiva 2009/136/EC (*Cookie Directive*), que acrescentou regras sobre os serviços universais de comunicação e sobre as redes sociais. Em maio de 2018, o RGPD entrou em vigor, substituindo a Diretiva 95/46/CE e tornando-se uma referência global na matéria. O regulamento nasceu sustentado em torno dos princípios da licitude, lealdade e transparência, da limitação da finalidade, da minimização de dados, da exatidão dos dados, da limitação da conservação, da integridade e confidencialidade. Importantes mudanças foram trazidas pelo RGPD, como o aumento dos valores das multas que podem ser aplicadas pelas autoridades de proteção de dados; a exigência de que cláusulas sobre consentimento devem ser redigidas de forma clara; o fortalecimento do direito de acesso dos titulares dos dados e a positivação do direito ao esquecimento.

vii. O legítimo interesse como fundamento para o tratamento de dados pessoais na União Europeia tem suas raízes na Diretiva 95/46/CE. A previsão foi trazida pelo legislador junto à alínea *f*, do artigo 7º, que assim dispunha:

> Os Estados-membros estabelecerão que o tratamento de dados pessoais só poderá ser efetuado se: [...] O tratamento for necessário para prosseguir interesses legítimos do responsável pelo tratamento ou do terceiro a quem os dados sejam comunicados, desde que não prevaleçam os interesses ou os direitos e liberdades fundamentais da pessoa em causa, protegidos ao abrigo do n. 1 do artigo 1º.

Ocorre que a Diretiva 95/46/CE, por não possuir aplicabilidade imediata, necessitava ser transposta à legislação interna de cada Estado-membro da UE, o que acabou levando à implementação da base legal de forma distinta de um Estado para outro. Assim, em 9 de abril de 2014, o GTA29 divulgou um estudo denominado Parecer 06/2014, traçando diretrizes e orientações para aplicação do interesse legítimo, além de um conceito. Nesse sentido, afirmou tratar-se de um interesse amplo que o agente pode ter no tratamento, ou o benefício que pode ser obtido a partir do tratamento, o qual deve ser lícito, admissível pelo direito da UE e pelo direito nacional, e constituído de um interesse real, atual e definido. Foram trazidos exemplos de situações possíveis de configurar interesses legítimos, tais como: i) exercício de direito à liberdade de expressão ou de informação; ii) marketing direto convencional; iii) mensagens relativas a campanhas políticas ou atividades beneficentes; iv) cobrança de dívidas através de processos não judiciais; v) prevenção da fraude; vi) monitoramento de atividade de trabalhadores para fins de segurança ou de gestão; vii) segurança de TI e redes; viii) tratamentos para fins históricos, científicos ou estatísticos; ix) tratamentos para fins de investigação.

viii. O Parecer 06/2014 também apresentou um importante achado: o *balancing test*, teste de ponderação ou teste de proporcionalidade, a ser realizado no caso concreto, como instrumento de avaliação entre os interesses legítimos do responsável pelo tratamento (ou terceiros) e os interesses ou direitos e liberdades fundamentais do titular dos dados. Segundo as diretrizes do GTA29, o teste deveria ser realizado em etapas distintas e subsequentes, iniciando pela avaliação do interesse legítimo do responsável pelo tratamento, passando para verificação do impacto nas pessoas em causa, com a posterior análise do equilíbrio entre os interesses e, por fim, a avaliação da existência de "garantias complementares aplicadas pelo responsável pelo tratamento para evitar qualquer impacto indevido nas pessoas em causa". Foi com base nesse teste e nas considerações realizadas pelo GTA29 que o RGPD teve a base legal do legítimo interesse atualizada. O regulamento, através de seus considerandos, concretizou exemplos de situações passíveis de configurar um interesse legítimo: i) quando da existência de uma relação prévia entre o agente e o titular do dado, em situações como aquela em que o titular dos dados é cliente ou está ao serviço do responsável pelo tratamento (Considerando 47); ii) prevenção e controle de fraudes (Considerando 47); iii) comercialização direta de bens e serviços (Considerando 47); iv) quando da existência de relação de grupo empresarial ou de instituição associada a um organismo central, para fins administrativos internos, incluindo os dados de clientes e funcionários (Considerando 48); v) segurança das redes de informação (Considerando 49); vi) segurança dos serviços conexos oferecidos ou acessíveis através dessas redes e sistemas (Considerando 49); vii) impedimento de acesso não autorizado a redes de comunicações eletrônicas e distribuição de códigos maliciosos (Considerando 49); viii) indicação por parte do responsável pelo tratamento de atos criminosos ou ameaças à segurança pública para a autoridade competente (Considerando 50). Ao longo do tempo, outras propostas de sistematização do teste foram criadas, a exemplo da autoridade britânica ICO, que propôs um teste divido em três etapas (propósito, necessidade e ponderação), e do pesquisador alemão Constantin Herfurth, que estruturou um modelo de ponderação em três dimensões (dados pessoais, partes e tratamento). Este último possui uma dimensão inteiramente dedicada à análise das "partes" envolvidas no tratamento de dados a ser realizado, que se decompõe nos seguintes elementos: análise da natureza e características do titular do dado; verificação do número de titulares afetados pelo tratamento almejado pelo agente; avaliação da natureza jurídica da relação existente entre o agente e o titular do dado; análise das expectativas desse titular em relação à finalidade do tratamento.

ix. A jurisprudência do TJUE enfrentou o tema do legítimo interesse do controlador para o tratamento de dados pessoais em poucas ocasiões, considerando os 26 anos de existência da base legal e o resultado da pesquisa qualitativa realizada. Da análise dos dezessete acórdãos paradigmas selecionados, foi possível verificar que o tribunal não ofereceu uma interpretação profunda do fundamento de licitude do interesse legítimo, mas uma compilação fragmentada de seus elementos, como a legitimidade do interesse do controlador ou do terceiro, a necessidade e o equilíbrio a ser estabelecido. Em verdade, sua atuação se deu em auxílio na harmonização da aplicação desses elementos pelos países-membros da União Europeia e confirmando a necessidade de operação do teste de ponderação ao caso concreto, de forma individualizada. Outrossim, através da análise dos casos, foi possível observar situações concretas envolvendo a aplicação do legítimo interesse, dentre elas: i) publicação de dados de carácter pessoal na internet no exercício da liberdade de liberdade de expressão (C-101/01); ii) acesso a dados pessoais para defesa de direitos patrimoniais, autorais e de propriedade, a serem prosseguidos em processos judiciais cíveis (C-275/06); iii) disponibilização de informações históricas e de relevância para o público geral em buscador na internet (C-131/12); iv) uso de câmeras de vigilância em residência e na via pública, para segurança e proteção das pessoas e dos bens (C-212/13); v) armazenamento de IP de usuário para segurança dos serviços na internet (C-582/14); vi) manutenção de registros empresariais para promoção de segurança jurídica nas relações comerciais (C-398/15); vii) acesso a informações relativas a pessoas envolvidas em acidente de trânsito perante a autoridade policial, para possibilitar a persecução de indenização em processo judicial (C-13/16); viii) o uso de câmeras de vigilância em condomínio privativo para segurança e proteção das pessoas e dos bens (C-708/18).

x. O *white paper,* publicado pelo Centre for Information Policy Leadership (CIPL) em 2021 concluiu que o fundamento de licitude do interesse legítimo será cada vez mais utilizado para justificar necessidades crescentes da sociedade para usos benéficos e responsáveis das informações no mundo globalizado, que é orientado e conectado pelos dados pessoais. De acordo com o estudo, que também analisou a interpretação e aplicação da base legal pelas organizações, constituem exemplos atuais de sua aplicabilidade: i) detecção e prevenção de fraudes; ii) cumprimento da lei estrangeira, aplicação da lei, exigências dos tribunais e órgãos reguladores; iii) proteção de sistemas de informação, redes e segurança cibernética; iv) processamento de dados de empregados em *background check*, monitoramento da jornada de trabalho e aplicação de medidas disciplinares; v) segurança física dos clientes; vi) operações corporativas gerais e *due diligence*; vii) desenvolvimento e aprimoramento de produtos; viii) comunicações, *marketing* e anúncios; ix) personalização de conteúdo; x) processamento de dados para o bem, como para combate a pandemias, proteção de crianças contra abusos e para o desenvolvimento de tecnologias benéficas ao meio ambiente. Apesar da análise positiva do CIPL, existem controvérsias quanto à base legal. Parte da doutrina aponta como problema a interpretação divergente do legítimo interesse, uma vez que, no caso concreto, poderá ser moldada para atender prioritariamente os interesses próprios dos controladores, assim como tem sido praticado pelas gigantes da tecnologia, que dominam o mercado e acabam por impor suas políticas de privacidade aos usuários, a exemplo do Google e do Facebook.

xi. As autoridades nacionais de proteção de dados se mostraram importantes não apenas para definir os padrões de aplicação da lei no seu respectivo país-membro, mas também enquanto órgãos responsáveis por implementar e fiscalizar o cumprimento de todo o sistema normativo de proteção de dados. Ademais, as próprias decisões administrativas que fixam as sanções podem servir como diretrizes a serem aplicadas no exercício das atividades empresariais. Tais autoridades têm se empenhado para orientar a sociedade, fornecendo suas próprias informações sobre o uso da base legal do legítimo interesse, através de documentos e/ou informações em seus *sites*, voltados tanto aos agentes como aos titulares dos dados, e refletindo os valores culturais característicos de cada Estado.

xii. Em virtude da amplitude do legítimo interesse, os agentes de tratamento de dados encontram-se em ambiente inseguro no Brasil no que se refere à aplicação desse conceito, pois ainda não há respostas sobre como a lei brasileira será aplicada. A dificuldade a ser enfrentada no cenário nacional está na busca de uma solução que consiga englobar a proteção da privacidade do titular dos dados e, ao mesmo tempo, permita a circulação das informações, que são essenciais para o mercado econômico. Algumas propostas de testes de ponderação já surgiram no cenário nacional; todavia, nenhum se assemelha ao teste de três dimensões, desenvolvido pelo alemão Constantin Herfurth, e balizado pelo autor português António Barreto Menezes Cordeiros. Acredita-se que esse formato de teste de ponderação, que analisa em profundidade o sujeito de direito afetado pelo tratamento de dados e as circunstâncias que o cercam, poderá exercer um papel relevante para aplicação do legítimo interesse no ordenamento jurídico brasileiro, pois, através dele, seria possível verificar a existência de situação de desequilíbrio entre o controlador e o titular dos dados, justamente como ocorre nos tratamentos de dados oriundos das relações de consumo, e que traz consigo a necessidade de uma proteção especial a esse sujeito de direito: o consumidor titular de dados pessoais.

xiii. Restou constatada a vulnerabilidade do consumidor em concreto quando se fala no tratamento de seus dados pessoais, seja por causa de sua vulnerabilidade técnica, por possuir menos conhecimento que o fornecedor a respeito da forma como a tecnologia capta, processa, trata e circula seus dados pessoais; ou por sua vulnerabilidade jurídica ou científica, por não possuir informações sobre a verdadeira finalidade da solicitação de seus dados pessoais e sobre o que será feito com o eles. Justamente pela vulnerabilidade do consumidor, se torna necessário, no atual cenário, combater os tratamentos de dados e práticas comerciais que não respeitam o direito dos consumidores de fazer uma escolha informada, que abusam de preconceitos comportamentais ou distorcem seus processos de tomada de decisão. Para tanto, poderá ser utilizado o método do diálogo das fontes, que permitirá a aplicação simultânea, coerente e coordenada entre a LGPD e o CDC, à luz da CF. Em relação especificamente à base legal do legítimo interesse, o diálogo sistemático e de adaptação possui grande valia, já que, para sua concreção, são necessários caminhos inovadores de interpretação teológica, usando o microssistema de defesa do consumidor, para que seja mantida a manutenção da coerência do ordenamento jurídico nacional, nos valores constitucionais, de proteção dos mais fracos.

xiv. A inclusão pelo legislador brasileiro da boa-fé no artigo 6º da LGPD, junto ao *caput*, que é o cerne do dispositivo e exprime a sua norma geral, é indicativa da centralidade desse princípio, que faz parte do núcleo de premissas que orientam toda a LGPD e, assim, recaem sobre todos os seus artigos. O destaque dado ao princípio da boa-fé no texto da lei brasileira, embora converse com o princípio da lealdade do RGPD, possui o diferencial de remeter a toda uma tradição civil germânica existente no Brasil, que tem a boa-fé como o principal parâmetro na aplicação de uma visão social dos contratos, em sua função interpretativa, limitadora de direitos subjetivos e criadora de deveres de conduta. Dessa forma, o princípio da boa-fé irradia a existência de deveres de conduta por parte do agente de tratamento de dados, de lealdade junto ao titular dos dados, de modo que não frustre a confiança nele depositada, relacionando-se diretamente com a exigência de respeito às legítimas expectativas desses titulares, nos termos do artigo 10, inciso II, da LGPD. Por isso, a partir de uma leitura conjunta do artigo 7º, inciso IX, com o artigo 10 da LGPD, a própria base legal do legítimo interesse deverá ser tratada como uma espécie de cláusula geral, a ser preenchida com os direitos fundamentais, os valores do ordenamento jurídico brasileiro e seus princípios, especialmente o princípio da boa-fé objetiva, através de avaliação casuística que considere todas as especificidades contextuais do caso concreto, em especial, seu sujeito de direito. Assim, por mais que a situação concreta do tratamento promova atividades legítimas do controlador, ainda é dever deste atender às previsões contidas no inciso II, art. 10 da lei, figurando o respeito às legítimas expectativas do titular como um requisito para a operação almejada pelo agente. E isso implica a indispensável análise de compatibilidade consubstanciada na verificação sobre a proximidade contextual entre o uso feito dos dados do titular e aquilo que ele espera.

Por fim, em resposta ao objetivo geral, foi constatado que a boa-fé, através de sua função limitadora, deve funcionar como uma verdadeira fronteira ao uso da base legal do legítimo interesse, vedando o abuso do direito do controlador, do operador e do terceiro em processar dados pessoais, que não poderá exceder manifestamente os limites impostos pelos valores éticos e sociais do sistema. Mais reforçada, portanto, se tornará essa fronteira em relação ao tratamento de dados pessoais ocorridos no âmbito das relações de consumo, uma vez que, para o direito do consumidor, o efeito típico da boa-fé em matéria de limitação do exercício de liberdade ou direito subjetivo constitui também um preceito de proteção do consumidor em face da atuação abusiva do fornecedor, como no caso da publicidade abusiva e das práticas abusivas.

Diante de tudo que foi enfrentado na presente obra, é possível afirmar que ainda existem desafios e incertezas no cenário europeu que impedem as organizações e os cidadãos de confiar plenamente no legítimo interesse como base legal para o processamento de dados pessoais.

Tanto isso é verdade que foi iniciado em 2020, pela *European Data Protection Board*, um processo para atualização das diretrizes fixadas pelo Parecer 06/2014, do extinto GTA29, através da tomada de subsídios juntos aos *stakeholders,* às autoridades de proteção de dados dos países-membros da União Europeia e das instituições que visam proteger os direitos dos titulares dos dados.

A própria legislação da UE deve sofrer alterações significativas, uma vez que a publicidade direcionada está na eminência de ser limitada contra as plataformas Big Tech como parte das novas regras quanto aos serviços digitais do bloco, conforme as propostas da Comissão Europeia para Lei de Serviços Digitais (*Digital Services Act*) e a Lei de Mercados Digitais (*Digital Markets Act*), que a AEPD divulgou em fevereiro de 2021.

Nesse sentido, a UE encontra-se diante da oportunidade de esclarecer importantes questões e tornar o legítimo interesse uma base catalisadora para práticas de dados responsáveis – e o Brasil, da oportunidade de acompanhar diretrizes atualizadas para que o país possa avançar no tema do legítimo interesse, construindo respostas adequadas para promoção da responsabilidade organizacional, permitindo um nível robusto de proteção para os indivíduos.

Louvável foi o esforço do legislador brasileiro ao estabelecer parâmetros mínimos para a aplicação da base legal do legítimo interesse, ao incluir no texto da lei a legítima expectativa do titular (art. 10, par. 1º), medidas de transparência e possibilidade de oposição por parte do titular (art. 10, par. 2º), princípio da necessidade e anonimização, quando compatível com a finalidade do tratamento (art. 10, par. 3º), e, por fim, a possibilidade de solicitação de relatório de impacto pela autoridade.

Todavia, o Brasil ainda parece carecer de maturidade quanto à temática da proteção de dados pessoais, sendo necessária a instituição de uma nova cultura, através da educação digital, para que se opere a esperada mudança de paradigma acerca da coleta e tratamento de dados pessoais que são perpetrados pelos agentes, para que, assim, seja alcançada a autodeterminação informativa do cidadão. Enquanto isso não ocorre, o estabelecimento de balizas para o uso do legítimo interesse pelos controladores torna-se essencial para que sejam evitados abusos em fase dos titulares dos dados, e o próprio esvaziamento da LGPD.

Destarte, a transparência deverá constituir um alicerce para as novas relações no mundo digital, impondo o dever de informação aos agentes que tratam dados pessoais sob a base legal do legítimo interesse, como um importante mecanismo de controle do titular do dado, para que ele possa fiscalizar possíveis desvios de interesses e práticas abusivas no tratamento de seus dados pessoais.

Para tanto, é de suma importância a elaboração do relatório de impacto pelo controlador dos dados, contendo informações detalhadas sobre o uso da base legal, incluindo o registro do teste de proporcionalidade, para que possa ser disponibilizado aos titulares de dados pessoais, à ANPD e ao poder judiciário quando necessário, servindo para assegurar possíveis verificações posteriores.

Afinal, se os dados pessoais se referem à pessoa e o representam, afetando a sua personalidade, ela deve ter conhecimento, bem como a possibilidade de decidir sobre o fluxo de seus dados, através do direito de oposição, conhecido como *opt-out,* que será aplicável, salvo em casos excepcionais ou de expressa previsão legal, em respeito às diretrizes estabelecidas pela autodeterminação informativa, que é ponto central da LGPD.

Por outro lado, a ANPD, órgão responsável, dentre outras coisas, pela interpretação e aplicação da LGPD, está apenas iniciando seus trabalhos e, de acordo com o seu planejamento estratégico, a elaboração de guias de boas práticas sobre as hipóteses legais de tratamento de dados pessoais poderá levar dois anos ou mais, o que pode impactar negativamente a aplicação do legítimo interesse pelos agentes.

Até lá, é certo que outros atores, como o judiciário, se movimentarão cada vez mais para dirimir eventuais dúvidas que restam sobre a concreção do legítimo interesse; e será necessário realizar a aplicação técnica e harmônica da lei, para que, desse modo, sejam estabelecidos parâmetros nacionais para a base legal, inclusive quanto ao seu uso para fins controversos como o *profiling* e o *marketing* comportamental, e assim seja alcançada a segurança jurídica que é almejada em relação ao instituto.

Nessa linha de raciocínio, resta evidente a relevância do papel da doutrina – de contribuir e, quando necessário, de criticar a atuação dos tribunais – ainda insipiente sobre o tema do legítimo interesse. Poucos autores nacionais voltaram suas pesquisas a esse recorte específico da LGPD, sob o viés do consumidor titular dos dados, considerando seus reflexos no mercado, nas obrigações e na responsabilidade dos controladores dos dados.

Portanto, cumpre aprofundar os estudos sobre o legítimo interesse, observando as características do sistema jurídico brasileiro, com especial atenção ao Direito do Consumidor, que poderá se tornar protagonista mais uma vez, diante da necessidade de construção da confiança entre os agentes e os titulares dos dados na realidade brasileira, para que seja conquistada a autodeterminação informativa do cidadão, princípio basilar e norteador de toda a matéria de proteção de dados pessoais.

Espera-se, ainda, que as propostas legislativas da PEC 17/2019 e do PL 3514/2015 sejam recepcionadas, trazendo reflexos positivos para a solução dos conflitos que invariavelmente serão enfrentados na aplicação da base legal do legítimo interesse no cenário nacional, seja pela insegurança jurídica que permeia esse instituto, seja pela discricionariedade que foi dada aos controladores de dados pelo legislador, seja, ainda, pela necessidade de promoção da confiança do titular dos dados por esses agentes.

REFERÊNCIAS

1949: CRIAÇÃO da República Democrática Alemã. *Deutsche Welle*, [S. l.], 7 nov. 2020. Disponível em: https://www.dw.com/pt-br/1949-cria%C3%A7%C3%A3o-da-rep%C3%BAblica-democr%C3%A1tica-alem%C3%A3/a-4772457. Acesso em: 21 fev. 2021.

ABEL, Wiebke; SCHAFER, Burkhard. The German Constitucional Court on the right in confidentiality and integrety of information technology systems: a case report on BVerfG, NJW 2008, 822. *SCRIPTed*, Edinburgh, v. 6, n. 1, p. 106-123, Apr. 2009. Disponível em: https://script-ed°rg/wp-content/uploads/2016/07/6-1-Abel.pdf. Acesso em: 20. set. 2019.

ALEXY, Robert. *Constitucionalismo discursivo*. Porto Alegre: Livraria do Advogado, 2006.

ALEXY, Robert. *Teoria dos direitos fundamentais*. Trad. Virgílio Afonso da Silva. São Paulo: Malheiros, 2008.

ALEXY, Robert. *Teoria dos Direitos Fundamentais*. 2. ed. São Paulo: Malheiros, 2015.

ALBRECHT, Jan Philipp. Einführung zu Artikel 6. In: SIMITIS, Spiros; HORNUNG, Gerrit; SPIECKER DÖHMANN, Indra (Hrsg.). *Datenschutzrecht*. Baden-Baden: Nomos, 2019. *E-book*.

ALMEIDA, Bethania de Araujo et al. Preservação da privacidade no enfrentamento da Covid-19: dados pessoais e a pandemia global. *Ciênc. saúde coletiva*, Rio de Janeiro, v. 25, supl. 1, p. 2487-2492, jun. 2020. Disponível em: http://www.scielo.br/scielo.php?script=sci_arttext&pid=S1413-81232020006702487&lng=en&nrm=iso. Acesso em: 20 fev. 2021.

AMARAL, Ana Claudia Corrêa Zuin Mattos do; MAIMONE, Flávio Henrique Caetano de Paula. O diálogo das fontes e o regular tratamento de dados. *Revista de Direito do Consumidor*, São Paulo, v. 132/2020, p. 119-141, nov.-dez. 2020.

AMARAL, Francisco. *Direito civil*. Introdução. 8. ed. Rio de Janeiro: Editora Renovar, 2014.

AMORIM, Mônica Testa de. Fundamentos históricos e o desenvolvimento dos direitos fundamentais na Alemanha. *Revista de Direito Constitucional e Internacional*, São Paulo, v. 85, p. 77-100, out.-dez. 2013.

ANDRADE, Fábio Siebeneichler de. A tutela dos direitos da personalidade no direito brasileiro em perspectiva atual. *Revista Derecho del Estado, Bogotá*, n. 30, p. 93-124, enero/jun. 2013.

ANFIR-FORTUNA, Gabriela; TROESTER-FALK, Teresa. *Processing personal data on the basis of legitimate interests under the GDPR*: practical cases. [S. l.]: Future of Privacy Forum, 2018. Disponível em: https://www.ejtn.eu/PageFiles/17861/Deciphering_Legitimate_Interests_Under_the_GDPR%20(1).pdf. Acesso em: 1º jul. 2021.

APP DE RELACIONAMENTO gay Grindr compartilhou status de HIV de usuários com outras empresas. *G1*, [S. l.], 4 abr. 2018. Disponível em: https://g1.globo.com/economia/tecnologia/noticia/app-de-relacionamento-gay-grindr-compartilhou-status-de-hiv-de-usuarios-com-outras-empresas.ghtml. Acesso em: 1º dez. 2018.

ASHTON, Peter Walter. Manter o computador sob controle manual. *Revista da Procuradoria Geral do Estado*, Porto Alegre, v. 9, n. 24, p. 23-27, 1979.

ÁVILA, Humberto Bergmann. Subsunção e concreção na aplicação do direito. In: MEDEIROS, Antônio Paulo Cachapuz de (Org.). *Faculdade de Direito da PUC-RS: o ensino jurídico no limiar do novo milênio*. Porto Alegre: Edipuc-RS, 1997. p. 413-465.

BALBONI, Paolo; COOPER, Daniel; IMPERIALI, Rosario; MACENAITE; Milda. Legitimate interest of the data controller. New Data protection paradigm: legitimacy grounded on appropriate protection. *International Data Privacy Law*, Oxford, v. 3, i. 4, p. 244-261, nov. 2013.

BARROSO, Luís Roberto. A viagem redonda: Habeas data, direitos constitucionais e as provas ilícitas. *Revista de Direito Administrativo*, Rio de Janeiro, n. 2013, p. 149-163, jul.-set. 1998.

BARTUNEK, Robert-Jan. Facebook loses Belgian privacy case, faces fine of up to $125 million. *Reuters*, [*S. l.*], Feb. 16, 2018. Disponível em: https://www.reuters.com/article/us-facebook-belgium/facebook-loses-belgian-privacy-case-faces-fine-of-up-to-125-million-idUSKCN1G01LG. Acesso em: 05 jul. 2021.

BASSAN, Arthur Pinheiro. *Publicidade Digital e proteção de dados pessoais*: o direito ao sossego. Indaiatuba: Editora Foco, 2021.

BASTOS, Celso Ribeiro. *Curso de Direito Constitucional*. 20. ed. atual. São Paulo: Saraiva, 1999.

BENJAMIM, António Herman; MARQUES, Claudia Lima; BESSA, Leonardo. *Manual de Direito do Consumidor*. 8. ed. rev. atual. ampl. São Paulo: Ed. RT, 2017.

BERBERT, Lucia. "Interesse legítimo" supera "consentimento" no tratamento de dados pessoais pelas empresas. *Tele Síntese*, [*S. l.*], 27 maio 2019. Disponível em: http://www.telesintese.com.br/interesse-legítimo-supera-consentimento-no-tratamento-de-dados-pelas-empresas/. Acesso em: 20 out. 2019.

BESSA, Leonardo Roscoe. *Nova Lei de Cadastro Positivo*: comentários à Lei 12.414, com as alterações da Lei Complementar 166/2019 e de acordo com a LGPD. São Paulo: Thomson Reuters, 2019.

BIONI, Bruno. O dever de informar e a teoria do diálogo das fontes para a aplicação da autodeterminação informacional como sistematização para a proteção dos dados pessoais dos consumidores: convergências e divergências a partir da análise da ação coletiva promovida contra o Facebook e o aplicativo "Lulu". *Revista de Direito do Consumidor*, São Paulo, v. 94, p. 283-324, jul.-ago. 2014.

BIONI, Bruno. Xeque-Mate: *o tripé de proteção de dados pessoais no xadrez das iniciativas legislativas*. São Paulo: GPoPAI/USP, 2015.

BIONI, Bruno Ricardo. *Proteção de dados pessoais*: a função e os limites do consentimento. Rio de Janeiro: Forense, 2019.

BIONI, Bruno Ricardo. *Proteção de dados pessoais*: a função e os limites do consentimento. 2. ed. Rio de Janeiro: Forense, 2020. *E-book*.

BIONI, Bruno. Legítimo Interesse: aspectos gerais a partir de uma visão obrigacional. In: MENDES, Laura Schertel; DONEDA, Danilo; SARLET, Ingo Wolfganf; RODRIGUES JR., Otavio Luiz (Coord.). *Tratado de Proteção de Dados Pessoais*. Rio de Janeiro: Forense, 2021. p. 163-176.

BIONI, Bruno; MENDES, Laura Schertel. Regulamento Europeu de Proteção de Dados Pessoais e a Lei Geral brasileira de Proteção de Dados: mapeando convergências na direção de um nível de equivalência. In: FRAZÃO, Ana; TEPEDINO, Gustavo, OLIVA, Milena Donato (Coord.). *Lei Geral de Proteção de Dados Pessoais e suas repercussões no direito brasileiro*. São Paulo: Thomson Reuters Brasil, 2019. p. 797-820.

BIONI, Bruno; MOTA ALVES, Fabrício da. A importância da PEC de proteção de dados mesmo após o histórico julgamento do STF. *Jota Info*, 2020. Disponível em: https://www.jota.info/paywall?redirect_to=//www.jota.info/opiniao-e-analise/artigos/a-importancia-da-pec-de-protecao-de-dados-mesmo-apos-o-historico-julgamento-do-stf-16062020. Acesso em: 29 jun. 2020.

BIONI, Bruno; KITAYAMA, Marina; RIELLI, Mariana. *O Legítimo Interesse na LGPD*: quadro geral e exemplos de aplicação. São Paulo: Associação Data Privacy Brasil de Pesquisa, 2021.

BITTAR, Carlos Alberto. *Os direitos da personalidade*. 8. ed., rev., aum. e mod. por Eduardo C. B. Bittar. São Paulo: Saraiva, 2015.

BLACK, Edwin. *IBM e o Holocausto*. Rio de Janeiro: Campus, 2001.

BLUM, Renato Opice. GDPR – General Data Protection Regulation: destaques da regra europeia e seus reflexos no Brasil. *Revista dos Tribunais*, São Paulo, v. 994, p. 205-221, ago. 2018.

BLUM, Rita Peixoto Ferreira. *O direito à privacidade e à proteção dos dados do consumidor*. São Paulo: Almedina, 2018.

BONE, Leonardo Castro de; MOMO, Maria Vitória Galvan. Da privacidade à proteção de dados pessoais: uma análise comparada da GDPR do parlamento europeu e do conselho da união europeia e a LGPD brasileira. *Revista Jurídica Luso-Brasileira*, Lisboa, ano 7, v. 2, p. 957-982, 2021.

BRANCO, Gerson Luiz Carlos. a proteção das expectativas legítimas derivadas das situações de confiança: elementos formadores do princípio da confiança e seus efeitos. *Revista de Direito Privado*, São Paulo, v. 12, p. 169-225, out.-dez. 2002.

BRASIL. *Constituição da República Federativa do Brasil de 1988*. Brasília, DF: Planalto, 1988. Disponível em: http://www.planalto.gov.br/ccivil_03/Constituicao/Constituicao.htm. Acesso em: 07 mar. 2021.

BRASIL. *Decreto 10.282, de 20 de março de 2020*. Altera o Decreto 10.282, de 20 de março de 2020, que regulamenta a Lei 13.979, de 6 de fevereiro de 2020, para definir os serviços públicos e as atividades essenciais. Brasília, DF: Planalto, 2020. Disponível em: http://www.planalto.gov.br/ccivil_03/_ato2019-2022/2020/Decreto/D10329.htm. Acesso em: 20 mar. 2020.

BRASIL. *Decreto Legislativo 6, de 20 de março de 2020*. Reconhece, para os fins do art. 65 da Lei Complementar 101, de 4 de maio de 2000, a ocorrência do estado de calamidade pública [...]. Brasília, DF: Planalto, 2020. Disponível em: http://www.planalto.gov.br/ccivil_03/portaria/DLG6-2020.htm. Acesso em: 20 mar. 2020.

BRASIL. Escola Nacional de Defesa do Consumidor. *A proteção de dados pessoais nas relações de consumo*: para além da informação creditícia. Brasília, DF: Ministério da Justiça, SDE/DPDC, 2010. Disponível em: http://www.justica.gov.br/seus-direitos/consumidor/Anexos/manual-de-protecao-de-dados-pessoais.pdf. Acesso em: 09 dez. 2018.

BRASIL. Exposição de Motivos do Anteprojeto do Código Civil. Lei n.º 10.406, de 10 de janeiro de 2002. *Diário Oficial da República Federativa do Brasil*, Brasília, DF, 11 de janeiro de 2002.

BRASIL. *Lei 10.406, de 10 de janeiro de 2002*. Altera o Código Civil. Brasília, DF: Planalto, 2002. Disponível em: http://www.planalto.gov.br/ccivil_03/leis/2002/l10406compilada.htm. Acesso em: 13 mar. 2021.

BRASIL. *Lei 13.709 de 14 de agosto 2018*. Lei Geral de Proteção de Dados Pessoais. Brasília, DF: Planalto, 2018. Disponível em: http://www.planalto.gov.br/ccivil_03/_ato2015-2018/2018/lei/L13709.htm. Acesso em: 12 ago. 2020).

BRASIL. *Lei 14.010, de 10 de junho de 2020*. Dispõe sobre o Regime Jurídico Emergencial e Transitório das relações jurídicas de Direito Privado (RJET) no período da pandemia do coronavírus (Covid-19). Brasília, DF: Planalto, 2020. Disponível em: http://www.planalto.gov.br/ccivil_03/_Ato2019-2022/2020/Lei/L14010.htm. Acesso em: 20 fev. 2021.

BRASIL. *Nota de esclarecimento vigência da LGPD*. Brasília, DF: Senado Federal, 2020. Disponível em: https://www12.senado.leg.br/assessoria-de-imprensa/notas/nota-de-esclarecimento-vigencia-da-lgpd. Acesso em: 20 fev. 2021.

BRASIL. *Planejamento estratégico 2021-2023*. Brasília, DF: ANPD, 2020. Disponível em: https://www.gov.br/anpd/pt-br/documentos-e-publicacoes/planejamento-estrategico/planejamento-estrategico-2021-2023.pdf. Acesso em: 17 jun. 2021.

BRASIL. *Projeto de Lei 3514/2015*. Altera a Lei 8.078, de 11 de setembro de 1990 (Código de Defesa do Consumidor) [...]. Brasília, DF: Câmara dos Deputados, 2015. Disponível em: https://www.camara.leg.br/proposicoesWeb/fichadetramitacao?idProposicao=2052488. Acesso em: 04 jul. 2020.

BRASIL. *Proposta de Emenda à Constituição 17, de 2019*. Acrescenta o inciso XII-A, ao art. 5º, e o inciso XXX, ao art. 22, da Constituição Federal para incluir a proteção de dados pessoais entre os direitos fundamentais do cidadão e fixar a competência privativa da União para legislar sobre a matéria. Brasília, DF: Senado Federal, 2019. Disponível em: https://www25.senado.leg.br/web/atividade/materias/-/materia/135594. Acesso em: 08 jul. 2021.

BRASIL. *Súmulas do Superior Tribunal de Justiça*. Brasília, DF: STJ, 2021. Disponível em: https://www.stj.jus.br/docs_internet/SumulasSTJ.pdf. Acesso em: 19 jun. 2021.

BRASIL. Superior Tribunal de Justiça. *Recurso Especial 1.061.134 Rio Grande do Sul*. Relatora: Nancy Andrighi, 10 dez. 2008. Disponível em: https://processo.stj.jus.br/processo/revista/documento/mediado/?componente=ATC&sequencial=4544235&num_registro=200801138376&data=20090401&tipo=5&formato=PDF. Acesso em: 27 fev. 2021.

BRASIL. Superior Tribunal de Justiça. *Recurso Especial 1.193.764 São Paulo*. Relatora: Nancy Andrighi, 08 ago. 2011. Disponível em: https://stj.jusbrasil.com.br/jurisprudencia/866337543/recurso-especial-resp-1193764-sp-2010-0084512-0/inteiro-teor-866337553. Acesso em: 27 fev. 2021.

BRASIL. Superior Tribunal de Justiça. *Recurso Especial 1.419.697 Rio Grande do Sul*. Relator: Paulo de Tarso Sanseverino, 12 nov. 2014. Disponível em: https://processo.stj.jus.br/processo/revista/documento/mediado/?componente=ATC&sequencial=40872564&num_registro=201303862850&data=20141117&tipo=5&formato=PDF. Acesso em: 27 fev. 2021).

BRASIL. Supremo Tribunal Federal. *Ação Direta de Inconstitucionalidade 6387 Distrito Federal*. Relatora: Rosa Weber, 7 maio. 2020. Disponível em: http://portal.stf.jus.br/processos/downloadPeca.asp?id=15344949214&ext=.pdf. Acesso em: 08 jul. 2021.

BRASIL. Supremo Tribunal Federal. *Recurso em Habeas Data 22 Distrito Federal*. Relator: Marco Aurélio, 19 set. 1991. Disponível em: http://redir.stf.jus.br/paginadorpub/paginador.jsp?docTP=AC&docID=362613. Acesso em: 09 set. 2019.

BRASIL. Supremo Tribunal Federal. *Recurso Extraordinário 673.707 Minas Gerais*. Relator: Luiz Fux, 17 jun. 2015. Disponível em: http://redir.stf.jus.br/paginadorpub/paginador.jsp?docTP=TP&docID=9487405. Acesso em: 09 set. 2019.

BUCAR, Daniel; VIOLA, Mario. Tratamento de dados pessoais pelo legítimo interesse do controlador. In: TEPEDINO, Gustavo; FRAZÃO, Ana; OLIVA, Milena Donato (coord.). *Lei Geral de Proteção de Dados e suas repercussões no Direito brasileiro*. São Paulo: Thomson Reuters Brasil, 2019. p. 465-484.

CACHAPUZ, Maria Cláudia. *Intimidade e vida privada no novo código civil brasileiro*: uma leitura orientada no discurso jurídico. Porto Alegre: Sergio António Fabris Ed., 2006.

CANOTILHO, J.J. Gomes. *Direito constitucional*. Coimbra: Almedina, 1991.

CANTO, Rodrigo Eidelvein do. *A vulnerabilidade dos consumidores no comércio eletrônico*: reconstrução da confiança na atualização do Código de Defesa do Consumidor. São Paulo: Ed. RT, 2015.

CAOVILLA, Renato; DUFLOTH, Rodrigo; PAZINE, Letícia. Proteção de dados pessoais: desafios e impactos práticos para as organizações. *Revista de Direito Recuperacional e Empresa*, São Paulo, v. 12, abr.-jun. 2019.

CARNEIRO, Isabelle Nobrega R.; SILVA, Luiza Caldeira Leite; TABACH, Danielle. Tratamento de dados pessoais. In: FIELGELSON, Bruno; SIQUEIRA, António Henrique Albani (Coord.). *Comentários à Lei Geral de Proteção de Dados Lei 13.709/2018*. São Paulo: Thomson Reuters, 2019. p. 59-115.

CARNELUTTI, Francesco. *Teoria geral do direito*. São Paulo: Saraiva, 1940.

CARVALHO, Ana Paula Gambogi. O Consumidor e o direito à autodeterminação informacional: considerações sobre os bancos de dados eletrônicos. *Revista de Direito do Consumidor*, São Paulo, v. 46, p. 77-119, abr.-jul. 2003.

CARVALHO, Diógenes Faria de; FERREIRA, Vitor Hugo do Amaral. Sanção do Projeto de Lei Geral de Proteção de Dados Pessoais. *Instituto Brasileiro de Política e Direito do Consumidor*. Disponível em: http://brasilcon°rg.br/noticia/sancao-do-projeto-de-lei-geral-de-protecao-de-dados-pessoais. Acesso em: 1º dez. 2018.

CARVALHO, Diógenes Faria de; MARQUES, Claudia Lima. Os significados da boa-fé nos contratos de serviços massificados: convergências entre o CDC, o CC/2002 e a Lei da Liberdade Econômica. In: MARQUES, Claudia Lima; LORENZETTI, Ricardo Luis; CARVALHO, Diógenes Faria de; MIRAGEM, Bruno. *Contratos de Serviços em Tempos Digitais*. São Paulo: Ed. RT, 2021. *E-book*.

CASTELLS, Manuel. *A galáxia da Internet. Reflexões sobre a Internet, os negócios e a sociedade*. Trad. Maria Luiza X. de A. Borges. Rio de Janeiro: Ed. Jorge Zahar, 2003.

CATALAN, Marcos Jorge. Princípios aplicáveis à formação e adimplemento dos contratos no Código de Defesa do Consumidor. *Revista de Ciências Jurídicas do Curso de Mestrado em Direito da UEM*, Maringá, v. 6, p. 141-152, 2000.

CENTRE FOR INFORMATION POLICY LEADERSHIP. *How the "Legitimate Interests" Ground for Processing Enables Responsible Data Use and Innovation*. [*S. l.*]: CIPL, 2021. Disponível em: https://bit.ly/3hX6tJY. Acesso em: 06 jul. 2021. (white paper).

CHAZAL, Jean-Pascal. Vulnérabilité et droit de la consommation. In: COHET CORDEY, Frédérique (Org.). *Vulnérabilité et droit*: le développement de la vulnérabilité et ses enjeux en droit. Grenoble: Presses Universitaires de Grenoble, 2000.

COHEN, Julie. Examined lives, informational privacy and the subject as object. *Stanford Law Review*, Stanford, v. 52, p. 1373-1438, May 2000.

COMISSÃO NACIONAL DA VERDADE. *Verdade, Memória e Reconciliação*. [*S. l.*]: CNV, 2015. Disponível em: http://cnv.memoriasreveladas.gov.br/institucional-acesso-informacao/verdade-e-reconcilia%C3%A7%C3%A3o.html. Acesso em: 10 set. 2019.

COMMUNICATIONS CONSUMER PANEL. *Digital footprints*: Consumer concerns about privacy and security. London: CCP, 2016. Disponível em: https://www.communicationsconsumerpanel°rg. uk/downloads/communications_consumer_panel_digital_footprints-cover_report.pdf. Acesso em: 6 jul. 2021.

CORDEIRO, António Barreto Menezes. A interpretação dos Regulamentos Europeus e das correspondentes Leis de Execução: o caso paradigmático do RGPD e da Lei 58/2019. *Revista de Direito e Tecnologia*, Lisboa, v. 1, n. 2, p. 175-200, 2019.

CORDEIRO, António Barreto Menezes. O tratamento de dados pessoais fundado em interesses legítimos. *Revista Direito e Tecnologia*, Lisboa, v. 1, n. 1, p. 1-31, 2019.

CORDEIRO, António Barreto Menezes. *Direito da proteção de dados*: à luz do RGPD e da Lei n. 58/2019. Coimbra: Almedina, 2020.

COSTA, Dayana Caroline. Interesses legítimos e o tratamento de dados pessoais sem permissão do usuário. *Consultor Jurídico*, 2018. Disponível em: https://www.conjur.com.br/2018-mai-07/dayana-costa-tratamento-dados-pessoais-aval-usuario. Acesso em: 24 ago. 2019.

COTS, Márcio. *Lei geral de proteção de dados pessoais comentada*. São Paulo: Thomson Reuters Brasil, 2018.

COUNCIL OF EUROPE. *Convention for the Protection of Human Rights and Fundamental Freedoms*. Rome: COE, 1950. Disponível em: https://www.coe.int/en/web/conventions/full-list/-/conventions/treaty/205?module=treaty-detail&treatynum=005. Acesso em: 13 jun. 2021

COUNCIL OF EUROPE. *Convention for the Protection of Individuals with regard to Automatic Processing of Personal Data*. Strasbourg: COE, 1981. Disponível em: https://rm.coe.int/CoERMPublicCommonSearchServices/DisplayDCTMContent?documentId=0900001680078b37. Acesso em: 20 fev. 2021.

CRAVO, Daniela Copetti; JOELSONS, Marcela. A importância do CDC no tratamento de dados pessoais de consumidores no contexto de pandemia e de vacatio legis da LGPD. *Revista de Direito do Consumidor*, São Paulo, v. 131, p. 111-145, set.-out. 2020.

CRAVO, Daniela Copetti; KESSLER, Daniela Seadi; DRESCH, Rafael de Freitas Valle. *Direito à portabilidade na Lei Geral de Proteção de Dados*. Indaiatuba: Editora Foco, 2020.

CRAWFORD, Gregory S. et al. *Digital regulation project*: Consumer Protection for Online Markets and Large Digital Platforms. Yale: Tobin Center for Economic Policy, 2021. Policy Discussion Paper n. 1. Disponível em: https://tobin.yale.edu/sites/default/files/pdfs/digital%20regulation%20papers/Digital%20Regulation%20Project%20-%20Consumer%20Protection%20-%20Discussion%20Paper%20No%201.pdf. Acesso em: 30 jun. 2021.

CRUZ, Marco Aurélio Rodrigues da Cunha e; CASTRO, Matheus Felipe de. O habeas data e a concretização do direito à proteção de dados pessoais na metódica constitucional de Friedrich Müller. *Revista de Direitos e Garantias Fundamentais*, Vitória, v. 19, n. 1, p. 191-230, jan.-abr. 2018.

CARUGATI, Christophe. The Facebook saga: a competition, consumer and data protection story. *European Competition and Regulatory Law Review*, European Union, v. 2, n. 1, p. 4-10, 2018.

DECOLAR.COM é multada por prática de geo pricing e geo blocking. *Governo do Brasil*, Brasília, DF, 16 jun. 2018. Disponível em: https://www.justica.gov.br/news/collective-nitf-content-51. Acesso em: 30 jun. 2020.

DEUTSCHLAND. *Bundesbeauftragte für den Datenschutz und die Informationsfreiheit,* [S. l.]: BFDI, 2021. Disponível em: https://www.bfdi.bund.de/DE/Infothek/Orientierungshilfen/orientierungshilfen-node.html. Acesso em: 07 mar. 2021.

DEUTSCHLAND. Landgerericht Berlin. Geschäftsnummer 16 O 341/15. Für Recht erkannt: 1. Die Beklagte wird verurteilt, es bei Vermeidung eines für jeden Fall der Zuwiderhandlung festzusetzenden Ordnungsgeldes bis zu 250.000,00 [...]. Belin, 19 Jan. 2018. Disponível em: https://www.vzbv.de/sites/default/files/downloads/2018/02/12/facebook_lg_berlin.pdf. Acesso em: 07 fev. 2021.

DIAS, Daniel; NOGUEIRA, Rafaela; QUIRINO, Carina de Castro. Vedação à discriminação de preços sem justa causa: uma interpretação constitucional e útil do art. 39, X, do CDC. *Revista de Direito do Consumidor*, São Paulo, v. 121, p. 51-97, jan.-fev. 2019.

DILL, Amanda Lemos. A delimitação dogmática do legítimo interesse para tratamento de dados pessoais. In: MENKE, Fabiano; DRESCH, Rafael de Freitas Valle (Coord.). *Lei Geral de Proteção de Dados*: aspectos relevantes. Indaiatuba: Editora Foco, 2021. p. 95-118.

DINIZ, Maria Helena. *Curso de direito civil brasileiro*: responsabilidade civil. 25. ed. São Paulo: Saraiva, 2011.

DIVINO, Sthefano Bruno Santos. A aplicabilidade do Código de Defesa do Consumidor nos contratos eletrônicos de tecnologias interativas: o tratamento de dados como modelo de remuneração. *Revista de Direito do Consumidor*, São Paulo, v. 118, p. 221-245, jul.-ago. 2018.

DÖHMANN, Indra Spiecker Genannt. A Proteção de Dados Pessoais sob o Regulamento Geral de Proteção de Dados da União Europeia. *Revista de Direito Público*, Brasília, v. 17, n. 93, p. 9-32, maio-jun. 2020.

DONEDA, Danilo. *Da privacidade à proteção de dados pessoais.* Rio de Janeiro: Renovar, 2006.

DONEDA, Danilo. Iguais mas separados: o Habeas data no ordenamento brasileiro e a proteção de dados pessoais. *Cadernos da Escola de Direito e Relações Internacionais*, Curitiba, n. 9, p. 1433, 2008.

DONEDA, Danilo; MENDES, Laura Schertel. Reflexões iniciais sobre a nova lei geral de proteção de dados. *Revista do Direito do Consumidor*, São Paulo, v. 120, p. 469-483, nov.-dez. 2018.

DONEDA, Danilo. *Da privacidade à proteção de dados pessoais*: elementos da formação da Lei geral de proteção de dados. 2. ed. rev. e atual. São Paulo: Thomson Reuters Brasil, 2019.

DONEDA, Danilo. A proteção de dados em tempos de coronavírus. *Jota Info*, São Paulo, 25 mar. 2020. Disponível em: https://bit.ly/3eULntq. Acesso em: 20 fev. 2021.

DONEDA, Danilo. Panorama Histórico da proteção de dados pessoais. In: MENDES, Laura Schertel; DONEDA, Danilo; SARLET, Ingo Wolfganf; RODRIGUES JR., Otavio Luiz (Coord.). *Tratado de Proteção de Dados Pessoais*. Rio de Janeiro: Forense, 2021. p. 3-20.

DUQUE, Marcelo Schenck; HARFF, Graziela. Publicidade digital sur mesure e proteção de dados. *Revista de Direito do Consumidor*, São Paulo, v. 132, p. 237-267, nov.-dez. 2020.

DUQUE, Marcelo Schenk. *Direito Privado e Constituição – Drittwirkung dos direitos fundamentais*: construção de um modelo de convergência à luz dos contratos de consumo. São Paulo: Ed. RT, 2013.

ENGISCH, Karl. *Introdução ao pensamento jurídico*, 6. ed., Trad. de J. Baptista Machado, Lisboa: Fundação Calouste Gulbenkian, 1988.

ENTENDA o escândalo de uso político de dados que derrubou valor do Facebook e o colocou na mira de autoridades. *G1*, [*S. l.*], 20 mar. 2018. Disponível em: https://g1.globo.com/economia/tecnologia/noticia/entenda-o-escandalo-de-uso-politico-de-dados-que-derrubou-valor-do-facebook-e-o-colocou-na-mira-de-autoridades.ghtml. Acesso em: 07 jul. 2021.

ESPAÑA. Agencia Española de Protección de Datos. *La consulta plantea la cuestión de si el consultante, que tiene un sistema de videovigilancia en la sede de la empresa que incluye el interior y el exterior, debe autorizar el visionado de las grabaciones a terceros particulares que lo han solicitado alegando determinada razones* […]. [*S. l.*]: Gabinete Juridico, 2019. Disponível em: https://www.aepd.es/sites/default/files/2019-09/informe-juridico-rgpd-interes-legítimo.pdf. Acesso em: 07 mar. 2021.

EUROPEAN UNION AGENCY FOR FUNDAMENTAL RIGHTS. *Your rights matter: data protection and privacy:* fundamental Rights Survey. Luxembourg: FRA, 2020. Disponível em: https://fra.europa.eu/en/publication/2020/fundamental-rights-survey-data-protection. Acesso em: 07 jul. 2021.

EUROPEAN UNION. Article 29 Data Protection Working Party. *Letter to Google*. Brussels, 16 Nov. 2012. Disponível em: https://ec.europa.eu/justice/article-29/documentation/other-document/files/2012/20121016_letter_to_google_en.pdf. Acesso em: 19 out. 2019.

EUROPEAN UNION. Article 29 Data Protection Working Party. *List of possible compliance measures*. Brussels, 23 Sep. 2014. Disponível em: https://ec.europa.eu/justice/article-29/documentation/other-document/files/2014/20140923_letter_on_google_privacy_policy_appendix.pdf. Acesso em: 19 out. 2019.

EUROPEAN UNION. Article 29 Data Protection Working Party. *Opinion 03/2013 on purpose limitation*. Brussels, 2 April 2013. Disponível em: https://ec.europa.eu/justice/article-29/documentation/opinion-recommendation/files/2013/wp203_en.pdf. Acesso em: 05 jan. 2021.

EUROPEAN UNION. European Data Protection Board. *Guidelines 08/2020 on the targeting of social media users. Brussels,* 2 Sep. 2020. Disponível em: https://edpb.europa.eu/sites/default/files/consultation/edpb_guidelines_202008_onthetargetingofsocialmediausers_en.pdf. Acesso em: 10 jul. 2021.

EUROPEAN UNION. European Data Protection Supervisor. *Opinion 1/2021 on the Proposal for a Digital Services Act*. Brussels, 10 Feb. 2021. Disponível em: https://www.euractiv.com/wp-content/uploads/sites/2/2021/02/10-02-2021-Opinion_on_Digital_Services_Act_EN.pdf. Acesso em: 07 jul. 2021.

EWALD, Ingrid Petroni. *Rastreamento de Mutações Patogênicas nos Genes BRCA1 e BRCA2 em Pacientes Brasileiras em Risco para a Síndrome de Câncer de Mama e Ovário Hereditários*. 2008. Dissertação (Mestrado em Medicina) – Faculdade de Medicina, Universidade Federal do Rio Grande do Sul, 2008.

FERRAZ JUNIOR, Tércio Sampaio. Sigilo de dados: o direito à privacidade e os limites à função fiscalizadora do Estado. *Revista da faculdade de direito da Universidade de São Paulo*, São Paulo, v. 88, p. 439-459, jan.-dez. 1993.

FERRETTI, Federico. Data Protection and the legitimate interest of data controllers: much ado about nothing or the winter of rights? *Commom Market Law Review*, United Kingdom, v. 51, p. 843-868, 2014.

FRANCE. Commission nationale de l'informatique et des libertés. *L'intérêt légitime: comment fonder un traitement sur cette base légale?* [*S. l.*]: CNIL, 2019. Disponível em: https://www.cnil.fr/fr/linteret-legitime-comment-fonder-un-traitement-sur-cette-base-legale. Acesso em: 07 mar. 2021.

FRANCE. Commission Nationale de l'Informatique et des Libertés. *Délibération de la formation restreinte no SAN-2020-012 du 7 décembre 2020 concernant les sociétés GOOGLE LLC et GOOGLE IRELAND LIMITED*. [S. l.]: CNIL, 2020. Disponível em: https://www.legifrance.gouv.fr/cnil/id/CNILTEXT000042635706. Acesso em: 19 out. 2019.

FRANCE. Commission Nationale de l'Informatique et des Libertés. *The CNIL's restricted committee imposes a financial penalty of 50 Million euros against GOOGLE LLC*. [S. l.]: CNIL, 2019. Disponível em: https://www.cnil.fr/en/cnils-restricted-committee-imposes-financial-penalty-50-million-euros-against-google-llc. Acesso em: 19 out. 2019.

FRANZOLIN, Cláudio José; VALENTE, Victor Augusto Estevam. Alguns apontamentos sobre a responsabilidade ativa mediante a prestação de contas e a prevenção de danos por meio de conformidades: a Lei Geral de Proteção de Dados e a tutela do consumidor em construção. *Revista de Direito do Consumidor*, São Paulo, v. 133, p. 75-106, jan.-fev. 2021.

FRAZÃO, Ana; OLIVA, Milena Donato; ABILIO, Viviane da Silveira. Compliance de Dados Pessoais. In: FRAZÃO, Ana; TEPEDINO, Gustavo; OLIVA, Milena Donato (Coord.). *Lei Geral de Proteção de Dados e suas repercussões no Direito brasileiro*. São Paulo: Thomson Reuters Brasil, 2019. p. 677-716.

FURK, Christiane Hessler. Conceito legal indeterminado: a função social do contrato e a função criadora do juiz. *Revista de Direito Privado*, São Paulo, v. 34, p. 85-104, abr.-jun. 2008.

GASIOLA, Gustavo Gil. Criação e desenvolvimento da proteção de dados na Alemanha. *Jota Info*, [S. l.], 2019. Disponível em: https://www.jota.info/opiniao-e-analise/artigos/criacao-e-desenvolvimento-da-protecao-de-dados-na-alemanha-29052019#sdfootnote3sym. Acesso em: 28 fev. 2021.

GENCARELLI, Bruno. Apresentação. In: DONEDA, Danilo. *Da Privacidade à Proteção de Dados Pessoais*: elementos da formação da Lei Geral de Proteção de Dados. 2. ed. rev. e atual. São Paulo: Thomson Reuters Brasil, 2019. p. 13-14.

GERMANY. Bundeskartellamt. *Ref: B6-22/16*. Facebook, Exploitative business terms pursuant to Section 19(1) GWB for inadequate data processing. 4. Decision Based on the above and in exercising due discretion, the Bundeskartellamt has prohibited the data processing policy Facebook imposes on its users and its corresponding implementation pursuant to Sections 19(1), 32 GWB and ordered the termination of this conduct. Bonn, 15 February 2019. Disponível em: https://www.bundeskartellamt.de/SharedDocs/Entscheidung/EN/Fallberichte/Missbrauchsaufsicht/2019/B6-22-16.pdf?__blob=publicationFile&v=4. Acesso em: 07 fev. 2021.

GERMANY. The Federal Constitutional Court. *BVerfGE 120, 274*. The general right of personality (Article 2.1 in conjunction with Article 1.1 of the Basic Law (Grundgesetz – GG) encompasses the fundamental right to the guarantee of the confidentiality and integrity of information technology systems. [...]. President: Papier. Judgment of the First Senate of 27 February 2008. Disponível em: http://www.bverfg.de/e/rs20080227_1bvr037007en.html. Acesso em: 19 set. 2019.

GIBBS, Samuel. Facebook facing privacy actions across Europe as France fines firm 150k. *The Guardian*, [S. l.], 16 May 2017. Disponível em: https://www.theguardian.com/technology/2017/may/16/facebook-facing-privacy-actions-across-europe-as-france-fines-firm-150k. Acesso em: 05 jul. 2021.

GLOBAL 500 2021 ranking. *Brand Finance*, [*S. l.*], 2021. Disponível em: https://brandirectory. com/rankings/global/table. Acesso em: 13 jun. 2021.

GOMES, Maria Cecília Oliveira. Relatório de impacto à proteção de dados pessoais. Uma breve análise da sua definição e papel na LGPD. *Revista da AASP*, São Paulo, n. 144, p. 176, dez. 2019.

GOOGLE. *Política de Privacidade*. [*S. l.*]: Google, 2021. Disponível em: https://policies.google. com/privacy?hl=pt-BR. Acesso em: 07 mar. 2021.

HENRIQUES, Isabella; PITA, Marina; HERTUNG, Pedro. A Proteção de Dados Pessoais de crianças e adolescentes. In: MENDES, Laura Schertel; DONEDA, Danilo; SARLET, Ingo Wolfganf; RODRIGUES JR., Otavio Luiz (Coord.). *Tratado de Proteção de Dados Pessoais*. Rio de Janeiro: Forense, 2021. p. 199-226.

HERFURTH, Constantin. Interessenabwägung nach art. 6 Abs. 1 lit. f DS-GVO: Nachvollziehbare Ergebnisse anhand von 15 Kriterien mit dem sog. 3x5 Modell. *Zeitschrift für Datenschutz*, München, p. 514-520, 2018.

HOFFMANN-RIEM, Wolfgang. *Offene Rechtswissenschaft. Muchen*: Mohr, 2010.

HOFFMANN-RIEM, Wolfgang. *Teoria do direito digital*: desafios para o direito. Rio de Janeiro: Forense, 2021.

HORNUNG, Gerrit; SCHNABEL, Christoph. Data Protection in Germany I: The population census decision and the right to informational selfdetermination. *Computer Law and Security Review*, Kassel, n. 25, p. 84-88, 2009.

HOUSER, Kimberly A.; VOSS, Gregory w. GDPR: The end of Google and Facebook or a new paradigm in Data Privacy. *The Richmond Journal of Law and Technology*, Richmond, v. 25, n. 1, 2018.

HUBMANN, Heinrich. *Das Persönlichkeitsrecht*. 2. ed. Köln: Böhlau, 1967.

INTERNET Users by Country (2016). *Internet Live Stats,* [*S. l.*], 2016. Disponível em: *https://www. internetlivestats.com/internet-users-by-country/.* Acesso em: 20 fev. 2021.

INTERNET Users in the world. *Internet Live Stats,* [*S. l.*], 2021. Disponível em: https://www. internetlivestats.com. Acesso em: 06 jul. 2021.

INTERNET Users. *Internet Live Stats,* [*S. l.*], 2021. *Disponível em:* https://www.internetlivestats. com/internet-users. Acesso em: fev. 2021.

INTERNETLAB, Associação Internetlab de Pesquisa em Direito e Tecnologia. *O que está em jogo no debate sobre dados pessoais no Brasil:* Relatório final sobre o debate público promovido pelo Ministério da Justiça sobre o Anteprojeto de Lei de Proteção de dados pessoais. São Paulo: INTERNETLAB, 2016. Disponível em: https://www.internetlab°rg.br/wp-content/ uploads/2016/05/reporta_apl_dados_pessoais_final.pdf. Acesso em: 10 jul. 2021.

IRELAND. Data Protection Commissioner. *Guidance Note: Legal Bases for Processing Personal Data*. [*S. l.*]: DPC, 2019. Disponível em: https://www.dataprotection.ie/sites/default/files/ uploads/2019-12/Guidance%20on%20Legal%20Bases_Dec19_1.pdf. Acesso em: 07 mar. 2021.

ITALIA. Garante per la protezione dei dati personali. *Deliberazione del 12 giugno 2019 – Codice di condotta per il trattamento dei dati personali in materia di informazioni commerciali*. [*S. l.*]: GPDP, 2019. Disponível em: https://www.garanteprivacy.it/web/guest/home/docweb/-/docweb-display/docweb/9119868. Acesso em: 07 mar. 2021.

ITALIA. Garante per la Protezione dei Dati Personali. *Provvedimento prescrittivo nei confronti di Google Inc. sulla conformità al Codice dei trattamenti di dati personali effettuati ai sensi della nuova privacy policy*. Roma: GPDP, 2014. Disponível em: https://www.garanteprivacy.it/web/guest/home/docweb/-/docweb-display/docweb/3283078. Acesso em: 19 out. 2019.

JAYME, Erik. O direito internacional privado e cultural pós-moderno. *Cadernos do Programa de Pós-graduação em Direito da Universidade Federal do Rio Grande do Sul*, Porto Alegre, v. 1, n. 1, p. 86, mar. 2003.

JIMENE, Camila do Vale. Reflexões sobre *privacy by design e privacy by default*: da idealização à positivação. In: MALDONADO, Viviane Nobrega; BLUM, Renato Opice. (Coord.). *Comentários ao GDPR* (Regulamento Geral de Dados da União Europeia). São Paulo: Thomson Reuters Brasil, 2018. p. 169-183.

JOELSONS, Marcela. A necessária limitação ao legítimo interesse do fornecedor no tratamento de dados pessoais dos consumidores. In: SARLET, Ingo Wolfgang; BARBOSA, Jeferson Ferreira; LEAL, Augusto Antônio Fontanive; SIQUEIRA, Andressa de Bittencourt (Org.). *Direitos fundamentais*: os desafios da igualdade e da tecnologia num mundo em transformação. Porto Alegre: Editora Fundação Fênix, 2020. p. 347-369.

JOELSONS, Marcela. Autodeterminação informativa em direito comparado: análise dos contextos históricos e decisões paradigmas das cortes constitucionais alemã e brasileira. *Revista de Direito Constitucional e Internacional*, São Paulo, v. 119, p. 233-272, maio-jun. 2020.

JOELSONS, Marcela. Lei Geral de Proteção de Dados em vigor: impactos imediatos e possíveis desafios à luz da experiência da União Europeia. *Revista dos Tribunais*, São Paulo, v. 22, p. 175-194, dez. 2020.

JOELSONS, Marcela. O legítimo interesse do controlador no tratamento de dados pessoais e o teste de proporcionalidade: desafios e caminhos para uma aplicação no cenário brasileiro. *Revista de Direito e as Novas Tecnologias*, São Paulo, v. 8, jul.-set. 2020.

JOELSONS, Marcela. Inviolabilidade na comunicação dos dados de computador no Brasil versus direito fundamental à confidencialidade e integralidade de sistemas informáticos na Alemanha. *Revista de Direito Constitucional e Internacional*, São Paulo, v. 125, p. 111-135, maio-jun. 2021.

KAMARA, Irene; DE HERT, Paul. Understanding the balancing act behind the legitimate interest of the controller ground. *In*: E. Selinger, J. Polonestsky, O. Tene (ed.). *The Cambridge Handbook of Consumer Privacy*. Cambridge: Cambridge University Press, 2018. p. 321-352.

KELSEN, Hans. *Teoria Pura do Direito*. 6. ed. São Paulo: Martins Fontes, 1998.

KLEE, Antônia Espindola Longoni. A regulamentação do uso da internet no Brasil pela Lei 12.965/2014 e a proteção dos dados dos registros pessoais. *Direito e Justiça*, v. 41, p. 126-153, jul.-dez. 2015.

KONDER, Carlos Nelson. O tratamento de dados sensíveis à luz da Lei 13.709/2018. In: FRAZÃO, Ana; TEPEDINO, Gustavo; OLIVA. *Lei Geral de Proteção de Dados e suas repercussões no Direito brasileiro*. Milena Donato (Coord.). São Paulo: Thomson Reuters Brasil, 2019. p. 446-463.

KOOPS, Bert-Papp. The trouble with European data Protection Law. *International Data Privacy Law*, United Kingdom, v. 4, n. 4, p. 250-261, nov. 2014. Disponível em: https://doi°rg/10.1093/idpl/ipu023. Acesso em: 03 jan. 2021.

LAFER, Celso. *A reconstrução dos direitos humanos*: um diálogo com o pensamento de Hannah Arendt. São Paulo: Cia. das Letras, 1991.

LANEY, Douglas (ed.). *Big Data Means Big Business*. Stamford: Gartner, 2013. p. 5. Disponível em: http://media.ft.com/cms/4b9c7960-2ba1-11e3-bfe2-00144feab7de.pdf. Acesso em: 20 fev. 2021.

LARENZ, Karl. *Metodologia da ciência do direito*. 3. ed. Lisboa: Fundação Calouste Gulbenkian, 1997.

LEMOS, Ronaldo. Prefácio. In: COTS, Márcio; OLIVEIRA, Ricardo. *Lei geral de proteção de dados pessoais comentada*. São Paulo: Thomson Reuters Brasil, 2018. p. 12-13.

LEONARDI, Marcel. Legítimo Interesse. *Revista do Advogado*, São Paulo, v. 39, p. 67-73, nov. 2019.

LEONARDI, Marcel. Marco Civil da Internet e Proteção de Dados pessoais. In: LUCCA, Newton de; SIMÃO FILHO, Adalberto; LIMA, Cintia Rosa Pereira de (Coord.). *Direito e Internet III*: marco civil da internet. São Paulo: Quartier Latin, 2015. p. 536-537.

LIBER, Ádám. Hungarian DPA guidance on data processing requirements applicable in the employment context. *Lexology*, Hungary, 15 Nov. 2016. Disponível em: https://www.lexology.com/library/detail.aspx?g=cd530abe-5c1c-4898-9373-5356d03bbb6f

LIMA, Cíntia Rosa Pereira de. *Autoridade Nacional de Proteção de Dados e a Efetividade da Lei Geral de Proteção de Dado*. São Paulo: Almedina, 2020.

LIMA. Caio César Carvalho. Capítulo II: Do tratamento de dados pessoais: Seção I: Dos requisitos para o tratamento de dados pessoais. In: MALDONADO, Viviane Nobrega; BLUM, Renato Opice (Coord.). *LGPD*: Lei Geral de Proteção de Dados comentada. São Paulo: Thomson Reuters Brasil, 2019. p. 179-194.

LOCALIZANDO as vítimas. In: HOLOCAUST Encyclopedia. Washington: United States Holocaust Memorial Museum, [201-]. Disponível em: https://encyclopedia.ushmm°rg/content/pt-br/article/locating-the-victims. Acesso em: 09 set. 2019.

LOPEZ, Teresa Ancona. Exercício do direito e suas limitações: abuso do direito. *Revista dos Tribunais*, São Paulo, v. 885, p. 49-68, jul. 2009.

LORENZETTI, Ricardo Luis. *Comércio eletrônico*. São Paulo: Ed. RT, 2004.

MACHADO, Fernando Inglez de Souza. *Privacidade e proteção de dados pessoais na sociedade da informação*: profiling e risco de discriminação. 2018. Dissertação (Mestrado em Direito) – Programa de Pós-Graduação em Direito da Escola de Direito da Pontifícia Universidade Católica do Rio Grande do Sul, Porto Alegre, 2018.

MALDONADO; Viviane Nobrega. Direitos dos titulares de dados. In: MALDONADO; Viviane Nobrega; BLUM, Renato Opice (Coord.). *Comentários ao GDPR (Regulamento Geral de Dados da União Europeia)*. São Paulo: Thomson Reuters Brasil, 2018. p. 85-19.

MANTOVANI, Alexandre Casanova. *O consentimento na disciplina da proteção dos dados pessoais*: uma análise dos seus fundamentos e elementos. 2019. Dissertação (Mestrado em Direito) – Programa de Pós-Graduação em Direito da Universidade Federal do Rio Grande do Sul, Porto Alegre, 2019.

MARKKULA, Jouni; ROHUNEN, Anna; TIKKINEN-PIRI, Christina. EU General Data Protection Regulation: Changes and implications for personal data collecting companies. *Computer Law & Security Review*, [S. l.], v. 34, p. 134-153, 2017.

MARQUES, Claudia Lima. Cem anos de Código Civil alemão: o BGB de 1896 e o Código Civil brasileiro de 1916. *Revista dos Tribunais*, São Paulo, v. 741, p. 11-37, jul. 1997.

MARQUES, Claudia Lima. Boa-fé nos serviços bancários, financeiros, de crédito e securitários e o Código de Defesa do Consumidor: informação, cooperação e renegociação? *Revista de Direito do Consumidor*, São Paulo, v. 43, p. 215-257, jul.-set. 2002.

MARQUES, Claudia Lima. *Confiança no comércio eletrônico e o direito do consumidor*: um estudo dos negócios jurídicos de consumo no comercio eletrônico. São Paulo: Ed. RT, 2004.

MARQUES, Claudia Lima. *Contratos no Código de Defesa do Consumidor*: o novo regime das relações contratuais. 8. ed. rev. atual. ampl. São Paulo: Ed. RT, 2016.

MARQUES, Claudia Lima. O legado da Lei da Boa Razão e a renovação da Teoria das Fontes: o diálogo das fontes e seu impacto no Brasil. In: MARQUES, Claudia Lima; CERQUEIRA, Gustavo (Coord.). *A função modernizadora do direito comparado: 250 anos da lei da boa razão*. São Paulo: YK Editora, 2020. p. 471-492.

MARQUES, Claudia Lima. A teoria do 'diálogo das fontes' hoje no Brasil e seus novos desafios: uma homenagem à magistratura brasileira. In: MARQUES, Claudia Lima; MIRAGEM, Bruno. *Diálogo das fontes*: novos estudos sobre a coordenação e aplicação das normas no direito brasileiro. São Paulo: Thomson Reuters, 2020. p. 17-72.

MARQUES, Claudia lima. 30 Anos do Código de Defesa do Consumidor: revisando a teoria geral dos serviços com base no CDC em tempos digitais. In: MIRAGEM, Bruno; MARQUES, Claudia Lima; DIAS, Lucia Ancona Lopez de (Org.) *Direito do Consumidor*: 30 anos do CDC: da consolidação como direito fundamental aos atuais desafios da sociedade. Rio de Janeiro: Forense, 2021. p. 3-66.

MARQUES, Claudia Lima; KLEE, Antonia Espíndola Longoni. Os direitos do consumidor e a regulamentação do uso da internet no Brasil: convergência no direito às informações claras e completas nos contratos de prestação de serviços de internet. In: LEITE, George Salomão; LEMOS, Ronaldo (Coord.). *Marco Civil da Internet*. São Paulo: Atlas, 2014. p. 469-517.

MARQUES, Claudia Lima; MIRAGEM, Bruno. "Serviços simbióticos" do consumo digital e o PL 3.514/2015 de atualização do CDC. *Revista de Direito do Consumidor*, São Paulo, v. 132, p. 91-118, nov.-dez. 2020.

MARQUES, Claudia Lima; MUCELIN, Guilherme. Inteligência artificial e "opacidade" no consumo: a necessária revalorização da transparência para a proteção do consumidor. In: TEPEDINO, Gustavo; SILVA, Rodrigo da Guia (Coord.). *O Direito Civil na era da inteligência artificial*. São Paulo: Thomson Reuters Brasil, 2020. p. 411-439.

MARTINS, Guilherme Magalhaes. A atualização do Código de Defesa do Consumidor e a regulamentação do comércio eletrônico: avanços e perspectivas. *Revista de Direito do Consumidor*, São Paulo, v. 95, p. 255-287, set.-out. 2014.

MARTINS, Leonardo (Org.). *Cinquenta anos de jurisprudência do Tribunal Constitucional Federal Alemão*. Montevideo: Fundação Konrad Adenauer, 2005.

MARTINS-COSTA, Judith. *A boa-fé no direito privado*. São Paulo: Ed. RT, 1999.

MARTINS-COSTA, Judith. *A boa-fé no direito privado*: critérios para a sua aplicação. São Paulo: Marcial Pons, 2015.

MASSÉ, Estelle. Two years under EU GDPG: an implementation progress report. *Acess Now*, [S. l.], 2020. Disponível em: https://www.accessnow°rg/cms/assets/uploads/2020/05/Two-Years-Under-GDPR.pdf.Acesso em: 07 jun. 2021.

MATTIUZZO, Marcela; PONCE, Paula Pedigoni. O legítimo interesse e o teste da proporcionalidade: Uma proposta interpretativa. *Internet & Sociedade*, São Paulo, v. 1, n. 2, p. 54-76, dez. 2020.

MAURMO, Júlia Gomes Pereira. A distinção conceitual entre privacidade, intimidade, vida privada, honra e imagem. *Revista de Direito Privado*, São Paulo, v. 57, p. 33-52, jan.-mar. 2014.

MAYER-SCHÖNBERGER, Viktor; CUKIER, Kenneth. *Big Data*: a revolution that will transform how we live, work, and think. First Mariner Books: New York, 2014.

MENDES, Gilmar Ferreira; COELHO, Inocêncio Mártires; BRANCO, Paulo Gustavo Gonet. *Curso de direito constitucional*. 2. ed. São Paulo: Saraiva, 2008.

MENDES, Laura Schertel. O direito fundamental à proteção de dados pessoais. *Revista de Direito do Consumidor*, São Paulo, v. 79, p. 45-81, jul.-set. 2011.

MENDES, Laura Schertel. *Privacidade, proteção de dados e defesa do consumidor*: linhas gerais de um novo direito fundamental. São Paulo: Saraiva, 2014.

MENDES, Laura Schertel. A vulnerabilidade do consumidor quanto ao tratamento de dados pessoais. In: MARQUES, Claudia Lima; GSELL, Beate (Org.). *Novas tendências do Direito do Consumidor*: Rede Alemanha Brasil de Pesquisas em Direito do Consumidor. São Paulo: Ed. RT, 2015. p. 182-203.

MENDES, Laura Schertel. O diálogo das fontes entre o Marco Civil da Internet e o Código de Defesa do Consumidor. *Revista do Direito do Consumidor*, São Paulo, v. 106, p. 37-69, jul.-ago. 2016.

MENDES, Laura Schertel. Habeas data e autodeterminação informativa: os dois lados da mesma moeda. *Direitos fundamentais e justiça*, Belo Horizonte, v. 12, n. 39, p. 185-2016, jul.-dez. 2018.

MENDES, Laura Schertel. A encruzilhada da proteção de dados no Brasil e o caso do IBGE. *Consultor Jurídico*, [S. l.], 24 abr. 2020. Disponível em: https://bit.ly/2W2m6F9. Acesso em: 24 abr. 2020.

MENDES, Laura Schertel. Autodeterminação informacional. In: DONEDA, Danilo; MENDES, Laura Schertel; CUEVA, Ricardo Villas Bôas. (Coord.). *Lei Geral de Proteção de Dados* (Lei 13.709/2018): A caminho da efetividade: contribuições para a implementação da LGPD. São Paulo: Thomson Reuters, 2020. p. 211-241.

MENDES, Laura Schertel. Decisão histórica do STF reconhece direito fundamental à proteção de dados pessoais. *Jota Info*, [S. l.], 10 maio 2020. Disponível em: https://www.jota.info/opiniao-e-analise/artigos/decisao-historica-do-stf-reconhece-direito-fundamental-a-protecao-de-dados-pessoais-10052020. Acesso em: 06 maio. 2020.

MENDES, Laura Schertel; BIONI, Bruno Ricardo. O regulamento europeu de proteção de dados pessoais e a lei geral de proteção de dados brasileira: mapeando convergências na direção de um nível de equivalência. *Revista de Direito do Consumidor*, São Paulo, v. 124, p. 157-180, jul.-ago. 2019.

MENDES, Laura Schertel; DONEDA, Danilo. Marco jurídico para a cidadania digital: uma análise do projeto de Lei 5.276/2016. *Revista de Direito Civil Contemporâneo*, São Paulo, v. 9, p. 35-48, out.-dez. 2016.

MENDES, Laura Schertel; MATTIUZZO, Marcela; FUJIMOTO, Mônica Tiemy. Discriminação algorítmica à luz da Lei Geral de Proteção de Dados. In: MENDES, Laura Schertel; DONEDA, Danilo; SARLET, Ingo Wolfganf; RODRIGUES JR., Otavio Luiz (Coord.). *Tratado de Proteção de Dados Pessoais*. Rio de Janeiro: Forense, 2021. p. 421-446).

MENEZES CORDEIRO, António Manuel da Rocha e. *Da boa-fé no direito civil*. Coimbra: Almedina, 2001.

MENKE, Fabiano. A interpretação das cláusulas gerais: a subsunção e a concreção dos conceitos. *Revista de Direito do Consumidor*, São Paulo, v. 50, p. 9-35, abr.-jun. 2004.

MENKE, Fabiano. A proteção de dados e o novo direito fundamental à garantia da confidencialidade e da integridade dos sistemas técnico-informacionais no direito alemão. In: MENDES, Gilmar Ferreira; SARLET, Ingo Wolfgang; COELHO, Alexandre Zavaglia P. (Coord.). *Direito, inovação e tecnologia*. São Paulo: Saraiva, 2015. p. 205-230.

MENKE, Fabiano. As origens alemãs e o significado da Autodeterminação informativa. In: MENKE, Fabiano; DRESCH, Rafael de Freitas Valle (Coord.). *Lei geral de proteção de dados*: aspectos relevantes. São Paulo: Foco Jurídico, 2021. p. 13-22.

MENKE, Fabiano; GOULART, Guilherme Damasio. Segurança da informação e vazamento de dados. In: MENDES, Laura Schertel; DONEDA, Danilo; SARLET, Ingo Wolfganf; RODRIGUES JR., Otavio Luiz (Coord.). *Tratado de Proteção de Dados Pessoais*. Rio de Janeiro: Forense, 2021. p. 320-339.

MILLER, C. et al. *People, Power and Technology:* The 2020 Digital Attitudes Report. London: Doteveryone, 2020. Disponível em: https://doteveryone°rg.uk/report/peoplepowertech2020/. Acesso em: 06 jul. 2021.

MIRAGEM, Bruno. Os direitos da personalidade e os direitos do consumidor. *Revista de Direito do Consumidor*, São Paulo, v. 49, p. 40-76, jan.-mar. 2004.

MIRAGEM, Bruno. Abuso do Direito. Ilicitude objetiva no direito privado brasileiro. *Revista dos Tribunais*, São Paulo, v. 842, p. 11-44, dez. 2005.

MIRAGEM, BRUNO. Responsabilidade por danos na sociedade de informação e proteção jurídica do consumidor: desafios atuais da regulação jurídica da internet. *Revista de Direito do Consumidor*, São Paulo, v. 70, p. 41-92, abr.-jun. 2009.

MIRAGEM, Bruno. Aplicação do Código de Defesa do Consumidor às relações entre provedores de conteúdo da internet e seus consumidores. *Revista de Direito do Consumidor*, São Paulo, v. 79, p. 407-433, jul.-set. 2011.

MIRAGEM, Bruno. Aspectos característicos da disciplina do comércio eletrônico de consumo – comentários ao Dec. 7.962, de 15.03.2013. *Revista de Direito do Consumidor*, São Paulo, v. 86, p. 287-299, mar./abr. 2013.

MIRAGEM, Bruno. A contribuição essencial do direito comparado para a formação e o desenvolvimento do direito privado brasileiro. *Revista dos Tribunais*, São Paulo, v. 1000, p. 157-190, fev. 2019.

MIRAGEM, Bruno. A Lei Geral de Proteção de dados (Lei 13.709/2018) e o direito do consumidor. *Revista dos Tribunais*, São Paulo, v. 1009, p. 173-222, nov. 2019.

MIRAGEM, Bruno. *Curso de Direito do Consumidor*. 8. ed. rev. atual. e ampl. São Paulo: Thomson Reuters Brasil, 2019.

MIRAGEM, Bruno. Prefácio. In: MARQUES, Claudia Lima; MIRAGEM, Bruno. *Diálogo das fontes*: novos estudos sobre a coordenação e aplicação das normas no direito brasileiro. São Paulo: Thomson Reuters, 2020. p. 5-10.

MIRAGEM, Bruno. Direito civil: responsabilidade civil. 2. ed. Rio de Janeiro: Forense, 2021. *E-book*.

MIRAGEM, Bruno. Princípio da vulnerabilidade: perspectiva atual e funções no direito do consumidor contemporâneo. In: MIRAGEM, Bruno; MARQUES, Claudia Lima; DIAS, Lucia Ancona Lopez de (Org.) *Direito do Consumidor*: 30 anos do CDC: da consolidação como direito fundamental aos atuais desafios da sociedade. Rio de Janeiro: Forense, 2021. p. 233-261.

MOEREL, Lokke; PRINS, Corien. *Privacy for the Homo Digitalis*: Proposal for a New Regulatory Framework for Data Protection in the Light of Big Data and the Internet of Things. Tilburg, May 2016. Disponível em: https://ssrn.com/abstract=2784123. Acesso em: 04 jan. 2020.

NAÇÕES UNIDAS. *Declaração Universal dos Direitos Humanos*. [S. l.]: ONU, 2020. Disponível em: https://brasil.un°rg/index.php/pt-br/91601-declaracao-universal-dos-direitos-humanos. Acesso em: 13 jun. 2021.

NAÇÕES UNIDAS. *História da ONU*. [S. l.]: ONU, 2019. Disponível em: https://unric°rg/pt/historia-da-onu/. Acesso em: 13 jun. 2021.

NAKAGAWA, Liliane. Senacon pede explicações a Rappi por coletar de dados de clientes. *Olhar Digital* [S. l.], 13 jan. 2020. Disponível em: https://olhardigital.com.br/noticia/senacon-pede-explicacoes-a-rappi-por-coletar-de-dados-de-clientes/95276. Acesso em: 30 jun. 2020.

NEDERLANDS. Autoriteit Persoonsgegevens. *Dutch data protection authority: Facebook violates privacy law*. [S. l.]: AP, 2017. Disponível em: https://autoriteitpersoonsgegevens.nl/en/news/dutch-data-protection-authority-facebook-violates-privacy-law. Acesso em: 05 jul. 2021.

NEGRÃO, Antônio Carlos. Economia digital, proteção de dados e competitividade. In: CUEVA, Ricardo Villas; DONEDA, Danilo; MENDES, Laura Schertel (Coord.). *Lei Geral de Proteção de Dados (Lei n. 13.709/2018)*. São Paulo: Revista dos Tribunais. p. 29-37.

NERY JUNIOR, Nelson; NERY, Rosa Maria Andrade. *Código Civil comentado*. 9. ed. São Paulo: Ed. RT, 2013.

NETSHOES no Brasil confirma que sofreu ataque cibernético e dados de clientes foram revelados. *G1*, [S. l.], 2018. Disponível em: https://g1.globo.com/economia/noticia/netshoes-no-brasil-confirma-que-sofreu-ataque-cibernetico-e-dados-de-clientes-foram-revelados.ghtml. Acesso em: 17 dez. 2018.

NUNES, Luiz Antônio Rizzatto. *Curso de direito do consumidor*: com exercícios. São Paulo: Saraiva, 2004.

OELSNER, Miriam Bettina Paulina Bergel. *A gênese do nacional-socialismo na Alemanha do século 19 e a autodefesa judaica*. 2017. Tese (Doutorado em História Social) – Programa de Pós-Graduação em História Social da Faculdade de Filosofia, Letras e Ciências Humanas da Universidade de São Paulo, 2017.

OLIVEIRA, Marco Aurélio Bellizze; LOPES, Isabela Maria Pereira. Os princípios norteadores da proteção de dados pessoais no Brasil e sua otimização pela Lei 13.709/2018. In: FRAZÃO, Ana; TEPEDINO, Gustavo; OLIVA, Milena Donato (Coord.). *Lei Geral de Proteção de dados pessoais e suas repercussões no direito brasileiro*. São Paulo: Thomson Reuters Brasil, 2019. p. 53-82.

OLIVEIRA, Ricardo; COTS, Marcio (Coord.). *O Legítimo interesse e a LGPD*: Lei Geral de Proteção de Dados. São Paulo: Ed. RT, 2019.

ORGANISATION FOR ECONOMIC COOPERATION AND DEVELOPMENT. *Guidelines on the Protection of Privacy and Transborder Flows of Personal*. [S. l.]: OECD, 1980. Disponível em: http://www°ecd°rg/digital/ieconomy/oecdguidelinesontheprotectionofprivacyandtransborderflowsofpersonaldata.htm. Acesso em: 20 fev. 2021.

PALHARES, Felipe. As falácias do amanhã: a saga da entrada em vigor da LGPD. In: PALHARES, Felipe (Coord.). *Temas atuais de proteção de dados*. São Paulo: Ed. RT, 2020. p. 529-549.

PARCHEN, Charles Emannuel; FREITAS, Cinthia Obladen de Almadra; MEIRELES, Jussara Maria Leal de. Vício do consentimento através do neuromarketing nos contratos da era digital. *Revista de Direito do Consumidor*, São Paulo, v. 115, p. 331-356, jan.-fev. 2018.

PEDUZZI, Pedro. Senacon e ANPD assinam acordo para proteção de dados do consumidor, *Agência Brasil*. Brasília, 22 mar. 2021. Disponível em: https://agenciabrasil.ebc.com.br/justica/noticia/2021-03/senacon-e-anpd-assinam-acordo-visando-protecao-de-dados. Acesso em: 27 mar. 2021.

PEIXOTO, Ester Lopes. O princípio da boa-fé no direito civil brasileiro. *Revista de Direito do Consumidor*, São Paulo, v. 45, p. 140-171, jan.-mar. 2003.

PETERSEN, Luisa. Expectativas legítimas tuteladas pela boa-fé: critérios para qualificação. *Revista de Direito Privado*, São Paulo, v. 105, p. 119-142, jul.-set. 2020.

PETRY, Alexandre Torres; COSTA, Dominik Manuel Bouza. Os bancos de créditos e os direitos dos consumidores: a realidade na Alemanha e no Brasil. *Revista luso-brasileira de direito do consumidor*, Curitiba, v. III, n. 10, p. 33-86, jun. 2013.

PINHEIRO, Patrícia Peck. *Proteção de dados pessoais*: comentários à Lei 13.709/2018 (LGPD). São Paulo: Saraiva Educação, 2018.

PORTUGAL. Comissão Nacional de Proteção de Dados. *Orientações e recomendações*. Lisboa: CNPD, [201-?]. Disponível em: https://www.cnpd.pt/organizacoes/orientacoes-e-recomendacoes/. Acesso em: 07 mar. 2021.

RABAIOLI, Laíza; CAUDURO, Luiza Kremer. Noções instrumentais sobre o tratamento de dados pessoais. In: MENKE, Fabiano; DRESCH, Rafael de Freitas Valle (Coord.). *Lei geral de proteção de dados*: aspectos relevantes. São Paulo: Foco Jurídico, 2021. p. 23-38.

REGULATING the internet giants: The world's most valuable resource is no longer oil, but data. *The Economist*, [S. l.], 6 May 2017. Disponível em: www.economist.com/leaders/2017/05/06/the-worlds-most-valuable-resource-is-no-longer-oil-but-data. Acesso em: 07 mar. 2021.

REINSEL, David; GANTZ, John; RYDNING, John. *The Digitization of the World*: From Edge to Core. Framingham: IDC, 2018. *PDF*.

RÖDER, Marcus Paulo; LANA, Pedro de Perdigão. A cláusula aberta dos interesses legítimos e as autoridades nacionais: análise comparativa entre LGPD e RGPD. In: WACHOWICZ, Marcos (Org.). *Proteção de dados pessoais em perspectiva*: LGPD e RGPD na ótica do direito comparado. Curitiba: Gedai/UFPR, 2020. p. 210-214.

RODOTÁ, Stefano. *A vida na sociedade de vigilância*: a privacidade hoje. Rio de Janeiro: Renovar, 2008.

RODRIGUES, Daniel Piñero. *O direito fundamental à proteção de dados pessoais*: as transformações da privacidade na sociedade de vigilância e a decorrente necessidade de regulação. 2010. Dissertação (Mestrado em Direito) – Programa de Pós-Graduação em Direito da Escola de Direito da Pontifícia Universidade Católica do Rio Grande do Sul, Porto Alegre, 2010.

RODRIGUES, Marco Antonio dos Santos; HIBNER, Davi Amaral. Parâmetros para a proteção de dados pessoais em tempos de pandemia. *Revista de Direito e as Novas Tecnologias*, São Paulo, v. 8, jul.-set. 2020.

ROSSNAGEL, Alexander. In: ROSSNAGEL, Alexander (Hrsg.). *Handbuch Datenschutzrecht*: Die neuen Grundlagen für Wirtschaft und Verwaltung. München: Beck, 2003. *E-book*.

RUARO, Regina Linden. O direito fundamental à proteção de dados pessoais do consumidor livre mercado. *Revista de Direito do Consumidor*, São Paulo, v. 118, p. 195-219, jul.-ago. 2018.

RUARO, Regina Linden; RODRIGUEZ, Daniel Piñero; FINGER, Brunize. O direito à proteção de dados pessoais e a privacidade. *Revista da Faculdade de Direito UFPR*, Curitiba, n. 53, 2011.

RUNTE, Christian; KAMPS, Michael Kamps. *GDPR Enforcement Tracker Report*. Berlin: CMS, 2021.

SANTOS, Isabela Maria Rosal. O Legítimo Interesse do controlador ou de terceiro e o teste de proporcionalidade no tratamento de dados pessoais. In: BEZERRA, Tiago José de Souza Lima et al. (Org.). *Open data day*: dados abertos governamentais e inovação cívica. Natal: Editora Motres, 2020. p. 23-61.

SARLET, Ingo Wolfgang. Direitos fundamentais em espécie. In: SARLET, Ingo Wolfgang; MARINONI, Luiz Guilherme; MITIDIERO, Daniel. *Curso de direito Constitucional*. São Paulo: Ed. RT, 2012.

SARLET, Ingo Wolfgang. *Dignidade (da pessoa) humana e os direitos fundamentais na Constituição Federal de 1988*. 10. ed. rev. atual. Porto Alegre: Livraria do Advogado Editora, 2015.

SARLET, Ingo Wolfgang. Fundamentos constitucionais: o direito fundamental à proteção de dados. In: MENDES, Laura Schertel; DONEDA, Danilo; SARLET, Ingo Wolfganf; RODRIGUES JR., Otavio Luiz (Coord.). *Tratado de Proteção de Dados Pessoais*. Rio de Janeiro: Forense, 2021. p. 21-60.

SARLET, Ingo Wolfgang. Direitos fundamentais em espécie. In: SARLET, Ingo Wolfgang; MARINONI, Luiz Guilherme; MITIDIERO, Daniel. *Curso de Direito Constitucional*, 3. ed. rev., atual. e ampl. São Paulo: Ed. RT, 2014.

SCHANTZ, Peter. DSGVO Art. 6 Abs. 1 Rechtmäßigkeit der Verarbeitung. In: SIMITIS, Spiros; HORNUNG, Gerrit; SPIECKER DÖHMANN, Indra (Hrsg.). *Datenschutzrecht*. Baden-Baden: Nomos, 2019. *E-book*.

SCHREIBER, Anderson. *A proibição de comportamento contraditório*: tutela da confiança e "venire contra factum proprium". 2. ed. Rio de Janeiro: Renovar, 2007.

SCHREIBER, Anderson. *Direitos da Personalidade*. 3. ed. rev. e atual. São Paulo: Atlas, 2014.

SCHWABE, Jürgen. *Cinqüenta anos de jurisprudência do Tribunal Constitucional Federal Alemão*. Montevideo: Konrad-Adenauer-Stiftung, 2005.

SILVA, Clovis do Couto e. *A obrigação como Processo*. Rio de Janeiro: Editora FGV, 2006.

SIMITIS, Spiros. Reviewing privacy in an information society. *University of Pensilvania Law Review*, Philadelphia, v. 135, p. 709-710, 1986/1987.

SIMITIS, Spiros. Privacy: An Endless Debate? *California Law Review*, Berkeley, v. 98, p. 989-2005, December 2010.

SOBERS, Rob. A Year in the Life of the GDPR: Must-Know Stats and Takeaways. *Varonis*, [*S. l.*], 2020. Disponível em: www.varonis.com/blog/gdpr-effect-review. Acesso em: 04 jan. 2020.

SOLOVE, Daniel J. Privacy self-management and the consent dilemma. *Harvard Law Review*, Cambridge, v. 126, p. 1883-1903, 2013.

SOMBRA, Thiago Luís Santos. *Fundamentos da regulação da privacidade e proteção de dados pessoais:* pluralismo jurídico e transparência em perspectiva. São Paulo: Thomson Reuters Brasil, 2019.

SOUSA, Rabindranath V. A. Capelo de. *O direito geral de personalidade.* Coimbra: Coimbra Ed., 1995.

SOUZA, Carlos Affonso Pereira de; VIOLA, Mario Viola; PADRÃO, Vinicius. Considerações iniciais sobre os interesses legítimos do controlador na lei geral de proteção de dados pessoais. *Revista de Direito Público*, Brasília, DF, v. 6, n. 90, p. 109-131, nov.-dez. 2019.

SPINDLER, Gerald. Consumer data protection in Germany. In: HUBER, Florian (Coord.). *Consumer data protection in Brazil, China and Germany.* Göttingen: Göttingen University Press, 2016. p. 71-134.

UEHARA, Luiz Fernando; TAVARES FILHO, Paulo César. Transferência internacional de dados pessoais: uma análise crítica entre o regulamento geral de proteção de dados pessoais da União Europeia (RGPD) e a Lei Brasileira de Proteção de Dados Pessoais (LGPD). *Revista de Direito e as Novas Tecnologias*, São Paulo, v. 2, jan.-mar. 2019.

UNIÃO EUROPEIA. *Comissão Europeia.* Comunicação da comissão ao parlamento europeu e ao conselho: A proteção de dados enquanto pilar da capacitação dos cidadãos e a abordagem da EU para a transição digital: dois anos de aplicação do RGPD. Bruxelas, 24 de junho de 2020. Disponível em: https://eur-lex.europa.eu/legal-content/PT/TXT/PDF/?uri=CELEX:52020D-C0264&from=EN. Acesso em: 07 jul. 2021.

UNIÃO EUROPEIA. Comissão Europeia. *Comunicação da comissão ao parlamento europeu e ao conselho*: Nova Agenda do Consumidor: Reforçar a resiliência dos consumidores para uma recuperação sustentável. Bruxelas, 13 de novembro de 2020. Disponível em: https://eur-lex.europa.eu/legal-content/PT/TXT/PDF/?uri=CELEX:52020DC0696&from=EN. Acesso em: 13 mar. 2021.

UNIÃO EUROPEIA. *Diretiva 95/46/CE do Parlamento Europeu e do Conselho de 24 de outubro de 1995 relativa à proteção das pessoas singulares no que diz respeito ao tratamento de dados pessoais e à livre circulação desses dados.* Luxemburgo, 24 de outubro de 1994. Disponível em: https://eur-lex.europa.eu/legal-content/PT/TXT/PDF/?uri=CELEX:31995L0046&from=PT. Acesso em: 12 ago. 2020.

UNIÃO EUROPEIA. *Diretiva (UE) 2016/680 do Parlamento Europeu e do Conselho,* de 27 de abril de 2016, relativa à proteção das pessoas singulares no que diz respeito ao tratamento de dados pessoais pelas autoridades competentes para efeitos de prevenção, investigação, deteção ou repressão de infrações penais ou execução de sanções penais, e à livre circulação desses dados. Bruxelas, 27 de abril de 2016. Disponível em: https://eur-lex.europa.eu/legal-content/PT/TXT/PDF/?uri=CELEX:32016L0680. Acesso em: 11 jul. 2021.

UNIÃO EUROPEIA. *Directiva 2002/58/CE do parlamento europeu e do conselho de 12 de Julho de 2002 relativa ao tratamento de dados pessoais e à protecção da privacidade no sector das comunicações electrónicas (Directiva relativa à privacidade e às comunicações electrónicas).* Disponível em: https://eur-lex.europa.eu/legal-content/PT/TXT/PDF/?uri=CELEX:32002L0058&from=PT. Acesso em: 12 ago. 2020.

UNIÃO EUROPEIA. Grupo de Trabalho do Artigo 29º da Directiva 95/46/CE. *Parecer 06/2014 sobre o conceito de interesses legítimos do responsável pelo tratamento dos dados na aceção do artigo 7º da Diretiva 95/46/CE.* Bruxelas: UE, 2014. p. 70. Disponível em: https://bit.ly/2TDXCoI. Acesso em: 07 jul. 2021).

UNIÃO EUROPEIA. *Regulamento (EU) 2016/679 do Parlamento e do Conselho Europeu de 27 de abril de 2016 relativo à proteção das pessoas singulares no que diz respeito ao tratamento de dados pessoais e à livre circulação desses dados e que revoga a Diretiva 95/46/CE* (Regulamento Geral sobre a Proteção de Dados). Bruxelas, 27 de abril de 2016. Disponível em: https://eur-lex.europa.eu/legal-content/PT/TXT/PDF/?uri=CELEX:32016R0679&from=PT. Acesso em: 09 jul. 2020.

UNIÃO EUROPEIA. *Regulamento (UE) 2018/302* do Parlamento Europeu e do Conselho de 28 de fevereiro de 2018 que visa prevenir o bloqueio geográfico injustificado e outras formas de discriminação baseadas na nacionalidade, no local de residência ou no local de estabelecimento dos clientes no mercado interno, e que altera os Regulamentos (CE) 2006/2004 e (UE) 2017/2394 e a Diretiva 2009/22/CE. [*S. l.*], 2018. Disponível em: https://eur-lex.europa.eu/legal-content/PT/TXT/HTML/?uri=CELEX:32018R0302&from=PT. Acesso em: 24 ago. 2019.

UNIÃO EUROPEIA. *Tratado sobre o funcionamento da União Europeia.* [*S. l.*]: UE, 2016. Disponível em: https://eur-lex.europa.eu/resource.html?uri=cellar:9e8d52e1-2c70-11e6-b497-01aa75ed71a1.0019.01/DOC_3&format=PDF, Acesso em: 13 mar. 2021.

UNIÃO EUROPEIA. Tribunal de Justiça (Grande Secção). *Acórdão C-131/12.* Dados pessoais – Proteção das pessoas singulares no que diz respeito ao tratamento desses dados – Diretiva 95/46/CE – Artigos 2º, 4º, 12 e 14 – Âmbito de aplicação material e territorial – Motores de busca na Internet – Tratamento de dados contidos em sítios web – Pesquisa, indexação e armazenamento desses dados – Responsabilidade do operador do motor de busca – Estabelecimento no território de um Estado-Membro – Alcance das obrigações desse operador e dos direitos da pessoa em causa – Carta dos Direitos Fundamentais da União Europeia – Artigos 7º e 8º. Relator: M. Ileši , 13 de maio de 2014. Disponível em: https://bit.ly/3sS6cwK. Acesso em: 5 jan. 2021.

UNIÃO EUROPEIA. Tribunal de Justiça (Grande Secção). *Acórdão C-101/01.* Directiva 95/46/CE – Âmbito de aplicação – Publicação de dados de carácter pessoal na Internet – Local da publicação – Conceito de transferência de dados de carácter pessoal para países terceiros – Liberdade de expressão – Compatibilidade com a Directiva 95/46 de uma maior protecção de dados de carácter pessoal pela legislação nacional de um Estado-Membro. Relator. M. Ileši , J. Malenovský, 6 de novembro de 2003. Disponível em: https://eur-lex.europa.eu/legal-content/PT/TXT/PDF/?uri=CELEX:62001CJ0101&from=EN. Acesso em: 05 jan. 2021.

UNIÃO EUROPEIA. Tribunal de Justiça (Grande Secção). *Acórdão C-28/08.* Recurso de decisão do Tribunal de Primeira Instância – Acesso aos documentos das instituições – Documento relativo a uma reunião realizada no âmbito de um procedimento por incumprimento – Protecção de dados pessoais – Regulamento (CE) 45/2001 – Regulamento (CE) 1049/2001. Relator: E. Levits, 29 de junho de 2010. Disponível em: https://curia.europa.eu/juris/document/document.jsf?text=&docid=84752&pageIndex=0&doclang=pt&mode=lst&dir=&occ=first&part=1&cid=603240. Acesso em: 5 jan. 2021.

UNIÃO EUROPEIA. Tribunal de Justiça (Grande Secção). *Acórdão C-275/06.* Sociedade da informação – Obrigações dos prestadores de serviços – Conservação e divulgação de determinados dados de tráfego – Obrigação de divulgação – Limites – Protecção da confidencialidade das comunicações electrónicas – Compatibilidade com a protecção dos direitos de autor e dos direitos conexos – Direito à protecção efectiva da propriedade intelectual. Relator: M. Ilešič, J. Malenovský, 29 de janeiro de 2008. Disponível em: http://curia.europa.eu/juris/document/document.jsf?text=&docid=70107&pageIndex=0&doclang=PT&mode=lst&dir=&occ=first&part=1&cid=8871709. Acesso em: 05 jan. 2021.

UNIÃO EUROPEIA. Tribunal de Justiça (Grande Secção). *Acórdão C-465/00, C-138/01 e C-139/01.* Protecção das pessoas singulares no que diz respeito ao tratamento de dados pessoais – Directiva 95/46/CE – Protecção da vida privada – Divulgação de dados sobre os rendimentos de assalariados de entidades sujeitas à auditoria do Rechnungshof. Relator: Puissochet, M. Wathelet, 20 de maio de 2003. Disponível em: https://curia.europa.eu/juris/document/document.jsf?text=&docid=48331&pageIndex=0&doclang=PT&mode=lst&dir=&occ=-first&part=1&cid=23713656. Acesso em: 30 jun. 2021.

UNIÃO EUROPEIA. Tribunal de Justiça (Grande Secção). *Acórdão C-524/06*. Protecção de dados pessoais – Cidadania europeia – Princípio da não discriminação em razão da nacionalidade – Directiva 95/46/CE – Conceito de 'necessidade' – Tratamento geral de dados pessoais respeitantes a cidadãos da União nacionais de outro Estado-Membro – Registo central dos estrangeiros. Relator: E. Levits, 16 de dezembro de 2008. Disponível em: https://curia.europa.eu/juris/document/document.jsf?text=&docid=76077&pageIndex=0&doclang=pt&mode=lst&dir=&occ=first&part=1&cid=23713192. Acesso em: 05 jan. 2021.

UNIÃO EUROPEIA. Tribunal de Justiça (Grande Secção). *Acórdão C-92/09 e C-93/09*. Protecção das pessoas singulares no que diz respeito ao tratamento de dados pessoais – Publicação de informação sobre os beneficiários de ajudas agrícolas – Validade das disposições do direito da União que determinam essa publicação e definem as suas modalidades – Carta dos Direitos Fundamentais da União Europeia – Artigos 7º e 8º – Directiva 95/46/CE – Interpretação dos artigos 18 e 20. Relator: K. Lenaerts, 9 de novembro de 2010. Disponível em: https://curia.europa.eu/juris/document/document.jsf?text=%2522interesse%2Blegítimo%2522&docid=79001&pageIndex=0&doclang=pt&mode=lst&dir=&occ=first&part=1&cid=25110777. Acesso em: 5 jan. 2021.

UNIÃO EUROPEIA. Tribunal de Justiça (Quarta Secção). *Acórdão C-212/13*. Reenvio prejudicial — Diretiva 95/46/CE — Proteção das pessoas singulares — Tratamento de dados pessoais — Conceito de exercício de atividades exclusivamente pessoais ou domésticas. Relator: M. Safjan, 11 de dezembro de 2014. Disponível em: https://bit.ly/2Y9UNdt. Acesso em: 05 jan. 2021.

UNIÃO EUROPEIA. Tribunal de Justiça (Quarta Secção). Acórdão C-291/12. Reenvio prejudicial – Espaço de liberdade, de segurança e de justiça – Passaporte biométrico – Impressões digitais – Regulamento (CE) 2252/2004 – Artigo 1º, 2 – Validade – Fundamento jurídico – Processo de adoção – Artigos 7º e 8º da Carta dos Direitos Fundamentais da União Europeia – Direito ao respeito da vida privada – Direito à proteção dos dados pessoais – Proporcionalidade. Relator: J. Malenovský, 17 de outubro de 2013. Disponível em: https://curia.europa.eu/juris/document/document.jsf?text=&docid=143189&pageIndex=0&doclang=pt&mode=lst&dir=&occ=first&part=1&cid=23714852. Acesso em: 5 jan. 2021.

UNIÃO EUROPEIA. Tribunal de Justiça (Segunda Seção). *Acórdão C-13/16*. Reenvio prejudicial – Diretiva 95/46/CE – Artigo 7º, alínea f) – Dados pessoais – Requisitos de licitude de um tratamento de dados pessoais – Conceito de "necessidade para a realização do interesse legítimo de terceiro" – Pedido de comunicação dos dados pessoais de uma pessoa responsável por um acidente de viação para o exercício de um direito num processo judicial – Obrigação do responsável pelo tratamento de deferir esse pedido – Inexistência. Relator: A. Rosas. 04 de maio de 2017. Disponível em: https://curia.europa.eu/juris/document/document.jsf?text=&docid=190322&doclang=PT. Acesso em: 05 jan. 2021.

UNIÃO EUROPEIA. Tribunal de Justiça (Segunda Secção). *Acórdão C-398/15*. Reenvio prejudicial – Dados pessoais – Proteção das pessoas singulares no que respeita ao tratamento desses dados – Diretiva 95/46/CE – Artigo 6º, n. 1, alínea e) – Dados sujeitos à publicidade do registo das sociedades – Primeira Diretiva 68/151/CEE – Artigo 3º – Dissolução da sociedade em causa – Limitação do acesso de terceiros a esses dados. Relator: M. Ileši , 09 de março de 2017. Disponível em: https://bit.ly/3sS9Lmp. Acesso em: 05 jan. 2021.

UNIÃO EUROPEIA. Tribunal de Justiça (Segunda Secção). *Acórdão C-40/17*. Reenvio prejudicial – Proteção das pessoas singulares no que diz respeito ao tratamento de dados pessoais – Diretiva 95/46/CE – Artigo 2º, alínea d) – Conceito de "responsável pelo tratamento" – Administrador de um sítio Internet que incorporou nesse sítio um módulo social que permite a comunicação dos dados pessoais do visitante desse sítio ao fornecedor do referido módulo – Artigo 7º, alínea f) – Legitimidade do tratamento de dados – Tomada em conta do interesse do administrador do sítio Internet ou do interesse do fornecedor do módulo social – Artigo 2º, alínea h), e artigo 7º, alínea a) – Consentimento da pessoa em causa – Artigo 10 – Informação da pessoa em causa – Regulamentação nacional que concede às associações de defesa dos interesses dos consumidores legitimidade judicial. Relator: A. Rosas, 29 de julho de 2019. Disponível em: https://bit.ly/3pfRmxT. Acesso em: 05 jan. 2021.

UNIÃO EUROPEIA. Tribunal de Justiça (Segunda Secção). *Acórdão C-582/14*. Reenvio prejudicial – Tratamento de dados pessoais – Diretiva 95/46/CE – Artigo 2 º, alínea a) – Artigo 7º, alínea f) – Conceito de 'dados pessoais' – Endereços de protocolo Internet – Conservação por um prestador de serviços de meios de comunicação em linha – Regulamentação nacional que não permite ter em conta o interesse legítimo prosseguido pelo responsável pelo tratamento. Relator: A. Rosas, 19 de outubro de 2016. Disponível em: https://bit.ly/3c3VbCx. Acesso em: 05 jan. 2021.

UNIÃO EUROPEIA. Tribunal de Justiça (Segunda Secção). *Acórdão C-73/16*. Reenvio prejudicial – Carta dos Direitos Fundamentais da União Europeia – Artigos 7º, 8º e 47 – Diretiva 95/46/CE – Artigos 1º, 7º e 13 – Tratamento dos dados pessoais – Artigo 4º, n. 3, TUE – Criação de uma lista de dados pessoais – Objeto – Cobrança de impostos – Luta contra a fraude fiscal – Fiscalização jurisdicional – Proteção das liberdades e dos direitos fundamentais – Subordinação do recurso judicial à exigência de reclamação administrativa prévia – Admissibilidade da lista como meio de prova – Requisitos de licitude de um tratamento de dados pessoais – Execução de uma missão de interesse público do responsável pelo tratamento. Relator: A. Rosas, 27 de setembro de 2017. Disponível em: https://curia.europa.eu/juris/document/document.jsf?text=&docid=195046&pageIndex=0&doclang=pt&mode=lst&dir=&occ=first&part=1&cid=23715332. Acesso em: 05 jan. 2021.

UNIÃO EUROPEIA. Tribunal de Justiça (Terceira Secção). *Acórdão C-468/10*. Tratamento de dados pessoais – Directiva 95/46/CE – Artigo 7º, alínea f) – Efeito directo. Relator: K. Lenaerts, 24 de novembro de 2011. Disponível em: https://bit.ly/3olefyM. Acesso em: 05 jan. 2021.

UNIÃO EUROPEIA. Tribunal de Justiça (Terceira Secção). *Acórdão C-201/14*. reenvio prejudicial – Diretiva 95/46/CE – Tratamento de dados pessoais – Artigos 10 e 11 – Informação das pessoas em causa – Artigo 13 – Exceções e limitações – Transferência, por uma Administração Pública de um Estado-Membro, de dados fiscais pessoais, com vista ao seu tratamento por outra Administração Pública. Relator: C. G. Fernlund, 1 de outubro de 2015. Disponível em: https://bit.ly/39cnixj. Acesso em: 05 jan. 2021.

UNIÃO EUROPEIA. Tribunal de Justiça (Terceira Secção). *Acórdão C-708/18*. Reenvio prejudicial – Proteção das pessoas singulares no que diz respeito ao tratamento de dados pessoais – Carta dos Direitos Fundamentais da União Europeia – Artigos 7º e 8º – Diretiva 95/46/CE – Artigo 6º n. 1, alínea c), e artigo 7º, alínea f) – Legitimidade para o tratamento de dados pessoais – Legislação nacional que permite a vídeo vigilância para garantir a segurança e proteção das pessoas, bens e valores e para a prossecução de interesses legítimos, sem o consentimento da pessoa em causa – Instalação de um sistema de vídeo vigilância nas partes comuns de um edifício para habitação. Relator: A. Prechal, 11 de dezembro de 2019. Disponível em: http://curia.europa.eu/juris/document/document.jsf?text=&docid=221465&pageIndex=0&doclang=PT&mode=lst&dir=&occ=first&part=1&cid=21359264. Acesso em: 05 jan. 2021.

UNIÃO EUROPEIA. Tribunal de Justiça. *Ficha temática:* Proteção dos dados pessoais. [*S. l.*]: Direção da investigação e documentação, 2020. Disponível em: https://bit.ly/3r83zVY. Acesso em: 13 jun. 2021.

UNITED KINGDOM. Information Comissioner's Office. *Lawful basis for processing Legitimate interests.* [*S. l.*], 22 Mar. 2018. Disponível em: https://ico°rg.uk/for-organisations/guide-to-data-protection/guide-to-the-general-data-protection-regulation-gdpr/legitimate-interests/what-is-the-legitimate-interests-basis/#three_part_test. Acesso em: 07 jul. 2021.

UNITED KINGDOM. Information Commissioner's Office. *Update report into adtech and real time bidding.* [*S. l.*]: ICO, 2019. Disponível em: https://ico°rg.uk/media/about-the-ico/documents/2615156/adtech-real-time-bidding-report-201906-dl191220.pdf. Acesso em: 06 jul. 2019.

UNITED NATIONS. United Nations Conference on Trade and Development. *United Nations Guidelines for Consumer Protection.* New York; Geneva: UNCTAD, 2016. Disponível em: https://unctad°rg/system/files/official-document/ditccplpmisc2016d1_en.pdf. Acesso em: 28 mar. 2021.

VAINZOF, Rony. Conceito, perfil, papéis e responsabilidades do Encarregado (Data Protection Officer). In: BLUM, Renato Opice; VAINZOF, Rony; MORAES, Henrique Fabretti (Coord.). *Data Protection Officer (Encarregado):* teoria e prática de acordo com a LGPD e o GDPR. São Paulo: Thomson Reuters Brasil, 2020. p. 25-56.

VAIZOF, Rony. Dados Pessoais, tratamento e princípios. In: MALDONADO; Viviane Nobrega; BLUM, Renato Opice (Coord.). *Comentários ao GDPR (Regulamento Geral de Dados da União Europeia).* São Paulo: Thomson Reuters Brasil, 2018. p. 37-83.

VASCONCELOS, Maria da Graça das Neves. *Comunicações Eletrônicas e Direitos Fundamentais no Âmbito do Direito da União Europeia.* 2012. Dissertação (Mestrado em Direito) – Escola de Direito Universidade do Minho, Portugal, 2012.

VERBICARO, Dennis; MARTINS, Ana Paula Pereira. A contratação eletrônica de aplicativos virtuais no Brasil e a nova dimensão da privacidade do consumidor. *Revista de Direito do Consumidor,* São Paulo, v. 116, p. 269-391, mar.-abr. 2018.

VIEIRA, Tatiana Malta. Proteção de dados pessoais na sociedade da informação. *Revista de Direito de Informática e Telecomunicações,* Belo Horizonte, v. 1, ano 2, n. 2, p. 213-235, jan.-jun. 2007.

VIOLA, Mario; DONEDA, Danilo. Proteção de dados e criptografia: tecnologias criptográficas entre anonimização e psedonominização de dados. *Revista dos Tribunais,* São Paulo, v. 998, dez. 2018.

VIOLA, Mario; TEFFÉ, Chiara Spadaccini de. Tratamento de dados pessoais na LGPD: estudo sobre as bases legais dos artigos 7° e 11. In: MENDES, Laura Schertel; DONEDA, Danilo; SARLET, Ingo Wolfganf; RODRIGUES JR., Otavio Luiz (Coord.). *Tratado de Proteção de Dados Pessoais.* Rio de Janeiro: Forense, 2021. p. 117-148.

WALKER, Mike. *Hype Cycle for Emerging Technologies.* Stamford: Gartner, 2017.

WARREN, Samuel D.; BRANDEIS, Louis, D. Right to privacy. *Harvard Law Review,* Cambridge, v. 4, n. 5, Dec. 1890. Disponível em: www.jstor°rg/stable/1321160. Acesso em: 05 mar. 2021.

WHICH?; BRITAINTHINKS. *Policy Research Report June* 2018: Control, Alt or Delete? Consumer research on attitudes to data collection and use. London: [s. n.], 2018. Disponível em: https://www.which.co.uk/policy/digital/2707/control-alt-or-delete-consumer-research-on-attitudes-to-data-collection-and-use. Acesso em: 06 jul. 2021.

WHITNEY, Lance. France orders Google to change its privacy policies. *CNET*, [S. l.], June 2013. Disponível em: https://www.cnet.com/news/france-orders-google-to-change-its-privacy-policies/. Acesso em: 19 out. 2019.

WIMMER, Miriam. O regime jurídico do tratamento de dados pessoais pelo poder público. In: MENDES, Laura Schertel; DONEDA, Danilo; SARLET, Ingo Wolfganf; RODRIGUES JR., Otavio Luiz (Coord.). *Tratado de Proteção de Dados Pessoais*. Rio de Janeiro: Forense, 2021. p. 282-299.

WORLD HEALTH ORGANIZATION. *Coronavirus disease (Covid-19)*: Weekly Epidemiological Update. [S. l.]: WHO, 2021. Disponível em: https://covid19.who.int/region/amro/country/br. Acesso em: 06 jul. 2021).

WORLD HEALTH ORGANIZATION. *Director-General's opening remarks at the media briefing on COVID-19*. [S. l.]: WHO, 2020. Disponível em: https://www.who.int/director-general/speeches/detail/who-director-general-s-opening-remarks-at-the-media-briefing-on-covid-19---11-march-2020. Acesso em: 20 mar. 2020.

ZANELLATO, Marco Antonio. Boa-fé objetiva: formas de expressão e aplicações. *Revista de Direito do Consumidor*, São Paulo, v. 100, p. 141-194, jul.-ago. 2015.

ZANINI, Leonardo Estevam de Assis. A Proteção dos Direitos da Personalidade na Alemanha. *Revista Jurídica Luso-Brasileira*, Lisboa, ano 6, n. 2, p. 731-759, 2020.

ZANON, João Carlos. *Direito à proteção de dados pessoais*. São Paulo: Ed. RT, 2013.